CORRESPONDANCE

DU

CONSEIL SUPERIEUR DE PONDICHÉRY

ET DE LA COMPAGNIE

PUBLIÉE AVEC INTRODUCTION

PAR

ALFRED MARTINEAU.

Tome III

1739 - 1742

PONDICHÉRY

SOCIÉTÉ DE L'HISTOIRE

DE L'INDE FRANÇAISE

PARIS

SOCIÉTÉ DES ÉDITIONS

LEROUX

28, RUE BONAPARTE.

IMPRIMERIE MODERNE, PONDICHÉRY.

CORRESPONDANCE

DU

CONSEIL SUPÉRIEUR DE PONDICHÉRY

ET DE LA COMPAGNIE

PUBLIÉE AVEC INTRODUCTION

PAR

ALFRED MARTINEAU.

Tome III

1739 - 1742

PONDICHÉRY
SOCIÉTÉ DE L'HISTOIRE
DE L'INDE FRANÇAISE

PARIS
SOCIÉTÉ DES ÉDITIONS
LEROUX
28, RUE BONAPARTE.

IMPRIMERIE MODERNE, PONDICHÉRY.

INTRODUCTION

La correspondance du Conseil Supérieur et de la Compagnie que nous publions ici [1] s'étend du 30 octobre 1740 au 20 octobre 1742 pour les lettres du Conseil Supérieur et du 21 août 1739 au 25 novembre 1741 pour les lettres de la Compagnie. Elle ne suit pas immédiatement celle que nous avons publiée dans le volume précédent et qui s'arrêtait au 18 octobre 1738 pour les lettres du Conseil Supérieur et au 18 janvier 1738 pour celle de la Compagnie. Mais toute la partie intermédiaire est perdue.

Pendant ce court espace de temps, des évènements assez graves pour les destinées de l'Inde s'accomplirent dans le Carnatic. Les Marates envahirent ce pays en mai 1740, et tuèrent dans une bataille le nabab Dost-Ali Khan. La famille des vaincus trouva un asile dans Pondichéry, qui de ce fait se trouva exposé aux menaces de l'ennemi. Mais Ragogy Bonsla, le général marate, préféra poursuivre ses succès en attaquant Trichinopoly, où Chanda Sahib, le gendre de Dost-Ali, succomba et fut fait prisonnier le 26 mars 1741. Notre établissement de Pondichéry courut alors les plus grands dangers; les avant-gardes marates pénétrèrent jusqu'anx environs de nos limites et nous occasionnèrent des pertes

____

(1) Cette correspondance est extraite du tome 6 des Archives de Pondichéry. 532 pages 42 × 27.

qui se montèrent à 4.826 pagodes. La ville ne dut son salut qu'à la politique habile et subtile du gouverneur Dumas, qui sut être ferme sans provocation comme sans faiblesse. Lui-même gagna à cette attitude la concession personnelle des aldées d'Archivac et de Tédouvanatom, qui lui furent données dès 1740 par Sabder-Ali, fils et successeur de Dost-Ali. Il les rétrocéda à la Compagnie, mais en perçut les revenus, sa vie durant. On lira avec intérêt cette sorte d'épopée aux pages 46-72, 201-204, 215-216, 235-236, et 238-244 de la correspondance.

Dumas, après avoir parcouru une carrière glorieuse, rentra en France en octobre 1741 et fut remplacé par Dupleix qui vint de Chandernagor prendre possession de son poste le 13 janvier 1742. Il y trouva installé un conseil composé de Legou, Dulaurens, Quentin de la Métrie, Guillard, Duval d'Espréménil, Ingrand, Miran et Courbezâtre. Dirois, qui en faisait également partie, remplaça Dupleix à Chandernagor. Dans le même temps les directeurs de la Compagnie en France étaient Boyvin d'Hardancourt, d'Espréménil, Castanier. Saintard, Cavalier, Lenoir, Duvelaër et Godeheu: ces deux derniers étaient délégués aux ventes à Lorient.

La correspondance de ces conseillers et directeurs, disposée parfois suivant l'usage en deux colonnes, dont l'une pour la réponse, était presque toujours aussi, suivant le même usage, conçue sur un plan qui variait peu: commerce d'Europe, commerce d'Inde en Inde, affaires de Pondichéry, dites de la "Colonie", etc. Nous continuerons de suivre cet ordre pour l'exposé ou plutôt pour le résumé des faits que contient chacun de ces chapitres.

L'ouvrage débute pourtant par une longue lettre (p. 1-27), d'un caractère très particulier et qui est relative à l'altération des monnaies à la côte Coromandel et à la fabrication des roupies à Mourchidabad. Le

gouverneur Dumas avait obtenu en 1736 du nabab
d'Arcate le privilège de fabriquer des roupies à Pondichéry. Nos monnaies se trouvèrent dès lors entrer en
concurrence avec celles que le nabab ou les autres
souverains du pays fabriquaient pour leur compte en
différents établissements. Or ces princes ne se gênaient
nullement pour leur convenance ou les besoins de leur
trésorerie de modifier quelquefois le cours de leurs
monnaies, en en changeant le titre et en les frappant
avec des valeurs différentes. Pour ne point être dupe
ou victime de ces manœuvres, Dumas, quoique de loin,
imita cet exemple. Ce fut entre lui et la Compagnie
l'occasion d'échanger des notes assez vives, où la Compagnie lui reprochait une sorte d'improbité dans ses
procédés. Dumas se défendit avec vigueur et, semble-
t'il, avec succès. La discussion continuait encore en 1741
(p. 307-314).

En 1738, Dupleix obtint un privilège analogue pour
nos monnaies ayant cours au Bengale ; il obtint du
nabab que nous pussions en faire fabriquer une
certaine quantité à Mourchidabad. Ce privilège ne
convint pas à Dumas, qui comptait écouler au Bengale
une partie des roupies fabriquées à Pondichéry. Les
lettres échangées à ce sujet entre le gouverneur et son
subordonné furent peu aimables et celles de Dupleix
sont presque celles d'un révolté. Ce fut pourtant lui
qui eut raison aux yeux de la Compagnie : Godeheu,
qui venait de passer quinze mois à Chandernagor, fit
aux directeurs des rapports tellement favorables aux
opérations de Dupleix qu'au grand dépit du gouverneur,
ce fut le directeur qui eut toute satisfaction. On lira
avec intérêt cette longue lettre, qui prouve tout au
moins qu'un régime de terreur ne pesait pas à ce
moment sur la liberté des appréciations.

Le conseiller Guillard obtint en 1741 le même privilège pour le poste de Mazulipatam, où il commandait.

Mais il se trouva que les matières d'argent envoyées pour être converties en roupies en donnaient moins qu'à Pondichéry, et la fabrication, à peine commencée, fut aussitôt interrompue.

Ces questions monétaires, dont les opérations de change étaient l'âme et la vie, jouent un très grand rôle dans la correspondance du Conseil et de la Compagnie et il se trouvait assez souvent que les observations ou critiques de la Compagnie portaient à faux, les conseillers de l'Inde ayant eux-mêmes le plus grand mal à se rendre un compte exact des opérations qui s'accomplissaient sous leurs yeux et surtout des causes profondes qui les inspiraient.

Reprenons maintenant le fil habituel de la correspondance.

I.—Le Commerce d'Europe

Nous ne reviendrons pas sur les conditions générales de ce commerce, que nous avons exposées au début du premier volume de cette correspondance ; elles ne s'étaient pas sensiblement modifiées depuis 1726. La Compagnie continuait à se plaindre que les navires rentrant en France ne partissent pas de l'Inde en temps opportun, c'est-à-dire avant le mois de février, et le Conseil retournait volontiers le même reproche à ceux qui venaient de France. Outre qu'il n'était pas le maitre de la mer et des vents et des évènements qui peuvent retarder le départ d'un bateau, le Conseil se trouva à partir de 1740 en présence des révolutions du Carnatic, dont les conséquences se firent sentir jusqu' à la fin de 1742, lorsque le danger marate parut définitivement écarté à la côte Coromandel.

Pendant ce temps, non seulement la livraison et le chargement des marchandises furent retardés, mais la fabrication elle-même fut souvent interrompue. Les aldées étant ruinées et pillées, les tisserands prirent la fuite et se dispersèrent de côté et d'autre. Ajoutons y une famine affreuse, consécutive à une sécheresse anormale, qui en 1740 fit périr de soif et de misère des villages entiers et la plus grande partie des bestiaux. Comment dans de telles conditions le Conseil pourrait-il exécuter à la lettre les ordres de la Compagnie et fournir exactement les sortes de marchandises demandées ? C'était impossible. C'est pourquoi, ne pouvant faute d'articles, suivre les états qui lui étaient envoyés, le gouverneur Dumas se décida à faire passer au Bengale un des navires qui lui étaient destinés. Et s'il put à peu près charger les autres d'une façon satisfaisante, ce fut avec des marchandises apportées de Mazulipatam et d'Yanaon.

Mais revenons à l'année 1738. Cette année là, la *Reine*, le *Phœnix*, le *St. Géran*, le *Bourbon*, *l'Apollon* et le *Comte de Toulouse* partirent de l'Inde pour se rendre à Lorient, où ils arrivérent du 7 avril au 22 juillet 1739. Seul manqua à l'appel la *Duchesse*, dont on n'eut jamais la moindre nouvelle.

A cette perte vint s'ajouter celle du *Philibert* qui parti de France avec le *Chauvelin* et l'*Argonaute*, échoua dans le Gange au mois de Juin 1739 par suite d'une erreur du pilote et s'y abima avec toute sa cargaison. Des 40.000 marcs qu'il portait, on ne put en sauver qu'une partie équivalant à 30.000 roupies.

C'étaient là deux lourdes pertes pour la Compagnie et l'année 1739 se déroulait pour elle sous de fâcheux auspices. La suite fut heureusement moins triste. L'*Argonaute* et le *Chauvelin* firent retour en France en 1739 - 1740 avec la *Thétis* et la *Paix*, qui n'avaient pu partir à temps l'année précédente.

Dans le même temps (1739 - 1740), la Compagnie expédiait aux Indes six navires avec 146.000 marcs, dont 80.000 pour Pondichéry et 66.000 pour le Bengale.

Ces navires étaient le *Comte de Toulouse*, le *Lys*, le *Penthièvre*, le *Phœnix*, le *St. Géran* et le *Fulvy*, qui arrivèrent d'avril 1740 à janvier 1741.

Un premier navire, le *Maurepas*, qui se trouvait depuis plusieurs années dans l'Inde, où il avait participé en 1737 à l'expédition de Moka, fit retour au mois d'octobre avec un chargement de 146.256 pagodes, consistant en 1.480 balles de marchandises, 190.191 livres de poivre et 82 milliers de bois rouge.

Le *Lys* ne tarda pas à suivre (16 octobre), avec une cargaison de 84.069 pagodes, composée de 2.458 balles de café de Moka, 353 balles de café de Bourbon, 273 balles de marchandises de toiles, 240 paquets de rotin, 135.094 livres de bois rouge.

Puis ce fut le tour du *Phœnix* avec 71.582 livres de poivre, 353 balles de marchandises de la côte Coromandel, 197.971 livres de bois rouge et 1.100 balles de marchandises apportées du Bengale. Celles - ci valaient à elles seules 43.891 pagodes et avaient été apportées à Mahé, où elles furent prises par le *Phœnix*.

Le *Comte de Toulouse* partit le 27 janvier 1741 avec un chargement de poivre (158.386 liv.), de bois rouge (95.694 liv.), 903 paquets de rotin et 1351 balles, valant ensemble 140.500 pagodes.

Le *Penthièvre*, arrivé en janvier, quatre mois après tous les autres, ne put repartir que le 20 octobre 1741; il avait à son bord 1795 balles de café, (51.938 pagodes) 121.300 liv. de bois rouge, (903 pag.) 400 paquets de rotin (133 pag.) et 400 balles de marchandises)46.705 pag.); le tout valait 100.721 pagodes, dont 1040 pag. de frais.

Nous n'avons pas le compte des chargements du *Saint-Géran* ni du *Fulvy*, qui se firent au Bengale; mais nous avons lieu de croire qu'ils furent au moins égaux et probablement supérieurs à ceux de Pondichéry, dont l'arrière-pays était terrorisé par les incursions marates. En faisant une moyenne de la valeur des chargement connus, on arrive à un chiffre de 120.000 pagodes par navire, soit environ un million de francs de notre monnaie d'avant-guerre.

Les opérations de 1740-1741 s'effectuèrent à peu près dans les mêmes conditions. La Compagnie expédia dans l'Inde six navires: le *Triton*, l'*Argonaute*, le *Duc d'Orléans*, le *Chauvelin*, le *Duc de Bourbon* et le *Condé*, avec 175.160 marcs: le départ de ces navires s'effectua entre le 27 décembre 1740 et le 20 mars 1741. [1]

Trois de ces navires revinrent avec les chargements suivants:

le *Triton*,	855.830 livres
l'*Argonaute*	1.412.940 ,,
le *Duc de Bourbon* (20 octobre)	1.286.041 ,,

soit une moyenne de 1.184.000 livres par navire.

Le *Duc d'Orléans* repartit seulement le 3 février 1742 avec un chargement de 127.165 pagodes se décomposant comme suit:

1.033 balles de toiles montant à	107.218	pagodes
144.385 livres de salpêtre	1.958	,,
120.874 livres de bois rouge	881	,,
700 paquets de rotin	233	,,
191.161 livres de poivre	14.071	,,
frais divers	2.802	,,

Pour l'exercice 1741-1742, la Compagnie n'expédia dans l'Inde que trois navires, dont un pour le Bengale, avec 24.000 marcs pour le Bengale et 22.925 pour Pondichéry. Ces trois navires étaient le *Lys*, le *Saint-Géran* et l'*Hercule*.

Ne trouvant plus autant de facilités pour se procurer en Espagne, par suite de la guerre avec l'Angleterre,

---

(1) Le *Triton*, l'*Argonaute*, et le *Chauvelin* furent envoyés au Bengale. Le *Condé* dut toucher à Mahé à son retour.

les matières d'argent destinées à être transformées en roupies dans l'Inde, la Compagnie se résolut sur les conseils de Dumas à faire passer une partie de ses fonds en matières d'or pour être converties en pagodes et c'est ainsi qu'il fut expédié 101 marcs d'or en 1742. Au début de 1743, l'or coûtait 700 liv. le marc et l'argent 49 au lieu de 49,50.

La Compagnie n'avait réduit ses armements et ses envois de fonds qu'en raison des troubles de la côte Coromandel qui lui faisaient redouter un arrêt prolongé du commerce et aussi par crainte d'une guerre en Europe entre les puissances maritimes. Pour suppléer à cette parcimonie, elle autorisa, le 29 août 1741, les employés ou autres personnes qui avaient des fonds disponibles dans l'Inde à les verser dans les caisses de la Compagnie, à Pondichéry ou à Chandernagor, afin de permettre aux Conseils de ces deux villes de procurer des cargaisons raisonnables aux navires qu'ils renverraient en Europe. La Compagnie espèrait tirer de cette opération environ 15.000 marcs. Les avantages consentis aux prêteurs étaient assez appréciables: 30 % d'intérêt à l'arrivée en France des fonds convertis en marchandises: en cas de perte ou naufrage, restitution pure et simple du capital.

Bien que les marchandises importées de l'Inde ne fussent pas toutes de bonne qualité — et le Conseil lui-même n'hésita point à en indiquer les causes — elles se vendirent assez bien à Lorient; celles de 1742 donnèrent 21.953.024 livres pour 13.664.652 livres d'achat, soit un bénéfice apparent de 8.228.376 livres. Malgré les explications préalables du Conseil Supérieur, les directeurs des ventes à Lorient ne se firent point faute de lui faire observer qu'il avait envoyé trop de marchandises de rebut. Voulicz-vous des vaisseaux vides? Telle fut la réponse.

Le Conseil de son côté ne se gênait guère pour faire

observer à la Compagnie que ses propres envois n'étaient pas toujours bien conditionnés; tantôt c'étaient les farines qui arrivaient avariées et tantôt le vin qui s'était gâté en route, qu'il fût en barriques ou en bouteilles.

Les marchandises proprement dites, telles que les draps, le corail, les fers, le plomb se vendaient généralement assez bien dans l'Inde; cependant là comme en France, il fallait subir les caprices de la mode. Un jour on ne voulait plus des draps vingtains et un autre jour c'étaient les trente quatrains qui étaient en défaveur, alors on essayait de les écouler au Bengale et principalement à Patna. Les londrins se vendaient beaucoup mieux.

Les fers étaient surtout destinés à être réexportés hors de l'Inde, principalement à Moka ou à Manille.

II. Commerce d'Inde en Inde.

Les 15/16mes des marchandises qui composaient les cargaisons d'Europe ne pouvaient servir à aucun des commerces particuliers de l'Inde, comme la Perse, Moka la Chine ou Manille, où l'on n'écoulait guère que des marchandises de rebut ou de qualité médiocre que les marchands préféraient vendre à bas prix plutôt que de les laisser se perdre dans leurs magasins.

La Compagnie s'intéressait quelquefois à ce commerce dans le légitime espoir de faire fructifier ses capitaux et ses espérances étaient rarement déçues; mais comme les conditions du marché pouvaient changer d'une année à l'autre sans qu'elle put prévoir si ce serait à son profit ou à son désavantage, elle s'engageait toujours un peu à l'aventure. Aussi n'est-il point étonnant que sous des impressions successives et souvent contradictoires, tantôt elle ait voulu s'intéresser aux armements dans des proportions parfois très appréciables et tantôt n'y avoir aucune participation, même légère.

En 1738, on était encore à la participation. La Compagnie s'intéressa alors de 10.000 pagodes dans un armement pour Manille et en retira un bénéfice de 3.133 pagodes. Ce succès la détermina à engager aussitôt pareille somme dans un nouvel armement.

Dans le même temps, elle s'intéressa de 25.000 pagodes dans l'armement du *St. Benoît* pour la Chine. Il n'y aurait rien à dire de cet armement malgré son importance, si le Conseil supérieur n'avait cru devoir confier les fonctions de subrécargue du navire au conseiller Signard. Il parut à la Compagnie qu'un emploi aussi lucratif n'eût pas dû être confié à un fonctionnaire de cette importance, mais plutôt à un fonctionnaire d'un grade moins élevé. Le Conseil supérieur fit une réponse péremptoire (page 140): "Ils (les conseillers) sont les plus anciens de ses employés et doivent être par conséquent les plus habiles; ce qu'il y a de sûr, c'est qu'ils ont plus de travail et de peine que partout ailleurs. Si la Compagnie persiste dans de pareilles dispositions, ces postes deviendront plus à craindre qu'à rechercher. Il leur est impossible de se passer d'un palanquin; comment leur sera-t'il possible de vivre, de s'habiller et de soutenir ces dépenses avec 1.500 ou 1.800 livres d'appointements?"

Les causes qui atteignirent le commerce d'Europe firent également péricliter celui d'Inde en Inde et le frappèrent même plus durement. En 1741, on ne trouva même pas d'armateurs pour faire le voyage de Moka, où il y avait un trafic assuré et il fallut que le Conseil armât lui-même un navire pour aller chercher l'annuel de café dont la France avait besoin.

Aussi la Compagnie qui s'était jusqu' alors réservée un quart dans tous les armements, renonça-t'elle même à cette participation, par une lettre en date du 14 janvier 1744. Elle estima qu'elle servirait mieux ses interêts en affectant au commerce d'Europe les 40.000 pagodes que le retrait de ses fonds rendait disponibles. (1)

Achem. — Les relations avec Achem furent assez régulières et le plus souvent effectuées avec des navires d'Europe, arrivés en juin ou juillet et qui repartaient en janvier ; le voyage d'Achem se faisait dans l'intervalle.

La *Paix*, le *Duc d'Orléans*, le *Comte de Toulouse*, le *Duc d'Orléans* (à nouveau), et le *Lys* se succédèrent ainsi de 1738 à 1742. La bénéfice net de leurs opérations fut assez appréciable : 5.105 pagodes par la *Paix* et 4.235 par le premier *Duc d'Orléans*. Le *Comte de Toulouse* rapporta le 30 décembre 1840, 180 chevaux, 20 sacs de salpêtre, 700 paquets de rotin et diverses marchandises. Le second *Duc d'Orléans* revint le 8 janvier 1742 avec 35 chevaux, 127 pains de benjoin et de la fonte provenant de canons brisés. Quand nous ne les payons pas en argent, nous donnions en échange la pacotille courante de l'Europe ou l'opium du Bengale.

Bassora et Bender Abbas. — On se rappelle que c'étaient surtout des navires armés au Bengale et chargés en grande partie par des étrangers qui faisaient à cette époque le commerce de Bassora. La Compagnie

(1) Différents navires construits au Pégon assuraient les opérations de la Compagnie ou des particuliers pour le commerce d'Inde en Inde. Un capitaine du nom de Puel avait obtenu du roi du pays un bancassal pour leur construction. Citons quelques prix : le *Fulvy*, 20.717 pagodes, le *Fleury*, de 700 tonneaux avec 110 pieds de long et 15 pieds de creux, 14.000, le *St. Benoît*, 10.000, le *Fidéle* 9.000, un brigantin 1.800, un bot 3.900, et l'énumération n'est pas complète. En 1741, la Compagnie estima ces prix trops élevés et fit savoir qu'à l'avenir elle enverrait des bateaux de France. D'ailleurs, à ce moment, les Arméniens s'étant rendus maîtres de l'esprit du roi dans le dessein d'accaparer le commerce, la construction des navires par les Européens devint pour ainsi dire impossible et Puel dut abandonner le pays.

s'était décidée en 1738 à y créer un consulat en même temps qu'elle tentait un établissement provisoire à Bender-Abbas. L'insécurité des frontières et les menaces constantes d'invasion du roi de Perse, Nadir-Cha, ne tardèrent pas à paralyser les affaires et quoi que Martinville apportât personnellment dans ses rapports avec les *mousselems* ou gouverneurs de Bassora un grand esprit de conciliation, le commerce européen ne cessa de décliner. Les cafés de Bourbon et les draps de France que la Compagnie eut vivement désiré écouler dans le pays ne trouvèrent que de rares acheteurs ; les fers seuls obtinrent une clientèle assurée.

Le climat était malsain ; après un séjour de deux ans et demi, Martinville mourut à la peine le 8 novembre 1741, et Bellegarde et Beaumont, établis conjointement à Bender Abbas, étaient morts à leur poste les 9 et 29 octobre 1740.

Gosse, sous-marchand des Indes et chancelier du consulat, succéda intérimairement à Martinville jusqu'au 25 août 1742 ; il fut remplacé à ce moment par Otter, un savant d'origine suédoise que la Bibliothèque du roi avait envoyé en Perse pour y acheter de vieux livres et manuscrits. Après un séjour d'environ deux ans à Ispaham, Otter était venu à Bassora, où Martinville l'avait employé comme interprète. C'était un esprit judicieux et avisé et sa connaissance des langues du pays nous rendit les plus grands services.

Moins encore que celui de Bassora, l'établissement de Bender Abbas ne donna les résultats espérés ; les gouverneurs persans étaient encore plus exigeants que les gouverneurs turcs et la Compagnie ne connaissait pas la mort de Bellegarde et Beaumont qu'elle avait déjà supprimé leur poste. En attendant que le comptoir fut officiellement abandonné,— et il ne le fut qu'en 1743 — les affaires furent gérées par un simple employé du nom de Duplessis, qui liquida comme il put les marchandises dont il avait la défaite et fit passer à Bassora celles dont il ne put se débarrasser.

Chine. — Le commerce de Chine se faisait surtout de France avec des navires allant à Canton avec quelques marchandises et environ 200.000 livres de matières d'argent qu'on échangeait contre de l'or avec un gros bénéfice.

Il ne semble pas que dans la période qui nous intéresse, le gouvernement de l'Inde ait pris part à ce commerce qui demandait des capitaux et des bateaux dont il ne disposait pas. — La France était alors représentée à Canton par un agent permanent, nommé Duvelaër de la Barre, frère de l'un des directeurs de la Compagnie.

Moka. — A la suite de l'expédition de Moka en 1737, et bien qu'elle se fut terminée par un traité conforme à nos désirs, la Compagnie n'avait pas été d'avis de rétablir le comptoir, qu'elle estimait servir beaucoup plus les intérêts des particuliers que ceux de la Compagnie. En réponse à ses suggestions du 10 février 1741, le Conseil supérieur répondit le 31 décembre que le comptoir de Moka n'existerait plus en tant que établissement permanent et que les employés envoyés chaque année pour le commerce du café reviendraient par le même bateau qui les avait portés.

La principale raison de l'abandon du comptoir était la chûte de commerce depuis six ans ; en 1740 les négociants dégoûtés refusèrent de faire tout armement. Le Conseil supérieur affréta néanmoins le *Maure* avec les sieurs Courbezâtre et Denis pour faire les achats jusqu'à concurrence de 600.000 livres de café, supposé que le cours ne dépassât pas 70 piastres le bohard.

Le succès de l'expédition rendit du cœur aux négociants qui reprirent le *Maure* pour leur compte en 1741. Courbezàtre, Denis et Dumont furent chargés des achats de la Compagnie, moyennant une commission de 5 % à se partager entre eux. Le *Maure* parti au mois d'octobre revint à Pondichéry le 14 août 1742 et donna 4 %, de bénéfice; il apporta pour la Compagnie 300 milliers de café, dont le fret lui coûta 1.200 pagodes.

Le *betelmal* ou administration de Moka resta à cette époque devoir à la Compagnie 20.026 piastres sur la somme globale qui avait nécessité l'expédition de 1737. Il en paya 3.535 en 1741 et 2.368 en 1742.

Le Pégou.— On continuait d'aller au Pégou, moins pour y faire du commerce que pour y construire des navires. Le sieur Puel, qui avait obtenu personnellement un terrain pour y faire des chantiers et pour bâtir au besoin des magasins, ne jouit pas longtemps de sa concession. Les Pégouans, jusqu'alors tributaires des Birmans et du roi d'Ava, se soulevèrent fin décembre 1740, chassèrent les Birmans de Syriam, égorgèrent les notables, se rendirent maîtres du pays et se donnèrent un roi particulier. L'influence des marchands arméniens fit le reste. Puel, après avoir essayé de se maintenir au milieu de ces compétitions, dut abandonner la place et rentra à Pondichéry le 9 janvier 1742, laissant au P. Wittony, missionnaire, la défense de ses intérêts et de ceux de la nation.

Les Iles.— Les Iles continuaient à être l'objet de la préoccupation spéciale de la Compagnie; elle ne cessait d'inviter le Conseil supérieur et celui de Chandernagor à leur envoyer "toutes les provisions et marchandises en général, tant de la côte que du Bengale, qui vous en seront demandées, que vous vous attachiez même scrupuleusement à ce qu'elles soient belles, de bonne qualité, et conformes enfin aux demandes et observations qui vous seront faites par le Conseil de chacune de ces deux îles." Un fonds spécial ds 6.000 marcs, renouvelé tous les ans, était mis pour ces achats à la disposition du gouverneur de Pondichéry.

La navigation se faisait régulièrement par des navires

de 150 à 200 tonnes, sans compter les navires d'Europe à leur retour de l'Inde. Les 25 octobre et 17 novembre 1740, le *Saint-Benoit* et le *Cheval Marin* partirent de l'Inde avec des cargaisons complètes de riz, denrées, comestibles et autres effets. En 1741, le *Neptune* partit avec une cargaison de vivres de 25.879 pagodes. Notons, à titre de simple renseignement, que parmi les objets demandés à l'Inde figuraient des bestiaux, des oies, des canards, des graines, plantes ou arbres et surtout des graines d'indigo d'Agra, dont la Compagnie voulait introduire la culture aux Iles; elle demandait même qu'on fit venir de Perse des plants de vigne de Chiraz, pour essayer de les y acclimater.

Les exigences du gouverneur la Bourdonnais, puissamment soutenu par le contrôleur général Orry, n'étaient probablement pas étrangères à ces sortes d'injonctions au Conseil supérieur. Il est vraisemblable également que pour les même motifs la Bourdonnais n'observait pas toujours une exacte mesure dans ses rapports avec le gouvernement de Pondichéry, qui s'en plaignait souvent à la Compagnie, et à la fin celle-ci dut inviter la Bourdonnais à mieux surveiller sa correspondance.

Une importante modification, proposée par le gouverneur, fut appliquée en 1740 dans le régime économique des Iles. Le commerce fut déclaré libre et toute personne put désormais expédier des marchandises moyennant 5 % d'entrée, 10 % de fret et 50 livres pour l'introduction d'un noir. On attribua généralement à des considérations personnelles à la Bourdonnais cette petite révolution, qui fut d'ailleurs de courte durée; car, en 1747, la Compagnie se réserva à nouveau le monopole du commerce.

A noter également une réforme qui fut peu goûtée par les capitaines de navires se rendant de Pondichéry aux Iles. Ils avaient droit à embarquer, sous la dénomination de pacotille, une certaine quantité de marchandises ou de provisions qu'ils vendaient à leur profit. C'était une façon d'accroître leur solde et de stimuler leur zèle. Or avec les faiblesses inhérentes à la nature humaine, il arriva que ces capitaines dépassèrent la mesure et refusèrent parfois de prendre du fret pour réserver plus de place à leurs propres articles. La Compagnie, dont ces abus entravaient le commerce, cherchait depuis longtemps à les réduire et même à les supprimer. Pour le commerce d'Europe, elle avait fini par substituer aux ports-permis en nature le versement de fonds pour lesquels les officiers touchaient un intérêt de 30 % à la grosse. La Compagnie résolut, en 1740, d'appliquer la même mesure aux Iles : dorénavant chaque officier partant pour les Iles, dut verser aux caisses de la Compagnie, à Pondichéry ou à Chandernagor, les sommes dont le bénéfice lui était reconnu, sans qu'il eut à se livrer à aucune opération de commerce ni à courir le moindre alea. Il est inutile d'ajouter que, malgré ces avantages, les officiers eussent préféré le maintien de l'ancien régime.

III.— Pondichéry et les Comptoirs.

A part les invasions marates, que nous avons indiquées d'autre part, l'histoire de Pondichéry, pendant cette période de trois à quatre ans, ne présente pas beaucoup d'intérêt. Il est vrai que ces invasions suffirent à elles seules pour jeter un grand trouble dans les esprits et dans les affaires.

Le Conseil supérieur fonctionna normalement, sans aucun désaccord entre le gouverneur et les conseillers; il n'y eut de conflit pour ainsi dire permanent qu'avec le Conseil de Chandernagor, dont Dupleix était le chef assez indiscipliné. Les autres services : port, police, etc. fonctionnèrent également avec la même régularité.

Les affaires religieuses méritent seules de retenir un peu l'attention.

Les Ursulines venues à Pondichéry en 1738, au nombre de trois dont une sœur converse, moins pour y fonder un couvent que pour y installer un hospice, se refusèrent presque constamment de se soumettre au gouverneur. Il est probable que si Dumas était resté à Pondichéry après 1741, il les eut embarquées d'autorité; le 9 septembre 1740, le Conseil supérieur avait décidé de les faire repasser en France, mais la supérieure, la mère Marquez de Sainte-Gertrude, avait refusé d'obéir, disant qu'elle n'avait d'ordres à recevoir que de l'évêque de Vannes, qui l'avait envoyée. Dupleix qui succéda à Dumas. était animé d'intentions plus conciliantes et et il commença par entrer dans les vues de la mère de Sainte - Gertrude, qui projetait de faire venir deux autres sœurs, mais lui aussi dut finir par reconnaitre que la mère de Sainte - Gertrude était d'un esprit intraitable et les Ursulines, faute de trouver ou de recevoir de l'administration les ressources nécessaires pour subsister, se résolurent, quoique un peu tard, à rentrer en France, sans avoir fait à Pondichéry aucune œuvre d'aucune sorte.

Les relations étaient et restèrent meilleures avec les capucins qui desservaient l'église du fort et l'église Notre Dame des Anges, réservée aux blancs, et les jésuites qui desservaient dans la ville noire l'église des Malabars. Leurs attributions étant ainsi nettement définies, il n'y eut pas entre eux de conflit essentiel.

En 1739, les capucins, d'accord avec le Conseil supérieur, résolurent de démolir leur église qui se trouvait trop près dn fort et d'en reconstruire nne autre un péu plus au sud. La décision du 7 avril, qui consacra cette disposition, nous apprend que la première église se trouvait à 81 toises ou 160 mètres de l'angle du bastion de Bretagne ; la façade de la nouvelle fut à vingt toises plus au sud. La Compagnie contribua aux dépenses pour 3.000 pagodes. Il fut décidé peu de temps après (2 mars 1740) que la nouvelle église ne devrait pas avoir plus de 35 pieds sous la voûte, afin de ne pas masquer le fort. L'église des jésuites qui en était plus éloignée, avait une hauteur de 50 pieds.

Cette même année 1740, par un don gracieux de Pedro Canagarayen, dobache de la Compagnie, on commença, en mémoire du fils du donateur, à édifier l'église d'Oulgaret, près Pondichéry: cette église devait être exécutée sur le modèle de celle d'Ariancoupon.[1]

On s'imaginera peut-être que les capucins, qui avec les jésuites assuraient le service du culte, formaient une communauté puissante, sinon nombreuse; or ils n'étaient que trois pour desservir le fort, la paroisse de la ville et l'hôpital; le nombre prévu était de six. On sait d'autre part qu'ils dépendaient, au point de vue de la discipline, de l'évêque de Meliapour ou San-Thomé, lequel était un portugais.

Un dernier mot sur les finances. La Compagnie assurait la majeure partie des dépenses par ses envois de France; il y avait cependant des recettes locales qui, selon l'usage, étaient affermées; ces fermes étaient en progression croissante. En juillet 1738, on renouvela pour cinq ans le bail des terres de la Compagnie à raison de 4.152 pagodes par an, en augmentation de 1.506 sur la ferme quinquennale de 1733. Le 1er octobre 1741, la ferme annuelle du tabac et du bétel donna 11.413 pagodes contre 5.000 en 1730, 5.300 en 1735 et 9.257 en 1740; celle de l'araque de paria en rapporta 1.500 et celle de l'araque de Colombo, des vins et eaux-de-vie d'Europe, 700.

---

(1) Ces deux églises existent toujours. L'église Notre Dame des Anges édifiée en 1739-1740 fut démolie en 1761 par les Anglais.

Chandernagor.- Malgrè la récente acquisition de Karikal, dont Dumas espérait les plus grands profits, Chandernagor restait le second et peut être le plus florissant de nos établissements. Grâce à son inlassable énergie, Dupleix était parvenu à charger annuellement pour l'Europe deux à trois navires, qui tous portaient de 1.800.000 à 2 millions de marchandises et il en armait une dizaine d'autres pour le Bengale avec un chargement moyen de 3 à 400.000 livres. Ainsi les deux commerces arrivaient à peu près à se balancer.

A son départ, l'administration fut confiée à Dirois qui l'avait exercée par intérim onze ans auparavant. Dirois pensait pouvoir contracter pour trois vaisseaux d'Europe, mais il n'en reçut que deux, l'*Hercule* et le *Brillant*. Il fallait de l'argent pour les charger de marchandises. Dupleix ne jugea pas qu'il fut prudent d'envoyer à Mourchidabad des lingots monnayables qui à leur sortie de Chandernagor auraient pu être arrêtés et saisis par les marates; il préféra envoyer 920.000 rs. arcates qui à 8 % de change en firent au Bengale 993.600. Dirois emprunta de son côté 1.256.750 rs. sicca, dont la majeure partie à Fatichem, le grand banquier de Mourchidabad, au taux habituel mais fort lourd de 12 % par an.

Nous venons de parler des marates. Ces hardis pillards avaient jusqu'alors négligé de s'attaquer au Bengale, la province la plus éloignée de leur pays. Mais à la suite de la prise de Trichinopoly sur Chanda Sahib, ils remontèrent vers le nord et au début de 1742 ils envahirent le Bengale par l'ouest, sous la conduite de Ragogy Bonsla. Cette incursion, comme celles qui se succédèrent annuellement jusqu'en 1748, ne se traduisit par aucune occupation effective du pays; les marates se contentèrent de pressurer les populations.

Karikal.— Karikal se trouve à 25 lieues de Pondichéry par terre et à 20 lieues par mer ; avec la mousson du nord, on pouvait y aller en 15 heures.

Ce fut un simple hasard qui amena Dumas à y fonder un établissement. En février 1738, Sidogy, roi de Tanjore, étant mort, fut remplacé par son neveu Sahaji. Pour soutenir la lutte contre un compétiteur, le nouveau roi, fort dépourvu d'argent, offrit à Dumas de nous céder Karikal et cinq aldées pour 50.000 chacras[1], et lui demanda en outre un prêt sans intérêt de 100.000 chacras, remboursable en trois ans et garanti par un nantissement de plusieurs autres aldées. Dumas trouva l'occasion favorable pour donner un nouvel aliment à notre commerce et accepta la cession par traité du 10 juillet 1738. Toutefois, à la suite de certaines difficultés suscitées par Sahaji lui-même, le conseiller Golard ne put s'installer a Karikal que le 14 février 1739.

Il serait trop long et un peu fastidieux de développer les tractations qui suivirent ce premier établissement; elles furent surtout d'ordre financier et on les trouvera longuement exposées dans une lettre du Conseil supérieur à la Compagnie du 18 janvier 1740 (p. 174-176); il nous suffira de dire en résumé que l'acquisition de Karikal nous coûtait à cette date 55.247 pagodes et que les revenus annuels en étaient estimés 12.283.

La Compagnie, qui n'avait pas été pressentie sur cette acquisition, ne la désapprouva point, mais elle ne l'approuva pas non plus; devant "la certitude de la dépense et l'incertitude de l'avantage", elle se borna à accepter le fait accompli. Mais en l'acceptant, elle crut devoir recommander au Conseil supérieur "d'examiner s'il ne serait pas plus avantageux pour elle de le réduire en simple loge et magasins sans y entretenir des troupes qui lui seront extrèmement à charge et diminueront

---

(1) 100 chacras valaient 43 pagodes

considérablement les avantages que vous lui en faites espérer."

Tel ne fut point l'avis du Conseil qui répondit le 1er janvier 1741 que la Compagnie ne pouvait se dispenser de faire quelques fortifications et d'entretenir un certain nombre de troupes, non seulement contre les intrigues et la jalousie des hollandais, nos voisins à Négapatam, mais encore contre la mauvaise foi des naturels du pays, qu'il fallait toujours tenir en respect par des murs et de l'artillerie. Et puis convenait-il de laisser ouvert et sans défense un établissement de cette importance dans un pays sans cesse troublé par les révolutions? Karikal ne pouvait que devenir plus considérable si, outre la douceur et la justice de notre administration, ceux qui viendraient s'y établir y trouvaient la sécurité. Les revenus augmenteraient et nous dédommageraient d'une partie des dépenses. Aussi, tandis que la Compagnie pensait qu'on pourrait garder la ville avec une douzaine de soldats et autant de pions, le Conseil supérieur prévoyait au moins 100 blancs et 50 topas.

La Compagnie s'inclina devant ces arguments, mais elle n'était pas convaincue. Et de fait, le personnel militaire ne tarda pas à dépasser de beaucoup les prévisions du Conseil; le 1er janvier 1742, il était de 335 hommes et nous étions à la veille d'une guerre avec le Tanjore.

Pour balancer ces dépenses, nous n'avions comme recettes locales que l'affermage des aldées, donné le 8 mai 1741 à Rangapoullé pour 3.500 pagodes et les opérations commerciales se trouvèrent tout de suite arrêtées par l'insécurité du voisinage.

Autant qu'on en peut juger par la correspondance du Conseil, le désir de contrecarrer les visées ou les ambitions des hollandais ne fut pas étranger à l'occupation de Karikal. Les hollandais avaient en effet la prétention d'avoir des droits exclusifs sur toute la côte de l'Inde, depuis l'embouchure du Coléron à l'ouest jusqu'à Calicut à l'est. Cependant, lorsque nous occupâmes Karikal, ils n'élevèrent aucune protestation.

Mahé. — L'intérêt de ce modeste établissement résidait exclusivement dans le commerce du poivre, qui pouvait nous donner chaque année 1.500 à 1.600 candils, mais au nord s'étendaient cinq petits états se livrant au même trafic. Or nos voisins, les anglais de Tellichéry, qui, selon les usages de leur nation, ne poursuivaient que leurs intérêts immédiats, n'avaient d'autre but que de nous brouiller avec eux. Sur leurs suggestions, les quatre nambiars, l'un de ces états, nous firent la guerre au mois d'août 1739. Cette guerre où les anglais n'intervinrent que pour fournir à l'ennemi des munitions et des canonniers, se termina à notre avantage, par un traité signé le 22 décembre, en vertu duquel les nambiars nous cédaient les montagnes de Poitara et de Chambara, conquises au cours des évènements et promettaient de laisser venir librement à Mahé tous les poivres qui passeraient par leurs terres.

Ce succès encouragea Dirois, chef de notre comptoir, à demander à la mère de Bayanor, régente de Bargaret, de nous céder les deux montagnes dominant Mahé. Il fut assez heureux pour pouvoir les obtenir le 1er janvier 1740 et on commença aussitôt des travaux pour les mettre en état de défense.

Cette cession excita chez les indigènes un sentiment de réprobation que les anglais exploitèrent avec infiniment d'habileté. M. Wake, chef de Tellichéry, convainquit la régente de l'erreur qu'elle avait commise, s'assura le concours du roi de Colastry et quand il jugea que nous étions hors d'état de nous défendre, il ouvrit lui même les hostilités, en s'emparant de la montagne d'Andalimalla en arrière de Tellichéry.

Les hostilités se bornèrent à l'occupation de quelques

hauteurs et à divers faits d'armes de peu d'importance, mais assez graves pourtant pour paralyser notre commerce et nous engager dans des dépenses ruineuses, qui nous affaiblirent peu à peu et risquaient de nous conduire à un désastre. Aussi nos affaires étaient-elles compromises et même désespérées, lorsque la Bourdonnais arriva à Pondichéry avec une escadre le 30 septembre 1741 dans le but de secourir cette ville contre les marates. La paix étant faite avec eux depuis plusieurs mois, Dumas s'entendit aisément avec la Bourdonnais pour que celui-ci employât ses forces pour terminer la guerre de Mahé. Il mit à la voile le 20 octobre et arriva à Mahé le 24 novembre.

Il était temps; presque tous les malabars étaient ligués contre nous et s'ils ne nous avaient pris aucun poste, si même ils évitaient de nous attaquer, ils nous tenaient sans cesse en éveil et nos tronpes étaient extrêmement fatiguées. Par une action énergique, qui eut lieu le 3 décembre, la Bourdonnais mit en fuite les ennemis, qui perdirent environ 500 hommes, tandis que la victoire nous coûta 28 tués sur place et une trentaine de soldats qui moururent de leurs blessures.

La régente de Bargaret, informée de nos désirs de rétablir la paix, répondit favorablement à nos ouvertures, et après des négociations laborieuses, on aboutit à trois traités ou conventions les 26 décembre 1741, 3 et 22 janvier 1742, l'un avec les nambiars, l'autre avec les anglais, le troisième enfin avec Bayanor. Par ce dernier, le plus important de tous, la propriété des deux forts de Mahé nous était confirmée, mais nous rendions les quatre ou cinq forts que nous avions pris pendant la guerre.

Cette paix coûta à la Compagnie 125.000 fanons, autrement dit nous l'achetâmes plutôt que nous ne pûmes l'imposer.

La guerre nous avait naturellement imposé des charges plus lourdes que ne le comportait l'importance réelle du comptoir, dont l'étendue n'était guère, même après le traité de 1742, que de 2 à 300 hectares. Loin de réduire les effectifs, comme l'eut désiré la Compagnie, nous nous trouvâmes au contraire obligés de les accroître et nous dûmes entretenir en permanence de 4 à 500 hommes. Au début de 1741, on en compta même 550, non compris 200 cipahis.

En temps normal, la Compagnie dépensait par an plus de 200.000 roupies pour les besoins du comptoir, y compris l'achat des poivres. Si les bateaux venant de France n'avaient point de retard ou n'étaient point contrariés par une mauvaise mer, l'un d'eux devait en principe toucher à Mahé avant de venir à Pondichéry. Mahé était en oûtre une escale obligatoire pour tous les navires se rendant à Surate, au golfe Persique ou à Moka.

Trois directeurs se succédèrent à Mahé pendant cette courte période: Bunel, successeur intérimaire de Trémisot et qu'on dut relever de ses fonctions pour mauvaise gestion financière et finalement renvoyer en France après une longue enquête, Dirois qu'on accusa plus tard d'avoir prolongé la guerre avec Bayanor par une aveugle confiance en son interprête, dévoué aux anglais, et qui n'abandonna son poste que pour recueillir la succession de Dupleix à Chandernagor, enfin Signard, désigné dès le 2 novembre 1741 et qui n'arriva à Mahé en 1742 que pour exécuter les conditions des divers traités de paix.

Mazulipatam et Yanaon. — La Compagnie demandait en moyenne 15 à 20.000 pagodes de marchandises à Mazulipatam et le triple à Yanaon: les unes et les autres n'étant fabriquées que sur commande, suivant l'usage de tous les comptoirs. Les avances de fonds se faisaient en monnaie de Pondichéry, roupies et pagodes courantes ou à trois figures (1). L'écoulement de ces monnaies n'allait pas parfois sans les plus sérieuses difficultés; les faussedars des villes du voisinage, Chicacole, Rajamandry et celui de Mazulipatam lui-même ne se gênaient pas pour en arrêter le cours dans l'espérance d'obtenir de l'argent pour le retablir. Les années, 1737 à 1740 furent, à cet égard, particulièrement troublées; sous un prétexte ou sous un autre, les faussedars ou les marchands trouvaient que nos monnaies n'avaient pas le titre nécessaire et ils les refusaient en paiement, à moins de les leur donner à des changes excessifs; une fois même ils ne voulurent à aucun prix de nos pagodes à trois figures; quand après deux ans de résistance, nous les eûmes rapatriées à Pondichéry, il se trouva que ce furent celles-là seulement qui furent demandées.

A part ces difficultés, la situation du pays resta généralement tranquille et notre commerce put se développer sans crainte d'être interrompu par quelque guerre ou révolte. En 1740, le Conseil supérieur reçut de Mazulipatam 94 balles valant 24.043 pagodes, et d'Yanaon 661 balles. En 1741, Yanaon seul en fournit 627 et Mazulipatam 120. Enfin en janvier 1742, Yanaon put encore expédier 243 balles de mouchoirs: cette même année, Choisy, commandant à Yanaon, espérait pouvoir passer des contrats pour 108.000 pagodes.

A lire ces chiffres, on serait tenté de penser que Yanaon était une grande ville et Mazulipatam un gros bourg. Cependant alors comme aujourd'hui, Yanaon était une agglomération de 4 à 5.000 habitants et Mazulipatam en comptait une quarantaine de mille. Seulement le pays d'Yanaon jusqu'à Rajamandry se prêtait

____

(1) Il fallait 109 pagodes courantes pour 100 pagodes à trois figures et respectivement 320 ou 345 roupies pour faire l'équivalent de 100 pagodes courantes et de 100 pagodes à trois étoiles.

4

mieux à la production des toiles. Mazulipatam devait surtout sa valeur à sa situation maritime, qui permettait aux gros navires d'y aborder. Yanaon n'était accessible qu'aux bots et à quelques brigantins.

Les chefs qui se succédèrent à Mazulipatam furent : Leverrier, Guillard et Boyelleau et ceux d'Yanaon furent : Guillard et Choisy. Boyelleau n'était en fonctions que depuis le mois de septembre 1741.

Surate.— La Compagnie ne faisait plus d'affaires pour son compte depuis les dettes qui avaient épuisé son crédit entre 1720 et 1725 ; cependant en 1740, il ne se présentait presque plus de créanciers. Nos agents, limités à un chef et à deux employés, ne servaient plus qu'à couvrir ou à règler les opérations que pouvaient encore faire nos compatriotes ou les Indiens se réclamant de notre pavillon. Le Conseil supérieur leur demandait seulement de ne point prêter leur nom aux banians et aux maures pour faire passer des marchandises à Moka et frauder par ce moyen les droits dus aux Arabes.

En 1742, le comptoir de Surate avait pour chef le conseiller Leverrier, qui avait remplacé dans le courant de 1739 Jean - Baptiste Martin, mort en 1738 et successeur lui-même de Flacourt, décédé en 1736. Il avait comme second un nommé Boucard.

Les marchandises de Surate ne convenaient point en France et la Compagnie avait demandé qu'on ne lui en fit passer aucune.

IV.—TROUPES ET FORTIFICATIONS.

Les troupes de la métropole en service dans l'Inde auraient dû en principe se monter à un millier d'hommes, répartis en dix compagnies de 110 hommes chacune, dont quatre à Pondichéry et deux à Karikal, Mahé et Chandernagor. Mais ce chiffre n'était jamais atteint, par suite des décés et des désertions. En 1739, la Compagnie envoya une relève de 130 hommes et une autre de 150 l'année suivante. Malgré ces renforts, il ne restaït à Pondichéry au 31 décembre 1740 que 350 soldats blancs, y compris les sergents et caporaux et sur ce nombre on comptait 30 à 40 malades à l'hopital et une soixantaine d'autres épuisés par la vieillesse ou par la débauche. Dans le mème temps, il n'y avaıt à Karikal que 117 soldats blancs. Lorsque survint la menace marate, en janvier 1741, le Conseil supérieur se résolut à retenir une partie de l'équipage du *Comte de Toulouse* et le remplaça par des lascars. Cette mème année, la colonie reçut de France un nouveau renfort de 370 hommes, dont 250 furent immédiatement envoyés à Mahé. L'intention de la Compagnie était alors d'entretenir à Pondichéry 500 soldats européens environ, Le rôle du chef-lieu n'était-il pas de fournir la relève de tous les comptoirs ?

Parmi ces soldats, il y avait quelques armuriers ; la Compagnie estimait fort sagement qu'il ne convenait pas d'apprendre ce métier aux Indiens, de peur qu'ils ne nous quittassent pour passer chez les Maures aussitôt qu'ils sauraient quelque chose. Pour le même motif, elle ne désirait pas beaucoup former des canonniers indigènes.

Sur la menace de complications avec le nabab, Dumas commença des travaux de fortifications qui poussés d'abord très activement, se ralentirent peu à peu, sans être jamais suspendus. Le P. Louis, puis de Cossigay, un ingénieur venu des Iles, les dirigèrent successivement. En octobre 1740, Cossigny termina des merlons, parapets et plateformes aux bastions de l'enceinte. La ville se trouva alors entièrement protégée du côté de la terre, mais elle resta ouverte vers la mer où les travaux mal conçus furent détruits par les flots.

Au moment de l'invasion marate, des travaux plus particuliers furent entrepris. Le Conseil fit raser les maisons et jardins qui étaient autour de la ville, mura la porte de Goudelour, édifia des pàtès fraisés d'épines vis-à-vis des trois autres portes, acheva les plateformes, termina les parapets et fit faire des merlons de bastions avec des petits corps de garde dessus, pour que les sentinelles pussent y rester jour et nuit ; il décida enfin d'entourer la ville de fossés. La Compagnie, s'appuyant sur une opinion de l'ingénieur Deydier exprimée en 1727, jugea que ce dernier travail n'était entrepris que dans un but de décoration et non pas de défense, et prescrivit de l'arrêter, s'il en était temps encore ; pour toute réponse, le Conseil le continua.

Dumas décida également de créer à Oulgaret, à cinq kilomètres de Pondichéry, un jardin où iraient se reposer les malades et les convalescents. Il en fut comme du fossé ; la Compagnie jugea que le jardin n'avait été imaginé que pour servir de promenade et ordonna de ne pas l'achever. Le Conseil passa outre encore une fois.

Dumas acheva enfin l'hopital commencé en 1734 et dont le coût atteignit le 30 juin 1740 le chiffre excessif de 31.351 pagodes, construisit à l'endroit où se trouvait l'ancienne porte de Goudelour un hôtel des monnaies qui coûta 5.520 pagodes et commença l'édification d'un nouvel hôtel du gouvernement, dont les travaux étaient interrompus depuis plusieurs mois au moment de l'arrivée de Dupleix.

V.—Employés.

Il n'y a rien d'essentiel à signaler sur le personnel civil ou militaire. Les réglements et les principes d'avancement établis en octobre 1747 continuèrent d'être en vigueur. La Compagnie recommandait au

Conseil de ne faire avancer les commis qu'à l'ancienneté, à moins que le sujet ne fut indigne, auquel cas le Conseil restait maitre d'agir comme il lui couvenait, sauf à en rendre compte aux directeurs.

Parmi les conseillers qui furent nommés de 1738 à 1742, il convient de retenir les noms de d'Esprémenil, fils de l'un des directeurs de la Compagnie, et de Quentin de la Métrie, qui furent installés dans leurs fonctions le 9 octobre 1741, et ceux de Leyrit, Guillard et Février, qui commandèrent plus tard dans certains de nos comptoirs ; parmi les sous-marchands dont le nombre total fut fixé à 35, les noms de Debrain, Moracin et de Cotterel méritent seuls d'être retenus. Des quinze commis annoncés par lettre du 15 novembre 1740, nous ne retiendrons que les noms de Panon et de Sainfray, qui jouèrent plus tard un certain rôle et celui de Vincent, fils de Madame Dupleix.

Les employés étaient pour la plupart assez médiocres, et il est curieux de lire dans les lettres de la Compagnie, notamment celles des 9 novembre 1740 et 25 novembre 1741, quels titres on leur reconnaissait. Celui-ci, est-il dit, entend assez bien l'arithmétique et un peu les livres, parait avoir de l'esprit, être doux et d'un bon caractère, celui-là écrit bien, entend un peu les livres et l'arithmétique ; cet autre entend bien aussi l'arithmétique et les livres et parait rempli de bonne volonté, lit et écrit assez bien et est assidu. Vincent est ainsi noté : n'a pas une belle écriture, mais s'entend un peu dans les livres et sait chiffrer.

Une place à part doit être faite à l'ingénieur Paradis, arrivé dans l'Inde en 1737 et d'abord affecté aux postes de Mahé puis de Karikal. Les dispositions qu'il montra pour les travaux de fortifications lui valurent le 15 février 1740, le titre de capitaine réformé, c'est à dire de capitaine à la suite. Au départ de Cossigny, en octobre 1741, il recueillit sa succession, en attendant que des évé_ements plus importants ou plus graves missent en pleine lumière ses rares qualités.

La valeur des officiers ne dépassait point celle du personel civil. Ils étaient souvent recrutés à la base parmi les " indésirables " de France, parmi les jeunes gens dout les familles, lasses de leurs incartades, ne voulaient plus entendre parler. La Compagnie se réservait en principe le droit exclusif de leur nomination, mais il arrivait quelquefois que pour les besoins du service ou pour tout autre motif, le Conseil supérieur fit les nominations directes que la Compagnie n'avait plus qu'à ratifier. La Compagnie fit savoir le 18 février 1741 que dorénavant elle n'admettrait plus à son service ceux qu'elle n'aurait pas elle-même désignés pour y entrer, et que dans le cas contraire elle les exclurait, " sans se laisser entamer davantage à cet égard."

En même temps qu'elle envoyait ces recommanda-tions, la Compagnie expédia quatre commissions de capitaine, neuf brevets de lieutenants, dont Bausset et dix brevets de sous-lieutenants, dont Mainville et d'Héry. Aucun des autres ne mérite d'être cité.

Parmi les officiers alors en service, une mention spéciale doit être faite pour Bussy, le futur héros de l'épopée du Décan. En 1742, il n'était encore que lieutenant. Il fut avec Paradis le collaborateur le plus dévoué de Dupleix et aussi le plus judicieux et le plus avisé.

VI.—Affaires de Colèche et de Ponatour.

Nous avons réservé pour la fin une mention spéciale aux affaires de Colèche et de Ponatour, moins en raison de leur importance propre que parce qu'elles mettent en cause la politique de la Compagnie.

Le prestige acquis par Dumas dans l'affaire de Moka, puis dans celle de Karikal, avait décidé plusieurs *palia-*

gars ou petits chefs indigènes des provinces du sud à lui faire des propositions d'établissement dans la baie de Tuticorin et le roi de Travancore lui-même était disposé à lui céder le port de Colèche. Il lui envoya même des ambassadeurs avec un projet de traité qui nous cédait le droit de propriété sur toute la ville de Colèche et le droit exclusif de faire le commerce des toiles jusqu'à neuf lieues dans l'intérieur des terres. Sans demander ou plutôt sans attendre l'avis de la Compagnie, Dumas se résolut à envoyer à la côte malabar une petite flotte qui parut devant Colèche le 12 mars 1740. On allait en prendre possession et déjà quelques hommes étaient descendus à terre, lorsque parut une escadre hollandaise et qu'arrivèrent de Mahé des ordres de surseoir à l'occupation. Notre flottille prit donc la direction de Mahé, malgré les prières et même les supplications du roi de Travancore et de son entourage.

Dumas souffrit cruellement de cette déconvenue qui ressemblait fort à une reculade devant les menaces à peine déguisées des hollandais. Toutefois les événements avaient pris une telle tournure qu'il ne pouvait les dissimuler à la Compagnie et, en les lui révèlant, lui demander son sentiment. "Nous avouons à la Compagnie, lui écrivit-il le 16 octobre, que dans de pareilles occurences nous ne laissons pas que d'être fort embarrassés sur le parti que nous avons à prendre, ne trouvant rien dans tout ce qui s'est passé jusqu'à présent qui puisse nous éclaircir et sur quoi nous puissions appuyer et déterminer notre conduite. Nous avons à répondre à des princes, souverains dans leurs pays, qui nous y appellent et nous offrent des avantages considérables qui nous sont connus par l'expérience que nous avons de ces pays. Nous serions donc bien tentés de profiter de leurs offres et de former de nouveaux établissements dont nous sentons la nécessité et l'utilité pour l'augmentation et l'agrandissemet du commerce de la nation et de la Compagnie, qui devient si considérable que les anciens établissements n'y peuvent suffire. Mais d'un autre côté nous sommes incertains si la Compagnie, qui ne voit pas la chose d'aussi près que nous, sera aussi persuadée de l'utilité et de la nécessité de ces nouveaux établissements qui trouvent toujours des antagonistes et des contradicteurs, si elle approuvera les dépenses nécessaires et indispensables pour les former." (p. 96-97).

Dumas n'avait pas tort de douter de l'approbation de la Compagnie; celle-ci n'avait pas attendu le résultat de l'entreprise du mois de mars 1740 pour adresser au Conseil supérieur les observations suivantes : "L'aisance dans laquelle nous travaillons à vous entretenir ne doit pas contribuer à ce que vous vous laissiez aller plus facilement à des entreprises du succés et de l'utilité desquelles vous n'êtes pas moralement assurés ou qui entraîneraient avec elles des dépenses trop fortes ou des inconvénients qu'il convient toujours d'éviter. Nous ne pouvons, malgré tout ce que vous nous marquez en faveur des établissements de Travancore et de Ponnatour ne pas les regarder comme des entreprises à peu près de cette espèce ; car indépendamment de ce que l'on nous a assuré que les mêmes offres ont été faites à M. Trémisot on nous a assuré aussi que l'on ne devait espérer de pouvoir tirer des poivres que de Ponnatour et que tout le commerce à faire à Travancore se réduisait à déboucher annuellement une très petite quantité de marchandises de Bengale et que d'ailleurs quand il serait possible d'en tirer aussi des poivres, ces deux établissements ne nous deviendraient pas d'une aussi grande utilité que vous nous le représentez." (p. 290-294).

Sans être une condamnation formelle de l'établissement, cette lettre laissait peu d'espoir qu'il fut jamais constitué et de fait, malgré les perspectives que lui faisait entrevoir Dumas, la Compagnie se refusa à créer de nouveaux comptoirs ;   Mahé et Karikal créés depuis 1720 lui suffisaient.

Le roi de Ponnatour, dont il vient d'être question, était un petit souverain de la côte malabar, dépendant du Samorin de Calicut. Celui-ci aussi nous avait demandé en septembre 1739 de former un comptoir en son royaume. On dut s'abstenir pour les mêmes raisons qu'à Coléche. et de tous les projets d'agrandissement formés par Dumas, seul celui de Karikal se trouva réalisé.

A. MARTINEAU.

Réponse en apostille a la lettre de la Compagnie par M.M. du Conseil de Pondichéry, concernant les monnoyes, en date du 20 Octobre 1740.

Lettre écritte de la Compagnie a M.M. du Conseil de Pondichéry, concernant les monnoyes, en date du 21 Aoust 1739.

Art. 1er

Messieurs,

Tout ce que nous avons écrit à la Compagnie n'a eu d'autre but que ses véritables intérêts. Nous ne lui dirons plus rien à l'avenir à ce sujet.

Art. 1er

Par les lettres que nous vous avons écrittes, Messieurs, à la fin de l'année dernière et au commencement de celle-cy, nous vous avons marqué le mécontentement de la Compagnie touchant le peu de subordination du Conseil de Chandernagor, et notamment à l'occasion du *paravana* qu'il a obtenu pour pouvoir faire fabriquer des roupies *siccas* à la monnoye de Moxoudabad.

Art. 2

Il n'a point esté en notre pouvoir d'apporter aucun remède à l'altération des monnoyes en cette côte; aucunes de nos démarches n'y ont contribué en façon

Art. 2

Nous voyons présentement avec une véritable peine, par votre lettre du 15 Octobre 1738 et par celle de M. Dumas de même datte, l'embarras où

quelconque, comme nous le prouverons cy après, et nous ne pouvons revenir de notre étonnement de voir que la Compagnie a pû penser un instant le contraire.

vous vous trouvez par rapport au titre des pagodes que les chefs de la monnoye d'Alemparvé diminuent de jour en jour, et que vous avez été forcés de recevoir en payement pour les 50.000 pagodes de matières d'argent à raison de 7 pagodes 2 fanons la *serre* que vous êtes tenus de fournir à Citizorkan et à Goulâm Isman Hassenkan par chaque vaisseau que la Compagnie enverra de France à Pondichéry pour y vendre son chargement, conformément aux articles 2 et 3 du traité que vous avez fait avec eux en 1736, en conséquence de la promesse obtenue du Nabab pour la frappe dans Pondichéry des roupies Arcates.

Cette diminution du titre nous est d'abord annoncée par votre délibération du 20 Mars 1737, qui a réduit le titre des pagodes qui se fabriquent à la monnoye de Pondichéry, à 8 *toques* 4/64, au lieu de 8 *toques* 15/32 qu'on les fabriquait cy devant, et cela devant la demande des marchands de Pondichéry d'en faire frapper au même titre que celles que l'on fabrique à Alemparyé, qui est de 8 *toques* 3/64, par conséquent 1/64 de plus, et ensuite confirmée par le payement que vous avez fait aux marchands de 1787 pagodes 12 fanons en conséquence de votre délibération du 22 mars 1738, pour les dédommager de la perte qu'ils ont supportée sur les pagodes d'Alemparvé, dans le Tanjaour et à Ceylan, aussi que des dépenses qu'ils ont faites pour le transport de toiles.

Art. 3.

La Compagnie a pû voir par nos délibérations faites en . . . . . . affaire.

Art. 3.

Vous nous exposez par une autre délibération du 6 May suivant, que les chefs de la monnoye d'Alemparvé altérent de jour en jour le titre des pagodes, qui était anciennment de 8 *toques* 3/8, qu'ils l'ont réduit à 8 *toques* 1/4, et depuis à 8 *toques* 1/16, titre auquel elles ont resté pendant quelques années, mais que depuis quelques mois il a paru des pagodes au titre de 7 *toques* 7/8 fabriquées à la monnoye d'Alemparvé, lesquelles ne pouvant avoir cours dans les terres hors la domination d'Arcatte qu'avec une perte considérable,

ART. 4.	ART. 4.

Nous n'avons rendu diverses ordonnances que pour ne point paraitre nous endormir dans une affaire de cette conséquence, sans espérance néanmoins qu'elles pussent y apporter aucun remède. Quelques vains et inutiles qu'ayent esté nos efforts et nos représentations au Nabab et à Ismansaheb, nous n'avons pas crû, pour n'avoir rien à nous reprocher, pouvoir nous dispenser de les faire.

Vous avez été forcés, pour remédier aux inconvéniens qui pourraient résulter de l'altération du titre de ces pagodes, de rendre une ordonnance portant déffence à tous marchands, et négociants, habitants de Pondichéry, ou autres qui viendrout de dehors pour y négocier, et à toutes personnes de quelque qualité et condition que ce soit, blancs ou noirs, de recevoir et donner en payement aucunes pagodes d'or au dessous du titre de 8 *toques* 1/16 et du poids de 81 pagodes 3/4 à la *serre*, sous les peines y portées, et qu'à l'égard des fausses pagodes qui peuvent estre répandues dans la ville, qu'elles seront emportées à la monnoye de Pondichéry, à compter du jour de la publication de votre ordonnance, pour y être refondues.

A peine cette ordonnance est-elle rendue, publiée et affichée dans Pondichéry, que vous recevez de la monnoye d'Alemparvé 86.000 pagodes à compte des 100.000 pagodes de matières d'argent que vous devez livrer aux chefs de la monnoye à 7 pagodes 2 fanons la *serre* pour le chargement de deux vaisseaux, suivant le traité fait avec Ismansaheb, le 10 Septembre 1736, dans le nombre des quelles vous nous dites qu'il s'en trouve 70.000 inférieures au titre d'environ 3 1/2 0/0, ce que vous avez reconnu par l'essai que vous en avez fait faire, n'étant que du titre de 7 *toques* 11/16, et que vous avez été forcés de garder sur le refus qu'on vous a fait à la monnoye de Jorbandel de vous en livrer de l'ancien titre, nonobstant vos remontrances et les raisons données dans votre délibération du 22 Mars 1738, sur la réfonte des quelles fixant au titre de 8 *toques*, il y a perte pour la Compagnie de 3.800 pagodes.

Nous voyons, par une autre délibération prise le 12 Août suivant, que sur les plaintes que Ismansaheb vous a faites d'avoir non seulement retenu les 3.800 pagodes de matières d'argent pour la différence du titre sur les 70.000 pagodes, mais encore d'avoir rendu une ordonnance pour défendre le cours des pagodes fabriquées à sa monnoye (ordonnance, dit-il, qu'il ne vous est pas permis de rendre, étant des deniers royaux), vous avez été contraints, dans la crainte de l'indisposer, de rendre aux chefs de la monnoye d'Alemparvé les 3.800 pagodes de matières d'argent sauf à prendre par la suitte auprès de luy et du Nabab tel remède que le temps et les circonstances pourront le permettre pour rétablir les pagodes sur l'ancien titre, ou du moins empêcher qu'elles ne baissent davantage.

Vous nous dites ensuite, par une autre délibération prise le 15 Octobre 1738, que les nouvelles pagodes qui se fabriquent à la monnoye d'Alemparvé, ne sont plus qu'au titre de 7 *toques* 3/4, et que vous tâcherez de convenir avec Ismansaheb qu'elles resteront absolument fixées à ce titre, en faisant un traité avec luy, mais que vous appréhendez de trouver de grands obstacles, et que votre embarras est difficile sur le parti à prendre, s'il réduit le titre des pagodes à 7 *loques* et peut-être à 6.

Art. 5.

A qui nous adresserons nous donc dans des occasions aussi épineuses et aussi délicates pour avoir des ordres, si ce n'est à la Compagnie? Nous lui avons marqué que nous ne voyons d'autre remède à l'avarice et à la conduite des Maures, ou de suivre le torrent et de recevoir en payement de nos draps, coraux et matières d'argent

Art. 5.

Que vous priez la Compagnie d'y réfléchir et de vous donner ses ordres en conséquence. Mettez vous pour un moment à notre place, et examinez vous mèmes quels ordres nous pouvons vous donner après l'engagement que vous avez contracté par les articles 2 et 3 de votre traité.

des pagodes, du titre et du poids qu'il plaira au gouvernement de les donner, ou de suspendre toutte vente et commerce à cette côte. L'alternative n'est-elle pas assez de conséquence pour mériter une réponse décisive de la Compagnie, et qu'elle élude en nous attribuant contre toute vérité la vraysemblance d'avoir occasionné la diminution du titre des pagodes par notre traitté avec Ismansaheb du 10 Septembre 1736, suivant lequel nous nous sommes obligés de luy livrer par chaque vaisseau d'Europe, qui fera son commerce à Pondichéry, cinquante mille pagodes de matières d'argent à 7 pagodes 2 fanons la *serre*. Pour appuyer ce paradoxe, la Compagnie avance sans aucun fondement ny preuves que la diminution du titre des pagodes n'a commencé que depuis la conclusion de ce traité où nous avons omis, dit-elle, de fixer le titre des pagodes, concluant que

c'est de là et pour cette raison que les maures ont pris
le party d'en diminuer le titre. Nous prouverons, à la
suite de cette réponse, combien ce raisonnement est
absurde et mal fondé.

<table>
<tr><td>

Art. 6.

La traduction du traité
fait avec Citizjoekan et Is-
mansaheb, dont en suit la
teneur, prouvera que nous
estions convenus qu'on nous
donnerait en payement des
pagodes de Négapatam,
dont le titre est constam-
ment reconnu et fixé depuis
plus de cent ans à 8 *toques*

</td><td>

Art. 6.

Un unique mot suffisait
pour parer à tous ces obsta-
cles, qui estait de fixer le ti-
tre de la pagode que l'on de-
vait vous livrer à 8 tóques
3/64, titre qu'elle avait lors-
que vous avez fait ce traité,
pour celles qui se fabri-
quaient à Alemparvé.

</td></tr>
</table>

5/8. Cette première objection tombe donc et se détruit
à l'aspect de notre traité que la Compagnie n'a pas voulu sans doute se faire lire, quoiqu'il soit inséré dans
plusieurs endroits et notamment dans notre délibération
du 10 Septembre 1736: extrait de la dite délibération,
articles accordés à Citijorkan par le Gouverneur de Pondichéry au nom de la Compagnie,

Des matières d'argent qui viendront chaque année etc.

Si nous avons reçu d'Ismansaheb des pagodes inférieures à ce titre, nous y avons esté forcés par nombre
de considérations que la Compagnie n'ignore pas. Il fallait d'ailleurs opter à recevoir ces pagodes ou suspendre
tout commerce ; quel parti prendre ? Quelqu'autre nous
aurait-il donné de meilleures pagodes ? Au contraire, on
n'en fabriquait dans toutes les autres monnoyes des maures que d'inférieures à celles d'Alemparvé.

Ne semblerait-il pas à la façon dont la Compagnie
s'explique que nous estions les maistres de laisser les

les pagodes de bas titre que Ismansaheb voulait nous
donner, et d'en avoir des meilleures de quelqu'autre
côté ?

Art. 7.

Des personnes qui doi-
vent avoir une parfaite connaissance des Indes Orientales et du commerce dé
cette côté, ont-elles pu penser, un instant que notre
traité fait avec Ismansaheb
de fournir chaque année à

Art. 7.

La fixation de ce titre aurait pu empècher le Nabab
et les chefs de sa monnoye
d'en altérer le titre. Vous
nous objecterez que le Mogol peut baisser le titre de
sa monnoye, cela est vrai;

la seule monnoye d'Alemparvé pour 150.000 à 200.000
pagodes, de matières d'argent, ait pu contribuer en quelque chose à la diminution du titre des pagodes dans toutes les monnoyes de la dépendance d'Arcatte, qui sont au
nombre de vingt-deux, et que la Compagnie semble vouloir réduire à la seule monnoye d'Alemparvé ?

Deux fanons de différence par *serre* sur le prix de
25.000 à 30.000 *serres* qu'on devait fournir par année,
produiraient-ils pour le Nabab et pour Ismansaheb, un
bénéfice assez considérable pour les déterminer à diminuer le titre des pagodes dans toutes les terres de leurs
dépendances, à ruiner tout le commerce de la côte et
faire crier toutes les nations d'Europe et des Indes, qui
plus indulgentes que la Compagnie et plus à portée
qu'elle d'en juger, ne se sont jamais avisées de penser
que nous eussions occasionné l'altération des monnoyes
à cette côte?

Nous prouverons, par la suite de cette réponse, que
depuis le traité du 10 Septembre 1736 jusques à ce jour,
il n'a été fourni en tout à Ismansaheb, pendant quatre
années, et en conséquence du susdit traité, que 42.352
serres d'argent, objet de trop petite conséquence pour

le Nabab et pour luy, pour qu'il ait contribué en rien à l'altération du titre des pagodes, qui avait commencé bien long temps auparavant. Mais en supposant pour un moment que notre traité eut déterminé ou contribué en quelque chose à la diminution du titre des pagodes fabriquées à la monnoye d'Alemparvé, pour quelle raison les a-t'on diminuées dans toutes les autres monnoyes de la dépendance d'Arcatte, au nombre de vingt-deux?

Nous l'avons déja dit cy devant: n'est-il pas plus naturel de croire que le gouvernement maure a donné des ordres généraux pour qu'on diminuât dans toutes les monnoyes de sa dépendance le titre des pagodes, et que ces refontes d'une quantité prodigiense de ces espéces luy donnent chaque année un bénéfice considérable. Son avarice et sa cupidité l'ont déterminé à les continuer dans tous les pays de sa domination, sans que nous puissions apercevoir quelles bornes il donnera à l'avenir à cette opération.

Art. 8.

Si la Compagnie avait bien voulu lire avec attention notre délibération du 15 May 1738, elle y aurait trouvé la réponse à l'article cy contre et notre justification, puisqu'il y est dit que *le Directeur de la monnoye d'Alemparvé, ayant voulu nous donner en payement de cent mille pagodes de matières d'argent que nous lui fournissions en conséquence du traité du 10 Septembre 1736, des*

Art. 8.

Mais l'obligation de fournir à Ismansheb pour 50.000 pagodes de matières d'argent pour chaque vaisseau à raison de 7 pagodes 2 fanons la *serre* de Pondichéry, cessait, faute d'en remplir les conditions, et annulait en cette partie le traité fait avec Ismansaheb, condition expresse qui devait y estre bien expliquée, et vous devez penser que, faute par vous d'avoir inséré dans ce traité le titre de *pagodes d'un titre inférieur, nous lui aurions fait refus de les recevoir et de luy livrer notre argent*, à quoi il nous aurait répondu simplement que nous pouvions le garder et luy renvoyer les pagodes.

La Compagnie verra par cette même délibération les raisons qui nous ont forcés à prendre le party de ne point renvoyer ces pagodes.

Malheureusement pour la Compagnie, Ismansaheb, depuis cetemps là, n'a plus voulu prendre d'argent à sept pagodes deux fanons la *serre*; ainsy le traité si improuvé par la Compagnie, et auquel elle attribue si mal à propos la diminution du titre des pagodes, n'a plus lieu. Elle doit donc être tranquille à cet égard. Nous ne pouvons cependant nous dispenser de luy dire qu'il estait bien avantageux pour son commerce. Comme elle l'a reconu elle même par sa lettre du 30 Octobre 1737, dont ensuit l'extrait, qu'il nous procurait, aussitôt l'arrivée des vaisseaux de France, même souvent d'avance, cent à

la pagode, vous avez ouvert la porte à ceux que la cupidité rend insatiables, qui ont sû profiter de cette obmission essentielle, qui faisait néanmoins la sureté entière de votre traitté.

Nous avons la satisfaction ....des matières d'argent, et sur la promesse obtenue de fabriquer des roupies, nous sentons tout l'avantage que ces résultats rapportent au commerce de la Compagnie; c'est un privilège fait à la nation.

Nous sentous aussi que s'il était d'une grave conséquence de pouvoir frapper les roupies, c'était en même temps un article qu'on avait tout lieu de craindre de ne plus avoir. Enfin, on ne peut assez admirer la grandeur d'âme avec laquelle Ismansaheb s'est employé auprès du Nabab pour éviter les obstacles.

Nous approuvons tout ce que M. Dumas avait arrangé avec luy, le 17 Août 1736, et que vous avez accepté. Nous ne doutons pas que l'engagement qu'il a pris de fournir chaque année, par chaque vaisseau

cent cinquante mille pagodes d'or, ce qui nous mettait en état de presser la fabrique des marchandises et de soutenir le poids et le titre de nos matières d'argent, deux objets des plus importants pour elle.

d'Europe qui irait à Pondichéry pour faire son retour en France, pour cinquante mille pagodes de matières d'argent, sur le pied de sept pagodes deux fanons la *serre*, ne soutienne le prix de la pagode, et ne l'empêche de tomber à sept pagodes un fanon, et même à sept, comme il a esté cy devant.

Art. 9.

Notre respect pour la Compagnie nous empêche de répondre à cet article comme nous pourrions le faire. Nous croyons cependant qu'il nous est permis de luy demander quelle preuve elle peut nous donner de ce qu'elle avance icy. Quant à nous, nous pouvons lui fournir des pagodes en cours en Europe et aux Indes, suivant certificat ci-joint de la monnoye de Négapatam, qui

Art. 9.

Puisque ce n'est que depuis cette convention que le Nabab et Ismansaheb ont altéré successivement le titre des pagodes, que serait-il arrivé de l'inexécution de ce traité. Votre obligation cessait, et portant les matières d'argent de la Compagnie à la monnoye d'Alamparvé, vous les vendiez à 7 pagodes 5 ou 6 fanons la *serre*, et peut-être plus avantageusement.

étaient conformes au titre. Toutes celles qui avaient cours à cette côte sont depuis 90 ans du titre de 8 *loques* 1/8.

Il y a plus de trente ans que les Maures ont commencé à en altérer le titre dans leurs monnoyes, et elles n'étaient plus que de 8 *toques* 1/92 et 8 *toques* 3/64, en 1736, quand nous avons fait notre traité avec Ismansaheb, ainsi que la Compagnie en convient elle-même dans cette lettre.

Lorque nous avons fait ce traité avec Ismansaheb, les pagodes étaient réduites au titre de 8 *toques* 3/64 de 8 *toques* 5/8, 8 *loques* 1/2 et 8 *toques* 15/32 qu'elles étaient cy devant. Le traitté de 1736 n'est donc pas l'époque où l'on puisse fixer le temps qu'elles ont commencé à diminuer de titre.

Il est prouvé par les régles de toutes les monnoyes de cette côte et par les livres mêmes de la monnoye de Pondichéry, dont les extraits sont cy joints, qu'en 1722 et 1723, les pagodes qui avaient été toujours de 8 *loques* 20/32, n'étaient plus que de 8 *loques* 16/32, et en 1724 et 1725 de 9 *toques* 15/32.

Elles ont continué à diminuer de titre chaque année, de sorte qu'en 1731, il ne se fabriquait plus chez les maures que des pagodes du titre de 8 *loques* 12/32; en 1732 et 1733 elles furent réduites à 8 *toques* 8/32, et en 1734 et 1735 à 8 *toques* 6/32 et 8 *toques* 4/32. En 1736, elles étaient réduites au titre de 8 *toques* 2/32 et 8.3/64. Elles sont encore tombées d'année en année jusqu'en 1740 à 7 *toques* 5/8, ce qui fait 7/16 ou 14/32 de *toques* ou environ de diminution depuis cinq ans.

Tout cela prouve incontestablement que les pagodes ont commencé à diminuer longtemps avant le traité de 1736, et que ce traité n'ayant pas eu lieu depuis plus de trois ans, elles n'ont pas pour cela discontinué de diminuer de titre, que vraisemblablement elles diminueront encore par la suite. On peut conclure de là avec certitude que notre traité auquel la Compagnie s'accroche pour se dispenser de nous donner ses ordres, n'a influé en aucune façon sur cette altération des monnoyes.

Art. 10.

Qu'il est douloureux de nous voir substituer des duretés aux louanges qui nous sont dus pour avoir tenu une conduite des plus sages et des plus délicates dans tous les événements les plus extraordinaires et les plus épineux que nous avons eu à essuyer dans cette côte depuis quelques années.

Art. 10.

C'est donc à vous à vous imputer tous les embarras où vous vous trouvez et lever tous les obstacles que cette obmission du titre des pagodes a occasionnés,

Art. 11.

La Compagnie doit être bien satisfaite puisque Ismansaheb nous a depuis trois ans déchargés de l'obligation que nous avions contractée avec lui par les articles 2 et 3 du traité de 1736.

Art. 11.

A mettre tout en usage pour .... les articles 2 et 3 du traité du 10 septembre 1736, si vous ne l'avez déjà fait.

Art. 12.

Si nous avions à faire à quelque marchand malabar, habitant de Pondichéry, nous pourrions peut-être, s'il avait grand besoin de notre argent, lui imposer les conditions que la Compagnie exige; mais nous sommes forcés de traiter différemment avec le gouvernement maure et un seigneur comme Ismansaheb. Mais la Compagnie

Art. 12.

A constater avec Ismansaheb par un nouveau traité le titre des pagodes qui seront fabriquées à l'avenir à la monnoye d'Alemparvé, ainsy que le prix de la *serre* des matières d'argent qui y seront portées proportionnellement au titre des pagodes que vous ne manquerez pas d'y insérer, au cas qu'il ait lieu en prenant toutes les plus

n'est pas obligée de sçavoir faire cette différence; au surplus, il n'est plus question de tout cecy: Citizorkan est mort; Ismansaheb n'a plus la direction d'Alamparvé, et s'est retiré à Golconde auprès du fils de Nizam. Nous informons dans un autre endroit la Compagnie de cette révolution.

grandes précautions pour éviter toute surprise de sa part; bien entendu, cependant, que si après le traité fait, la pagode venait à baisser de titre, le prix de la *serve* d'argent augmenterait, ce qui doit estre encore une condition essentielle de votre traité avec Ismansaheb.

Art. 13.

On n'a jamais rien changé au titre de ces pagodes à trois figures qui ont toujours esté de 8 *toques* 5/8, et de même titre et poids que celles de Madras.

à Madras, ainsy qu'il en a esté fabriqué cy devant à la monnoye de Pondichéry.

Art. 13.

Quant aux pagodes à trois figures que vous faites fabriquer pour le commerce de Mazulipatam et de Yanaon, elles doivent estre du même titre et du même poids que celles qui se fabriquent

Art. 14.

Les extraits des lettres de Mazulipatam et de Yanaon cy joints informeront la Compagnie des raisons qui ont engagé les changeurs et marchands à refuser nos pagodes à trois figures. La conséquence tirée de ce refus est fausse et sans fondement. Il faudrait que nous fussions de grands

Art. 14.

Nous ne pouvons concevoir le refus que vous dites que l'on vous a fait de recevoir, dans les *cazenas* de Mazulipatam et de Yanaon, les 30.000 pagodes que vous y aviez fait passer, si ce n'est que le titre et le poids différaient de celuy de Madras.

fripons et de grands imbéciles, d'avoir pu nous flatter que nous ferions recevoir dans un pays étranger et où les gens sont aussi fins et aussi difficultueux qu'à Mazulipatam, pour pagodes de Madras des pagodes qui seraient inférieures en poids et en titre. M. Dumas a envoyé l'année dernière de ces pagodes à M. Castagnier: il est en état d'informer la Compagnie de leur poids, de leur titre et de luy faire connaistre si elle est bien fondée ou non dans ce qu'elle avance à ce sujet.

<table>
<tr><td>

Art. 15.

Il ne convenait nullement de donner ces pagodes à perte, cela aurait fait une planche dont il eut esté peut être impossible de revenir.

</td><td>

Art. 15.

Quant aux pagodes courantes, leur titre en estant altéré, il est naturel de penser qu'il doit y avoir une diminution proportionnée à celuy des pagodes à trois figures. Mais ce qui nous

</td></tr>
</table>

fait le plus de peine est le manque d'assortiment des marchandises de Mazulipatam, principalement des mouchoirs, et il convenait plutôt de perdre sur ces pagodes pour en avoir les quantités ordinaires que d'en priver totalement la Compagnie.

<table>
<tr><td>

Art. 16.

Est-il croyable que la Compagnie ne veuille pas se détromper et connaitre les Indes? On n'a point à cette côte avec de l'or ou de l'argent de la marchandise, ainsi qu'on peut la désirer; mille obstacles souvent invincibles s'y opposent. Il faut qu'elle ait bien

</td><td>

Art. 16.

Etant persuadés qu'avec de l'argent on a de la marchandise, et que les *sérrafs* auraient reçu les pagodes et les roupies eu égard à leur titre, ne pouvant nous imaginer que le commerce de la Compagnie soit traversé dans un pays libre aux nations d'Europe,

</td></tr>
</table>

mauvaise opinion de ses
employés pour croire qu'ils ne font pas tout leur possible
pour la satisfaire, et il faudrait qu'ils eussent bien peu
de sensibilité pour s'attirer de gaieté de cœur, pouvant faire mieux, les reproches assommants que la Compagnie leur prodigue au moindre dérangement qui peut
arriver dans ses opérations et ses idées.

Art. 17.

Le véritable motif du re-
fus de *sérrafs* ou changeurs
est aisé à deviner. Ils con-
naissent parfaitement que
ces pagodes n'ont pas esté
fabriquées à la monnoye de
Madras. Il savent qu'en les
refusant dans le commerce,
on sera obligé de les leur
donner comme matières ou
avec un *banta* cousidéra-
ble. Ils sont appuyés des
fausedars et des chefs des
endroits de leur résidence,
et dont le revenu augmen-

Art. 17.

Nous espérons que vos
premières nous informe-
ront du véritable motif du
refus des *sérrafs*, que vous
y aurez apporté le plus
prompt remède et que vous
aurez levé tous les obstacles
qui se sont trouvés dans
l'exécution de vos projets
pour faire notre commerce
sans trouble et avec tranquillité. Nous vous recommandons d'y donner votre
plus grande attention.

te à proportion des friponneries auxquelles ils les auto-
risent. Il nous semble que cela était bien plus aisé à deviner ou du moins à conjecturer, que de nous soupçonner
de malversation et de fabriquer de la fausse monnoye.

Si la Compagnie avait quelque connaissance de l'Inde
et surtout de Yanaon, du Bengale et de Mazulipatam,
elle sçaurait qu'elle ne peut pas se flatter d'y faire jamais son commerce sans être exposée chaque année à
bien des chicanes de la part du gouvernement maure,
et à des révolutions et obstacles imprévus et inévitables.

Art. 18.

Il faut que la Compagnie n'ait pas bien lu cette correspondance. Elle aurait vu que bien loin qu'il y ait eu de l'aigreur de part et d'autre, il n'y a eu dans la nostre que douceur et modération. Quoique nous soyons bien éloignés d'estre persuadés de la solidité des raisons que la Compagnie a adoptées pour (en se contredisant elle-même) approuver la conduite du Conseil de Chandernagor, au sujet de l'obtention du *paravand* des roupies *sicca*, cependant, comme elle a décidé, nous n'avons plus rien à dire.

Art. 18.

Nous avons pris communication de votre correspondance avec le Conseil de Chandernagor et des réponses qu'il a faites à vos lettres. Nous y voyons avec douleur une aigreur de part et d'autre, qui n'est occasionnée que par le *paravana* que ce Conseil a obtenu du Nabab pour la permission de frapper des roupies à sa monnoye de Moxoudabad.

Nous n'entrerons pas dans le détail de toutes vos plaintes respectives; il suffit de s'arrester au tems et aux circonstances qui ont fait agir le Conseil de Chandernagor.

Vous nous dites que l'ayant informé des démarches que vous faisiez auprès du Nabab et d'Ismansaheb pour obtenir des ordres supérieurs pour faire cesser les difficultés que le Nabab faisait au cours des roupies Arcattes dans le Gange, il devait en attendre l'effet, ou du moins n'agir qu'après vous avoir informé de l'offre qu'on luy faisait de luy donner la permission de faire fabriquer des roupies *sicca* et attendre les réponses du Conseil supérieur de Pondichéry pour la conclusion de cette affaire. Dans quel temps les aurait-il reçus ? De nouvelles difficultés seraient peut-estre survenues qui auraient mis le Conseil de Chandernagor dans la nécessité d'attendre vos ordres définitiis. Les contrats n'auraient pas été faits,

par conséquent point de retour, puisque les marchands
ne voulaient en faire aucun, à moins de leur donner la
roupie Arcatte sur le pied de la courante. D'ailleurs,
pour soutenir le cours des roupies Arcattes, il fallait
payer une somme considérable, ainsi que vous convenez
vous mêmes que Fatechem aurait exigée tous les ans
comme un droit sur les roupies Arcattes, la quelle
n'eut pas fait diminuer le *banta* qui subsiste toujours
à sa boutique à 10 1/2, le bazard à 8rs/10 annas, ou à déf-
faut de cette somme, payer 3 1/2 °/₀ que le Nabab demandait sur toutes les roupies Arcattes qui seraient in-
troduites par la Compagnie dans le Bengale, sinon porter
les roupies à sa monnoye pour y être converties en roupies *siccas* et que le Nabab ne regardait suivant la déclaration des essayeurs, que du titre des piastres.

Nous vous avouons qu'une pareille situation devait fort
embarasser le Conseil de Chandernagor. Il s'agissait de
lever promptement tous les obstacles, faire les contrats
avec les marchands, avoir les marchandises à tems pour
le chargement des vaisseaux pour éviter qu'ils n'hiver-
nassent dans le Gange, On luy offre la permission de faire
frapper des roupies *siccas* moyennant une somme, le
sieur Burat est chargé de la négociation, il l'obtient
aux meilleures conditions qu'il luy est possible; par
l'obtention de ce *paravana* il rétablit le calme dans
le commerce, il convient avec les marchands qu'ils
prendront la roupie Arcatte à 8 pour cent de *banta* de
la courante et la *sicca* à 14 Rs. 6 annas; Fatechem est
satisfait, puisque en portant le tiers des matières à sa
monnoye pour être converties en roupies *siccas*, il jouît
du bénéfice de cette fabrication. D'ailleurs il faut des
roupies *siccas* pour envoyer au comptoir de Cassimbazar
où tout le commerce ne se fait qu'en cette espèce.

De votre costé vous faites fabriquer les 2/3 des matières d'argent destinées pour être employées à Chander-

nagor au chargement des vaisseaux, en roupies Arcattes. Elles y ont cours sans difficulté suivant les dernières lettres du Conseil de Chandernagor du 8 Décembre 1738. Les choses en cet état, nous ne pouvons nous dispenser d'approuver sa conduite et l'obtention du *paravana*.

Quant à la précaution prise par le Nabab de s'être muni d'une déclaration des essayeurs portant que les roupies Arcattes et de Madras ne sont que du titre des piastres, il n'y a point à douter que se trouvant privé du bénéfice qui luy revenait sur les matières d'argent que la Compagnie et les particuliers portaient cy devant à sa monnoye de Moxoudabad pour y être converties en roupies *siccas*, il n'ait employé toutes sortes de moyens pour empêcher le cours de celles fabriquées à Pondichéry. Cependant, si le Nabab a envoyé cette déclaration au Mogol, comme on nous en assure

Art. 19.

Quoique nous fussions résolus de ne rien répliquer davantage à cet article, nous ne pouvons cependant nous dispenser de nous récrier que les roupies de Pondichéry sont égales en poids et en titre à celles d'Arcatte. Quelles preuves apporte-t'on pour avancer le contraire, pendant que leur titre a esté vérifié nombre de fois à Chandernagor, à Mazulipatam et à Madras, et pourquoy la Compagnie, en doutant de notre fidélité, ne veut-elle pas le croire?

Art. 19.

et que effectivement les roupies Arcattes fabriquées à Pondichéry soient d'un titre inférieur à celles d'Arcatte par l'essay que l'on en fera, (article que nous traitterons dans la suite de cette lettre), il est à craindre que le Mogol n'en interdise le cours, et qu'il ne révoque le *firman* qui nous en permet la fabrication.

On en a fabriqué jusqu'à ce jour à sa monnoye de Pondichéry 8.774.284 roupies qui malgré ses ennemis et nos ennemis ont toujours eu cours et l'ont actuellement dans tout l'Indoustan. Est-il naturel de penser que cela fut arrivé ainsy, si nos roupies avaient esté inférieures à celles d'Arcatte?

<table>
<tr><td>Art. 20</td><td>Art. 20.</td></tr>
</table>

Ces réflexions nous paraissent un peu tardives après que la Compagnie nous a marqué elle-même, par sa lettre du 30 octobre 1737, de convertir tous les fonds destinés pour le Bengale en roupies. Au reste, nous nous sommes toujours conformés pour la quantité de roupies à faire passer au Bengale, chaque année, à la demande de Messieurs du Conseil de Chandernagor. si la permission de fabriquer des roupies n'avait pas jusques à présent procuré à la Compagnie un bénéfice de plus de 368.658 roupies, nous nous repentirions de l'avoir obtenue puisqu'elle nous est une occasion de reproches injurieux et de soupçons. Et n'est-il pas bien étrange que la Compagnie elle

Au surplus il nous parait que vous avez été un peu trop vite sur cette fabrication. Il convenant, dans les commencements, de se contenter d'en faire fabriquer une modique quantité uniquement pour la Compagnie, sans envisager le commerce particulier, et l'augmenter peu à peu suivant les circonstances pour parvenir dans la suite au but que vous vous proposiez, en n'en faisant passer à Chandernagor que moitié de celles nécessaires pour les cargaisons de nos vaisseaux, et l'autre moitié en matières d'argent qni auraient été portées à l'ordinaire à la monnaye de Moxoudabad pour y être converties en roupies *siccas*, afin de ne pas priver totalement le Nabab et Fatechem du bénéfice qui leur

même s'efforce de décrier la monnoye de Pondichéry en voulant se persuader sur des fausses conjectures que les monnoyes qu'on y fabrique sont d'un titre inférieur aux autres ?

revenait sur la fabrication de ces roupies. Mais vous avez embrassé la totalité non seulement pour la Compagnie, mais encore pour les particuliers. Voilà un des principaux motifs des obstacles qui se sont trouvés dans le Gange au cours des roupies Arcattes, fabrique de Pondichéry, qui ont désillé les yeux du Nabab et du Fatechem,

Art. 21.

Si nos réglements pour la monnoye, nos délibérations, nos lettres à la Compagnie et les diverses espèces de roupies que nous lui avons envoyées ne peuvent la mettre au fait de cette matière, des volumes d'écritures ne le feraient pas, surtout si la confiance manquait de sa part. Nous ne voyons d'autre remède que de la prier de faire examiner nostre conduitte et d'envoyer d'autres personnes à nostre place qui puissent faire mieux et avoir le bonheur de la contenter.

Art. 21

Il ne nous reste plus qu'à vous parler de la fabrication des roupies Arcattes que vous faites frapper à la monnoye de Pondichéry, sur lesquelles nous ayons besoin d'éclaircissements.

Nous voyons par votre délibération du 26 Décembre 1736, portant réglement pour la monnoye de Pondichéry, qu'après avoir fait faire plusieurs épreuves des roupies frappées à Arcatte et à Alemparvé, dont le titre et le poids doivent servir de règle à celles que l'on doit frapper à Pondichéry, vous dites que tout l'argent qui sera porté à la monnoye sera remis entre les mains des entrepreneurs afin de le réduire au titre des roupies Acarttes,

qui demeurera fixé à 9 *toques* 19/32 ou 28 fanons 5/8
et du poids de 24 Rs. 3/8 à la *serre.*

Art. 22.

Il nous semble que nous
nous sommes expliqués
bien clairement dans notre
délibération du 26 Décem-
bre 1736, lorsque nous
disions qu'après un séri-
eux examen, et avoir fait
faire des épreuves des roupies frappées à Arcatte et
Alamparvé, dont le titre et
le poids doivent servir de
règle à celles que l'on doit
frapper à Pondichéry, le
titre des roupies Arcatte
demeurera fixé et statué à
9 *toques* 19/32 et le poids
de 24 roupies 3/8, à la
serre.

Art. 22.

Nous vous observerons
qu'il convenait de s'expliquer plus clairement pour
ne nous laisser aucun doute sur le titre, en spécifiant qu'ayant fait faire
diverses épreuves des roupies qui se fabriquent à
Arcatte, le titre s'est trouvé
de tant de *toques* et tant
de 32e; de même pour
celles d'Alemparvé, et que
leur titre estant égal, la
roupie qui sera frappée à la
monnoye de Pondichéry
sera et demeurera fixée à
9 *toques* et tant de 32e.

Il est réglé en conséquence par cette même délibération que tout l'argent qui sera porté à la monnoye
sera réduit à ce titre de 9 *toques* 19/32.

Il semble qu'il n'est pas possible de s'expliquer mieux.
Cette délibération règle ensuite le titre des différentes
sortes de piastres, qui viennent d'Europe, et qui sont dé-
signées par numéros. Et pour que la Compagnie puisse
vérifier nos épreuves, nous luy avons envoyé par le vaisseau le *Phœnix*, avec notre lettre du 25 janvier 1737,
des piastres et des roupies Arcatte. La Compagnie a
fait veriffier le tout à la monnoye de Paris.

Nous avons vu avec plaisir par les réponses de M.

Grassin que notre travail s'est trouvé juste, quoique peu
au fait de cette matière.

ART. 23.

La Compagnie tiendra
pour certain et constant
qu'il n'y a depuis longtemps
aucune règle certaine établie dans toutes les mon-
noyes de la dépendance
d'Arcatte, et que les directeurs et chefs de ces monnoyes ne font nulle difficulté d'altérer le titre des espèces qu'ils fabriquent.

Lorsqu'il fut question
d'établir la monnoye de
Pondichéry, nous fimes faire dix ou douze épreuves
des roupies au coin d'Ar-
catte, fabrique d'Alamparvé, que Ismansaheb nous
fournissait, et qu'on nous
assura être entièrement
égales en titre et en poids
à celles d'Arcatte. Ces
épreuves sortirent presque
toutes différemment ; les
plus supérieures en titre
se trouvèrent de 9 *toques*
19/32, et les autre étaient
inférieures de 1/64 de *toques*, 1/32, jusqu'à 2/32,
ce qui nous détermina à
fixer le titre de nos roupies
à 19/32.

ART. 23.

Que si au contraire il
s'est trouvé par les épreuves que celles d'Alamparvé
fussent inférieures en titre
à celles d'Arcatte, vous auriez dû en ce cas vous conformer au titre de celles
d'Arcatte.

Ce qui nous fait traiter
cette question est la manière dont vous vous expliquez
par la délibération que vous
avez prise le 14 Mai 1738 et
que nous rappellerons en
tout son contenu.

"Qu'estant de la dernière
conséquence pour la Com-
pagnie de soutenir le cours
des roupies Arcattes, tant
par rapport au commerce
du Bengale que pour le
prix des matieres d'argent
à la coste, qui diminuerait
considérablement si les
particuliers n'achetaient
plus de roupies, pour les
porter dans le Gange, comme ils l'ont pratiqué jusques à présent, plusieurs
négociants faisant difficulté
d'en prendre dans la crainte que le traité qu'on a fait

On fabrique en conséquence des roupies à la monnoye de Pondichéry.

M. Dumas qui voulait s'assurer du titre des roupies Arcatte et de celui de nos roupies, en envoya en même temps à Madras au Révérend Père Thomas pour en faire faire diverses épreuves. Aucunes ne s'accordèrent, ce qui le jetta dans un embarras d'autant plus grand qu'il n'avait nulle théorie ni pratique sur cette matière qui lui estait entièrement nouvelle et étrangère. Cy joint copie de deux lettres du Révéreud Père Thomas du 26 Novembre et 11 Décembre 1736.

Quant à notre délibération du 14 May 1738, elle a eu pour motif les raisons qui y sont insérées. La Compagnie serait fondée à nous dire qu'il ne nous convenait pas de rien changer au titre des roupies Arcattes, si nous l'avions trouvé fixé et statué par un réglement du souverain, c'est ce qui n'est pas.

L'expérience et le temps nous ayant fait connaitre au Bengale pour porter des matières d'argent à la monnoye de Moxoudabad, n'engage le Nabab de cet endroit à faire naitre de nouveaux obstacles au cours de ces roupies, le Conseil, de son costé, désirant apporter à cette malheureuse affaire tout le remède qui dépend de luy, a délibéré de sacrifier pour quelque temps une partie du bénéfice que la Compagnie faisait sur la fabrication des roupies, pour les faire plus facilement recevoir dans le commerce et d'augmenter pour cet effet le titre des roupies, qui se fabriquent à Pondichéry, de 1/16 de *toque,* c'est à dire d'en fixer le titre à 9 *toques* 21/32, au lieu de 9 *toques* 19/32, sans rien changer à leur poids qui sera toujours de 24 roupies à la *serre,* et qu'au lieu de diminuer la quantité de roupies à ceux qui apporteraient des matières d'argent à la monnoye eu égard à l'augmentation du titre de 2/32 de *toque,* il leur sera donné 22 roupies 3 annas par *serre* ou 2250 Rs. de 9 *toques* 21/32

que les roupies d'Alamparvé étaient inférieures à celles d'Arcatte et de St Thomé, quoique le titre des
unes et des autres ne fut
point absolument fixé, l'envie de donner dans tout
l'Indoustan un cours facile
à nos roupies, et pour que
les épreuves que l'on en
ferait fussent toujours vic-
torieuses et favorables, nous
prîmes le party, par déli-
pération du 2 Mars 1739,
en sacrifiant une portion
du bénéfice que nous y fai-
sions, de les augmenter de
2/32 de *toque*, ce qui revient à un peu plus de 3/4
º/₀ ou 13 annas 13 gaudas
1/4 sur cent roupies. Nous
avons par la suite réduit
cette augmentation à 1/32.

par cent *serres* de piastres, mesme nombre qu'ils
avaient lorsque leur titre
n'était qu'à 9 *loques* 19/32."

Il ne s'agit pas icy de
sacrifice, ou vostre roupie
est au titre de celle d'Arcatte, ou elle ne l'est pas.
Si elle est au titre d'Arcatte, vous n'avez jamais pû
ou dû faire cette augmen-
tation de 2/32, n'appar-
tenant qu'au souverain
d'augmenter ou de baisser
le titre de sa monnoye.
Si, au contraire, la roupie
que vous fabriquez est au
dessous du titre de celle
d'Arcatte, en ce dernier
cas, vous seriéz très blâ-
mables d'en avoir alteré
le titre.

et nos roupies sont constamment fixées pour toujours
à 9.20/32.

La Compagnie dira encore qu'il n'appartient qu'à
l'Empereur d'augmenter ou de diminuer le titre de la
monnoye. Ce raisonnement est très-juste eu égard au
gouvernement de France, mais cela est bien différent
dans ces pays orientaux où le souverain n'a étably aucune règle fixe et invariable. Nous y représentons
quelquefois pour les intérêts de la Compagnie de fort
beaux vols à Pondichéry et si nous y agissons quelquefois en souverains, nous ne faisons qu'imiter en cela
les plus petits gouvernements ou chefs d'aldée des environs; ce qui vient de se passer cette année lors de la

déroute de l'armée du Nabab prouve la haute estime et réputation que la nation s'est acquise. Nous traiterons ailleurs cette matière.

Art. 24.

Peut-on rien de plus injurieux pour le Conseil que de voir la Compagnie s'en rapporter plutôt à de fausses conjectures qu'à luy et à toutes ses lettres et délibérations ? Que pourrions-nous y ajouter de plus ? Quelle confiance y aurait-elle davantage, puis qu'elle nous regarde comme des fourbes et de faux monnoyeurs ? Nous osons la défier, et tous ceux qui luy ont insinué de pareilles calomnies, de donner la moindre preuve de ce qui est avancé si témérairement. Nous luy avouons même que nous sommes découragés, et que notre douleur est amère de voir le peu de confiance qu'elle a en nous et que nous maudissons mille fois l'heure où il nous est venu dans l'idée de demander le *paravana* pour frapper des roupies à Pondichéry, qui devient pour nous une oc-

Art. 24.

Nous vous dirons même que le renvoy qu'on vous a fait de 80.000 roupies de Mazulipatam et de Yanaon nous donne lieu de croire que leur titre était au dessous de celui d'Arcatte. C'est sur quoy nous vous recommandons de vous expliquer en réponse, étant d'ailleurs persuadés que vous aurez tout mis en usage pour qu'elles ayent un libre cours à Mazulipatam et à Yanaon, et que notre commerce s'y fasse à l'ordinaire sans aucune interruption, de la cessation duquel nous sommes extrêmement chagrins par la privation des marchandises de ces endroits, surtout des mouchoirs de Mazulipatam.

Nous sommes très parfaitement, etc.

Les Directeurs de la Compagnie des Indes, signé: Hardancourt. Saintard, Castanier, d'Espré-

'casion de reproches et de ménil, et Cavalier.
scandales, car, quand il
serait vrai que sur la fixation du titre des roupies, nous
n'aurions pas rencôntré juste du premier coup, que
nous aurions erré ou vacillé dans quelqu'une de nos
opérations (ce qui n'est pas), la Compagnie pourrait-
elle avec justice nous faire des reprochcs ? Etions-
nous au fait des monnoyes et des fontes, des alliages
ou épreuves etc?

Nouveaux dans cette matière, sans aucune loy du
prince qui put nous servir de règle, nous avons été
obligés, errant ça et là, élouffés souvent par l'odeur du
plomb et du charbon dans un climat déjà brûlant par
luy même, de faire un dur et pénible apprentissage, au
moyen duquel nous nous sommes mis au fait. Que nous
en est-il revenu? Rien que de la mortification et du
chagrin; triste exemple pour ceux qui nous succède-
ront, et qui les engagera peu à s'efforcer de donner du
neuf, en formant des entreprises utiles à l'Etat et à la
Compagnie.

Nous sommes avec un très profond respect, etc. signé;
Dumas, Le Gou, Dulaurens, Ingrand, Signard, Miran,
Courbesatre et Bois Roland.

Inventaire des pièces qui estaient jointes dans la
lettre cy dessus et des autres parties envoyées par le
Conseil supérieur de Pondichéry à la Compagnie par le
vaisseau le *Maurepas*.

N⁰ 1. Réponse du Conseil à la lettre de la Compagnie
        au sujet des monnoyes, du 1ᵉʳ Octobre 1740.

    2. Mémoire sur les pagodes qui se sont fabriquées
        à la coste depuis 1720.

    3. Certificat du Directeur de la monnoye de Néga-
        patam au sujet du titre des pagodes.

    4. Extrait du registre de la monnoye de Pondiché-

ry, tenu par Messieurs Le Gou, Miran, Directeur et Inspecteur.

5. Extrait de l'inventaire de la monnoye de Pondichéry touchant la quantité des roupies fabriquées depuis l'établissement de la monnoye en 1736 jusqu'au 1er Octobre 1740.

6. Extrait des lettres du Conseil supérieur au chef du comptoir de Mazulipatam au sujet des roupies et pagodes à trois figures, fabriquées à la monnoye de Pondichéry.

7. Idem à celui de Yanaon concernant idem.

8. Extrait de celles du comptoir de Yanaon au Conseil Supérieur.

9. Deux copies de lettres du Réverend Père Thoman à Monsieur le Gouverner, concernant les épreuves des roupies de Pondichéry avec celles d'Arcatte et d'Alemparvé.

10. Le présent inventaire daté de Pondichéry le 30 Septembre 1740.

ART. 1er

MESSIEURS,

Nous avons eu autant de plaisir d'apprendre l'arrivée de ces divers vaisseaux, que mortifiés de voir que les vaisseaux, la *Duchesse*, la *Thétis* et la *Paix* ne sont pas arrivés dans le temps que la Compagnie les attendait. Nous comptions que ces deux derniers sont depuis longtemps rendus en France, mais c'est avec bien du chagrin que nous voyons qu'il n'y a aucune nouvelle sur la *Duchesse*, ce qui nous fait craindre qu'il ne luy soit arrivé quelque accident.

ART. 1er

La Compagnie a reçu, Messieurs, par les vaisseaux la *Reine*, le *Phœnix*, le *St. Géran*, le *Bourbon* et l'*Apollon*, heureusement arrivés à Lorient les 7 Avril, 17 May, 16 et 24 Juin et 22 Juillet derniers, les neuf lettres que vous lui avez écrittes les 5 Mars, 15, 21 et 26 Octobre 1738 et 15 Janvier dernier, avec toutes les pièces qui devaient y estre jointes conformément aux inventaires.

Le *Comte de Toulouse*, venant du Bengale est dernier arrivé dans le port le 22 May. Le *Fleury* et le *Penthièvre*, venant de Chine, y sont aussi entrés heureusement les 8 et 22 Juillet, et l'*Amphitrite* et le *Griffon*, venant des îles de France et de Bourbon, les 22 Juillet et 10 Août.

Vous voyez que ce ne sont pas à beaucoup près tous

les vaisseaux que nous attendions, puisque, sans parler du *Dauphin*, sur le retour duquel nous n'avons plus compté pour cette année, depuis que nous avons appris le triste état dans lequel il est arrivé dans le Gange, nous avons le cruel déplaisir de n'avoir aucune nouvelle de la *Thétis* et de la *Duchesse*, attendues du Bengale, non plus que du vaisseau la *Paix*.

<table>
<tr><td>ART. 2.</td><td>ART. 2.</td></tr>
</table>

La Compagnie a les plus vifs reproches à nous faire sur le retardement de ces trois vaisseaux. Permettez... | Sur le retard desquels elle a les plus vils reproches à vous faire.

nous, Messieurs, de vous dire, que ces termes sont jettés là au hasard par votre secrétaire. Sur quoy peuvent ils être fondés ces reproches, et principalement à l'égard de deux premiers qui n'ont point été expédiés de Pondichéry. Quant au troisième, qui est le vaisseau la *Paix*, nous l'avons fait partir de Pondichéry le plus tôt que nous avons pu, qui a esté la nuit du 19 au 20 février 1739, très bonne partance et en saison convenable, surtout ayant ordre d'aller en droiture au Cap de Bonne Espérance et de relâcher à Ste Hélène.

Les vaisseaux anglais partugais de Madras, et de St Thomé et partis pour l'Europe plus de dix jours après le vaisseau la *Paix*, ont fait leurs voyages et sont actuellement de retour aux Indes. L'état cy joint prouvera encore à la Compagnie que depuis trente ans, il est party de Pondichéry quantité de vaisseaux à peu près dans le même temps que la *Paix*, et quelque fois plus tard, et aucun ou du moins très peu ont manqué le passage du Cap de Bonne Espérance.

<table>
<tr><td>ART. 3.</td><td>ART. 3.</td></tr>
</table>

M. Dumas remercie la | Nous vous remettons cy

Compagnie de l'attention qu'elle a eue pour luy en luy écrivant particulièrement à ce sujet, et en faisant part au Conseil des reproches mal fondés qu'elle luy fait, puisqu'il n'est pas non plus que nous le maitre de la mer et des vents, ni des événements qui peuvent retarder le départ d'un vaisseau.

joint, pour éviter les répétitions, copie de la lettre que la Compagnie écrit ce même jour à M. Dumas à ce sujet. Vous y verrez que votre conduitte en cette occasion est de même que la sienne des plus répréhensibles en ce que indépendamment de l'embarras et du préjudice considérable qu'elle cause à la Compagnie, elle luy occasionne

les plus grandes inquiétudes dans les circonstances où sont actuellement les affaires de l'Europe.

ART. 4.

ART. 4.

M. Dumas assure que la Compagnie ne luy a jamais donné ordre d'expédier chaque année les derniers vaisseaux qui doivent partir de la coste Coromandel dans le commencement de décembre ou dans les premiers jours de janvier au plus tard. Nous ne pouvons au surplus en honnêtes gens nous dispenser de dire à la Compagnie que l'ordre qu'elle donne actuellement est lâché sans connaissance de cause, qu'il est impossible dans son exécution et contraire au

Vous y verrez encore qu'elle luy confirme que son intention est que les derniers vaisseaux d'Europe soient expédiés chaque année de la coste dans le commencement de Décembre ou dans les premiers jours de Janvier au plus tard, avec les marchandises que vous seriez en état de leur donner sans les retenir plus longtemps pour leur procurer quelque assortiment qui leur manquerait, ni pour quelque prétexte que ce puisse être, à moins cependant

bien des affaires de la Compagnie qui ne devrait pas ignorer que les vaisseaux ne doivent donner à cette coste avant les premiers jours de Janvier, que la mer est encore dans cette saison très grosse et ne permet pas toujours l'embarquement, le temps étant inconstant et par grains, qu'il est par conséquent qu'ayant deux vaisseaux à renvoyer, et n'ayant pu vous procurer assez de marchandises pour les charger, vous ne preniez le parti d'en expédier un un en saison et de faire hyverner l'autre, ce qui conviendrait beaucoup mieux que de les renvoyer tous deux avec demi charge.

de toutte impossibilité que les premiers vaisseaux puissent être chargés et expédiés avant le 15 ou le 20 du même mois. L'on fera toujours à Pondichéry tous ses efforts pour expédier les derniers vaisseaux dans les premiers jours de février, c'est-à dire du 8 au 10, mais si par des événements et accidents qui ne sont que trop fréquents aux Indes, ils ne pouvaient être prêts qu'à la fin de février, on doit sans hésiter préférer de les faire partir pour l'Europe plutôt que de les retenir aux Indes, ainsi que la Compagnie l'ordonne. C'est pourquoi la Compagnie doit faire une sérieuse attention; ses derniers ordres seront cependant exécutés en attendant de nouveaux.

Art. 5.

Le commerce constant et uniforme que la Compagnie fait depuis quelques années, luy a procuré de riches et copieuses cargaisons, mais quel remède cela peut-il apporter aux révolutions et événe-

Art. 5.

Toute autre raison pour ne pas les faire partir dans le temps que nous vous marquons cy dessus, est d'autant moins recevable que par le commerce constant et uniforme que fait la Compagnie depuis quel-

ments extraordinaires arrivés depuis quelques années dans ces pays, par exemple les aldées ou villages où l'on fabriquait des toiles de trente et trente six *conjons* et des percales, etc. ont été pillés et ruinés, les tisserands mis en fuitte et dispersés de coté et d'autre, de sorte qu'il nous est presque impossible d'avoir de ces qualités de marchandises, quelques soins et peines que nous nous soyons donnés. Des guerres continuelles ont ravagé depuis quatre ans les terres du Tanjore et de Trichinopoly qui ont plusieurs fois successivement changé de maitres, des sécheresses inouies suivies d'une famine affreuse, ont fait périr de soif et de misère des village entiers et la plus grande partie des bestiaux.

ques années à la coste, et sur lequel elle observe même de vous prévenir toujours au moins une année à l'avance, elle vous a mis plus en état que vous n'y avez esté, de prendre de bonne heure touttes les précautions nécessaires pour assortir suivant nos demandes le chargement des derniers vaisseaux surtout et pour les expédier en saison convenable pour faire facilement leur retour en Europe.

Il n'entre point d'hyperbole dans ce récit. Si la Compagnie à son ordinaire refuse de nous en croire, qu'elle s'informe par ailleurs; elle verra la vérité de ce que nous luy disons ; ce sont cependant des faits si publics et si notoires à tout le monde, qu'il n'est pas possible de les révoquer en doutte. La révolution arrivée cette année dans cette province où tout est dans une confusion inexprimable, le commerce interrompu, le labourage des terres abandonné, dont les habitants frappés d'épouvante sont en fuite et dispersés de cotés et d'autres; nous mêmes dans des embarras et inquiétudes continuels, dans l'impossibilité totale de faire fabriquer des marchan-

dises et même de couvertir notre argent en pagodes, à
la veille d'être investis et peut-être attaqués par de nom-
breuses armées, dénués de bien des choses qui nous seroient nécessaires pour nous bien déffendre; quelques
soins que la Compagnie se soit donnés pour rendre annuellement du costé de la France son commerce uniforme, a-t'elle pu penser un instant que cela suffisait pour
lever tous les obstacles que nous rencontrerions dans ces
pays éloignés, presque à chaque instant?

<table>
<tr><td>ART. 6.</td><td>ART. 6.</td></tr>
</table>

Le commerce de la
Compagnie avait jusques à
présent esté heureux, et
n'avait point encore essuyé
de ces événements fâcheux
auxquels ne sont que trop
exposés les voyages de long
cours et le commerce ma-
ritime; c'est ce qui fait que
le moindre contre temps a

La vente des vaisseaux
arrivés sera faitte à l'ordi-
le 12 Octobre prochain.
Nous ne pouvons sans estre
véritablement affligés, penser au préjudice considérable que le retard de *La
Paix* et des deux vaisseaux
du Bengale y apportera.

esté plus sensible à la Compagnie. Nous aurions bien souhaité que le retardement des vaisseaux la *Thétis*, la
Duchesse et la *Paix* dont la faute ne peut estre attribuée
ni à Pondichéry, ni à Chandernagor, eut été le seul et
dernier accident que la Compagnie aurait eu à essuyer.
Mais la perte du *Philibert* (ce qu'à Dieu ne plaise)
et peut-être celle du vaisseau la *Duchesse* dont nous
n'avons aucune nouvelle, jointe au dérangement total
du commerce à cette coste, qui nous met cette année
dans l'impossibilité de charger ses vaisseaux, sont encore
des événements plus fâcheux pour elle et pour nous,
auxquels cependant l'on doit s'attendre de temps à
autre; aucune des Compagnies qui font le commerce

aux Indes, n'en a été exempte, et elles ont essuyé en divers temps des pertes considérables, dont il n'est pas possible que la Compagnie n'ait quelque connaissance.

Art. 7.

Nous sommes au 20 Septembre et nous désespérons de pouvoir renvoyer à la Compagnie cette année d'autres vaisseaux chargés de marchandises de cette coste que le *Maurepas*, et et dont l'assortiment est tel qu'il nous a esté possible de le faire. Il y a même quantité de marchandises hors de sorte et à des prix inférieurs.

Nous ferions icy inutilement un détail des soins et peines que nous nous sommes donnés pour vendre nos matières d'argent et avoir des marchandises, la Compagnie n'en croirait rien, et ses remerciements seraient des duretés et des reproches.

Nous ferons toujours notre possible pour nous conformer au mémoire d'assortiment, mais nous vous prevenons que cela est souvent impossible.

Art. 7.

Les Directeurs chargés de la dite vente vous enverront comme de coutume leurs observations sur les marchandises de vostre envoy, et sur celles à nous faire passer dans la suitte, tant pour la quantité que pour la qualité, Nous nous y référons entièrement, et vous recommandons seulement très expressément de vous y conformer avec la plus grande attention.

Art. 8.

Nous les avons reçus l'année dernière et celly-cy.

Art. 8.

Nous vous ferons passer à l'ordinaire les Gazettes de France et de Hollande, ainsy que les Mercures. Vous pourrez vous instruire de ce qui s'est passé en Europe depuis le mois d'Octobre dernier. Ainsi, nous ne vous en parlerons icy que pour vous dire qu'il parait que les affaires y sont toujours à peu près dans le même état où nous vous avons marqué qu'elles estaient. Quoiqu'il en soit dans l'incertitude et la crainte bien fondée où nous sommes qu'elles ne viennent à se brouiller,

Art. 9.

Nous avons envoyé à Bengale les 66.000 marcs de matières que la Compagnie destinait pour Chandernagor. Nous avons augmenté de 400.000 roupies les fonds de ce comptoir afin d'estre en état de renvoyer le vaisseau le *Phœnix* que nous devons envoyer à Mahé suivant nostre délibération du..........

Nota: Il n'y a point encore eu délibération dressée à ce sujet, le *Penthièvre* n'estant point encore arrivé.

Art. 9.

Nous n'avons quant à présent déterminé l'expédition que de neuf vaisseaux. Mais, ayant compté sur les retours de cette année pour les envois à vous faire la prochaine, elle se trouve par leur retard extrêmement dérangée dans le projet qu'elle avoit formé d'expédier annuellement le même nombre de vaisseaux avec la même quantité de fonds à peu près que l'année dernière. Ne pouvant exécuter les promesses qu'elle vous a faites à cet égard, elle ne fera prendre à ces neuf vaisseaux qu'environ 180.000 Marcs dout nous pourrons ordonner la répartition à peu près, comme suit, à moins que les vaisseaux attendus n'arrivant assez tôt pour la vente, nous ne nous déterminions, suivant le train que prendront les affaires, à vous envoyer plus de fonds, et même à armer deux vaisseaux de plus.

SCAVOIR :

POUR PONDICHÉRY,

Le comte de Toulouse passant aux Isles, Capitaine. Horty
  de Keravily   600 Tonneaux
Le Lys en droiture, de Lavallé 700   ,,
Le *Phœnix* passant aux Isles,   } 80.000 M.
  Dugué le Fer   800   ,,
Le *Penthièvre* do do Dubois 600   ,,

POUR LE BENGALE,

Le *St. Géran*, en droiture, de
  la Touche Poret   600   ,,   } 66.000 ,,
Le *Fulvy* passant aux Isles,
  Grout de St. George   600   ,,

POUR CHINE.

Le *Jason* en droiture, Capitaine
  Dordelin   600   ,,   } 28.000 ,,
Le *Neptune* do. Danican 600   ,,

POUR LES ISLES DE FRANCE ET BOURBON.

L'*Amphitrite*, Chantelou le Fer 500   ,,   } 6.000,,
Le *Griffon* pour servir de
  ponton   415   ,,

180,000 M.

De ces 180.000 marcs nous comptons vous en faire passer par le *comte de Toulouse* qui partira le premier
30.000 marcs environ, et autant par le *St. Géran* qui
le suivra de près.

Vous recevrez à l'ordinaire indépendemmet de ces
fonds et de ceux provenant des grands ports permis
des officiers, maitres et pilotes, à raison de 6.600 par
vaisseau, toutes les marchandises et effets employés
dans vos états de demandes, et ceux des autres comptoirs, pourvu toutefois qu'il soit possible d'en faire em-

bárquer la totalité. M. Duvelaër, qui a remplacé M. Despremenil, vous remettra les factures et connaisements des matières d'argent et des effets qui vous seront destinés.

ART. 10.

Nous avons esté vraiment touchés de la mort de M.M. Brignon de Caligny et Godeheu. La place de ce dernier ne pouvait être plus dignement remplie que par M. de Zaimont son fils, qui s'est acquis l'estime et l'amitié de tout ce qu'il y a d'honnêtes gens aux Indes.

ART. 10.

La cession que M. Despremenil a faite de son poste pour revenir icy a été occasionnée par le décès de M. Brignon de Caligny qui mourut subitement dans une attaque d'apoplexie de sang le 6 mars dernier. M. Godeheu, étant aussy décédé à Lorient le 26 du mois dernier dans une attaque presque aussi prompte, quoique d'une autre espèce, M. Godeheu de Zaimont, son fils, que vous connaissez, a esté nommé pour le remplacer. La Compagnie ne peut être trop sensible à la perte qu'elle a faite de ces deux directeurs.

ART. 11.

Nous vous envoyons exactement, Messieurs, chaque année nos livres soldés au 30 juin; c'est là que vous pouvez voir avec justesse et précision notre situation et vos affaires. Nous n'avons pas assez d'employés capables pour suffire à tout le travail que

ART. 11.

Quoy que par l'article 6 de vos réponses en apostille à notre lettre du 30 Octobre 1737, vous nous dites que tous les tableaux donnés ici sont la plupart de temps très éloignés de votre situation réelle, la Compagnie eut désiré que vous eussiez pris la peine

le service de la Compagnie exige de nous. M. Pilavoine, votre teneur de livres, n'est plus sociable ; il est très souvent malade, et il est impossible de tirer de luy, outre ses livres qui sont cette année fort en arrière, aucun état ou travail extraordinaire ; c'est ce qui nous a empêchés de vous envoyer des mémoires d'observations sur le bilan envoyé cy devant de France, d'ailleurs, cela est quant à présent un travail tout à fait inutile.

de redresser celuy qu'elle vous a remis avec la susdite lettre du 30 Octobre 1737, et que vous le luy eussiez envoyé, au lieu de vous contenter seulement de luy marquer dans l'article 10 de vos réponses qu'il vous resterait après l'expédition des vaisseaux peu ou point de fonds, sans en donner d'autres preuves que par un calcul si succint qu'il ne signifie rien. Car enfin, Messieurs, dans le tableau qu'elle vous a envoyé le 8 Octobre dernier, elle a commencé par établir votre situation telle que vous la luy avez vous mêmes marqué qu'elle était. Elle a ensuitte employé votre recette et votre dépense conformément à votre propre façon de compter. Ainsy, il est d'autant moins possible qu'elle ait erré au point de vous donner après l'expédition de 1738 et 1739, 237.296 pagodes de reste, pendant que vous nous marquez qu'il ne vous restera rien ; que si depuis l'expédition dc la *Reine* vous avez envoyé au Bengale 10.0000 pagodes que vous n'avez pas fait entrer en compte,

Art. 12.

Nous ne trouvons dans aucun endroit que la Compagnie nous ait ordonné d'envoyer à Chandernagor, en l'année 1738 plus de

Art. 12.

Nous voyons par les lettres de Chandernagor de Juillet 1738, que vous ne luy aviez alors envoyé que 75.000 marcs au lieu de

75.000 marcs de matières d'argent, et non 90.000, comme la Compagnie le dit dans l'article cy contre. Elle doit voir ses letttres du 30 Octobre 1737, écrittes tant à Pondichéry qu'à Chandernagor.

90.000 qui luy étaient destinés. Nous pensons bien que vous lui aurez fait passer depuis d'autres fonds. Mais, de quelque façon que nous comptions sur vos lettres et sur les siennes, il nous parait avec d'autant plus de fondement qu'il vous sera toujours resté, après l'expédition de la *Paix*, environ 200.000 pagodes, que vous ne vous étiez pas alors procuré, comme nous l'avons compté, le chargement du *Dauphin*, et que d'ailleurs vous déduisez des fonds que vous avez reçus en 1738, 45.000 pagodes pour l'intérêt de la Compagnie dans le voyage de Chine et celuy de Manille, pendant que cette même somme devait vous rentrer peu de temps après avec bénéfice. Votre situation étant donc telle que nous avons lieu de la supposer, et vous ayant envoyé par les vaisseaux de la dernière expédition 15.803 marcs de matières, au delà de ce que nous vous avions promis, nous avons lieu de penser qu'en estimant largement tous vos articles de dépenses, vous devez vous trouver, après ce départ des vaisseaux que nous attendons l'an prochain, en fonds d'environ 300.000 pagodes de reste, auquel cas la Compagnie, vous envoyant par les vaisseaux qu'elle va expédier, environ 146.000 marcs, tant pour votre comptoir que celuy du Bengale, et ne vous adressant que quatre vaisseaux pour charger, elle peut espérer avec fondement, qu'après l'expédition de ces mêmes quatre vaisseaux, dont elle compte que trois pourront être renvoyés en Octobre avec des chargements bien complets et bien assortis, vous vous trouverez encore avec suffisamment de fonds de reste, tant pour faire les avances convenables aux deux corps de marchands, que pour envoyer de bonne heure ceux nécessaires dans les comptoirs de Mahé, de Mazulipatam, de Yanaon et de Moka.

Le retard du vaisseau la *Paix* étant sans doute cause que nous ne recevrons de vous cette année aucun bilan qui nous fasse connaitre votre situation plus au juste que nous ne l'estimons suivant le raisonnement cy dessus, nous nous en tiendrons là pour cette année, et ne vous en remettrons point de tableau détaillé.

Pour vous mettre en état de renvoyer les vaisseaux que nous allons vous expédier, entièrement bondés, nous donnerons ordre, suivant que nous vous en avons prévenus, à un de ceux qui partira en janvier, d'aller mouiller vers la fin d'Août un pied d'ancre à Mahé pour y laisser la quantité de piastres dont ce Conseil aura besoin pour l'achat des poivres, d'y en charger en même temps la plus forte quantité qu'il sera possible, laquelle il doit trouver prête à embarquer si le Conseil du dit lieu s'est conformé aux ordres que nous avons marqué de luy donner à ce sujet. Nous ne doutons pas que de votre côté, vous n'ayez, ainsi que M. Dumas, exécuté ceux que nous vous avons donnés par notre lettre du 27 Juin 1738, à l'égard de ce comptoir, que vous n'y ayez envoyé un chef sur la probité et l'intelligence duquel on puisse compter, que vous n'ayez enfin réformé les abus qui y subsistaient, et exclu du service ceux qui les mettaient en pratique.

Art. 13.

Nous avons informé la Compagnie l'année dernière des arrangements que nous avons pris pour le comptoir de Mahé.

Le *Pondichéry*, allant à Moka, l'*Entreprenant* à

Art. 13.

Ce n'a pas été avec moins de surprise que d'indignation que nous avons encore appris depuis peu que, dans ces temps que la Compagnie ne peut parvenir à tirer de cet établissement tous

Bassora, et le *St. Benoit* en Chine, ont acheté de la Compagnie à Mahé et à Calicut des marchands du pays, les poivres nécessaires pour l'assortiment de leurs cargaisons. Ils ont payé celui acheté à Mahé à 8 % de bénéfice, poids agrée par la Compagnie, quant à celuy qu'ils ont traité à Calicut, la Compagnie ne peut y trouver à redire, puisque ce port est ouvert à toutes les nations d'Europe et des Indes, que le poivre y vaut cent roupies Surattes, pendant que la Compagnie ne le paye que 78 Roupies à Mahé, et qu'elle en achette par conséquent à Calicut le moins qu'elle peut, et souvent point du tout.

Nous savons qu'il a été embarqué sur le *Pondichéry* et le *Bourbon* pour compte des armateurs de Moka 171 candils, sur l'*Entreprenant* 312 et 300 sur le *St. Benoit* qui a été en Chine.

Quant à ceux embarqués sur le vaisseau de Macao et celui de la Rani Biby, les poivres à beaucoup près dont elle a besoin, malgré les fonds considérables qu'elle y a presque toujours, des vaisseaux particuliers y en ont été prendre pendant le cours de l'année mil sept cent trente huit,

SCAVOIR

		candils
Pour MOKA	sur le vaisseau le *Bourbon* pr. la Compagnie et sur le *Pondichéry*, armement particulier.	600
MACAO	sur le vaisseau de Macao arrivé à la côte malabare pour son commerce particulier et retourné à Macao.	800
BASSORA	sur l'*Entreprenant* navire particulier de Pondichéry.	400
MOKA	sur le *Maure* navire particulier appartenant à la Rani Biby, fretté par le Conseil de Mahé.	1000
CHINE	sur le vaisseau armé par M. Dumas,	400
		3.200

qui à 560 Lvs. le candil montent à 1.792.000. Lvs.

Les employés de ce comptoir qui ont eu part à des prévarications aussi préju-

nous n'en avons jamais eu connaissance.

Le poivre fait le principal objet pour le commerce de Chine et de Bassora, et il ne faut plus songer à ces armements si cette denrée leur est interdite. Tous les vaisseaux qui viennent de Macao à la côte malabare, et les vaisseaux qui font le commerce de Chine, de Madras, Bombay et Surate, y prennent tous les ans des cargaisons de poivre. Pourquoi faudrait-il que notre nation seule fut privée de ce commerce ? Si la Compagnie a manqué de poivre, elle ne doit s'en prendre qu'au peu de capacité, à la négligence et à l'infidélité même des employés qu'elle avait à Mahé,

diciables aux intérêts de la Compagnie, méritent que l'on sévisse contre eux avec la dernière rigueur. Mais, Messieurs, n'êtes vous pas bien répréhensibles aussy de ne pas ignorer de semblables manœuvres et de n'en pas dire un seul mot à la Compagnie, d'attendre au contraire qu'elle les apprenne, qu'elle s'en plaigne, et enfin, qu'elle vous donne ordre de vous servir, pour y remèdier, de l'autorité qu'elle vous a confiée. Elle ne sait en verité que penser de votre silence et de votre conduite à cet égard, et le moins qu'elle puisse faire est de vous reprocher votre peu de zèle pour ses intérêts.

qui se sont trouvés pour la plupart débiteurs à la Compagnie de grosses sommes, qui devaient servir à l'achapt des poivres au lieu d'être employées dans leurs affaires particulières. La Compagnie peut lire les lettre que nous leur avons écrites dans divers temps, elle y verra nos cris et nos plaintes reitérées, et que nous leur avons toujours recommandé de ne fournir du poivre à qui que ce fut qu'après que la Compagnie aurait la quantité suffisante pour son commerce d'Europe. Faites vous aussy représenter vos livres, et vous serez parfaitement convaincus, Messieurs, que nous y avons remis chaque année des fonds très considérables et plus que suffisants pour l'achapt des poivres qui vous étaient nécessaires ; que ce n'est pas de notre faute s'ils ont manqué, et que, par conséquent, nous ne méritons nullement les reproches qu'on nous fait.

ART. 14.

Nous informons la Compagnie par notre lettre générale de divers arrangements que nous avons pris pour les vaisseaux de cette expédition.

ART. 14

Pour en revenir aux vaisseaux qu'elle va vous adresser, elle n'a rien autre chose à vous prescrire pour leurs chargements, si ce n'est de faire prendre à ceux destinés pour le Bengale leur lest en bois rouge, et le plus que vous pourrez de poivres, qui, comme vous savez, y conviennent fort, tant pour qu'ils en soient bondés pour leur retour que pour vendre à Chandernagor et à Patna. Bien entendu que vous vous en réservrez une quantité suffisante pour en faire de votre côté bonder aussy tous les vaisseaux que vous aurez à nous renvoyer, à l'exception de celuy chargé de café, qui doit être le *Comte de Toulouse*, par préférence au *Penthièvre*, quoiqu'ils soient de même port, attendu les poivres que ce dernier pourra aller prendre à Mahé.

Quant aux vaisseaux le *Lys* et le *Phœnix*, comme ils sont d'un grand port, vous leur ferez prendre à chacun 1500 balles et au *Penthièvre* 1000 au moins, le tout assorty conformément au projet qui vous a esté envoyé pour le chargement d'un vaisseau de 500 tonneaux. Vous observerez au surplus de faire donner à ces quatre vaisseaux leur lest en bois rouge et salpètre, et de faire bonder ces trois derniers de la plus grande quantité de poivre qu'il sera possible.

ART. 15.

Le *St. Géran*, ayant exé-

ART. 15.

Nous donnons ordre au

cuté ce que la Compagnie luy avait prescrit, est arrivé icy le 11 Avril et à Chandernagor le 17 Mai. Cela nous a fait un grand plaisir et à Messieurs du Bengale

Nous ne pouvons nous lasser de répèter à la Compagnie qu'il est de la dernière conséquence pour son commerce que les deux

sieur La Touche Poret, capitaine du vaisseau le *St. Géran*, par lequel vous parviendra le duplicata de la présente, d'aller relacher au Cap de Bonne Espérance, sur l'assurance de M. Dumas que l'on arrive à la côte près d'un mois plutôt qu'en passant à Anjouan.

premiers vaisseaux soient toujours rendus icy de bonne heure; le *Comte de Toulouse*, parti de Lorient vingt jours avant le *St. Géran*, n'est arrivé icy que le 10 Juillet, ayant touché à l'Ile de France.

Art. 16.

Messieurs de Bengale nous ont demandé le quart de leurs fonds en matières, et le reste converti en roupies ; c'est ce que nous avons exécuté ainsy que le contenu de l'article cy contre.

Art. 16.

Vous observerez d'envoyer en nature au Conseil de Chandernagor moitié ou seulement le tiers des matières d'argent qui luy sont destinés, et le surplus en roupies Arcattes, avec le bénéfice résultant de la conversion de leurs matières, suivant ce qu'il vous aura marqué à cet égard.

Nous vous remettons cy joint nos premières dépêches pour ce Conseil à cachet volant. Vous les lui enverrez après en avoir pris lecture, et lui donnerez en conséquence les ordres que vous jugerez convenables au bien du service. Et si le cas arrivait, ce que nous ne pensons pas, qu'il vous démontrât avoir besoin de plus de fonds que nous ne luy en destinons, vous luy en feriez passer, sans cependant trop vous dégarnir, le supplément qu'il vous demanderait.

Les discussions particulières que vous avez entre vous et dont nous ne voulons point entendre parler, ne doivent porter aucune atteinte au bien du service.

Le retard du vaisseau la *Paix*, nous privant de vos dernières expéditions, nous ne pouvons savoir positivement combien d'employés, d'officiers et de soldats il convient de vous envoyer pour completer le nombre nécessaire dans chacun des trois comptoirs; nous vous enverrons cependant quelques commis et enseignes et trente à quarante fusiliers.

Art. 17.	Art. 17.
Le sieur Febvrier n'est point encore arrivé.	Nous vous prévenons que le sieur Febvrier s'embarquera en Décembre

prochain sur le *Penthièvre* pour s'en retourner et reprendre son rang.

Art. 18.	Art. 18.
Le sieur Porcher est bien arrivé par le *Phœnix*.	Le sieur Porcher nous a aussi demandé à repasser dans l'Inde par les pro-

chains vaisseaux, et la Compagnie a bien voulu luy en accorder la permission, sans le faire rentrer au service.

Art. 19.	Art. 19.
Il est arrivé par le *Fulvy* et a passé à Chandernagor. Nous sommes avec respect, etc, signé : Dumas, Le Gou, Dulaurens, Ingrand	Nous vous prévenons encore que la Compagnie a accordé un poste d'enseigne en pied au sieur Courtin. Il est porteur de son

Signard, Miran, Courbesa- brevet; ainsi, à son arri-
tre et Bois Roland. vée, vous le ferez reconnaitre en cette qualité à la
tête des troupes.

Nous sommes, etc. Les directeurs de la Compagnie des Indes, Signé: Boyvin d'Hardancourt, Despréménil, Castanier et Saintard.

━━━━━

COPIE DE LA LETTRE ÉCRITE A

MRS. LES DIRECTEURS DE LA COMPAGNIE DES INDES,

PAR MRS. DU CONSEIL SUPÉRIEUR DE PONDICHÉRY,

TOUCHANT LES RÉVOLUTIONS,

EN DATE DU 1er OCTOBRE 1740.

MESSIEURS,

Nous étions menacés depuis longtemps de l'approche d'une armée de Marattes, peuples guerriers et vagabonds, qui se sont depuis longtemps rendus redoutables dans toute l'Inde, et qui habitent vers Goa et dans les montagnes de la coste malabare et dans l'intérieur de la presqu'île.

Ismansaheb, dès le mois d'Août 1739, avoit informé Monsieur le Gouverneur que les Marattes devoient tomber sur cette province.

Comme la Compagnie peut le voir par notre délibération du 20 du même mois, qui luy a été précédemment envoyée au commencement du mois de May, nous fûmes informés que ces Marattes n'étoient qu'à dix ou douze journées d'Arcatte, capitale de cette province, et le lieu de la résidence ordinaire du Nabab ou vice-Roi ; Alidostkan qui occupait pour lors cette place, ayant été informé de l'approche de ces peuples au nombre de plus de soixante mille chevaux et cent cinquante mille pions, ramassa à la hâte tout ce qu'il put de troupes, et se mit en marche pour aller leur disputer le passage des montagnes, qui sont á trois journées d'Arcatte, appelées Canamé, où il y a des défilés très aisés à défendre. Son fils ainé, Sabderalykan, estoit pour lors dans le Tanjaour, et son gendre, Sandersaheb, à Trichinopoly, ayant chacun avec eux la plus grande partie de la cavalerie. Aussitôt que Alydostkan fut informé avec certitude de l'approche des ennemis, il escrivit à son fils et à son gendre de se rendre auprès de luy avec toutes leurs troupes. Ils s'y disposèrent, mais avec la lenteur ordinaire aux Maures dans toutes leurs opérations. L'armée des Marattes, commandée par Fatersingue et Ragogy Bonsoula, s'avançoit toujours vers les montagnes, au haut desquelles elle arriva le 14 du mois de May, et l'armée du Nabab Alydostkan, au nombre de 7 à 8.000 chevaux et 12 à 15.000 pions, occupoit le pied des montagnes du costé d'Arcatte et les défilés par où ils comptaient que les Marattes viendroient les attaquer. Il y avoit cependant un autre passage extrèmement difficile et beaucoup plus éloigné qne le Nabab avoit donné à garder à un Paliagar qu'il croyoit fort fidèle et attaché à sa personne. Les Marattes ayant gagné ce Paliagar à force d'argent et de promesses, il leur livra le passage qu'il gardoit, de sorte qu'ils passèrent le défilé sans aucune opposition, descendirent dans la plaine, et à la faveur d'une grosse pluye qui empècha les Maures d'avoir connaissance de leur marche, ils vinrent tomber à l'improviste à la pointe du jour sur l'armée d'Alydostkan qu'ils prirent par derrière et chargèrent avec un si grand feu de mousqueterie et de pierres qu'ils la mirent en déroute presque sans combat. Le Nabab Alydostkan et son fils Azenalykan et Cilisjokan, officer général, qui dès la première alarme étoient montés sur leurs éléphants, se défendirent quelque temps avec beaucoup de valeur et d'intrépidité; mais, le Nabab et son fils ayant été blessés de plusieurs coups de fusils, tombèrent morts de dessus leurs éléphants à terre, ce qui ayant esté aperçu du reste de l'armée, tous prirent la fuite, et ce ne fut plus qu'une déroute générale. Citisjorkan, l'ami intime d'Ismansaheb, et qui a rendu à la Compagnie quantité de services, fut blessé de cinq coups de fusil et d'un coup de fronde qui lui creva un œil, ce qui le fit culbuter de dessus son éléphant, après s'estre défendu très longtemps contre une multitude d'ennemis qui l'entouroient. Ses domestiques qui étoient auprès de luy, le voyant tombé par terre, l'emportèrent pendant le combat, et se sauvèrent dans un bois voisin en tirant au Nord, s'éloignèrent de l'ennemy le plus qu'ils purent, de sorte qu'après dix à douze jours de marche, ils arrivèrent à Alamparvé, autrement dit Jorobandel, à huit lieues d'icy avec leur maitre dangereusement blessé, ayant un coup de fusil qui luy fracassa les machoires et luy coupa la moitié de la langue, un autre qui avoit pénétré dans la poitrine, et trois autres dans le dos avec une blessure considérable à la teste, qui lui avoit crevé un œil. Nous lui envoyâmes nostre chirurgien major, qui a resté près de luy vingt cinq jours; mais, malgré tous ses soins, il n'a pu le tirer d'affaire, et il est mort trente huit jours après la bataille.

Ismansaheb qui était bien informé de l'approche des Marattes, s'étoit retiré depuis un mois à Jorobandel ; il n'a pas abandonné d'un instant Citisjorkan pendant toutte sa maladie, et a ressenti un chagrin mortel de sa mort.

Cette bataille s'est donnée le vendredi, 20 May 1740. Les Marattes ont fait dans la bataille quantité de prisonniers, dont les principaux sont Taguasaheb, divan et gendre d'Alidostkan, le Nabab Eragnan, et Miazouton officier, général de cavalerie. Ils ont pillé le camp du

Nabab et la caisse militaire, pris l'étendard de Mahomet et celuy de l'Empereur, plus de quarante éléphants et un grand nombre de chevaux. Le corps d'Alydostkan a été trouvé parmi les morts ; quant à celuy de son fils, on n'a jamais pu le reconnaître, ayant été foulé aux pieds et écrasé par les éléphants, ainsy que quantité d'autres qui n'ont pas reparu.

Aussitôt que le bruit de cette deffaite se répandit dans le pays, elle y jetta une épouvante et une allarme si généralle et si terrible, qu'il est impossible de pouvoir en faire icy la description. Nous eûmes peine à donner croyance aux premières nouvelles qui nous en parvinrent, mais quelques heures après nous vimes arriver une multitude prodigieuse de peuples maures et gentils, qui se sauvoient des ennemis qu'ils croyoient déjà à leurs trousses, et cherchoient un asile dans Pondichéry qu'ils ont toujours regardé comme l'endroit de la costé le plus sûr, tant à cause de la forteresse et de l'enceinte des murs dont la ville est entourée (que nous avions mis en bon état et garny d'une nombreuse artillerie, sur les divers avis que nous avions reçus précédemment) que par rapport à la haute réputation de valeur que la nation s'est acquise dans ce pays. La foule devint cependant si grande que nous fûmes obligés de faire fermer toutes les portes de la ville. Monsieur le Gouverneur fit renforcer considérablement la garde de la porte Valdaour et s'y transporta luy-même soir et matin pendant plusieurs jours pour empêcher le désordre et la confusion et donner sans différer des ordres convenables. Il n'est pas concevable la quantité de grains et de bagages de toutes espèces qui sont entrés dans Pondichéry pendant quinze jours ; les maisons et les rues en étoient pleines qu'il étoit quasi impossible d'y passer, tous les marchands de la ville et de dehors qui avoient des quantités considérables de toutes sortes de denrées à Arcatte et dans les terres, les ayant fait revenir icy à la première nouvelle de l'approche des Marattes.

Le 25 Mai qui étoit le cinquième jour après la bataille, la femme du Nabab Alydostkan et toutes les femmes de la famille du Nabab avec leurs enfants se présentèrent à la porte Valdaour, demandant asile et entrée dans la ville. Monsieur le Gouverneur fit aussitôt assembler le Conseil, où nous fîmes entrer l'ingénieur en chef et les principaux officiers des troupes; après de mûres réflexions il fut arrêté d'une voix unanime qu'on les recevroit, et que ce seroit déshonorer la nation dans touttes les Indes que de refuser l'entrée de la ville à cette famille qui commande depuis longtemps dans la province, et qui a toujours beaucoup favorisé les Français. Il y avoit cependant à craindre que les Marattes, informés du lieu de retraite de toutte la famille du Nabab Alydostkan, s'imaginant qu'elle y auroit transporté avec elle une grande partie de ses richesses, cela ne les attirât à Pondichéry. Si, d'un autre costé, nous avions refusé l'entrée de la ville à la famille du Nabab, la moindre révolution pouvant faire changer la face des affaires et obliger les Marattes de se retirer dans leur pays, Sabder Alykan et toutte sa famille n'auroient jamais pardonné aux Français d'avoir, dans une pareille occasion, refusé l'entrée de la ville à sa mère, à ses sœurs, à ses enfants et à ses neveux. Ils seroient devenus des ennemis irréconciliables qui auroient été en état de nous causer une longue suite d'embarras et de peines, et de faire beaucoup de tort au commerce de la Compagnie. L'un et l'autre party avoit donc ses inconvénients et ses dangers; c'est ce qui détermina le Conseil à préférer sans hésiter le plus honorable. Il faut aussy convenir qu'il auroit été honteux pour la nation et pour nous de refuser dans un cas pareil l'entrée de la ville à la veuve du Nabab tué dans la bataille et à des femmes éplorées, ce Nabab qui avoit

toujours témoigné une estime et une amitié particulières à la nation française, nous ayant en touttes occasions traités favorablement et accordé depuis peu de
temps la permission de battre des roupies.

Sabderalykan, fils ainé d'Alydostkan, arriva à une
journée d'Arcatte deux jours après la bataille avec sept
à huit cents chevaux; mais ayant appris la mort de son
père et la perte de la bataille, ses cavaliers l'abandon-
nèrent, et il se sauva dans la forteresse de Vellour.

Sandasaheb, gendre d'Alydostkan, qui étoit sorti de
Trichinopoly avec quatre cents chevaux pour venir joindre son beau-père, apprit aussy en chemin cette fàcheuse nouvelle et trouva tout le pays déjà soulevé
contre les maures; plusieurs Paliagars et Naïnards, ayant
ramassé leurs pions, s'étoient joints ensemble et voulurent l'entourer et se rendre maitres de sa personne,
mais ce seigneur ayant eu avis assez à temps de leurs
desseins, se retira à toutes jambes dans la forteresse de
Trichinopoly où il eut le bonheur de rentrer.

Le lendemain de la bataille du Canamé, les Marattes
marchèrent vers Arcatte, dont ils se rendirent maitres
sans aucune opposition. Cette ville a été au pillage pendant plusieurs jours, et en partie brûlée, et ils y ont
fait un butin considérable. Ils envoyèrent ensuite divers détachements de costé et d'autre pour mettre le
pays à contribution; tous les endroits où ils sont tombés
ont été entièrement détruits et ruinés. Sabderalykan
qui se tenoit toujours renfermé dans la forteresse de
Vellour, envoya des députés aux princes et chefs des
Marattes pour faire des propositions d'accommodement. Enfin, après diverses négociations, il a fait un
traité de paix avec eux, dont on n'est point encore bien
informé des conditions; tout ce que l'on sait, c'est que
ce Nabab a promis de payer aux Marattes quarante
lakes ou quatre millions de roupies, au moyen desquels
ils pourroient se retirer chez eux.

Après avoir touché de Sabderalykan une partie de cette somme, les Marattes se sont entièrement retirés de la province du Carnatte et sont allés camper à quinze ou vingt journées d'Arcatte, en tirant vers leur pays. On dit qu'ils doivent passer l'hyver dans cet endroit pour y attendre le restant de l'argent qui leur a été promis, et l'on assure qu'ils sont dans la résolution de revenir reprendre Arcatte si Sabderalykam ne leur paye pas exactement la somme dont il est convenu avec eux.

Aussitôt que Nazerjingue, Souba de Golconde et fils du Nizam Oulmoulouk, fut informé du ravage que les Marattes faisoient dans le Carnatte, il se mit en route pour venir à leur rencontre avec son armée composée de 60.000 chevaux et de 100.000 pions, et vint à grandes journées jusques à la rivière de Krishna à quinze journées de chemin d'Arcatte. C'est à l'approche de cette armée à qui l'on doit la conclusion du traitté fait entre Sabderalykam et les Marattes et de leur prompte retraite.

Nazerjingue ayant cependant été arrêté par la rivière du Krishna qui se trouvait débordée, le passage en devint impossible à son artillerie qui était très considérable et à ses bagages. Il se trouvoit même dans l'impossibilité de faire subsister son armée dans un pays où les Marattes l'avoient précédé, et qu'ils avoient entièrement ruiné et ravagé, de sorte qu'il lui étoit impossible de trouver du fourage pour ses éléphants et bêtes de charge, dont il y a une multitude incroyable dans une pareille armée. Tous ces obstacles l'empêchèrent de continuer sa route et le mirent dans la nécessité de rebrousser chemin et de s'en retourner à Golconde que l'on appelle aujourd'hui Hederabad.

Sabderalykan, ayant fait son traitté de paix avec les Marattes, et se trouvant plus tranquille, écrivit la lettre suivante à Monsieur le Gouverneur.

Traduction d'une Lettre du Nabab d'Arcatte, Sabderalykan, a M. Dumas, Gouverneur Général de Pondichéry, reçue le 8 Juillet 1740:

Que vous qui êtes rempli de générosité et de valeur, qui répandez libéralement vos faveurs, soyez jouissant d'une parfaite santé. Fatersingue et Ragogy Bonsla qui commandent l'armée des Marattes, sont venus de ces côtés avec 70 à 80.000 cavaliers. A cette nouvelle Aly-dostkan, mon père, pour défendre les terres du Pacha, s'est mis en marche avec une petite quantité de cavaliers, dont il luy a même fallu détacher une partie, pour escorter sa famille, et s'est rendu à Tamelchercanavay à trois journées d'Arcatte, très peu accompagné. Quelque temps après il a fallu qu'il se battit contre les Marattes; il n'avoit avec luy que 6 à 700 chevaux et avoit disposé son artillerie, ses éléphants et les autres appareils de guerre pour avoir le défilé du Canavay; les Marattes étant venus l'attaquer par derrière, son canon n'a pu luy servir. Le Nabab, à la tête du petit nombre des siens qu'il avoit avec luy, a signalé sa valeur dans le combat qu'il a eu à soutenir contre les 80.000 hommes Marattes. Il les a enfoncés et mis en déroute trois fois; mais sur ces entrefaites, une balle de mousquet l'a atteint et l'a fait tomber roide mort.

Vous devez avoir sû toutes ces nouvelles par différentes autres voyes. J'étois alors dans le Tanjaour. Le Nabab m'avoit envoyé ordre de le venir joindre; je me suis mis aussitôt en marche, et me suis rendu de Cangenagadda à Ponna en cinq jours. La diligence que j'ai faite a été cause que la plus grande partie de mes cavaliers et mon canon avec son attirail sont restés de l'arrière. Quand j'ai été à Ponna, j'ai appris la triste nouvelle de la mort du Nabab, mon père. La dessus, j'ai envoyé quelques cavaliers à la forteresse de Gingy et à celle de Chattagadda, et me suis rendu en personne à celle de Vellour pour la mettre en état de défense. J'ai aussi envoyé ordre à Oussendostkan (c'est Sandar-saheb) de rassembler tous les cavaliers qui étoient répandus en différents lieux et de venir me joindre avec ce qu'il auroit de troupes avec luy pour aller attaquer les Marattes.

Ceux ci considérant qu'ils ne gagneroient rien à faire la guerre avec nous, nous ont dépêché quelques uns de leurs gens pour faire la paix. Moy de mon côté voyant cette occasion d'en venir à un accommodement, j'ai été bien aise de la conclure; après cela les Marattes se sont retirés à Siramgapatam.

Ma mère et Alynakisaëb m'ont écrit. J'ai sû par leurs lettres les grandes faveurs et les honneurs que vous leur avez faits, qui sont tels, qu'ils ont surpassé tout ce qu'on pouvoit attendre de votre amitié. Ma mère est satisfaite au dernier point des grâces et des honneurs qu'elle a reçus de vous, ce qui a remply mon cœur d'une joye que je ne puis exprimer. Les honnêtes gens dans ce monde ne doivent s'attendre qu'à de pareilles politesses de la part de ceux qui leur ressemblent. Dans la liaison qu'il y a entre nous, vos manières engageantes m'ont prévenu, et c'est à elles qu'il faut attribuer la grande amitié que je vous porte; nous avons toujours été bons amis jusqu'à présent, mais dans la suitte, en considération des bontés que vous avez eues pour ma mère, il faut nous regarder sur le pied de frères; il faut que vostre cœur ait toutes les satisfactions qu'il peut désirer. Dorénavant, je ne manquerai jamais, moyennant la grâce de Dieu, au respect et à l'amitié qu'un frère doit à son frère; il faut que vous pensiez que tous mes biens et mes terres sont à vous. Quant aux autres nouvelles, vous les saurez de la bouche de Mirgoulan Ousseinkansaëb, et par la lettre de Baddasaëb.

En signe d'amitié je vous envoye un serpaut et deux joyaux garnis de pierres précieuses que je vous prie de porter à votre tête; le tout vous sera remis par Mirgoulan Ousseinkansaëb. Quand vous l'aurez reçu il faudra me faire le plaisir de m'en accuser la réception.

Le Nabab Nasserjingue Bahadour (c'est le fils de Nizam) a beaucoup d'amitié pour moy; il m'a écrit une lettre dont je vous envoye la copie afin que vous la voyez. Quand vous la lirez, vous saurez touttes les nouvelles.

Que le Tout Puissant vous comble de biens et de prospérité.

Traduction d'une copie lettre Nasserjingue Nizam oul Daoula Bahader au Nabab Sabderalykan.

Que Sabderalykan qui est une personne de valeur et élevée à un poste éminent, et qui attend tout de la faveur du Pacha, soit jouissant d'une bonne santé.

Abdelnabykan Bahader m'a écrit et m'a informé par sa lettre que les Marattes sont venus dans ces quartiers; ils ont fait une forte guerre au Nabab Alydostkan, qui est allé en paradis. Si votre armée ne vient point, tous les chefs auront bien de la peine à conserver leur honneur. C'est en ces termes que ce seigneur m'a écrit. Le pére et l'ayeul d'Alydostkan nous ont toujours esté affectionnés; c'est pourquoy j'ai ressenti vivement son malheur. C'étoit une chose qui ne devoit pas arriver; elle est cependant arrivée. Il faut vous en consoler et prendre patience. Je suis cependant en doute si cette nouvelle est vraye ou fausse; Dieu veuille qu'elle soit effectivement fausse.

J'ai écrit tous les ans au Nabab Alydostkan: il faut que tous les Nababs qui sont dans le Carnate viennent demeurer au pied de la rivière de Quichna pour mettre en fuitte les ennemis. Depuis quelque temps les Marattes sont dans le dessein de venir de vos costés, il faut leur en empêcher l'entrée. Puisque la chose devoit arriver ainsy, on ne s'est pas conformé à ce que j'ay écrit, et le pays a été ruiné. Avec l'assistance de Dieu, j'ay bien chatié Bagirao, (roi ou prince des Marattes); le chagrin qu'il en a eu luy a causé une maladie dont il est mort; après l'avoir bien battu, je me suis arresté sept jours à Aurangabad avec mon armée. Pourquoy cela? parcequ'elle avait besoin de repos après les grandes marches qu'elle avait faites.

Sur ces entrefaites, j'ay eu avis que les Marattes venoient dans vos quartiers; je me suis rendu à Caudavour Sangan pour les en châtier; estant là j'ay sû là que les Marattes auroient eu avis que je venais, et que, de crainte de me rencontrer, ils s'étoient retirés des environs où ils estaient. Pensant qu'à cause de la saison des pluyes je ne pourrais pas arriver à Arcatte, je me suis arresté quinze jours; sur ces entrefaites j'ai appris les événements auxquels on ne pouvoit ni on ne devoit s'attendre, et dont j'ai été fort affligé.

Je suis party avec mon armée de cet endroit pour assister les honnêtes gens et favoriser ceux qui se confient en moy, et battre les Marattes. Si vous avez du courage, vous rangerez à leurs devoirs ceux qui voudront faire les mutins, sinon il ne faut pas faire comme a fait Alydostkan. Si vous êtes assez fort, il faut, en laissant les Marattes d'un costé, venir me trouver par un autre chemin avec vos cavaliers bien lestés et bien montés. Je viendray à Caudavour: il faut y venir me joindre. Si vous n'estes pas en état de faire cette démarche, il faut choisir un endroit assez fortiffié et vous y tenir en faisant bonne garde pour vous conserver en attendant que je vienne moy même. Quand je serai proche, il faudra alors vous joindre à mon armée; après cela, nous verrons ce qu'il y aura de mieux à faire. Il faut que vous pensiez que mon armée arrivera bientôt; il faut prendre courage; il faut que vous croyez que j'ay beaucoup d'affection pour vous. Moyennant la grâce de Dieu, il faut espérer que nous réparerons avantageusement ce qui est arrivé. Je n'ay plus rien à vous écrire.

Ecrit de la main de Nasserjingue: il faut faire comme j'ay écrit. C'est mon ordre, il faut se conformer à l'occasion.

On ne peut rien de plus honneste que la lettre de Sabderalykan à Monsieur Dumas; quant à celle de Nasserjingue, nous ne trouvons pas qu'elle soit fort honorable pour Alydostkan, et nous n'avons pas esté peu surpris de ce que Sabderalykan en a joint la copie à sa lettre.

Ismansaheb ayant perdu ses meilleurs amis dans le Nabab Alydostkan et dans Citisjorkan, et craignant que Sabderalykan, qui ne l'aimoit pas, ne luy fit un mauvais party, prit la résolution de partir à Mazulipatam par mer, pour se rendre de là à Golconda près de Nasserjingue, son amy et son protecteur. Il gardoit pour cela depuis longtemps à Jorbandel un navire tout prêt, sur lequel il avoit embarqué une partie de son bien, mais ne se fiant pas tout à fait en ses gens, il avoit prié M. Dumas de luy envoyer un bon pilote pour conduire son vaisseau jusqu'à Mazulipatam. N'en ayant point pour lors à luy donner, et le brigantin *l'Aventurier* estant prest à partir pour Mazulipatam, nous donnâmes ordre au pilotte qui le commande de toucher en passant à Jorbandel, et de convoyer le vaisseau d'Ismansaheb jusqu'à Mazulipatam. Mais Ismansaheb préféra s'embarquer sur nostre brigantin, sur lequel il se rendit à Mazulipatam en quatre jours, d'où, après avoir resté quelque temps pour y attendre son vaisseau, qui n'y arriva que huit jours après, il est party pour Golconda. Il a

esté parfaitement bien reçu par le fils du Nizam. Il est
certain qu'il desservira autant qu'il luy sera possible
Sabderalykan, et il y a lieu de croire que s'il y a du
changement dans le gouvernement de la province du
Carnatte, que Ismansaheb y aura beaucoup de part.

La veuve du Nabab Alydostkan estoit toujours à Pondichéry avec ses enfants, inconsolable de la mort de
son mary. Nous eûmes avis que le Nabab Sabderalykan,
Sandasaheb son beau frère, avec tous les seigneurs de sa
famille et de sa cour, et une nombreuse suitte, se disposoient à venir à Pondichéry pour y voir leur mère
et leurs enfants, ce qui ne laissoit pas que de nous faire
de la peine et de nous inquietter eu égard aux embarras que cela nous causeroit infailliblement. Mais nous n'y
vîmes d'autre remède que de prendre toutes les mesures
les plus convenables dans pareille occasion. M. Dumas
écrivit à Sabderalykan que s'ils se disposoient à venir à
Pondichéry et dans les environs, d'empêcher qu'aucune
de leurs troupes n'entre sur les terres de la Compagnie et
encore moins dans la ville dont l'entrée leur étoit absolument refusée, estant même déffendu, à luy Gouverneur, sous de rigoureuses peines, de permettre à aucune troupe étrangère l'entrée dans la ville. Ces deux
seigneurs firent réponse que leur intention n'étoit
d'entrer dans la ville qu'avec leurs familles et leurs
serviteurs, et qu'à l'égard de leurs troupes, il les feroient
camper hors des limites des terres de la Compagnie
avec déffense, sous peine de la vie, de faire le moindre
désordre ni de rien prendre à personne.

Nous eûmes avis le premier septembre que le Nabab
Sabderalykan, Sandasaheb et une nombreuse suitte estoient à deux lieues d'icy, et qu'ils arriveroient à Pondichéry le soir. M. Dumas fit dresser une tente à la
porte Valdaour pour y recevoir le Nabab; il avait envoyé
au devant jusques aux limites, Messieurs Le Gou, Dulaurens et Signard, accompagnés d'une compagnie d'in-

fanterie, de pions et fit battre le tamtam dans la ville, suivant l'usage.

Le Nabab arriva à la porte Valdaour sur les 6 1/2 heures du soir. M. Dumas, accompagné de tout ce qu'il y avoit pour lors à Pondichéry d'employés et d'officiers, fut le recevoir à la barrière de l'avancée à la descente de son palenquin, où ils s'embassèrent au bruit du canon, avec beaucoup de démonstration d'amitié et de politesse. Le dit Sr. Dumas embrassa ensuite le grand divan Taqua Saheb, gendre d'Alydostkan, Sandasaheb, et tous les autres Nababs et Seigneurs de considération, dont la liste sera à la suitte de la présente; après quoy il prit le Nabab par la main et le conduisit sous la tente qui était ornée et éclairée du mieux qu'il avoit esté possible. La plus grande partie de la garnison et des matelots des vaisseaux d'Europe avec des habits et chapeaux de soldat, étoit sous les armes, bayonnette au bout du fusil, et garnissoit la porte et les murs de la ville.

Le Nabab resta très peu de temps sous la tente, et se rendit avec toute sa suitte au jardin de la Compagnie où ils furent logés. Les deux premiers jours furent employés en pleurs et gémissements suivant la coutume des maures, et la visite qu'il devoit rendre à Monsieur le Gouverneur fut remise au 4 Septembre, que le Nabab le vint voir. M. Dumas le reçut avec tous les honneurs dûs à son poste, au bruit du canon, la garnison estant rangée en bataille sur la place. Le Nabab, estant resté assis quelque temps dans la salle où tout le monde était assemblé, demanda à parler en particulier à Monsieur le Gouverneur qui le fit passer dans une chambre à costé de la salle, où il entra avec deux ou trois des principaux de sa suitte. Le sieur François Pereire, portugais, servant d'interprète, Sabderalykàn se servit des expressions les plus vives et les plus affectueuses pour témoigner à M. Dumas combien il estoit

reconnaissant de l'asile que les Français avoient donné
à sa mère et à toutte sa famille dans une occasion critique, que luy ni les siens n'oublieroient jamais ce service, qu'à l'avenir M. Dumas pouvoit compter d'estre
aussi maitre dans toute l'étendue de son Gouvernement
que luy-même. Après environ trois quarts d'heure de
conversation particulière, il rentra dans la salle où
Monsieur le Gouverneur luy donna le bétel et l'eau de
rose, et on luy fit présenter au nom de la Compagnie
les présents en tel cas usités tant pour luy que pour
les autres seigneurs de sa suitte, suivant la liste que la
Compagnie trouvera jointe à la présente. Mais le Nabab
accepta seulement en signe d'amitié deux beaux rosiers
de vermeil en filigrane, et ne voulut absolument point
recevoir aucune autre chose, et retourna chez luy fort
satisfait de tous les honneurs et politesses qu'il avoit
reçus.

Il envoya le même jour un serpeau à M. Dumas et
luy fit présent d'un bel éléphant, ce qui est regardé dans
ce pays icy comme une marque des plus honorables
que l'on puisse faire.

M. Dumas alla le lendemain rendre visite au Nabab
qui le reçut avec grandes marques d'amitié et de distinction. Sabderalykan et toute sa suite sont restés à
Pondichéry jusqu'au 17 septembre, et ils sont partis pour
Gingy. Ils ont été si charmés du bon ordre qui régne à
Pondichéry et du bon état dans lequel la citadelle,
l'enceinte, et tous les postes leur ont paru, et de l'exactitude avec laquelle le service s'y fait, qu'ils ont pris le
party de laisser leurs femmes et petits enfants jusqu'à
ce que les troubles qui régnent dans le pays soient
entièrement apaisés, quantité de Paliagars s'estant révoltés contre les Maures, aussitôt qu'ils ont été informés
de la mort d'Alydostkan, et que son armée avoit été dé-
truitte.

Quoyque le Nabab et Sandasaheb, son beau frère,

eussent laissé toute leur cavalerie hors de nos limites, il n'a pas laissé que d'estre avec eux dans la ville une grande quantité de domestiques et de pions dont ces seigneurs sont environnés, ce qui passe parmi eux pour une marque de grandeur et de magnificence.

Il s'y était même retiré depuis la nouvelle de l'approche des Marattes, quantité de peuples de tous états et de toute espèce, de sorte que l'on pourroit dire avec vérité que le nombre des habitants estoit augmenté du double. Cependant les vivres n'ont pas manqué dans la place, et le riz n'y a point augmenté de prix. Nous pouvons encore dire à la louange des maures qu'ils n'ont pas fait le moindre désordre dans la ville ni au dehors tout le temps qu'ils y ont esté, ce qui est assez extraordinaire pour des peuples aussi mal disciplinés qu'ils le sont.

Sabderalykan a témoigné sa reconnaissance à M. Dumas par un présent qu'on peut avec raison appeler magnifique. Il luy a donné les terres d'Archipacon autrement dit Archiouac qui sont au sud de Pondichéry avec quatre aldées qui en dépendent, et comme il se trouvoit une autre aldée enclavée dans celle d'Archipacon nommée Tedavanatom et dans laquelle il y a un étang qui fournit de l'eau aux terres voisines, M. Dumas lui ayant témoigné qu'elle luy soit donnée, il luy en a pareillement fait présent.

Voici la traduction de la lettre du Nabab et des *paravanas*, expédiés en conséquence.

TRADUCTION D'UNE LETTRE DU NABAB SABDERALYKAN
A MONSIEUR LE GOUVERNEUR, EN LUY
ENVOYANT LE PARAVANA DE L'ALDÉE
D'ARCHIPACON, REÇUE LE
PREMIER SEPTEMBRE 1740.

Que Monsieur Dumas, Gouverneur de Pondichéry, qui est nn seigneur très valeureux, et qui est actuellement mon amy, soit toujours jouissant d'une parfaitte santé.

J'ay reçu la lettre que vous m'avez écrite en réponse de celle que je vous avais envoyée. J'ay sù de Mirgoulam Ousseinkansaëb qui me l'a expliqué de bouche et fort en détails, avec combien de générosité vous en avez usé envers ma mère, et combien est véritable et sincère l'amitié que vous me portez. Cela a rassuré mon cœur et a redoublé mon affection pour votre personne, et en reconnaissance j'ai fait expédier un *paravana* par lequel je vous donne Archipac; je l'ai fait remettre entre les mains de Mirgoulam Ousseikansaëb pour vous le porter. Il doit vous le rendre luy-même ; ma volonté est de vous temoigner ma reconnaissance en vous donnant cette aldée à vous personnellement, et non à la Compagnie que cela ne regarde aucunement.

Il faut que vous pensiez toujours que je suis un de vos plus grands amis; il faut continuer à me donner des nouvelles de votre santé et vous devez vous persuader que je suis votre intime amy.

TRADUCTION D'UN PARAVANA DU NABAB
SADERALYKAN, PAR LEQUEL IL FAIT DONATION A
M. DUMAS, GOUVERNEUR, DE L'ALDÉE
D'ARCHIPAC ET DE CINQ AUTRES ALDÉES DE LA
DÉPENDANCE DE L'ALDÉE D'ARCHIPAC,
REÇU LE 4 SEPTEMBRE 1740.

Tous les Déchoumoucours et Chapandiars, (ce sont les escrivains du pacha), les Maucadamas (les chefs des habitants) et ceux qui travaillent aux varges, dans les terres d'Ayderabad, de la dépendance de Valdaour, doivent savoir (que) depuis longtemps le très valeureux Seigneur, M. Dumas, Gouverneur de Pondichéry, entretient avec moy une forte amitié et continue avec un cœur très sincère à en agir avec moy de toutes les façons qu'il convient, (que) elles sont touttes còmme gravées dans mon cœur, et (que) en reconnaissance de son affection je luy ai donné l'aldée d'Archipac qui est une des aldées de la dépendance de Valdaour, ainsy qu'il est spécifié cy dessous, à commencer de l'année 1150, pour qu'elle soit à luy à perpétuité ; qu'il en perçoive tous les revenus. C'est pourquoy il faut que vous remetliez cette aldée au très valeureux Seigneur. Donné le 9 du mois de Jamadalassany l'an 23 du régne de Mahomedecha ; signé par le Nabab.

DÉCLARATION DU PARAVANA CY DESSUS.

J'ay donné en présent, à commencer de l'an 1150, l'aldée appelée Archipac, qui est située dans les terres d'Ayderabad, de la dépendance de Valdaour, au très valeureux Seigneur, M. Dumas, Gouverneur de Pondichéry, pour estre à luy à perpétuité, conformément à l'ordre que j'en ay donné sous ma signature, ainsi qu'il est spécifié au bas de ce paravana.

DÉCLARATION DE L'ORDRE.

Ecrivez ce *paravana* en le datant de l'an 1150.

REQUESTE DE L'ECRIVAIN.

Voici la déclaration de l'ordre que nous avons reçu : Eu considération de la bonne amitié avec laquelle le très valeureux seigneur, M. Dumas, Gouverneur de Pondichéry, a toujours vécu avec moy, ainsy qu'il convenoit, j'ay donné ordre qu'il soit fait un *paravana* par lequel l'aldée d'Archipac luy soit donnée en présent.

Sur cela quel ordre nous donnez-vous à l'heure qu'il est ?

L'ORDRE DU NABAB.

Dressez ce paravana et le dattez de l'an 1150, luy spécifiant, comme il l'est ci-dessus, une aldée et cinq autres aldées de la dépendance (de cette province).

Icy est la chappe du Nabab.

Le 9 du mois de Jamadalassany, l'an 23 du règne de Mahomedecha, j'ay enregistré ce paravana, signé : Calcinavisse.

Le 9 du mois de Jamadalassany, l'an 23 du règne de Mahomedecha, j'ay enregistré le paravana, signé : Moumousi.

Le 24 du mois de Janadalassany, l'an 23 du règne de Mahomedecha, j'ay pris une copie du paravana et l'ay enregistré dans le protocole, signé : Sadestadar Nassaretgadal.

Le 10 du mois de Janadalassany, l'an 23 du règne de Mahomedecha, j'ay enregistré ce paravana, signé : Dassirrava J'ay pris une copie du paravana et l'ay portée dans mon livre, signé : Canougay.

TRADUCTION D'UN PARAVANA DU NABAB SADERALYKAN, PAR LEQUEL IL FAIT DONATION A MONSIEUR LE GOUVERNEUR, DE L'ALDÉE DE TÉDOUVANATOM, REÇU LE PREMIER SEPTEMBRE 1740.

Tous les Dechoumoucours et Dechapaudiars (ce sont les escrivains du pacha) les Maucadamas (chefs des habitants) et ceux qui font des varges dans les terres d'Ayderabad, de la dépendance de Valdaour, doivent savoir (que) depuis longtemps le très valeureux Seigneur, M. Dumas, Gouverneur de Pondichéry, entretient avec moy une grande amitié, et (que) le très valeureux Seigneur continue d'en agir avec moy avec un cœur très sincère de touttes les façons qu'il convient, elles sont touttes comme gravées dans mon coeur, en reconnaissance de quoi j'ay donné au très valeureux Seigneur l'aldée de Tédouvanatom qui est une de celles de la dépendance de Valdaour, ainsy qu'il est spécifié cy dessous, à commencer de l'an 1150, pour qu'elle soit à luy à perpétuité, qu'il en perçoive tous les revenus. C'est pourquoi il faut que vous remettiez cette aldée au très valeureux Seigneur; donné le 23 du mois de Jamadalassany, l'an 23 du règne de Mahomedecha.

Icy est le Seiny du Nabab.

Déclaration du Paravana cy dessus.

J'ay donné en présent au très valeureux Seigneur, M. Dumas, Gouverneur de Pondichéry, à commencer de l'an 1150, l'aldée appelée Tédouvanatom, située dans les terres d'Ayderabad, de la dépendance de Valdaour, pour estre à luy à perpétuité, conformément à l'ordre que j'ay donné sous ma signatures ainsy qu'il est spécifié au bas de ce *paravana*.

Déclaration de l'ordre.

Ecrivez ce *Paravana* et le dattez de l'an 1150.

Requeste de l'Ecrivain.

Voici la déclaration de l'ordre que nous avons reçu : " En considération de la bonne amitié avec laquelle le très valeureux Seigneur, M. Dumas, Gouverneur de Pondichéry, a continué de vivre avec moy, comme il convenoit, j'ai ordonné qu'il soit fait un *paravana* pour donner en présent au très valeureux Seigneur l'aldée de Tédouvanatom. "

Quel ordre nous donnez vous à l'heure qu'il est ?

L'ordre du Nabab.

Faites ce *paravana* à commencer de l'an 1150, ainsy qu'il est spécifié cy dessus, une aldée.

Ici est la chape du Nabab

Le 9 du mois de Jamadalassany, l'an 23 du règne de Mahomedecha, j'ay enregistré ce *paravana*, Signé Calcinavisse.

Le 9 du mois de Jamadalassany, l'an 23 du règne de

Mahomedecha, j'ay porté dans mes registres ce *paravana*, signé : Moumausil.

Le 24 du mois de Jamadalassany, l'an 23 du règne de Mahomedecha, j'ay pris une copie de ce *paravana*, et l'ay enregistré dans le protocole, signé : Sadestadar Nassaretgadal.

Le 10 du mois de Jamadalassany, l'an 23 du règne de Mohamedecha, j'ay enregistré ce *paravana*, signé : Dassirava. J'ay pris une copie de ce *paravana* et l'ay porté dans mon livre, signé : Canougay.

TRADUCTION DE LA COPIE D'UN ORDRE DU NABAB
SABDERALYKAN A MAHOMED BACHORET,
RENTIER DES TERRES DE VILLENOUR,
AU SUJET DE L'ALDÉE D'ARCHIPAC.

Le présent ordre a été mis par écrit le 9 du mois de Jamadalassany, l'an 23 du règne de Mahomedecha.

Vous, Mahomed Bachoret, qui attendez tout de moy, il faut que vous sachiez que j'ay donné en présent à M. Dumas, Gouverneur de Pondichéry, seigneur très valeureux, ainsy qu'il est porté dans le *paravana* que je luy ai envoyé, l'aldée d'Archipac conjointement avec les cinq autres aldées de sa dépendance. C'est pourquoy, aussitôt qu'on vous présentera le dit *paravana*, vous remettrez toutes ces aldées aux gens du très valeureux seigneur. Il faut que vous receviez cet ordre de la façon qu'il convient, et que vous vous y conformiez.

M. Dumas compte aller prendre possession en forme de ces aldées après le départ des vaisseaux, et en faire la réunion aux terres et domaines que la nation et la Compagnie possèdent aux Indes, mais il espère que la Compagnie luy laissera la jouissance des revenus avec d'autant plus de justice qu'il a payé de ses deniers touttes les dépenses et présents que cette acquisition a occasionnés et qui ont monté à près de 3.000 pagodes. C'est ce que nous remettons à la décision de la Compagnie.

L'approche des Marattes et de l'armée des maures n'a pas laissé que de nous causer beaucoup d'inquiétudes. Par notre état de revue du premier May, nostre garnison ne montait qu'à 321 hommes, dont il faut toujours compter le tiers au moins hors d'état de servir, soit les malades et les vieillards, ou ceux qui sont ruinés par la débanche. Comment pouvoir espérer de déffendre une enceinte aussi considérable que la nostre où il y a quinze postes à garder sans comprendre la citadelle ? Nous primes donc le party de faire monter la garde dans le fort à tous les employés et bourgeois qui se trouvèrent pour lors à Pondichéry, et nous fimes descendre les équipages des vaisseaux le *Lys, le Comte de Toulouse* et *le Maurepas.* Nous leur confiàmes la garde de toutes les portes du bord de la mer, et nous fimes passer toute notre garnison dans les postes du costé de terre. La Compagnie trouvera cy joint la disposition de la défense de la place, telle que M. Dumas a jugé à propos de la régler ; elle a esté généralement approuvée, et tous nos postes se sont trouvés garnis du mieux qu'il estait possible de le faire. Cette occasion nous a fait connaitre que nous estions dépourvus de bien des choses absolument nécessaires pour nous bien déffendre si nous avions été attaqués.

Personne ne peut conjecturer au juste quelle sera la suitte de cette révolution; chacun craint le retour des Marattes.

Depuis le commencement de May, nos troupes et canoniers sont extrèmement fatigués, ayant estés obligés de rester jour et nuit à leurs postes, et toutes les nuits au brouillard, ce qui a mis en peu de temps le tiers de nostre garnison à l'hopital où nous avons toujours eu quatre-vingt malades.

Nous avons marqué cy devant que le Nabab avoit fait présent à Monsieur le Gouverneur d'un éléphant; deux autres seigneurs maures luy en ont aussi donné depuis deux autres. Comme ces animaux causoient beaucoup de peine, nous les avons fait vendre pour la somme de 1500 pagodes que nous avons distribuée à la garnison et aux canonniers. Nous espérons que la Compagnie approuvera nostre conduite dans cette occasion. Il n'auroit pas été convenable de faire rentrer le produit de la vente de ces éléphants dans la caisse, au lieu que l'emploi que nous en avons fait a esté fort applaudi des Maures.

Nous avons cy devant marqué qu'Ismausaheb estait bien arrivé à Golgonda. Voicy la copie d'une lettre qu'il a écrite de cet endroit à Monsieur le Gouverneur.

TRADUCTION D'UNE LETTRE ÉCRITE D'AYDERABAD PAR GOULAM ISMAN OUSSENKAN A MONSIEUR LE GOUVERNEUR, REÇUE LE 6 SEPTEMBRE 1740.

Que le généreux Seigneur qui me fait la grâce de m'aimer, soit jouissant d'une parfaitte santé. J'ay un extrême désir de vous voir, il faut que vous sachiez cela.

J'ay reçu avec beaucoup de plaisir les deux lettres que vous m'avez écrittes. J'ay ressenti une grande joie en apprenant par ces lettres que vous estes en bonne santé; je prie le Seigneur qu'elle se maintienne toujours.

Je vous ay déjà écrit que le *faussedar* de Mazulipatam m'avoit très bien reçu et qu'il m'avoit accompagné jusques hors de cette ville quand j'en suis parti, que le Nabab Nasserjingue, pour marquer sa bonne volonté envers moy, avoit envoyé à ma rencontre des cavaliers et des pions avec un pavillon sur un éléphant et une timbale sur un autre, une autre timbale sur un cheval, des gens portant des fusées, des chevaux garnis aussi de fusées, avec tous les autres honneurs accoutumés, et qu'il avoit écrit à tous les autres *faussedar* et Gouverneurs dea places qui se trouvoient sur ma route, de m'assister et de me donner tout ce dont j'auroi besoin, que le *faussedar* de Chicacole avoit envoyé cinquante pions et cent cavaliers pour m'accompagner, une tente de Mazulipatam avec des tapis pour cette tente, quelques toiles en présent, de la valeur de 2000 roupies, dans deux bassins d'argent, un grand éléphant qui portoit un trône dont les piliers étaient couverts d'argent, avec tous les ustensiles de cuisine nécessaires. Il m'avoit aussi régalé par deux fois et estoit venu avec moy jusqu'à Ayderabad.

Je vous ay aussi marqué tous les honneurs que m'avoient faits sur ma route les autres *faussedars*. Je vous ay deja écrit toutes ces nouvelles et vous devez les avoir reçues.

Je suis arrivé à Ayderabad le 20 du mois de Jamadilaval. Le Nabab Nasserjingne m'a fait la grâce d'envoyer au devant moy à une lieue de cette ville, Madaou Mahaut, divan, Abdoulou Oussenkan et Coja Abdoulakan avec plusieurs autres des ses principaux officiers, suivis de nombre de cavaliers. Ils m'ont trouvé au jardin de Seydaban d'où ils m'ont accompagné jusques à la ville d'Ayderabad. Le Nabab m'a donné audience dans la chambre du Conseil où il n'y avait personne que nous deux, et m'a fait donner trois tasses de café, de celui qu'il prenoit actuellement luy même.

Le 27 du mois de Jamadilaval, il m'a fait la grâce de me donner en présent sept pièces de toile de prix et quelques joyaux garnis de pierreries; cela a fait que les autres personnes de considération sont venues me rendre visite et me complimenter.

Tous les honneurs que j'ay reçus doivent vous faire plaisir. J'ay engagé le Nabab à vous écrire et à vous en-

voyer un serpeau et j'auroi le soin de vous le faire
parvenir avec sa lettre. J'ay aussi obtenu de luy un
autre serpeau et quelques *paravana* pour le chef de
Mazulipatam que je luy feroi pareillement remettre,
parceque je regarde vostre facteur comme estant mon
facteur à moy. Quand je suis party de Mazulipatam, le
chef estoit venu me trouver et m'avoit dit " Je n'ay reçu
encore aucun serpeau ni *paravana* du Nabab Nasserjingue: si vous m'en faites avoir quelqu'un, cela redou-
blera votre gloire. "

J'enverrai aussy un *paravana* de Mouttaddy pour
faire avoir cours à vos roupies partout et pour tranqui-
liser vostre cœur.

Le Nabab de Chicacole Annamardikan Bahadour a
envoyé à Madras et à St. Thomé des gouraves avec des
marchandises. Les gouraves lui ont rapporté des pagodes; quand on les a examinées on les a trouvées d'un
titre foit bas. Le Nabab, quand il a vu cela, a été fort
fâché contre le Nabab d'Arcatte. Je luy ai parlé de façon
que je l'ai radouci. C'est une chose très notoire, que
votre procédé est droit et que ces pagodes ne viennent
pas de chez vous; je sais qu'elles viennent d'ailleurs.
Votre nation tient le premier rang par dessus les autres
nations. Je ferai mettre sur la lettre que vous écrit
Nizam une adresse telle qu'on la met pour des personnes de considération, et je ferai mettre cette lettre
dans une bourse, quand on vous l'enverra. Je ne puis,
assez reconnaître l'amitié que vous avez pour moy;
partout où ma parole trouvera du crédit, la vôtre en
trouvera aussy.

Vous avez écrit dans votre lettre " j'ay fait mettre la
chape sur les effets que vous avez ici. " Cela a bien
tranquillisé mon cœur, parcequ'il n'y a aucune différence
entre mes effets et vos effets. Agissez comme votre
cœur vous le dictera; si vous voulez les donner à quel-

qu'un, vous pouvez les donner, si vous voulez les garder pour vous, vous pouvez les garder.

Vous avez écrit " Je veux rendre conformément à l'accord les 40.000 pagodes que j'ay à vous. " J'écris à ce sujet à Cojyhamed afin qu'il les reçoive, si vous voulez les payer, et qu'il vous les rende quand vous les redemanderez. Il y a aussi de l'or pour 10.000 pagodes. J'ay écrit à Cojyhamed de l'envoyer à Jorbandel pour en faire des pagodes et de les garder par devers luy, et quand vous en aurez besoin de vous donner les 40.000, les 50.000 et les 10.000, ce qui fait la somme de 100.000, de les recevoir et les garder avec luy, quand vous les rendrez; quand vous en voudrez payer les intérêts, il les recevra aussi.

Vous m'avez écrit " Je pense à vous nuit et jour. " Dieu sait qu'il ne se passe pas une heure ni même une demi heure que je ne pense à vous, et quand je pense à vous, mon cœur se trouble de tristesse, les larmes coulent continuellement de mes yeux du regret que j'ay de ne point vous voir. C'est pourquoy, pour rendre la tranquillité à mon cœur, il faut que vous m'écriviez à toute heure.

Quant aux interêts des 40.000 pagodes, il faut en remettre la valeur entre les mains de Cojyhamed en draps de différentes couleurs, excepté du noir ; il faut du vert plus que d'aucune autre sorte.

Pour le café et les autres choses qui viennent par les vaisseaux, et les présents (que vous avez coutume de me faire) il ne faut pas que mon éloignement vous fasse m'oublier; il faut au contraire m'en donner le double et remettre le tout entre les mains du dit Cojyhamed; en les luy remettant, il faut que vous luy ordonniez de me les envoyer.

Je pense continuellement à vous ; il faut m'écrire toujours de vos nouvelles. L'endroit où le fils du Nizam s'asseoit est tout pareil à celuy où s'asseoit le

Pacha ; on luy rend les mèmes honneurs (qu'à ce prince)

Dans un billet séparé :

J'ay entre mes mains la lettre et le serpeau de Nasserjingue, ainsy que la lettre et les présents d'Armavardikan ; je vous les enverray après.

Un billet séparé concernant la réponse
du Nabab Nasserjingue a
Goulan Iman Oussenkame.

Que l'homme dont la réputation est partout bien établie, et qui espère tout de ma faveur, soit en bonne santé.

J'ay reçu la lettre que vous m'avez écrite. Il étoit marqué dans cette lettre, " Je suis arrivé à Cingavapam avec Amavardikan ; demain, 20 du mois, je viendrai vous saluer." Cette nouvelle m'a fait beaucoup de plaisir. Il faut que suivant que vous me l'avez mandé, vous veniez icy avec ce Nabab. Je n'ay rien autre chose à vous écrire. (Ecrit de la main de Nasserjingue.) Il faut venir au plus tôt, vous me ferez beaucoup de plaisir.

Ismansaheb vient d'écrire à M^r le Gouverneur qu'il avoit été fait commandant de douze mille chevaux, et qu'il seroit décidé au premier jour sur le poste qu'il doit occuper dans ce gouvernement. Ses amis prétendent que ce pourra bien estre celuy du Nabab ; nous souhaitons que cela arrive ainsy.

Nous sommes avec respect, etc. Signé ; Dumas, Le Gou, Dulaurens, Ingrand, Signard, Miran, Courbezatre, et Bois Roland.

Copie de la lettre écrite par Messieurs du
Conseil Supérieur de Pondichéry a
Messieurs les Directeurs de la
Compagnie des Indes, en date
du 30 Septembre 1740.

Messieurs,

Nous avons reçu par les vaisseaux le *St Géran*, le *Comte de Toulouse*, le *Lys*, le *Fulvy*, le *Phœnix* et le *Penthièvre*, les lettres que la Compagnié nous a fait l'honneur de nous écrire les 9 Mars, 21 Août, 26 Septembre, 31 Octobre, 7 Décembre 1739 et 18 Janvier, 13,20,27 Février . . . .

Le *St. Géran* a mouillé en cette rade le 11 Avril ; le *Comte de Toulouse*, 90 jours après, qui était le 10 Juillet, quoy que parti de Lorient vingt jours avant le *St. Géran* ; le *Fulvy*, le 24, le *Lys*, le 26 du même mois, le *Phœnix*, le 24 Septembre, et le *Penthièvre* . . . ;

Comme la lettre générale de la Compagnie ne nous est parvenue que depuis quelques jours, nous ne pourrons y répondre qu'au mois de Janvier.

Commerce d'Europe.

Les révolutions arrivées dans cette province et dont nous informons la Compagnie par notre lettre particulière à ce sujet ont suspendu tout commerce à cette côte, et nous avons longtemps désesperé de pouvoir charger cette année aucun vaisseau. La vente des matières d'argent est devenue impossible par la rareté des pagodes; le peu de demande d'argent dans l'intérieur des terres et les risques du transport, les chemins étant devenus impraticables à cause des voleurs ; la retraite d'Ismansaheb à Golconde et le refus qu'il a fait d'acheter nos matières d'argent, nous ont privés d'un secours qui ne nous manquoit jamais au besoin. Voyant qu'il ne nous estoit pas possible de vendre une piastre dans Pondichéry, nous prîmes, suivant notre délibération du 23 Juin 1740, la résolution d'envoyer en deux fois au Révérend Père Thomas, à Madras, 60.000 pagodes de matières d'argent ; nous le priâmes d'en faire la vente aux meilleures conditions que possible, et de nous envoyer des pagodes dont nous estions dans un besoin pressant.

Cy joint deux lettres en original du **Révérend Père Thomas** des 6 Juillet et 2 Aoust à Monsieur le Gouverneur, qui vous feront connaître la situation dans laquelle se trouve le commerce dans une ville aussy considérable que Madras. Enfin, après bien de la peine, ce Révérend Père n'a pu vendre notre argent qu'à deux mois de terme à raison de 7 pagodes la *serre* et en pagodes telles qu'il plait au changeur de les mettre dans ses sacs cachetés, et qui par un réglement du Conseil de Madras rendu définitif, devoient estre de 8 *toques* 1/100. Après les vérifications que nous avons faites de toutes les pagodes de Madras, il ne s'en est pas trouvé une seule dans les sacs de 8 *toques*, et beaucoup de 7 *toques* 1/2. C'est eu vain qu'on en a fait des plaintes reitérées au gouvernement qui autorise cette friponnerie. Cet inconvénient estoit seul un obstacle invincible à faire cette année aucun commerce à cette côte. La vente de cette petite partie d'argent ne nous fournissoit des pagodes qu'au commencement d'Octobre ; comment fournir quelque argent aux marchands, qui, heureusement, nous devoient à la solde de leurs derniers comptes une somme assez considérable, et envoyer de l'argent à Karikal, à Mazulipatam et à Yanaon ? Cependant, à force de nous donner des soins et du mouvement en employant tous les moyens et ressorts que notre imagination a pu nous figurer, (ce dont la Compagnie cependant ne sera pas persuadée), nous sommes parvenus en partie à faire face au plus pressé, en ramassant dans les bourses de nos amis tout ce qui a pu s'y trouver d'argent, et que nous avons fait donner en grande partie aux marchands, qui en ont fait leurs billets à 8 % d'interêt, ayant trouvé cela plus convenable pour le présent que d'emprunter davantage au nom de la Compagnie.

Nous avons frappé à toutes les portes pour avoir des marchandises, et enfin, avec ce que nous avons pu tirer de Yanaon et de Karikal et d'ici, nous sommes parvenus à renvoyer en Octobre le *Maurepas* chargé de 1408 balles, 200 milliers de poivre et 82.597 livres de bois rouge, montant suivant la facture à 146.251 pagodes 12 fanons. Quant à l'assortiment et à la qualité de la marchandise, elle est telle qu'il nous a esté possible de nous la procurer dans de pareilles circonstances. La Compagnie observera qu'il y a dans la cargaison du *Maurepas* diverses marchandises hors de sorte, et que nous avons été obligés de prendre à des prix inférieurs ; nous avons cru ce party préférable à celuy de renvoyer le vaisseau à vide,

Nous renvoyons aussy le vaisseau le *Lys*, commandé par M. De la Salle, chargé de 2458 balles de café de Moka grandes et petites, pesant net 573.930 livres, et montant à environ 64.600 piastres d'Espagne.

Les roupies Arcattes ont toujours continué à avoir un cours favorable au Bengale, Mazulipatam et icy, et nous ne savons pas sur quel fondement la Compagnie prétend que ce cours a été pendant quelque temps interrompu dans ce premier endroit; la meilleure preuve que nous puissions lui donner du contraire, c'est qu'il en a été envoyé à Chandernagor une grande quantité chaque année depuis que la monnoye de Pondichéry est établie, et que la Compagnie et nombre de particuliers n'ont trouvé aucune difficulté à les faire passer dans le commerce.

Les roupies nous ont été icy d'un grand secours; nous en avons fourni quelques parties à nos marchands, et tout le commerce ne se fait maintenant dans cette colonie qu'en cette monnoye.

Il nous a été impossible de faire cette année aucune vente de corail.

A l'arrivée des vaisseaux de cette expédition; il ne restoit plus en nos magasins que 85 balles de draps, dont 69 vingtains dont nous ne pouvons faire aucun usage.

TROUPES.

Suivant l'état de revue de la garnison de Pondichéry, arrêté au premier Octobre 1740, nous avons à Pondichéry 429 hommes, sergents, caporaux et soldats blancs et noirs.

MAZULIPATAM ET YANAON.

Voyant l'impossibilité où nous estions d'avoir des marchandises à cette coste, nous avons forcé nos envoys à Yanaon; cy-joint l'état des fonds que nous y avons remis cette année. Le vaisseau le *Maure* que nous y avons envoyé chercher l'or n'est point encore de retour de Yanaon. L'or nous est revenu de Chine par le *St. Benoist*, qui n'ayant pu gagner Pondichéry, a relâché à Yanaon le 23 May, et nous en a rapporté...............balles, et M. de Choisy nous en promet encore pour le mois de Décembre prochain.

Quelques jours après le départ du vaisseau le *Duc d'Orléans*, nous reçumes 94 balles de mouchoirs de Mazulipatam, montant à 24.043 pagodes 7 fanons, 35 caches, ce qui nous a déterminés à n'en demander cette année que pour 20.000 pagodes.

SURATE.

Il n'y a rien de nouveau à Surate ; il ne se présente presque plus de créanciers de l'ancienne Compagnie.

CHANDERNAGOR.

Cy joint le compte des matières et espèces d'argent

que nous y avons remis cette année, conformément aux ordres de la Compagnie, et les arrangements que nous avons pris, étant dans l'impossibilité de charger icy tous les vaisseaux de la Compagnie, nous y avons envoyé un excèdent de fonds de 600.000 roupies, c'est ce que l'augmentation d'envoys de 50.000 marcs d'argent que la Compagnie nous promet par sa lettre du 9 Mars nous a mis en état d'exécuter

Nous comptons envoyer le vaisseau le *Phœnix*, hyverner à la côte malabare. Le *Pondichéry* partira du Bengale le 15 Décembre. Nous avons donné ordre à Chandernagor de charger dessus 1200 balles qu'il portera en droiture à Mahé où on achevera de le bonder de poivre, et on l'expédiera pour France, à la fin de Janvier ou au commencement de Février. Si nous le pouvons, nous lui enverrons d'icy quelques balles paur compléter son chargement.

Quant au *Penthièvre*, comme il n'est pas encore arrivé, nous n'en pouvons rien dire à la Compagnie.

MAHÉ.

Il est nécessaire que la Compagnie se fasse lire notre correspondance avec ce comptoir et qu'elle y fasse attention. Elle y trouvera le détail de tout ce qui s'y est passé depuis un an. La guèrre que nous y avons avec Bayanor nous fait beaucoup de peine et ne convient nullement aux intérêts de la Compagnie. Nous nous sommes épuisés pour y faire passer des fonds, comme la Compagnie le verra par l'état cy joint, suivant lequel nous y avons remis, depuis le 15 May 1739, y ajoutant ce qui restoit pour lors en caisse jusqu'au 15 May 1740, 220.000 pagodes, non compris les dettes actives et les avances faites aux marchands. Le montant des remises qu'ils nous ont faites est de 74.000 pagodes; partant il devrait leur rester 146.000 pagodes que nous craignons bien que les frais de la guerre n'ayent absorbées, du moins la meilleure partie. Si nous avions cru messieurs de Mahé, il aurait fallu retenir dans l'Inde deux vaisseaux d'Europe, et leur envoyer un renfort considérable en troupes et munitions de guerre; c'est ce que nous sommes dans l'impossibilité de faire dans les circonstances où nous nous trouvons, qui nous feroient souhaiter d'avoir une garnison bien plus forte que la nostre.

Messieurs de Mahé, par un des articles des demandes qu'ils nous font dans leur lettre du 9 Juillet, ont besoin, disent-il, de deux mille fusils grenadier, neufs, et suivant nostre inventaire du 30 Juin dernier, il ne en reste dans la place que 1761 qui sont pour la plupart hors de service.

Nous avons aussy à Mahé de grandes discussions avec messieurs les Anglais de Tallichery, qui fournissent, nous dit-on, à nos ennemis tous les secours qui dépendent d'eux. Nous sommes convaincus depuis longtemps de leur mauvaise volonté, et ils seroient très charmés de voir la ruine de notre établissement qui est trop voisin de celuy de Tallichery, pour ne leur pas causer beaucoup d'ombrage et de jalousie. C'est même une des raisons qui nous doit déterminer à entretenir la paix avec Bayanor, autant qu'il nous sera possible. Nous en avons écrit en conformité au Conseil de Mahé. La Compagnie doit voir nos lettres des 29 Juillet, 16 Aoust, 9 et 14 Septembre.

La somme remise à Mahé en 1739 fait le tiers de la totalité des fonds reçus de France cette même année. Nous comptions que cette forte remise mettrait ce comptoir en état d'avoir toujours des poivres à l'avance d'une année à l'autre. Si elle se trouve consommée par les dépenses et les frais d'une guerre qui ne peut nous produire aucun avantage, comment nous sera-t-il possible de la remplacer ?

Iles de France et de Bourbon.

Nous continuerons à envoyer à ces îles tous les secours et provisions qui dépendront de nous. Nous comptons y envoyer d'icy un vaisseau à la fin du mois, et nous y enverrons un autre en Janvier prochain. Nous avons aussy donné ordre au Bengale d'expédier en droiture un bâtiment chargé de vivres et de provisions et de tous les effets que messieurs de l'Ile de France ont demandés. Nous avons en magasin 353 balles de café de Bourbon dont nous ne pouvons faire icy aucun usage ; nous les avons chargées sur le vaisseau, le *Lys*.

Affaires Générales.

Ismansaheb en portant pour Golconde a laissé entre les mains de la Compagnie 90.000 pagodes qu'il nous avait prétées l'année passée et 40.000 pagodes qu'il nous a fournies le 23 Juin. Il a laissé aussy à Pondichery une partie de ses effets dont il a prié Monsieur le Gouverneur de prendre soin.

Le vaisseau le *St. Benoist* party pour la Chine au mois de Juillet 1739, n'ayant pu partir de Canton que le 28 Février dernier, n'a pu gagner Pondichéry et est tombé à Yanaon où il a mouillé le 23 May. Nous y avons fait débarquer l'or et quelques marchandises propres pour cette coste, et il a porté le reste de sa cargaison au Bengale où nous avons avis, qu'il estoit arrivé et en devoit partir à la fin d'Aoust pour icy, chargé de riz.

Nous avons acquitté icy une lettre de change de 216 piastres tirée par le Conseil de l'Ile de Bourbon sur M. Peschevin, caissier de la Compagnie à Paris, pour les raisons énoncées dans nostre délibération du 28 Aoust 1740. Cette lettre était payable à l'ordre de Melican, indien natif de Ceylan.

Cy joint un paquet de messieurs du Conseil de Chandernagor à l'adresse de la Compagnie, qui vous instruira de la situation de ce comptoir.

Cy joint encore sous le N° 24 un paquet du Conseil de Madras que nous vous prions de faire passer surement à sa destination.

Nous envoyons à M. Duvelaër par le *Maurepas* trente caisses de fer et 240 canons de fusils tout-à-fait hors de service, dont vous trouverez cy joint les états.

Le sieur Coquelin, second lieutenant du *Comte de Toulouse*, a déserté sitôt l'arrivée du vaisseau sur cette rade.

Nous avons reçu par le *St. Géran* 72 marcs 4 onces de matière d'argent pour son grand port permis, dont nous avons fait recette à vostre caisse pour que vous en disposiez en faveur de qui il appartiendra.

Nous vous remettons cy-joint, messieurs, un procès verbal du 12 Juillet dernier au sujet de 13 marcs 4ds. d'argent qui ont été trouvés de moins sur votre envoy par le *Comte de Toulouse*, parceque ces matières d'argent ont été pesées avec de vieux poids qu'il y a plus de 40 ans se trouvent dans le comptoir. Comme la Compagnie nous en a envoyé par le vaisseau *la Paix* en 1738, nous les avons vérifiés avec les anciens, et nous avons reconnu que les nouveaux poids sont plus faibles que les anciens d'environ 3 gros par pesée de 110 marcs, et qu'avec ces nouveaux poids, les fonds reçus de France cette année par les vaisseaux le *Lys* et le *Fulvy*, se sont trouvés conformes aux factures, ce qui nous a fait présumer que les matières d'argent que la Compagnie nous envoye, sont pesées à Lorient avec des poids semblables à ceux que la Compagnie nous a envoyés par la *Paix*, avec lesquels nous pesons actuellement tant au magasin du fort qu'à la monnoye. Nous prions la Compagnie de nous envoyer de nouveaux poids étalonnés sur ceux du Roy et sur ceux de Lorient, afin que nous soyous sûrs de nos opérations. Nous avons envoyé depuis le mois d'Aoust trois fois de l'argent pour vendre à Madras, pesé avec les nouveaux poids; le Réverend Père Thomas a écrit à monsieur le Gouverneur que les marchands qui avoient acheté cet argent y avoient trouvé quélque chose de moins sur le poids, dont il faudra leur faire raison.

M. de La Renaudais, Capitaine du vaisseau le *Maurepas*, ayant séjourné un an entier aux Indes, noûs a témoigné avoir besoin d'argent pour sa table d'icy en France ; nous luy avons fait payer 1600 piastres dont il doit compter à Lorient suivant qu'il s'y est obligé par son reçu que nous avons envoyé à M. Duvelaër.

M. de La Salle, Capitaine du *Lys*, nous ayant fait une demande de 600 roupies pour avoir des provisions pour sa table, ayant consommé les siennes dans la longue traversée qu'il a faite de France icy, nous lui avons fait compter cette somme dont nous avons pareillement envoyé son reçu à Lorient.

M. Jerty, capitaine du *Comte de Toulouse*, nous a dit avoir rentré, étant en relâche au port de la Praya, île St. Yago, un vaisseau espagnol nommé la *Vierge d'El Pillar* et les *Amés du Purgatoire*, et que divers particuliers espagnols de ce vaisseau, dans la crainte d'être pris par un vaisseau anglais qui estoit alors en relâche à St. Yago, luy avoient offert une somme de 51.120 piastres s'il vouloit leur donner des lettres de change sur la Compagnie, ce qu'il a fait. Il nous a remis ces 51.120 piastres qui ont pesé 5.633 marcs 1 fanon, dont il a été fait recette à votre caisse le 15 Juillet dernier.

Cy joint l'état de nos demandes dont nous vous prions de recommander l'exécution avec plus d'exactitude qu'il sera possible. Nous vous prions aussi d'ordonner qu'on nous envoie par les premiers vaisseaux que l'on nous expédiera les papiers et ustensiles de bureau que nous demandons, et dont nous nous trouvons toujours à court. Nous sommes avec respect. etc. Signé: Dumas, Le Gou, Dulaurens, Ingrand, Signard. Miran, Coubeza- tre, Bois Roland.

INVENTAIRE de la boite des expéditions du Conseil Supérieur de Pondichéry à l'adresse de Messieurs les Syndics et Directeurs de la Compagnie des Indes à Paris, par le vaisseau le *Maurepas*,

No. 1 Lettre du Conseil de ce jour concernant les monnoyes.

2 Réponse en apostille du Conseil Supérieur du 30 Septembre 1740 à la lettre de la Compagnie du 26 Septembre 1739.

3 Etat des divers vaisseaux partis de Pondichéry depuis trente ans dans le courant de Février.

4 Lettre du Conseil Supérieur à la Compagnie du 1er Octobre 1740 au sujet des troubles arrivés dans le pays.

5 Liste des principaux seigneurs maures venus à Pondichéry avec le Nabab, avec l'état des présents qu'on leur a offerts au nom de la Compagnie.

6 Lettre du Conseil Supérieur à la Compagnie du 30 Septembre 1740.

7 Disposition de déffense pour la ville et la citadelle de Pondichéry en May 1740.

8 Lettre du Révérend Père Thomas à Monsieur le Gouverneur, du 23 Juillet 1740.

9 Lettre du Révérend Père Thomas du 2 Aoust 1740.

10 Etat des fonds remis au comptoir de Yanaon.

11 Etat des fonds remis au comptoir de Chandernagor.

12 Copie des lettres du Conseil de Chandernagor au Conseil de Pondichéry.

13 Copie des lettres du Conseil Supérieur à celuy
de Chandernagor depuis le 15 Février 1740
jusqu'au 15 Septembre suivant.

14 Copie des lettres du Conseil Supérieur au
Conseil de Mahé, depuis le 2 Février 1740
jusqu'au 14 Septembre suivant.

15 Copie des lettres du Conseil de Mahé au Conseil de Pondichéry, depuis le 24 Février 1740
jusqu'au 31 Aoust suivant.

16 Vingt-trois pièces ou cahiers de la correspondance du Conseil de Mahé, avec les princes
du pays.

17 Etat des fonds remis au comptoir de Mahé en
1739.

18 Copie des délibérations prises à Moka par les
employés du dit comptoir.

19 Etat des canons de fusils envoyés par le *Maurepas*.

20 Etat des canons de fer.

21 Procès-verbal de la pesée des matières d'argent reçues de France.

22 Paquet du Conseil de Chandernagor à l'a-
dresse de Messieurs les Syndics et Directeurs
de la Compagnie.

23 Facture générale du vaisseau le *Maurepas*.

24 Paquet du Conseil de Madras.

25 Etat de demandes en 4 pièces.

26 Extrait du registre des délibérations depuis le
26 Janvier 1740 jusqu'au 18 Septembre suivant.

27 Compte de blanchissage des toiles de Soukrama
de 1738 à 1739 et 1740.

28 Compte des anciens marchands.

29 Etat des passagers embarqués sur le *Maurepas*
pour France.

COPIE DE LA LETTRE ÉCRITE A MESSIEURS
LES DIRECTEURS, DÉPUTÉS A LORIENT PAR
MESSIEURS DU CONSEIL DE PONDICHÉRY,
LE 30 SEPTEMBRE 1740

Messieurs,

Nous avons reçu la lettre que vous nous avez fait
l'honneur de nous écrire le 13 Novembre dernier et
votre mémoire d'observations sur les marchandises de
notre envoy de 1738 à 1739, auquel nous aurons l'honneur de répondre par les vaisseaux que nous expédierons en Janvier, n'en ayant pas le temps pour le présent. Nous sommes extraordinairement occupés par nos

expéditions pour la Compagnie. Tout ce dont nous pouvons vous assurer, c'est que de tout temps nous nous sommes fait une loy de suivre en tout ce qui a dépendu de nous vos états de demandes et de nous rectifier sur vos mémoires d'observations ; mais vous ne devez pas vous attendre qu'on puisse jamais se conformer à cette coste à vos mémoires d'assortiment pour chaque cargaison. Il est des circonstances inopinées, telles que celles survenues cette année dans cette province, dont nous informons la Compagnie, qui, malgré toute notre bonne volonté, nous mettent absolument dans l'impossibilité de vous donner toutte la satisfaction que vous attendez de nous.

La présente qui vous parviendra par le *Maurepas* n'est que pour vous remettre la facture de son chargement consistant en 1480 balles de marchandises, 190.901 livres de poivre et 82 milliers de bois rouge, montant à 146.251 pagodes. Nous vous prévenons que vous trouverez quelques marchandises de cette cargaison inférieures en qualité, et qui sont hors de sorte, que nous nous sommes cependant estimés trop heureux d'avoir pour charger ce vaisseau. Comme nous informons plus particulièrement la Compagnie de tous les événements qui nous ont empéchés d'avoir cette année des marchadises dans les sortes ordinaires, permettez que nous nous reférious aux lettres que nous avons l'honneur de luy écrire à ce sujet, et dont nous vous prions de prendre communication.

Nous sommes, etc. Signé : Dumas, Le Gou, Ingrand, Dulaurens, Signard, Miran, Coubezatre et Bois Roland.

Copie de la lettre écrite a M. Duvelaér commandant a Lorient, par Messieurs du Conseil de Pondichéry, le 30 Septembre 1740.

Monsieur,

Le vaisseau le *St. Géran*, est arrivé icy le 11 Avril, le *Comte de Toulouse*, le 10 Juillet, le *Fulvy*. le 24, le *Lys*, le 26 du même mois, le *Phœnix* le 24 Septembre. Quant au *Penthièvre*, il n'est point encore arrivé. Nous avons eu seulement nouvelle de l'Ile de France qu'il en devait partir le 12 Aoust pour aller à Mahé, d'où nous n'avons eu encore aucune de ses nouvelles.

Les capitaines de ces vaisseaux nous ont remis tous les paquets dont vous les avez chargés pour nous, conformément aux notes que vous nous en avez envoyées. Nous avons aussy reçu par ces batiments les lettres que vous nous avez fait l'honneur de nous écrire les 3,30 Octobre, 28 Novembre, 12 Décembre, 6 Février et 5 Mars, avec toutes les pièces y jointes, conformément aux inventaires. Nous ne répondrons pas pour le présent aux détails de toutes ces lettres, n'en ayant aucune qui demande une prompte réponse, et étant extraordinairement occupés par les expéditions que nous avons à envoyer à la Compagnie qui sont cette année très considérables.

La présente vous parviendra par le vaisseau le *Maurepas* que nous expédions en toutte diligence pour informer la Compagnie de la situation où nous nous trouvons ; comme vous prenez communication des lettres que nous avons l'honneur de luy écrire, nous vous y référons.

Cy joint le connaissement général de la cargaison du *Maurepas*, consistant en 1408 balles de marchandises, 190.901 livres de poivre et 82 milliers de bois rouge, et montant à 146.251 pagodes 12 fanons.

Cy joiut sont en général tous les états concernant le vaisseau le *Maurepas*, tant des dépenses qu'il a faites que des différents effets qui luy ont été fournis pendant son sejour aux Indes.

Vous trouverez cy joint l'état des vins fournis à M. de La Renaudais, capitaine de ce vaisseau, pour sa table pendant sa traversée, dout il doit teuir compte en arrivant en France. Nous luy avons aussi fait payer 1500 piastres pour faire ses provisions de retour. Cy joint est pareillement son reçu afin que vous puissiez les luy faire rembourser à vostre caisse.

Vous trouverez parmi ce expéditions un état de ce que doivent à l'hôpital quelques uns des soldats que nous avons fait embarquer en remplacement sur le vaisseau le *Maurepas* ; nous vous prions d'ordonner qu'on leur en fasse la retenue. Nous renvoyons aussy par ce vaisseau deux soldats, nommés Ste Marie et la Jeunesse, condamnés aux galères leur vie durant par arrêt du Conseil du 26 Septembre. Cy joint leur arrêt et le reçu de M. de La Renandais de leurs personnes ; nous vous prions de faire à cet égard ce qu'il conviendra.

Nous avons chargé sur le *Maurepas* trente canons de fer et 248 canons de fusils hors de service qui sont compris sur le connaisssement. Nous en prévenons la Compagnie afin qu'elle vous donne ses ordres sur l'usage qu'elle voudra qu'on en fasse.

Il nous étoit resté icy du *Duc d'Orléans* un pilotin nommé Chabonnier, qui étoit malade lors du départ de son vaisseau. Nous l'avons fait embarquer sur le *St Géran*. Vous trouverez cy joint l'état de quelques effets que nous luy avons fait fournir avant son départ; vous lui en ferez faire la retenue sur son compte.

L'aumônier du *Maurepas* étant mort pendant son séjour aux Indes, nous avons fait embarquer à sa place le sieur Daman, aumônier du *Duc d'Orléans* qui étoit resté malade icy; nous luy avons fait payer sa subsistance pendant tout le temps qu'il est resté icy, sur le pied de dix pagodes par mois, et il lui en a encore été payé vingt en acompte de ce qui luy étoit dû sur le *Duc d'Orléans*, dont il a été fait mention sur son compte.

Nous vous renvoyons par le *Maurepas* le nommé Guelin, cuisinier du vaisseau le *Trésor*, capitaine le sieur Boulanger, qui avoit déserté l'année dernière le jour que le vaisseau étoit à la voile pour s'en retourner en France, et que nous avons rattrapé depuis. Il s'étoit retiré à Madras ; on nous l'a rendu à condition de grâce ; cy joint le reçu de M. de La Renandais de sa personne, qui a ordre de vous le remettre.

Cy joint l'état des passagers embarqués sur le *Maurepas*, avec celuy des matelots que nous luy avons donnés en remplacement.

Nous avons fait embarquer sur le *Maurepas* quatre caisses de l'envoi de M. le Gouverneur général des Philippines pour faire passer à Cadix. Nous les avons comprises sur le connaissement général de ce vaisseau ; nous vous prions de les envoyer à leur destination.

Nous avons permis aux Révérends Pères Jésuites d'embarquer sur le *Maurepas* cinq dents d'éléphants qu'ils adressent à M. Guimont de Port Louis, à qui nous vous prions de les remettre.

Nous avons l'honneur, etc. Signé: Dumas, Le Gou, Dulaurens, Ingrand, Signard, Miran, Courbezatre, et Bois Rolland,

Inventaire de la boîte des expéditions pour Lorient par le vaisseau le *Maurepas*, Savoir:

No. 1 Lettre du Conseil supérieur de Pondichéry du 30 Septembre à l'adresse de M. Duvelaër.

2 Paquet pour messieurs les Directeurs, députés pour les ventes.

3 Arrèt du Conseil supérieur de Pondichéry du 26 Septembre, qui condamne deux soldats aux galères.

4 Etat des hardes fournies par l'économe de l'hôpital au nommé Barbier, matelot

5 Facture et connaissement du petit port permis des officiers du vaisseau le *Maurepas*.

6 Etat des vivres et provisions délivrés des magasins du fort au *Maurepas*.

7 Supplément des remèdes fournis au *Maurepas*.

8 Etat de ce qui est dû à l'hôpital par les soldats embarqués sur le *Maurepas*.

9 Etat des hardes fournies par l'économe de l'hôpital au nommé Charbonnier, pilotin.

10 Reçu de M. de La Renaudais des nommés Claude, Maurice, de Ste Marie et Joseph Minier, dit la jeunesse.

11 Etat des boissons délivrées des magasins du fort à M. de La Renaudais pour sa table, et son reçu de 1500 piastres.

12 Etat des effets fournis des magasins de Mahé au *Maurepas*.

13 Etat des dépenses faites à Mahé par le *Maurepas*.

14 Compte général fait à Merguy par le *Maurepas*.

15 Etat des effets reçus au magasin de la marine du *Maurepas*.

16 Etat des effets fournis des magasins de la marine au *Maurepas*.

12

17 Etat des effets fournis des magasins de la marine au *Maurepas*, depuis son retour de Merguy jusqu'à son départ pour la coste malabare.

18 Etat du rôle d'équipage du *Maurepas*.

19 Etat des passagers embarqués pour France sur le *Maurepas*.

20 Déclaration des officiers du *Maurepas* comme le vaisseau est entièrement chargé.

21 Etat des matelots embarqués en remplacement sur le *Maurepas* pour faire leur retour en France, auxquels il a été payé deux mois d'avance.

22 Reçu de M. de La Renadais du nommé Galen, cuisinier.

23 Reçu   do·   do. de la boite des dépèches

24 Etat de six soldats envoyés par le *Maurepas*.

25 Cinq lettres à l'adresse de M. Duvelaër.

26 Vingt et une lettres particulières.

27 Quatre états de dépenses du *Maurepas* pendant son séjour à Pondichéry.

28 Le présent inventaire.

A Pondichéry, le 30 Septembre 1740.

COPIE DE LA LETTRE ÉCRITE A MESSIEURS LES
DIRECTEURS DE LA COMPAGNIE DES INDES
PAR MESSIEURS DU CONSEIL SUPÉRIEUR
DE PONDICHÉRY, EN DATE DU
16 OCTOBRE 1740.

Messieurs,

Nous avons informé la Compagnie par nôtre lettre du 29 Janvier des offres avantageuses qui novs avoient

été faites par les Rajahs de Travancore et de Ponnatour
pour nous engager à venir former des établissements
sur leurs terres, et l'avons en même temps prévenue
que persuadés de l'utilité et de l'avantage de ces deux
établissements, nous estions déterminés à profiter du
séjour du vaisseau le *Maurepas* aux Indes, pour l'envoyer dans ces deux endroits y traiter avec les Rajahs
du pays, et prendre possession des terrains qu'ils voudroient nous céder. Ce projets, quant à ce qui a dépendu de nous, a esté exécuté conformément à ce que
nous en avons marqué à la Compagnie par nos lettres
des 29 Janvier, 15 et 24 Février dernier, et aux instructions, que nous avions données à M. de La Renaudais,
capitaine du *Maurepas*, et aux employés chargés des traités à faire avec les princes du pays, et dont nous vous
avons remis copie. Ainsy vous nous permettrez de nous
y référer. Nous nous contenterons de vous faire le précis
de tout ce qui s'est passé depuis, à cette occasion.

Le vaisseau le *Maurepas* mit à la voile la nuit du 17
au 18 Février, accompagné de votre vaisseau le *Pondichéry*, et du brigantin *l'Aventurier*, et ils étoient tous
mouillés devant Colèche le 12 mars à 5 heures du soir.
Nous vous remettons cy joint copie du journal de M. de
La Renaudais, où vous verrez le détail de tout ce qui
s'est passé en cet endroit, tant avec le roi de Travancore qu'avec quelques vaisseaux Hollandais qui arrivérent en rade de Colèche le lendemain de nos vaisseaux.
Nous prions la Compagnie de faire surtout attention à
la conduite qu'ont tenue les vaisseaux Hollandais envers M. de La Renaudais ; cela doit la convaincre de la
hauteur, pour ne pas dire avec quelle arrogance, cette
nation en agit aux Indes.

Messieurs d'Albert et Gatinais que nous avions fait
embarquer sur le *Maurepas* pour former les établissements que nous projettions à Colèche et à Ponnatour

pour y faire les traittés avec les princes du pays, dresser des actes de prise de possession, et enfin pour faire touttes les formalités nécessaires en pareil cas, étaient descendus à Colèche avec un détachement de cinquante à soixante hommes, et où ils avoient esté reçus à bras ouverts et avec des acclamations de joie qui leur promettoient un heureux succès. Ils avaient commencé par entrer en pourparlers avec les officiers et les ministres du roi, qui étoient venus leur apporter des présents de la part de leur prince, et leur avoient donné une maison entourée de murs où il estoit aisé de se bien retrancher, lorsqu'ils reçurent par le vaisseau le *St. Joseph* que le Conseil de Mahé avoit envoyé à leur rencontre, pour les raisons qu'ils détaillent à la Compagnie dans leurs lettres des 23 Février et 8 Mars, l'ordre de s'en venir droit à Mahé, et de regarder comme non avenus les ordres que nous pouvions leur avoir donnés du contraire.

Mrs. de La Renaudais, d'Albert et Gatinais à qui nous avions recommandé d'exécuter les ordres qu'ils recevroient du Conseil de Mahé, ignorant les raisons qui pouvoient avoir détourné le Conseil à leur en donner de si positifs de tout abandonner, prirent le parti d'obeïr, et se réembarquèrent avec tout leur monde quelques heures après être descendus à terre, et avoir pris possession de l'endroit qu'on leur avoit destiné, ce qui jeta les gens du pays (qui venoient de les recevoir avec de grandes démonstrations de joie et d'amitié) dans une consternation et un étonnement inexprimables. Cependant nos vaisseaux firent voile pour se rendre au plus tôt aux ordres du Conseil de Mahé.

Voilà donc nos entreprises manquées, et nous voilà frustrés des avantages que nous en espérions, que Messieurs de Mahé nous avoient vantés eux-mêmes, et qui nous paraissoient certains et considérables, ainsy que la Compagnie pourra en juger par le traité fait avec le roi de Travancore, dont cy joint la copie.

Nous n'entrerons point dans aucune discussion pour détruire ni pour affaiblir les raisons qu'ont eues Messieurs du Conseil de Mahé, et dont ils vous rendent compte, pour prendre le party de rappeler nos vaisseaux et de leur faire abandonner ces établissements, malgré les ordres que nous pouvions leur avoir donnés. Cependant, nous ne pouvons nous empêcher de vous représenter que nous pensons que dans cette occasion ils ont outre passé leurs pouvoirs en donnant des ordres qui détruisent entièrement ceux du Conseil Supérieur, et qu'ils n'avoient jusqu'alors trouvé aucune opposition ni inconvénient dans l'exécution. Il est vrai qu'en donnant avis au Conseil de Mahé que nous allions tenter de former un établissement sur les terres du roi de Travancore, nous les avions en même temps priés de faire en sorte que ceux que nous chargions de nos entreprises trouvassent à exécuter nos ordres dans cet endroit. Mais notre intention n'a jamais ainsy été, et ils ne devoient pas penser que ce fut pour décider s'il nous falloit former ou non cet établissement, puisque nous leur marquions positivement que nous estions déterminés de l'entreprendre et à tout mettre en usage pour réussir. Les ordres que nous pensions qu'ils pouvoient y donner n'étoient qu'à l'égard de la conduite qu'il fallait tenir avec les gens du pays et sur les différents articles à insérer, et privilèges à demander dans les traittés que l'on aurait faits avec eux. D'ailleurs, nous n'avions donné cette permission à Messieurs du Conseil de Mahé que pour le bon ordre et pour le plus grand bien des affaires. Ces établissements qui avoient été projetés, estant à la portée de Mahé, il leur étoit plus facile qu'à nous d'avoir des connaissances sûres du local; et accoutumés à traiter avec les princes malabars et gentils de cette coste, ils devoient mieux que nous savoir les privilèges et prérogatives qu'il falloit et qu'il convenoit de demander; c'étoit aussi par délicatesse et attention pour Messieurs de Mahé, et pour ne leur point donner des sujets de plaintes, ces établissements étant à leur coste si nous leur en eussions osté l'inspection, et enfin pour leur donner occasion de signaler leur zèle pour le bien de la Compagnie, en contribuant à la réussite de cette entreprise de leurs soins et de tout ce qui auroit dépendu d'eux. Nous n'avions garde de nous imaginer que ces Messieurs, en revanche de tant d'attention de notre part, donneroient des ordres pareils à ceux qu'ils ont donnés, et dont l'exécution ne nous a point fait honneur parmi les nations d'Europe et des Indes, qui pensent que nous n'avons abandonné si subitement l'établissement de Colèche que par la crainte des Hollandais dont les vaisseaux n'étoient qu'à quelques lieues de nous.

Cette raison ne devoit pas estre un motif assez puissant sur le Conseil de Mahé pour qu'il prit le party de donner ordre d'abandonner cet établissement. Il auroit dû penser que connaissant l'humeur jalouse de cette nation sur ce que nous en avions éprouvé lors de notre établissement de Karikal, et sur les avis qu'ils nous avoient donnés eux-mêmes, nous avions prévu tous les obstacles qu'ils auroient pu apporter à l'exécution de nos desseins, et que nous avions pris nos mesures en conséquence. Sus ce principe et par la défférence que Mrs. du Conseil de Mahé doivent avoir pour les ordres du Conseil Supérieur, ils n'auroient pas dû en donner qui les détruisent entièrement, et ils devoient se contenter de faire part à M. de La Renaudais de ce qu'ils pensoient au sujet des Hollandais et luy communiquer simplement le party qu'ils croyoient le plus convenable à prendre, mais toujours remettre à sa prudence et à celle de ceux chargés de nos ordres, d'agir suivant le temps et les occasions, en leur laissant la liberté de se déterminer, sans leur donner, comme ils ont fait, des ordres absolus et décisifs.

Quoique les rois de Travancore et de Ponnatour eussent dû perdre tout espoir de nous engager à venir nous établir sur leurs terres après ce qui venoit de se passer à Colèche, ces princes n'ont cependant point cessé depuis ce temps de nous solliciter plus fortement que jamais.

Le roi de Travancore, après la retraitte de nos vaisseaux, écrivit sur le champ une lettre à Monsieur le Gouverneur, dont cy joint la copie, pour l'en informer et luy en marquer son étonnement en lui réitérant ses offres. Il luy en a écrit depuis deux autres plus fortes l'une que l'autre pour luy faire de nouvelles instances; elles sont aussy cy jointes. Ce prince a même envoyé icy auprès de Monsieur le Gouverneur un de ses ministres, qui demeure dans cette ville depuis le mois de Juin pour nous informer plus particulièrement de ses intentions, de la situation du pays et du commerce que l'on y pourroit faire. Cet homme assure qu'aucun des rois de Travancore n'a fait de traittés avec les Hollandais pour interdire l'entrée de leur pays aux autres nations d'Europe, et nous donne pour preuve que les Hollandais n'ont jamais eu aucun etablissement sur les terres de sa dépendance (ce qui est vray et à la connaissance de toute l'Inde) que si les Hollandais luy font la guerre, c'est injustement, n'ayant jamais eu aucune discussion avec eux, que le roi de Travancore, son prince, avoit esté obligé de faire la guerre à celui de Coëlan pour se faire payer le tribut qu'il luy doit, que les Hollandais qui sont établis sur les terres de ce dernier avoient pris party dans cette guerre en sa faveur, que d'ailleurs il avoit toujours vécu en bonne intelligence avec les Hollandais, et qu'il n'y a que l'amitié qu'il a témoignée à la nation française et les offres qu'il luy a faites, qui luy ont attiré leur haine et leur inimitié ; mais qu'il s'en consolera s'il peut réussir à nous engager à nous établir dans son pays qu'il met sous la protection de la France.

Vous trouverez cy joint la copie du traitté qu'il a fait avec nous et qu'il nous a envoyé signé de sa main, qui nous parait des plus avantageux, et que sans les circonstances aussi favorables que celle de la situation où se trouve ce prince, et la haute réputation où est la nation dans tous ces pays, il nous eut été très difficile, peut-être même impossible d'obtenir.

Nous sommes dans une pareille situation avec le roi de Ponnatour qui ne cesse pas non plus ses instances. Le Samorin même, de qui le roi de Ponnatour n'est que vassal, et qui dans les commencements gagné par les intrignes des Hollandais, l'avoit en apparence désapprouvé de l'amitié qui l'avoit lié avec nous et des offres qu'il nous avoit faites, n'avoit point voulu consentir que le roi de Ponnatour nous permit de nous établir sur ses terres. Ce prince vient aussi de nous faire connaitre ses sentiments à notre égard et nous presse fortement de profiter des offres du roi de Ponnatour et de venir nous établir sur ses terres. Vous trouverez cy joint la traduction d'une lettre très forte qu'il a écrite à Monsieur le Gouverneur à ce sujet, avec la copie d'une lettre que sa Majesté luy a écrite, dont il nous a envoyé l'original par un exprès. Cette lettre a été envoyée par le vaisseau l'*Argonaute*, en 1722. Ce prince nous demande aujourd'hui l'exécution de ce que le roi luy-même luy a promis. Nous avouons à la Compagnie que dans de pareilles occurences nous ne laissons pas que d'être fort embarrassés sur le party que nous avons à prendre, ne trouvant rien dans tout ce qui s'est passé jusqu'à présent qui puisse, nous éclaircir et sur quoy nous puissions appuyer et déterminer notre conduite. Nous avons à répondre à des princes, souverains dans leurs pays, qui nous y appellent et nous offrent des avantages considérables, qui nous sont connus par l'expérience que nous avons de ces pays. Nous serions donc bien tentés de profiter de leurs offres et de former de nouveaux établissements dont nous sentons la nécessité et l'utilité pour l'augmentation et l'agrandissement du commerce de la Nation et de la Compagnie, qui devient si considérable que les anciens établissements n'y peuvent suffire. Mais, d'un autre costé, nous sommes incertains si la Compagnie, qui ne voit pas la chose d'aussi près que nous, sera aussy persuadée de l'utilité et de la nécessité de ces nouveaux établissements qui trouvent toujours des antagonistes et des contradicteurs, si elle approuvera les dépenses nécessaires et indispensables pour les former. D'ailleurs il faut les faire à la vue des Hollandais, et malgré toutes leurs menées et intrigues qu'il faut surmonter. Nous sommes persuadés que cette jalouse et impérieuse nation, pénétrée du tort que luy font les progrès de notre Compagnie et son agrandissement emploiera touttes sortes de moyens pour faire échouer touttes nos entreprises, que même lorsque nous voudrions faire quelque établissement nouveau, ils s'y opposeront peut-être à forces ouvertes. Dans ce cas nous prendrons sans contredit le party de les reponsser, comme étant le plus honorable ; mais, sommes nous sûrs d'être soutenus et approuvés ? Nous sentons parfaitement que cela dépendra de la situation des affaires en Europe et des dispositions de la Compagnie, sans aucun égard pour les circonstances où nous aurions pu nous trouver. C'est sur de pareilles matières qu'il faut que la Compagnie s'explique clairement, nous donnant des ordres positifs qui ne nous laissent aucun doute. C'est ce que nous vous prions, messieurs, de faire le plus promptement qu'il vous sera possible, pour nous tirer de l'incertitude où nous serons en attendant vos réponses.

La meilleure preuve et la plus convaincante que nous puissions donner à la Compagnie pour luy persuader l'utilité et les avantages des établissements que nous luy proposons, c'est l'opposition continuelle des Hollandais qui ne feroient sûrement pas des dépenses aussy considérables que celles qu'ils font pour nous traverser et nous dégouter s'ils n'étoient persuadés du tort que ces établissements feroient à leur Compagnie et des avantages que la nôtre en retireroit s'ils avoient lieu. D'ailleurs leur oppnsitfon n'est fondée que sur le système qu'ils s'étoient formé depuis longtemps de frustrer les nations d'Europe des oonnaissances de ces contrées, pour s'en réserver à eux seuls le commerce, ce qu'ils sont déterminés de soutenir contre toute raison; car pour ce qu'il y a de traités et de droit exclusif, nous pouvons presque assurer la Compagnie qu'ils n'en ont aucun, et quand il seroit vrai qu'ils en auroient, nous ne pouvons nous persuader qu'ils nous engageassent en aucun, façon surtout appelés par les princes et souverains du pays. Nous pensons que tout ce que nous vous avons marqué à ce sujet. lorsqu'il a été question de notre établissement de Karikal, doit estre suffisant. C'est pourquoi, nous nous y référons.

La Compagnie trouvera cy joint la réponse que Messieurs du Conseil de Cochin ont faite à notre lettre en forme de protestation, en date du 26 Janvier dernier; vous y verrez de nouvelles preuves de la hauteur que nous reprochons à cette nation, et y trouverez des faux fuyants et de fausses interprétations de ce que dit notre lettre, pour éviter d'y répondre.

Nous réitèrons donc nos prières à la Compagnie au sujet des ordres que nous luy demandons, sur le party

que nous aurions à prendre, si par quelque événement
nouveau et imprévu l'on nous offrait encore quelque
établissement dont les avantages nons seroient parfaitement connus, et sur la conduite que nous aurions à
tenir avec les Hollandais ou tonte autre nation d'Europe
qui voudroit s'y opposer, vous priant en même temps
de nous faire donner des ordres le plus promptement
qu'il vous sera possible.

Le Compagnie verra par notre délibération du premier de ce mois le party que nous avons pris au sujet
du *Phœnix*. Nous comptons le faire toucher à Colèche
en allant à Mahé pour en prendre possession en vertu
de la donation du roi de Travancore, y arborer le pavillon et y laisser un détachement de 200 hommes pour
le garder. Ce sera à perpétuité un titre pour la France
si elle juge à propos de s'établir dans ce pays et de
profiter des offres du roi de Travancore. Il nous paroit
qu'il sera très honorable pour notre souverain et pour
notre nation d'empêcher les Hollandais d'opprièmer ce
roi, par la seule raison qu'il a voulu faire alliance et
un traité de commerce avec les Français, leur conduite
à l'égard de ce prince étant très injurieuse pour nous
et capable, si elle n'est pas réprimée, de nous faire
perdre la confiance et l'estime des princes de ces contrées.

Nous l'honneur, etc. Signé: Dumas, Le Gou, Dulaurens, Ingrand, Signard, Miran, Courbezatre et Bois
Rolland.

INVENTAIRE du paquet à l'adresse de Messieurs les
Directeurs de la Compagnie des Indes concernant
l'établissement de Colèche, par le vaisseau le *Lys*,
savoir :

No. 1 Lettre du Conseil supérieur de ce jour.

2 Journal de M. de La Renaudais concernant ce qui s'est passé à Colèche.

3 Lettre du roi de Travancore à sa Majesté le Roi de France.

4 Traduction d'une lettre du roi de Travancore à M. Dumas, en date du 16 Avril 1740.

5 Autre idem reçue en Juin 1740.

6 Lettre de M. Dumas au roi de Travancore en date du 15 Juillet 1740.

7 Traduction d'une lettre du roi de. Travancore à M. Dumas, reçue le 17 Aoust dernier.

8 Idem du roi de Travancore à M. Dumas, reçue en Septembre dernier.

9 Traduction d'un traitté envoyé par le roi de Travancore à M. Dumas.

10 Idem d'une lettre du dit roi à M. Dumas reçue le 13 Octobre 1740.

11 Traduction d'une lettre du roi de Samorin au Général de Pondichéry, reçue le 27 Août dernier.

12 Copie de la réponse du roi de France à la lettre du roi de Samorin.

13 Copie de la lettre écrite par le Conseil supérieur de Pondichéry à M. le Commandant pour la noble Compagnie de Hollande à Cochin.

14 Réponse de Messieurs du Conseil de Cochin au Conseil supérieur de Pondichéry.

15 Le présent inventaire.

A Pondichéry, le 16 Octobre 1740.

Copie de la lettre écrite a Mrs les syndics
et Directeurs Généraux par Mrs du
Conseil supérieur de Pondichéry,
en date du 16 Octobre 1740.

Messieurs,

Le vaisseau le *Maurepas*, a mis à la voile le premier
de ce mois à cinq heures du matin. Nous rendons
compte à la Compagnie par les différentes lettres que
nous avons eu l'honneur de luy écrire, de tout ce qui
s'est passé aux Indes depuis le départ du *Duc d'Orléans*
et de la situation actuelle de ses affaires.

Cy joint le duplicata avec toutes les pièces qui doivent y être jointes.

Depuis le départ du *Maurepas*, nous avons reçu
d'envoy de M. de Choisy, chef à Yanaon, 189 balles de
marchandises par le brigantin l'*Aventurier*; par le vaisseau le *Maure*, 238 balles, et par le bateau la *Marie*,
nous en attendons encore 94 balles, et 100 autres qui
sont chargées sur le bot le *Yanaon*, qui en a été expédié dès le 27 Septembre, et a passé à Mazulipatam pour
y prendre 40 et quelques balles que le chef de ce
comptoir a à nous remettre, et qui n'est point encore
arrivé, mais que nous attendons d'un moment à l'autre.
Tous ces différents envoys font un total de 661 balles
que nous avons tirées cette mousson du comptoir de
Yanaon, et qui nous restent en magasin, après l'expédition du *Lys*. M. de Choisy nous en fait encore espérer presque autant pour la fin de Décembre ou le
commencement de Janvier.

Nous faisons travailler jour et nuit à blanchir celles
que nous venons de recevoir, afin d'en embarquer le
plus qu'il nous sera possible sur le vaisseau le *Phœnix*,
avant de l'expédier pour Mahé où nous l'envoyons
hiverner. En conséquence de notre délibération du

premier de ce mois, il prendra à Mahé les 1200 balles de marchandises du Bengale, que nous avons écrit à Mrs de Chandernagor d'y faire passer en Décembre prochain par votre vaisseau le *Pondichéry*, après quoy il achevera de se bonder de poivre. En donnant ordre au Conseil de Chandernagor d'envoyer 1200 balles à Mahé, nous leur avons recommandé fortement d'expédier le vaisseau qui les porterait, d'assez bonne heure pour qu'il arrivât à Mahé dans les premiers jours de Janvier, afin que le reversement qu'il en faudra faire d'un vaisseau dans l'autre ne retardât pas le départ de celuy de France qui devoit estre expédié avant le 20 Janvier. Messieurs de Chandernagor n'ont point encore eu occasion de nous faire réponse à ce que nous leur avons marqué à ce sujet; mais nous nous flattons que s'ils exécutent ce que nous leur avons prescrit, votre vaisseau partira toujours en saison très convenable pour doubler le Cap de Bonne Espérance, après avoir fait sa relâche à l'Ile de France à l'ordinaire.

D'ailleurs, il étoit indispensable d'envoyer un vaisseau de force à Mahé où nous continuons à avoir la guerre avec Bayanor et ses alliés, et nous pensons qu'un vaisseau, tel que le *Phœnix*, ne peut qu'être très utile à Messieurs de Mahé par les secours qu'ils en peuvent tirer en hommes et munitions de guerre, et que sa présence ne contribuera pas peu à déterminer nos ennemis à demander la paix, ce que nous souhaitons. C'est ce dont nous vous informerons en Janvier prochain.

Vous trouverez parmi ces expéditions une lettre particulière qui vous instruira de toute la suite de notre entreprise de Colèche. Nous vous prions de lire cette lettre et toutes les pièces qui la concernent avec toute l'attention possible, d'y faire les réflexions qu'elles méritent et de nous donner vos ordres en conséquence.

Sabderalykan, fils ainé du Nabab Alydostkan, dont il est parlé dans notre lettre sur les révolutions survenues dans cette province, et qui n'avoit été jusqu'à présent nommé Nabab à la place de son pére que par interim, vient d'être confirmé par le Mogol et Nizam Oul Moluk, son premier ministre. Vous trouverez cy joint copie de la lettre qu'il a écrite à Monsieur le Gouverneur à ce sujet, par laquelle il luy fait part de cette nouvelle.

Nous avons aussi marqué à la Compagnie dans la même lettre sur les révolutions survenues dans cette province, qu'Ismansahëb s'était retiré à Golconda auprès de Nasserjingue, fils de Nizam Oul Moluk, Nabab de cette province (dont relève celle du Carnate ou d'Arcatte) qui est son ami et son protecteur. Il vient de nommer à ce que l'on assure Ismansaheb, Nabab de Rajymandry, ou autrement Chicacole, qui comprend dans son gouvernement Mazulipatam, Yanaon et toutes leurs dépendances. Si cette nouvelle se trouve vraie, dont cependant Ismansaheb ne marque encore rien de certain à Monsieur le Gouverneur, la Compagnie peut être assurée qu'il nous rendra tous les services qui dépendront de luy dans ces quartiers, ce seigneur étant toujours porté de très bonne volonté pour la nation, et dont il vient encore de nous donner des preuves. Sitòt qu'il a été rendu à Golconde, il nous a fait expédier de nouveaux *paravanas* pour le cours de nos roupies et pagodes à trois figures beaucoup plus fortes que ceux qu'il nous avait fait obtenir précédemment, de sorte que nous nous flattons que dorénavant nos espèces continueront à avoir cours dans ces quartiers sans aucune difficulté. Il a encore engagé Nasserjingue à écrire une lettre et a envoyer un serpeau à Monsieur le Gouverneur, ce qui est dans ces quartiers un honneur et une distinction considérable lorsqu'il vient de la part d'un seigneur aussy puissant. Ismansaheb l'a aussy engagé d'en envoyer un au sieur Guillard, chef à Mazulipatam, en remerciement des attentions qu'il a eues pour luy lorsqu'il a passé. Cette marque de distinction nous a fait un honneur infiny dans Mazulipatam et dans toutte sa dépendance, dont les Hollandais ont été extrèmement jaloux.

Nous avons oublié de faire part à la Compagnie d'un événement aussi fâcheux qu'extraordinaire arrivé icy au mois de May dernier. La femme d'Ismansaheb qui s'était rendue avec sa famille dans l'espérance d'y estre en sureté contre les Mahrattes, un quart d'heure, après estre entrée dans la maison qui lui estoit destinée, ne faisant point attention à une bougie allumée qui estoit par terre dans un coin de la chambre, mit le feu à sa robe qui estoit de toille de coton fort fine. L'embrasement fut si prompt et si vif qu'elle fut dans un instant tout en feu, et malgré les secours qu'on luy donnât, elle en fut si vivement pénetrée qu'elle en est morte au bout de huit jours après des souffrances et des douleurs inexprimables. Cette dame était agée de vingt à vingt deux ans, et à ce que l'on assure fort belle; elle n'a jamais voulu que nos chirurgiens ayent pansé ses plaies, elle a préferé mourir que d'estre vue et touchée. Ce malheur nous a fait beaucoup de peine.

Vous trouverez dans la boite des expéditions un morceau de lapis lazuly que M. de Martinville vient de nous envoyer.

Nous avons aussy fait embarquer sur le *Lys*, par lequel vous parviendra la présente, une caisse de livres pour la bibliothèque du roi, d'envoy de M. . . Otter, que nous avons compris sur le connaissement général de ce vaisseau, et qui est marquée N° 4 L.

Cy joint un supplément à notre état de nos demandes du 30 Septembre dernier que nous vous prions de nous faire envoyer.

La ferme de tabac et du bétel a produit cette année à la Compagnie 9.257 pagodes, 22 fanons, 62 caches de bénéfice, tous frais et dépenses payés. Cette ferme ne rendoit en 1728 que 4.895 pagodes.

La Compagnie verra par notre délibération du 28 May dernier les motifs qui nous ont engagés à faire faire aux bastions de l'enceinte de Pondichéry des merlins, parapets et plates formes. Ces ouvrages ont esté exécutés avec toutte la célérité possible sous la conduite de M. Cossigny, et sont enfin finis depuis huit ou dix jours, de sorte que nous pouvons assurer à la Compagnie que la place est actuellement du costé des terres en aussy bon état qu'elle puisse l'être par rapport aux fortifications qui sont commencées depuis longtemps. Il n'en est pas de même du costé de la mer, que nous ne pouvons fermer, les petits ouvrages que nous y avions fait faire en conséquence de notre délibération du 22 May 1739, ayant esté portés trop près de la mer qui, cette année, a approché beaucoup plus près qu'elle n'avoit fait depuis bien longtemps ; l'extrémité de ces ouvrages qui étoient une espèce de pâté, a esté renversée. Nous profiterons du séjour de M. Cossigny aux Indes pour faire à cet égard ce qui conviendra pour le mieux, estant de conséquence que la ville soit entièrement fermée.

Nous devons rendre témoignage à la Compagnie de la bonne conduite qu'a tenue M. de La Renaudais pendant tout son séjour aux Indes, qui s'est porté avec tout le zèle possible à faire le service de terre avec la dernière exactitude, n'ayant presque jamais quitté son poste ni de jour ni de nuit. Nous prions la Compagnie, pour engager ses confrères à suivre son exemple en pareil cas, de luy en témoigner sa reconnaissance particulière.

Vous trouverez parmi les expéditions le duplicata d'une lettre que nous avons eu l'honneur d'écrire à la

Compagnie le 24 Février dernier par un vaisseau parti de Madras le 28 du même mois, et qui a bien doublé le Cap de Bonne Espérance à ce que nous pensons, càd nous n'avons point entendu dire qu'il y ait aucun des vaisseaux anglais de la dernière expédition qui ait relâché dans l'Inde. Cela doit encore prouver à la Compagnie si c'est avec justice qu'elle nous fait les plus vifs reproches sur la relâche du vaisseau la *Paix*.

Nous avons tiré le 15 de ce mois, à deux mois de vue, par première, deuxième, troisième et quatrième, une lettre de change sur M. Pechevin de 148 marcs, 3 fanons 7 1/4 cs, en faveur de M. de Marquessac pour pareille somme, remise icy à votre caisse par Monsieur le Gouverneur pour son compte ; nous vous prions d'y faire honneur.

Vous trouverez encore parmi ces expéditions une lettre que Bayanor a écrite à Monsieur le Gouverneur, et la réponse de ce dernier. Bayanor se plaint fortement du Conseil de Mahé. La Compagnie doit lire avec attention cette lettre ; elle luy fera connaître la mauvaise foy de ce prince, qui désavoue la donation qu'il nous avoit faite en Janvier dernier des deux montagnes sur lesquelles nous nous sommes fortifié.

Cy joint la facture générale du vaisseau le *Lys*, montant à 84.069 pagodes, 15 fanons, 25 caches.

Nous n'avons encore aucune nouvelle de l'arrivée du *Penthièvre* à Mahé, ce qui nous cause une vraie inquiétude. Nous avons eu avis par le *Phœnix* que ce vaisseau estoit le 4 Aoust à l'Ile de France et qu'il devoit en partir au plus tard le 10 du dit mois.

Nous sommes, etc. Signé : Dumas, Le Gou, Dulaurens Ingrand, Miran, Courbezatre et Bois Rolland.

Inventaire de la boîte des expéditions du Conseil de Pondichéry à Messieurs les Directeurs généraux à Paris, par le vaisseau le *Lys*.

No. 1 Paquet de lettres particulières de l'établissement de Colèche.

2 Lettre du Conseil de ce jour.

3 Lettre du Nabab Sabderalikan à Monsieur le Gouverneur.

4 Supplément de l'état de demandes.

5 Dnplicata de la lettre du 24 Février dernier.

6 Traduction d'une lettre de Bayanor à Monsieur le Gouverneur.

7 Réponse de Monsieur le Gouverneur au dit Bayanor.

8 Facture générale du vaisseau le *Lys*.

9 Procès verbal pour l'ouillage des vins venus par le *Lys*.

10 Copie d'une lettre du Conseil de Mahé au Conseil de Pondichéry, en date du 11 Septembre.

11 Cahier de correspondance des princes du pays avec M. Dirois.

12 Copie des lettres du Conseil de Chandernagor au Conseil supérieur depuis le 19 Aoust 1740 jusqu'au 22 du même mois.

13 Copie des lettres du Conseil supérieur au Conseil de Chandernagor depuis le 20 Septembre jusqu'au 9 Octobre.

14 Extrait de délibération du Conseil supérieur depuis le premier Octobre jusqu'au 13 du même mois.

15 Quatre pièces ou états de demandes du Conseil de l'Ile de France au Conseil de Pondichéry.

16 Reçu de M. de La Salle de la boîte des expéditions du Conseil.

33 Idem des lettre du dit Conseil au Conseil de Mahé depuis le 2 Février 1740 jusqu'au 14 Septembre suivant.

34 Idem des copies des lettres du Conseil de Mahé au Conseil de Pondichéry, depuis le 24 Février 1740 jusqu'au 31 Aoust suivant.

35 Idem de toutes les pièces de la correspondance du Conseil de Mahé avec les princes du pays depuis Janvier 1740 jusqu'à la fin d'Aoust suivant.

36 Idem de l'état des fonds remis au Conseil de Mahé.

37 Idem des délibérations prises à Moka par les employés du dit comptoir.

38 Idem de l'état des canons de fusils renvoyés par le *Maurepas*.

39 Idem des canons de fer.

40 Idem du procès verbal des pesées des matières d'argent.

41 Idem de 3 pièces ou état des effets nécessaires pour le fort de Pondichéry.

42 Duplicata d'un extrait du registre des délibérations du Conseil de Pondichéry, depuis le 26 Janvier 1740 jusqu'au 18 Septembre suivant.

43 Idem du compte du blanchissage des toilles de Soukourama de 1738 à 1739 et de 1739 à 1740.

44 Idem des anciens marchands.

45 Deux lettres à l'adresse de messieurs les directeurs.

46 Deux lettres à l'adresse du commandant général.

47 Trois lettres à l'adresse de M. Fulvy.

48 Trois lettres pour M. D'Hardancourt

49 Quatre lettres pour M. Castanier.

50 Quatre lettres pour M. Saintard.
51 Une lettre pour M. Cavalier.
52 Deux lettres pour M. Le Noir.
53 Une lettre pour M. de Zaimont.
54 Soixante sept lettres particulières.
55 Le présent inventaire.

A Pondichéry, le 16 Octobre 1740.

COPIE DE LA LETTRE ÉCRITE A M. DUVELAËR
COMMANDANT A LORIENT PAR MESSIEURS
DU CONSEIL DE PONDICHÉRY, EN
DATE DU 16 OCTOBRE 1740.

Monsieur,

Le Vaisseau le *Maurepas*, a mis à la voile le premier de ce mois. Cy joint le duplicata de la lettre que nous avons eu l'honneur de vous écrire par ce bâtiment.

La présente vous parviendra par le vaisseau le *Lys*, dont cy joint le connaissement général consistant en 2458 balles de caffé de Moka, 353 balles de caffé de Mascarin, 273 balles de marchandises de toilles, 240 paquets de rottin, 135.094 livres de bois rouge, se montant à 84.069 pagodes, 15 fanons, 25 caches...

Cy joint encore tous les états en général concernant ce vaisseau.

Vous trouverez parmi ces expéditions un reçu de M. de La Salle de 600 roupies que nous luy avons avancées pour les dépenses de sa table, dont vous luy ferez la retenue.

Nous avons l'honneur, etc. Signé: Dumas, Le Gou, Dulaurens, Ingrand, Signard, Miran, Courbezatre et Bois Rolland.

Copie de la lettre écrite à Mrs. les Directeurs députés pour la vente a Lorient par Mrs. du Conseil Supérieur de Pondichéry, en date du 15 Octobre 1740.

Messieurs,

La présente qui vous parviendra par le vaisseau le *Lys*, n'est que pour vous en remettre la facture générale consistant en 2458 balles de caffé de Moka, 353 balles de caffé de Mascarin, 273 balles de marchandises de la coste, 240 paquets de rottin, 135,094 livres de bois rouge, se montant à 84.069 pagodes, 15 fanons, 25 caches.

Cy joint le duplicata de la lettre que nous avons eu l'honneur de vous écrire par le vaisseau le *Maurepas*, qui a mis à la voile le premier de ce mois.

Nous sommes, etc. Signé; Dumas, Le Gou, Miran, Dulaurens, Ingrand, Signard, Courbezatre et Bois Rolland.

Inventaire du paquet pour Lorient à l'adresse de M. Duvelaër par le vaisseau le *Lys*.

No. 1 Lettre du Conseil de ce jour.
    2 Duplicata de celle du 30 Septembre.
    3 Paquet à l'adresse de Messieurs les Directeurs pour les ventes.
    4 Déclaration des officiers du vaisseau le *Lys*, comme le vaisseau est entièrement chargé.
    5 Reçu de M. de La Salle de la boite des expéditions.
    6 Signalement de deux soldats envoyés en France par le *Lys*.
    7 Rôle de l'équipage du *Lys* existant au jour de son départ.

8 Reçu de M. de La Renaudais, capitaine du *Maurepas*, de 1500 piastres pour les dépenses de sa table.

9 Etat des boissons délivrées des magasins du fort à M. de La Renaudais pour sa table.

10 Reçu de M. de La Salle de la somme de 600 roupies pour les dépenses de sa table.

11 Etat des dépenses faites par le *Lys* pendant son séjour à Pondichéry.

12 Etat des effets des magasins du fort fournis au *Lys*.

13 Etat de ceux des magasins de la marine fournis au dit vaisseau.

14 Facture des marchandises du petit port permis des officiers du *Lys*.

15 Connaissement général des marchandises chargées sur le dit vaisseau.

16 Quatre lettres à l'adresse de M. Duvelaër.

17 Vingt huit lettres particulières.

18 Le présent inventaire.

A Pondichéry, le 16 Octobre 1740.

COPIE DE LA LETTRE ÉCRITE A MRS. LES DIRECTEURS GÉNÉRAUX PAR MRS DU CONSEIL SUPÉRIEUR DE PONDICHÉRY, EN DATE DU 24 OCTOBRE 1740.

Messieurs,

Le vaisseau Le *Lys*, a mis à la voile le 16 du courant au matin. Cy joint le duplicata des lettres que nous avons eu l'honneur de vous écrire par ce batiment.

Vous verrez par notre lettre du 16 de ce mois sur l'établissement de Colèche, que nous estions déterminés à y envoyer le *Phœnix* mouiller un pied d'ancre en passant pour aller à Mahé. Nous avons fait embarquer sur ce batiment un détachement de quatre-vingts soldats blancs et de quarante topas, commandé par le sieur Plaisance, capitaine, un lieutenant et un enseigne. Nous avons aussy fait embarquer sur le même vaisseau le sieur Moreau pour former l'établissement, s'il y a lieu, avec les Srs Duplant et Guerrier, qui sont trois sujets fort sages et d'intelligence et sur la prudence desquels l'on peut compter. Cy joint copie des instructions que nous leur avons données, et à M. Dugué, capitaine du vaisseau le *Phœnix*. Ce vaisseau doit mettre demain à la voile en compagnie de vos vaisseaux le *Maure*, la *Marie Gertrude* et le brigantin l'*Aventurier*.

Nous avons embarqué sur le *Phœnix* 71.582 livres de poivre, 97.971 livres de bois rouge, 353 balles de marchandises de la coste, qui jointes, aux 1.200 balles qui luy viendront du Bengale formeront son chargement avec le poivre qu'on pourra luy donner à Mahé où nous écrivons de l'expédier à la fin de Janvier.

Nous n'avons point de nouvelles de l'arrivée du *Penthièvre* à Mahé ; il y a près de cinquante jours que nous n'avons reçu de lettre de ce comptoir, ce qni nous inquiète beaucoup, continuant d'y avoir la guerre avec Bayanor et ses alliés.

Comme ce retardement du *Penthièvre* à Mahé nous prive des avantages que nous pouvions retirer des fonds considérables qu'il nous apporte pour faire travailler à l'avance aux marchandises des cargaisons des vaisseaux, qui nous viendront l'année prochaine, nous allons écrire au Conseil de Mahé de nous l'expédier à la fin de Novembre, ou au commencement de Décembre, en lui donnant ordre d'aller reconnaitre la pointe d'Achem. Il pourra arriver icy avant le 20 Janvier. Nous avons l'exemple de plusieurs vaisseaux qui ont fait cette route et qui ont gagné ainsy ; nous pensons que le *Penthièvre* peut bien en faire autant. Nous ne pouvons encore promettre à la Compagnie, s'il arrivoit, si nous serons en état de le renvoyer cette expédition, le manque de fonds nous fait un grand tort, et nous craignons bien de nous trouver sans fonds pour faire continuer la fabrication des marchandises.

Nous adressons la présente à l'Isle de France par le vaisseau le *St. Benoist* que nous expédions aujourd'huy pour cet endroit avec une cargaison complète en riz, denrées, comestibles et autres effets dont cy joint la facture.

Cy joint une lettre du Conseil de Mahé à l'adresse de la Compagnie.

Nous sommes, etc. Signé : Dumas, Le Gou, Dulaurens, Ingrand, Signard, Miran, Courbezatre et Bois Rolland.

———

COPIE DE LA LETTRE ÉCRITE A MRS. LES
DIRECTEURS PAR MRS. DU CONSEIL
SUPÉRIEUR DE PONDICHÉRY, EN
DATE DU 26 OCTOBRE 1740.

Messieurs,

La présente n'est que pour vous remettre la facture de 353 balles de marchandises de la coste, 71.582 livres de poivre et 97.971 livres de bois rouge, que nous avons embarquées sur le *Phœnix*, avant de l'expédier pour Mahé.

Le vaisseau le *Lys* a mis à la voile le 16 de ce mois au matin ; nous avons envoyé le duplicata de son expéditon à l'Ile de France par le vaisseau le *St. Benoist* qui a fait voile hier matin pour cet endroit.

Nous sommes, etc. signé : Dumas, Le Gou, Miran, Dulaurens, Ingrand, Signard, Courbezâtre et Bois Rolland.

———

Copie de la lettre écrite par Mrs. du Conseil Supérieur de Pondichéry a Mrs. les Syndics et Directeurs de la Compagnie des Indes, le 11 Janvier 1741.

Messieurs,

La présente vous parviendra par le vaisseau le *Phœnix*, qui doit mettre à la voile de Mahé pour France dans le courant de ce mois ; nous enverrons aussy son duplicata par un vaisseau qui part de Madras dans peu.

Nous avons eu avis que Mrs. de Bengale ont exécuté les ordres que nous leur avons donnés, et qu'ils ont fait passer à Mahé, par le vaisseau le *Pondichéry*, onze cents balles montant à 467.609 roupies.

La cargaison du *Phœnix* ne laissera pas que d'estre considérable. Le *Comte de Toulouse*, qui est en charge actuellement partira du 15 au 20 du courant avec un entier chargement de marchandises de cette coste.

Les Marattes, dont l'armée est répandue dans tous les environs d'icy, ont pillé et saccagé tous les endroits par où ils ont passé. On assure que leur dessein est d'aller à Trichinapaly, et qu'ensuite leur intention est de venir attaquer Pondichéry et Madras ; nous prenons toutes les mesures qui dépendent de nous pour nous mettre en état de déffense autant que nous le pourrons.

Vous apprendrez par les lettres de Mahé la situation de ce comptoir ; la guerre |continue vivement avec Bayanor, ce qui nous fait d'autant plus de peine que nous aurions un grand besoin icy de la plus grande partie des troupes qui sont actuellement à Mahé.

Le vaisseau le *Penthièvre*, party de Mahé le 6 Octobre, n'ayant pu gagner, a été assez heureux pour pouvoir attraper Merguy d'où il est arrivé en cette rade le 9 de ce mois. Nous ne voyons nulle apparence de pouvoir le renvoyer cette mousson, l'approche des Marattes ayant absolument interrompu tout commerce.

Nous sommes, etc. Signé. Dumas, Le Gou, Dulaurens, Ingrand, Miran, Signard, Courbezatre, Bois Rolland.

RÉPONSE EN APOSTILLE A LA LETTRE DE LA COMPAGNIE DU 20 FÉVRIER 1740 PAR MRS. DU CONSEIL SUPÉRIEUR DE PONDICHÉRY, EN DATE DU 1er JANVIER 1741.	LETTRE ÉCRITE PAR LA COMPAGNIE A MRS. DU CONSEIL SUPÉRIEUR DE PONDICHÉRY, EN DATE DU 20 FÉVRIER 1740.

ART. 1er.

Les intentions de la Compagnie contenues dans l'article cy-contre ont été exécutées conformément à notre délibération du 7 Octobre dernier.

La Compagnie observera que les capitaines de ses vaisseaux des Indes n'ont pour leurs gages et subsistance que trente pagodes par mois, le second officier, vingt pagodes, le troisième, quinze pagodes, et le quatrième, dix pagodes, que cela n'est pas suffisant pour les nourrir

ART. 1er.

La Compagnie, Messieurs, ayant l'intention, ainsy qu'elle vous l'a marqué par sa lettre du 13 de ce mois, de détruire à quelque prix que ce soit, la pacotille qui se fait aux Iles de France et de Bourbon, tant en marchandises d'Europe qu'en celles de l'Inde, elle ne doit pas négliger de réformer ce qui peut contribuer à la faciliter du costé de l'Inde, et, par conséquent, l'usage qui s'y est introduit d'accorder à chacun des offi-

et les entretenir pendant le voyage, que les provisions de bouche et ustensiles leur coûtent très cher, surtout le vin, que les vivres qu'ils sont obligés de prendre aux iles pour leur retour sont à des prix très hauts, et qu'enfin, une partie du bénéfice qu'ils faisoient sur la vente de leurs pacotilles étoit absorbée par ces dépenses.

La Compagnie doit aussy considérer que, des hommes qui viennent la servir à six mille lieues de leur patrie dans un métier aussy dur et aussy dangereux que celuy de la mer, doivent estre contenus par l'espérance de quelques proffits qui les mettent en état de vivre lorsqu'ils seront dans un âge avancé et dans l'impossibilité de continuer la navigation, sans quoy il ne restera à son service que de mauvais sujets, incapables d'aucune autre ressource.

ciers des vaisseaux de la navigation de l'Inde, lorsqu'ils sont expédiés pour les iles, une permission ou port permis en vivres et provisions de bouche, et ensuite en mouchoirs et toiles diverses, comme plus convenable par rapport à leur encombremnt qui est moindre, quand, à l'abri de cet usage, les dits officiers des vaisseaux ne trouvoient pas le moyen, comme on sait qu'ils le font, d'embarquer, de débarquer et de vendre plus de marchandises qu'il ne leur étoit accordé. Il est certain qu'en abolissant cette permission et en trouvant le moyen d'en indemniser l'officier par un avantage égal, mais qui néanmoins puisse le contenir par la crainte de tout perdre, il sera moins entreprenant pour pacotiller, ou que, s'il ose encore s'y exposer et qu'il soit pris, il n'aura quoyque ce soit à répliquer.

Or, la Compagnie pense ne pouvoir mieux faire, pour remplir ses vues à cet égard, que de convertir les ports permis en marchandises, en permissions en argent, à l'instar de celles qu'elle accorde actuellement aux

officiers des vaisseaux d'Europe ; elle aurait même
statué positivement là 'dessus dès à présent, si elle
avait sû en quoi consiste la valeur de ces sortes de
ports permis en marchandises pour chaque officier ;
mais ne l'ayant pu connaitre précisément, non plus
que le bénéfice commun qu'il peut y avoir à la vente,
elle vous ordonne de prendre avant le départ du premier vaisseau que vous aurez à expédier pour les îles
une délibération dont vous luy remettrez une expédition, qui constate clairement et exactement la dite
valeur ainsy que le profit, et qui établisse au prorata
la somme que chaque officier, qui sera dans la suite
employé pour ces sortes de voyage sur des vaisseaux
de l'Inde, remettra, suivant le poste qu'il occupera, à
la caisse de Pondichéry, avant son départ, et qui fixe
en même temps le bénéfice qui, ainsy que le capital,
lui sera payé au retour ; bien entendu que ce ne
sera qu'autant qu'il aura, avant son départ, déposé le
montant du capital en entier à la caisse de Pondichéry,
et que s'il arrivoit que quelqu'un de ces officiers
fut convaincu pendant le voyage d'avoir fait quelques
pacotilles, il perdroit en conséquence de la soumission
que vous exigerez de chacun d'eux avant de partir,
non seulement son capital et le bénéfice, mais encore
ses appointements, et seroit même exclu du service,
en ce qui regarde la seule navigation des Iles de France
et de Bourbon.

ART. 2.	ART. 2.

La Compagnie a été mal informée, et nous n'avons pas connaissance de ces prétendues fraudes qui se font à bord des vaisseaux	Nous ne pouvons vous laisser ignorer à l'occasion de la fraude qui s'est faite à bord des vaisseaux desti- nés pour les iles, qu'il nous

particuliers, qui naviguent d'Inde en Inde.

Ceux qui ont donné de pareils avis à la Compagnie devoient en même temps luy en fournir des preuves. La Compagnie à qui nous rendons compte de touttes nos opérations ne devoit pas ignorer qu'aucun vaisseau n'a manqué depuis peu son voyage à Moka. Nous pensons que ces faux délateurs ont voulu parler du *St. Joseph*, commandé par M. Puel qui fut substitué au *Pondichéry* appartenant à des particuliers et destiné pour le voyage de Moka par M. Le Noir en 1735, dans lequel la Compagnie n'avoit aucun intérèt.

Sera-t'il possible que la Compagnie portera toujours plus d'attention aux discours empoisonnés et dénués de preuves d'un reptile qui se cache, qu'aux écrits d'un Conseil composé de huit honnètes gens?

Voicy le fait en question dans l'exacte et sincère vérité. Le *Pondichéry* ayant, comme nous l'avons déja dit, été destiné par M. Le est revenu qu'il s'en fait beaucoup aussy à bord de ceux qui sont expédiés pour d'autres voyages que ceux des iles, et dans lesquels la Compagnie est intéressée, que cependant l'on y tient si négligemment la main, que depuis peu on a vu débarquer d'un vaisseau qui a manqué le voyage de Moka où il estoit destiné, une quantité assez considérable de riz que l'on savoit y avoir été chargée en fraude, et qui occupoit la place de marchandises de cette nature ou d'autres qui auroient été chargées pour cargaison, sans qu'il y ait été seulement question de la saisie ny de punir autrement l'auteur de cette contravention qui n'étoit surement pas ignorée.

Si ce fait est tel qu'on nous l'a rapporté, votre conduite en ce point seroit certainement très répréhensible. Vous nous informerez en réponse de ce qui s'est effectivement passé, et vous observerez à l'avenir de punir, comme nous vous le marquons cy

Noir et ses associés au mois d'Aoust 1735 pour faire en Janvier suivant le voyage de Moka, fut envoyé au Pégou pour y passer la mauvaise saison et y charger du bois. dessus, sans égard pour qui que ce soit, ceux qui seront convaincus de semblables manœuvres.

Ce vaisseau qui estoit déja vieux, ayant été échoué sur des vases dures, se rompit, et fut condamné. On avoit, cependant préparé à Pondichéry, sa cargaison composée de 1241 balles de diverses marchandises, Savoir: 343 balles aux armateurs, 898 balles à fret.

On apprit au mois de Janvier 1736 l'accident arrivé à ce vaisseau. Que faire de cette cargaison, et comment la Compagnie qui comptoit sur ce navire auroit-elle tiré l'annuel des caffés de Moka qui lui estoient nécessaires ? Dans ces circonstances, le vaisseau le *St. Joseph* arriva du Bengale le 8 Février, chargé d'effets pour ce comptoir. Par délibération du 15 Février 1736, il fut substitué au *Pondichéry*, et destiné pour le voyage de Moka. Comme ce navire estoit arrivé très tard du Gange, ayant été obligé d'aller prendre ses marchandises à Portonovo, il ne put mettre à la voile que le 24 Février.

Le sieur Puel, fort bon sujet et qui sert la Compagnie depuis vingt ans en était le capitaine. Il représenta à Mr le Gouverneur que n'ayant pas été prévenu sur le voyage de Moka, et que n'ayant que peu de jours à rester à Pondichéry, il lui seroit impossible de trouver de bonnes marchandises, et à des prix convenables pour remplir son port permis, qu'il avoit apporté du Bengale quelques *garces* de riz et que les armateurs n'en embarquant point pour leur compte, il le prioit de luy permettre de les garder à bord, et de les répandre entre les balles, ainsy qu'on fait du poivre, que cela ne retrancheroit pas la place d'une seule balle, ce vaisseau estant d'ailleurs plus que suffisant pour emporter touttes les marchandises qui estoient à Pondichéry.

M. Dumas jugea à propos de luy accorder cette permission ; dans la place qu'il occupe, armateur du vaisseau et un des principaux intéressés, n'étoit-il pas en droit de faire les conditions à un capitaine d'un vaisseau de la Compagnie, qu'il vouloit bien, de l'avis du Conseil, prêter aux associés pour le voyage de Moka, qui se trouvoient chargés de marchandises et très embarrassés. Qui que ce soit n'y trouva à redire. Le sieur Elias, intéressé dans cet armement et qui pour des raisons particulières ne vouloit pas du bien au sieur Puel en murmura seul.

N'est-il pas bien triste pour nous de voir relever par la Compagnie, au bout de cinq ans, en termes durs, de pareilles minuties qui ne méritent nullement son attention ?. La Compagnie est sans difficulté la maitresse de nous interdire le commerce d'Inde en Inde, qui a toujours cependant retourné plus à son avantage qu'à celuy des négociants françois: mais, si elle veut profiter ainsy que nous, de la permission qu'elle nous donne de le faire, elle doit nous laisser la liberté de risquer notre bien ainsy que nous le jugerons à propos, et de faire aux capitaines et aux subrécargues que nous emploiérons les conditions que nous croyons convenables et justes suivant les usages du pays. Comme elle est depuis quelque temps intéressée d'un quart dans les armements, il ne s'y passe rien que du consentement et à la connaissance de ceux qui sont à la tête de ses affaires dans les Indes. Au surplus, la Compagnie n'avoit aucun intéret dans l'armement du *Pondichéry*. Les intéressés dans cette entreprise faite et commencée en 1735, n'ont encore retiré que 67% de leur capital, et perdront considérablement.

<table>
<tr><td>Art. 3.</td><td>Art. 3.</td></tr>
<tr><td>Il est sur le Penthièvre.</td><td>Quoique nous vous ayons marqué il y a un an, que</td></tr>
</table>

nous n'accorderions le passage dans l'Inde à qui que ce soit pour y faire le commerce particulier, nous n'avons cependant pu le refuser sur les vaisseaux de cette expédition au sieur de la Bretesche Litoust, en égard à ce que son père a esté au service de la Compagnie, et à ce que embarquant 4000 piastres avec luy, il est en estat de travailler sans être à charge à personne.

Art. 4.

Cy joint le mémoire qui nous a esté présenté par le Révérend Père supérieur des Jésuites de Pondichéry, et notre réponse en apostille à la requête du Révérend Père Brisson.

Le nommé Pedre Canagarayen, courtier de la Compagnie, dont le fils unique est mort depuis environ un an, n'ayant plus d'héritiers en ligne directe, a demandé un terrain à Oulgaret et la permission d'y bâtir à ses dépens une Eglise, ce que le Conseil luy a accordé. Par ce moyen, les Révérends Pères Jésuites doivent être satisfaits sur cet article.

Art. 4.

Nous vous remettons cy joint l'extrait d'une requête qui a esté présentée à la Compagnie par le Révérend Père Brisson, procureur général des missions de la Compagnie de Jésus. Vous examinerez avec attention les deux articles de demandes qu'il contient, et vous nous en marquerez votre sentiment. La Compagnie l'attendra avant de la prendre en considération.

Extrait de la requête présentée par le Révérend Père Brisson, procureur général des missions de la Compagnie de Jésus, à Messieurs les Directeurs de la Compagnie des Indes.

3° D'accorder aux Pères Jésuites un emplacement dans le village d'Oulgaret, distant d'une lieue de Pondichéry, qui rapporte à la Compagnie plus de deux mille pagodes d'or par an, et où il y a une très belle chrétienté d'indiens formée et desservie par les Jésuites, pour y bâtir une Eglise sur le modèle de celle d'Arian-coupom, village aussy distant d'une lieue de Pondichéry, que Monseigneur l'archevèque d'Avadurit, chaldéen, y a fait construire à ses frais pour les chrétiens indiens qui sont sous la conduite des Jésuites.

Nous n'avons rien à dire à cet article. C'est à la Compagnie à consulter sa générosité. Il est certain que la maison que possèdent les Révérends Pères Jésuites à Pondichéry actuellement, est très petite et peu commode.

4° D'avoir la bonté d'assigner un fonds à la réédification de la maison des Jésuites de Pondichéry, qui menace ruine, n'ayant esté construite que de terre et de briques.

Art. 5.

Nous avons reçu le brevet de capitaine réformé pour le sieur Paradis, avec la décision de la Compagnie, dont il est parlé dans l'article cy contre.

Art. 5.

Nous vous remettons cy joint le brevet de capitaine réformé pour le sieur Paradis, ainsy que la décision de la Compagnie et de quelques députés du commerce au pied d'un mémoire que nous avons reçu de vous en 1738. Ces deux pièces auroient dû estre jointes à notre dernière du 13 de ce mois.

Art. 6.

Un bon sujet de cette espèce seroit absolument nécessaire icy. Il faut un officier, ingénieur et artilleur, pour instruire les adjudants canonniers, pour

Art. 6.

Nous ne pouvons vous faire passer, comme nous le comptions, le sieur Bertin de Presles, ingénieur et artilleur.

veiller à l'entretien de l'artillerie de la place qui est nombreuse et distribuée dans quantités de postes. Les nommés Baunet, aide bombardier, et Dhanson, adjudant canonnier, que la Compagnie nous a fait passer l'année précédente, sont deux pauvres sujets qui savent très peu de chose et n'ont jamais esté faits pour commander personne.

<table>
<tr><td>

Art. 7.

Nous avons envoyé copie de cet article au Conseil de Chandernagor.

Nous sommes, etc. Signé : Dumas, Le Gou, Dulaurens, Miran, Signard, Ingrand, et Bois Rolland.

</td><td>

Art. 7.

Vous ordonnerez au Conseil de Chandernagor de nous envoyer par les vaisseaux de cette expédition vingt caisses de gomme lacque en bois, et vingt autres caisses de gomme lacque plate ou en feuille,

</td></tr>
</table>

et de les répartir par égales portions sur les deux vaisseaux. Vous luy marquerez en même temps qu'il ne faut point du tout de lacque sans bois.

Nous sommes, etc. Signé : Boyvin d'Hardancourt, P. Saintard, d'Eprémenil.

A Lorient, le 24 Février 1740. Signé : Godelieu et Duvelaër.

RÉPONSE EN APOSTILLE A LA LETTRE DE LA COMPAGNIE EN DATE DU 13 FÉVRIER 1740 PAR MRS. DU CONSEIL SUPÉRIEUR DE PONDICHÉRY, EN DATE DU 1er JANVIER 1741.

ART. 1er

Messieurs,

Cette lettre nous est parvenue par le *Phœnix* qui n'a mouillé icy que le 24 Septembre dernier, ayant son équipage en très mauvais état, la plus grande partie de son chargement avarié, surtout les draps et les boissons. Cy joint sont les procès verbaux.

LETTRE ÉCRITE PAR LA COMPAGNIE A MRS. DU CONSEIL SUPÉRIEUR DE PONDICHÉRY, EN DATE DU 13 FÉVRIER 1740.

ART. 1er

Messieurs,

Nous reprenons toutes les lettres que nous avons reçues de vous dans le courant de l'année dernière, dont nous vous avons accusé réception par nos précédentes, pour répondre par ordre aux articles qui l'exigent et comprendre en même temps ceux dont nous pouvons avoir omis de vous faire part :

VAISSEAUX ET COMMERCE D'EUROPE.

ART. 2

Nous sommes très persuadés que la Compagnie fait tout son possible pour expédier ses vaisseaux de bonne heure, mais il se présente toujours quelque obstacle qui retarde l'exé-

ART. 2

Nous faisons tout ce qui nous est possible pour expédier nos vaisseaux de bonne heure, afin qu'ils vous parviennent plus tôt. Cependant il se présente toujours quelque obstacle

cution de ses ordres; c'est tout comme icy. La Compagnie doit nous rendre la justice de croire que nous faisons de notre mieux pour le bien de ses affaires.

Le vaisseau la *Paix*, a gagné dans son voyage d'Achem en 1738, 5105 pagodes 5 fanons, 15 caches, toutes ses dépenses payées, et le vaisseau le *Duc d'Orléans*, en 1739, 4325 pagodes, 14 fanons, 51 caches.

qui retarde l'exécution des ordres que nous donnons pour leur départ. Nous y remédierons autant qu'il sera possible; nous en sentons la conséquence tant pour que les vaisseaux puissent repartir pour France en-Octobre, qu'afin que les autres ne soient pas exposés à manquer les voyages pour lesquels vous avez coutume de les destiner, soit du Bengale, de Merguy ou d'Achem.

Nous avons appris avec plaisir que le vaisseau la *Paix*, devait gagner plus de 3000 pagodes dans le voyage que vous luy avez fait faire dans ce dernier endroit.

Il étoit sans doute très convenable d'acquitter avec les premiers fonds qui vous parvenoient ce que vous aviez emprunté; mais c'est une situation dans laquelle nous espérons que vous ne vous trouverez plus.

Art. 3

La Compagnie verra par les divers états que nous luy avons envoyés, que nous avons toujours remis à Chandernagor beaucoup plus de fonds qu'elle n'en destinoit pour ce comptoir. Nous y avons encore envoyé cette année une aug-

Art. 3

Nous vous avons prévenus des fonds que nous vous enverrons par les vaisseaux de cette expédition, et de la quantité que vous préleverez là dessus pour envoyer à Chandernagor, tant en nature qu'en roupies, suivant ce qui

mentation de 600.000 roupies, quoique les fonds qui étoient sur le *Penthièvre* ne nous soient pas encore parvenus. La Compagnie est priée de faire attention à ces remises considérables qui ont beaucoup diminué les fonds de ce comptoir.

Nous envoyons exactement chaque année nos livres à la Compagnie, elle peut y voir au vray la situation de ses affaires et l'employ des fonds qu'elle nous remet. Les comptes de caisse luy indiqueront jour par jour la distribution qui s'en fait pour les diverses parties de son commerce. Ce n'est qu'au moyen des fonds considérables qu'elle nous a remis et que nous avons distribués dans les temps convenables dans ses divers comptoirs que nous avons été en état de luy renvoyer ses vaisseaux richement chargés, et de remettre des fonds considérables au Bengale, malgré la perte du vaisseau le *Philibert*, le retardement du vaisseau le *Penthièvre* et les trou-

vous auroit été demandé par le Conseil du dit lieu. Vous aurez vu par la lettre que nous lui avons écrite et les tableaux qui y sont joints que nous ne prévoyons pas eu égard aux ordres que nous avons donnés, et à mettre même les choses au pis, que ce comptoir puisse manquer de fonds, et que nous pensons au contraire qu'il luy en sera resté suffisamment après l'expédition des vaisseaux attendus et le chargement bien complet de ceux que nous lui expédions, pour contracter les marchandises des cargaisons suivantes. Et par le tableau de votre situation que nous avons aussy fait dresser, et que nous vous remettons cy-joint, vous connaitrez aisément que nous ne pouvons douter qu'il ne vous soit resté de même assez de fonds au commencement de cette année, et qu'il ne vous en reste encore assez au commencement de la prochaine, pour envoyer ceux nécessaires dans les différents comptoirs, pour faire

bles et révolutions arrivés dans le pays, qui nous réduiront à la fin, s'ils continuent, à l'impossibilité de faire aucun commerce à cette côte. Comme nous traitons cette matière dans une lettre particulière, nous nous y référons; au surplus, nous avons suivi exactement les intentions de la Compagnie pour les diverses opérations du commerce qu'elle a embrassé.

Nous avons remis de gros fonds à Mahé, comme elle le peut voir dans les articles qui concernent ce comptoir.

Nous avons tiré de Yanaon de grosses parties de marchandises, qui nous ont esté d'un grand secours pour le chargement des vaisseaux d'Europe, et la Compagnie a été intéressée d'un quart dans tous les armements qui se sont faits aux Indes.

les avances convenables aux marchands, et enfin, prendre dans les différents armements particuliers un intérêt pour la Compagnie, relativement à ce qu'elle vous a marqué, et ce que vous avez réglé depuis à ce sujet. En supposant que vous vous soyez conformés, comme nous n'en doutons pas, aux ordres que la Compagnie vous a donnés il y a un an, de tenir compte au comptoir de Chandernagor de toutes les dépenses en général qu'il aura faites par votre ordre au proffit des autres comptoirs, et en supposant même encore que vous ayez acquitté annuellement pour dix mille pagodes de contrats ou lettres de change de Surate, ce qui, suivant que M. Dumas nous la marqué, ne s'est pas présenté de beaucoup près depuis quelques années. Au surplus, tous vos articles en général de recettes et de dépenses nous paraissent si justement prévus et si clairement démontrés dans le tableau cy dessus, qu'à moins que vous ne nous démontriez aussi nettement en réponse, en quoi nous avons mal exécuté, nous ne pourrons vous croire fondés à nous observer, comme vous le faites en général, que tous ces tableaux dressés icy sont la plupart du temps éloignés de votre situation réelle.

Art. 4.	Art. 4.
Il est impossible que les graines et le cotton redeviennent à bon marché, tant que le pays sera dans la situation où il est depuis quatre ans, que des armées nombreuses ravagent à l'alternative toutes les terres et les aldées tant du Carnatte que du Tanjaour, pillent et massacrent les habitants. Nous ne prévoyons pas que dans la situation même où est cet empire et le gouvernement de ces provinces, cela puisse finir de longtemps.	Nous espérons que le cotton ainsy que les graines ne se seront pas soutenus au prix où vous nous marquez qu'ils estoient en 1738. Si cependant, par défaut de récolte, ils étoient restés aussi chers, nous pensons sur ce que vous nous avez marqué de Karical, que cet établissement vous aura esté alors d'un grand secours, tant pour vous procurer des marchandises que des vivres.

La Compagnie a esté informée des marchandises contractées à Karical au mois de Février 1740; elle en recevra, dans les envoys de cette année, mais la situation où est actuellement ce pays ne nous permet pas de risquer de gros fonds entre les mains des marchands et des tisserands. Il est certain que l'on pourra faire un commerce considérable en cet endroit lorsque la tranquillité y sera rétablie. Voilà depuis cinq ans, quatre rois sur le trône de Tanjaour, dont un nommé Citogy a esté mis par quartiers sur l'ordre de Sahagy ou Marajah qui nous a donné Karical et qui a esté ensuite étouffé dans un bain chaud. Pratabsingue qui luy a succédé, est actuellement sur le trône et près d'en tomber, ayant parmi ses sujets un party considérable contre luy qui est appuyé par l'armée de Sandarsaëb, qui a l'intention de mettre un autre à sa place.

ART. 5.

Nous avons reçu le vin en barriques et en bouteilles.

Il est très à propos que la Compagnie fasse toucher annuellement à Mahé un vaisseau pour y porter les besoins du comptoir; mais si ces vaisseaux y arrivent aussy tard que ceux des années 1739 et 1740, cela causera un dérangement considérable au commerce. Il faut qu'ils soient à Mahé au 20 Aoust, et qu'ils en partent dans les premiers jours de Septembre, sans quoy ils risqueront en manquant Pondichéry, comme le *Penthièvre*, de passer une année dans l'Inde, et nous serons privés pendant longtemps de l'argent et de tous les effets qui seront à bord.

Nous aurons soin d'envoyer à la Compagnie les procès verbaux d'ouillage.

ART. 5.

Nous espérons que le vin, tant en barriques qu'en bouteilles, chargé sur les vaisseaux de cette expédition, parviendra à sa destination bien conditionné. Du moins, il est certain que pour y parvenir, nous avons fait prendre à Lorient touttes les précantions nécessaires.

Nous vons prévenons que sur la quantité des boissons que vous nous avez demandées, il sera envoyé directement à Mahé par le *Penthièvre* trente barriques de vin de Bordeaux, dont moitié en futailles et moitié en bouteilles, dix pipes de vin de Cherès et trente quarts d'eau de vie. Au moyen de cette provision, vous ne serez pas dans le cas d'en envoyer à ce comptoir, et comme nous y ferons toucher annuellement au moins un vaisseau nous aurons soin qu'il en soit usé de même à l'avenir. Mais, observez de nous envoyer ainsy qu'à Lorient, les procès verbaux d'ouillage.

Art. 6.

Les draps que nous avons reçus cette année sont fort bons.

Il ne nous reste plus des trente quatrains; il nous en faut annuellement dix balles pour les présents. Quant à la partie de vingtains que nous avons en magasin depuis plusieurs années, nous ne pouvens absolument en trouver la déffaite.

Les troubles arrivés depuis quelques temps dans cette province seront d'icy sous peu un obstacle à la vente de nos draps et coraux.

Quant à la partie des 59 balles reçues de l'Ile de France, nous nous en sommes défaits, dans le courant de l'année précédente. Cette partie estoit plus belle que ceux qui nous viennent ordinairement de même prix et qualité.

Art. 6.

On ne peut rien ajouter aux ordres que nous donnons pour que les draps que nous vous envoyons soient conformes à vos demandes tant pour la qualité que pour la couleur. Nous espérons que vous serez contents de ceux qui vous parviendront cette année, et surtout des cent balles conformes aux échantillons que vous nous avez envoyés de concert avec vos marchands.

Le party que vous avez pris de faire vendre à l'encan les huit balles de londrins qui vous étaient parvenus considérablement avariés, étoit le meilleur qu'il y eut à prendre. Il est bien que la Compagnie n'y ait rien perdu, et que vous en ayez vendu d'autres qui estoient bien conditionnées, sur le pied d'une pagode et demie l'aune.

Nous voyons avec peine que vous ne pouvez réussir à trouver la défaite des trente quatrains et vingtains, quoique vous en ayez baissé le prix, que cependant vous en avez encore reçu de l'Ile de France 59 balles de cette dernière qualité. Comme ce sont de ces marchandises qui ne peuvent que dépérir à être gardées plus longtems, nous vous autorisons à en baisser encore assez le prix pour pouvoir enfin trouver à vous défaire de la totalité.

ART. 7.

Si l'on veut y donner son attention, on trouvera annuellement dans les diverses parties de l'Inde la défaitte d'une partie de fer assez considérable.

ART. 7.

Nous voyons avec plaisir que le fer prend faveur à Moka, à Surate et à Manille. Nous en avons ordonné, comme vous le souhaitez, la même quantité que vous nous avez demandée il y a

un an, et vous en recevrez par les vaisseaux de cette expédition tout ce qu'il aura esté possible d'y charger.

ART. 8.

Il est vray qu'il sembleroit naturel de penser que les pagodes diminuant de titre, le prix des matières d'argent devroit augmenter; mais, ce qu'il y a de certain, c'est que le bas titre des premières n'influe absolument en rien en ce pays pour faire augmenter ou diminuer le prix des dernières. Il faut n'avoir nulle connaissance de l'Inde pour penser autrement; en voicy la preuve :

ART. 8.

Nous n'avons rien à ajouter icy, à ce que nous vous avons marqué touchant les monnoyes, par notre lettre précédente du 21 Aoust dernier, si ce n'est que le titre des pagodes en général ayant été baissé, nous ne sommes pas surpris que vous soyez venus à bout de vendre la *serre* d'argent jusqu'à 7 pagodes six fanons.

Nous avons vendu comptant nos matières d'argent 7 pagodes 4 fanons et 7 pagodes 6 fanons la *serre*, alors que les pagodes estoient de 8 *toques* et de 8 toques 1/1 6, et qu'elles ne sont plus cette année que de 7 *toques* 1/4.

Nous avons eu beaucoup de peine à les vendre à terme à 6 pagodes 22 fanons et à 7 pagodes la *serre*.

Combien de fois le Conseil a-t-il marqué à la Compagnie ce qui occasionnoit la diminution ou l'augmentation du prix des matières d'argent ? Nous ne pouvons que répéter la même chose. L'argent prend faveur icy lorsque les seigneurs et gros marchands du pays ont besoin de beaucoup de roupies pour envoyer au trésor royal à Delhi ou à Golconde ; il tombe lorsque le contraire arrive. Cela dépend encore en partie de la capacité et de l'expérience de ceux qui sont à la tête des affaires, qui en prenant leurs mesures de loin et d'avance, ne se trouvent pas dans la nécessité de vendre avec précipitation et aussitôt l'arrivée des vaisseaux d'Europe. Lorsque la Compagnie se sera déterminée à suspendre pour quelque temps son commerce à cette coste, nous fixerons à ses matières d'argent un prix proportionné au titre des pagodes que l'on nous donnera en payement. Mais nous sommes très certains que ce ne sera point nous qui ferons la loy à cette coste, et que nous serons longtemps sans pouvoir nous en déffaire. Par conséquent, tout commerce et les achats de marchandises seront suspendus, les vaisseaux retourneront à vuide et notre argent restera dans nos magasins à ne rien faire, à moins que la Compagnie ne juge à propos d'envoyer tous les vaisseaux et les fonds dans le Gange. C'est sur une matière de cette importance que nous n'avons pas crû devoir prendre de party sans ordres précis de la Compagnie. Nous les luy avions demandé par nostre lettre du 15 Octobre 1738, mais elle a jugé à propos d'éluder sa réponse en nous accusant avec aussy peu de vraysemblance que de réalité, d'estre la cause de la diminution du titre des pagodes.

Il est temps néanmoins que la Compagnie décide sur une matière si importante ; les pagodes diminuent de jour en jour, les Maures ont pris goût à cette manœuvre qui leur a fait faire des gains considérables. La pagode n'est plus qu'à 7 *toques* ou environ ; elle sera peut être à 6 lorsque les réponses nous parviendront. Prendrons-nous du cuivre ou de l'argent doré pour du bon or, ou en le refusant et gardant notre argent, suspendrons nous tout commerce que cette altération de monnoye rend d'ailleurs infaisable, n'estant plus possible de tirer des marchandises des terres du nord et du sud qui ne sont pas de la domination d'Arcatte où les pagodes courantes n'y sont plns reçues qu'à 20 et 25 % de perte.

Comme nous n'avons pas crû devoir augmenter le prix de la marchandisé, cela retombe sur la qualitè qui tombe de façon qu'elle n'est plus recevable. Nos marchands sont ruinés par la perte qu'ils font sur ces pagodes ou par la prodigieuse quantité de rebuts dont ils se trouvent chargés, et nous ne serions jamais parvenus à renvoyer vos vaisseaux chargés sans les marchandises tirées de divers endroits et surtout de Yanaon.

Art. 9.

Tous les soins et touttes les peines que M. Dumas s'est donné auprès de Ismansaheb à ce sujet, n'ont servi de rien. Il luy a bien fait sentir la grandeur du mal, mais il n'a pas voulu, ou pour parler plus juste, il n'estoit plus en son pouvoir d'y remédier. Les troubles survenus dans tout l'Hindoustan ont esté des obstacles invincibles ; le gouvernement de cette

Art. 9.

Nous sommés bien impatients de savoir si M. Dumas sera parvenu, comme il se proposoit, à faire faire par l'entremise de Ismansaheb un réglement général à ce sujet, et si vos roupies auront repris faveur au Bengale et dans les comptoirs de Mazulipatam et de Yanaon.

Nous attendons le mémoire auquel vous nous marquez que le sieur Mi-

province n'est plus depuis longtemps qu'une anarchie pleine de confusion et de troubles, et chaque fils ou gendre d'Alydostkan, tranche du souverain. Au surplus, uos roupies courent actuellement partout sans aucun obstacle, et nous aurions esté très embarrassés dans Pondichéry sans le cours que nous avons donné aux roupies ; il s'en est fabriqué cette année trois millions à nostre monnoye.

ran estoit chargé de travailler touchant la manutention de la monnoye.

Nous avons renouvelé nos ordres à l'Ile de France pour que les effets de ceux qui décèdent en mer suivent leur destination. Nous comptons que l'on s'y conformera exactement ; nous avons demandé des éclaircissements touchant ceux dont estoit chargé le domestique adressé à M. Dumas, décédé sur le *Phœnix*.

Art. 10.

Il n'a pas esté possible de vendre une seule caisse de corail depuis le 6 Janvier 1740. La Compagnie en doit suspendre l'envoy jusqu'à nouvelle demande de notre part.

Art. 10.

Nous vous envoyons les trente six caisses de corail que vous nous aviez demandées il y a un an, savoir trente caisses assorties et six en branchettes. En à compte des cinquante caisses que vous nous demandez par vos dernières lettres, nous en avons ordonné quatre en branchettes, cinq assorties et quatre de même, qui seront aussy embarquées sur les vaisseaux de cette expédition, si elles arrivent assez à temps à Lorient pour cela. Comme vous nous marquez que cette dernière qualité ne peut presque plus servir à rien, et qu'il y a lieu de craindre que le prix n'en tombe considérablement, nous ne vous en envoyons, comme vous voyez, que très peu. Quant à celuy de la marque A, nous souhaitons que les marchands en soient plus contents que par le passé, car ce qu'il y a de certain, c'est qu'il ne dépend pas de nous de l'avoir mieux assorti. Au surplus, nous sommes contents des prix auxquels vous nous marquez en avoir vendu trente deux caisses de différentes qualités. Nous approuvons que vous n'en fassiez passer au Bengale où il se vend avec moins de bénéfice, qu'autant que vous présumerez qu'il n'en sera pas rapporté pour être vendu à la coste.

Par le contenu de vos deux délibérations du 22 Mars 1738, et l'article de vostre lettre générale du 15 Octobre qui y a rapport, la Compagnie voit que vous n'avez pu faire autrement que d'allouer aux anciens marchands et à Soucourama des indemnités assez considérables ; aussy elle ne peut vous désapprouver d'avoir pris ce party, et encore moins d'avoir fait bon aux blanchisseurs de quelques sommes pour l'excédent du blanchissage, puisque c'est une justice qui leur estoit dûe.

Art. 11.

Les farines des vaisseaux le *Maurepas* et le *Phœnix* se sont trouvées pour la plupart gâtées à leur arrivée icy, et il a fallu en jeter 120 à 130 quarts à la mer.

La Compagnie trouvera cy joint l'état des farines et biscuits que nous avons fournis à ses vaisseaux depuis deux ans. Elle ne sauroit avoir trop d'attention à la qualité des vivres que l'on fournit à Lorient

Art. 11.

Comme depuis plus de sept à huit ans il n'y a eu aucun changement sur la qualité et la quantité de farine à donner aux vaisseaux pour faire leur biscuit de retour, nous ne savons sur quel fondement vous nous marquez qu'ils n'en sont plus munis comme par le passé. On leur donne à Lorient les meilleures farines qu'il est possible, et les capitaines n'en ayant fait aucune plainte à

à ses vaisseaux pour leur retour. Nous serons toujours icy dans l'impossibilité de leur fournir des salaisons, et souvent du pain, si nous ne sommes pas prévenus d'avance.

la Compagnie, elle n'a pas jugé à propos, pour une fois qu'elles se sont mal conservées, d'apporter du changement à ce qui se pratique à cet égard. Vous nous marquerez cependant ce que vous penserez de la quantité et de la qualité de celles données aux vaisseaux de cette expédition.

La Compagnie a donné les ordres nécessaires pour obvier, autant qu'il est possible, à ce que les sacs et les caisses dans lesquels sont les piastres qu'elle vous envoie, soient mal conditionnés et à ce que l'argent soit en risque de se perdre.

Nous aurions sans doute appris par les expéditions générales de Chandernagor, si elles nous fussent parvenues, d'où a pu provenir l'augmentation de prix du salpêtre que vous en avez reçu par le *Fulvy*. La différence qu'il y a de 6 roupies 8 annas, le *man* de 75 livres à 3 roupies 10 annas, est trop considérable pour ne pas croire que ce soit une erreur sur la facture de ce vaisseau, à moins cependant que ce ne soit la partie qu'il a été forcé de prendre d'Agyhamet. C'est ce que nous apprendrons sans doute cette année ; quoiqu'il en soit, vous devez sentir que quand au lieu d'une partie de salpêtre et de bois rouge chargés sur un vaisseau, vous estes en état de nous envoyer des balles de marchandises sans vous exposer à en avoir trop peu pour les vaisseaux qui doivent être expédiés après, il convient toujours dans les intérêts de la Compagnie que vous preniez ce party par préférence. Au surplus, l'essentiel est que vous observiez une juste proportion dans le chargement des vaisseaux, en ne faisant prendre à chacun d'eux que des cargaisons assorties à peu près de même, eu égard néanmoins à leur port en tonneaux.

18

COMMERCE D'INDE EN INDE.

ART. 12

Le commerce d'Inde en Inde n'est presque plus faisable dans aucune partie de l'Inde, et on ne doit s'attendre qu'à très peu de bénéfice dans les endroits où l'on peut encore le continuer. La Compagnie se trouve cette année dans la nécessité d'armer elle-même un vaisseau pour aller prendre à Moka l'annuel des caffés dont le fret luy reviendra par conséquent bien plus cher que par le passé. Nous traiterons cette matière dans un autre article.

ART. 12

Nous avons appris avec chagrin, par les différentes lettres particulières que nous avons reçues, que le commerce est absolument dérangé à Moka, Jedda, Bassora et à Benderabassy, sans espérance de reprendre faveur sitôt.

Le sieur Vincent nous a écrit qu'il seroit obligé d'hyverner à Jedda pour suivre luy-même la vente des effets dont il était chargé et où la Compagnie a un assez gros intérêt. Nous souhaitons qu'il ait pu se dédommager de son hivernage. Il nous mande qu'il a offert à M. Dumas à Moka de l'argent pour l'achat des caffés qui estoient à très bas prix et son vaisseau pour les rapporter. Au cas que le sieur Dumas se soit trouvé dans le cas d'accepter ses offres, nous sommes persuadés que vous aurez obvié à ce que le sieur Vincent puisse s'en prévaloir pour exiger 5 % pour le fret, comme il l'a déja fait.

ART. 13

Les vaisseaux que l'on fait bâtir au Pégou coûtent maintenant le double de

ART. 13

Le prix de onze mille pagodes que le vaisseau le *Fulvy* a coûté au Pégou,

ce qu'ils coûtaient autrefois. Les arméniens s'y sont rendus maitres de l'esprit du roi et du commerce du pays, et nous traversent dans touttes les occasions qui se présentent.

Le sieur Puel a dû sortir de la rivière de Siriam au mois d'Avril dernier avec un très beau vaisseau, mais nous n'en avons aucune nouvelle. Nous pensons qu'étant party sur la fin de la mousson, il aura manqué la côte et sera retourné à Siriam; nous l'attendons incessassment.

nous parait d'autant plus excessif qu'il aura fait encore beaucoup de dépenses pour être doublé et carené au Bengale.

Nous avons appris avec d'autant plus de plaisir qu'il n'estoit plus question d'y faire construire l'autre petit navire que M. de La Bourdonnais avait demandé.

Nous voyons par votre délibération du 10 Aoust 1738 que vous y avez envoyé le sieur Puel avec 15.000 piastres pour y faire construire un vaisseau de 550 tonneaux, et qu'en attendant, vous avez, par délibération du 20 Septembre suivant, remplacé le *Fort Louis* par un autre vaisseau du même nom, du port de 500 tonneaux, que vous avez acheté 14.000 pagodes.

Art. 14

Il n'a été rien reçu icy depuis un an appartenant à la succession de M. Wich, la Compagnie s'étant remboursée des avances qu'elle avoit faites à M. Wich et à M. Descoublant. Si nous recevons à l'avenir quelque chose, nous le remettrons à ce

Art. 14

Si indépendemment des 439 pagodes que vous nous marquez que le sieur Delanoë a retirées des effets appartenant à la succession de M. Wich, on parvenait à recouvrer quelque chose, vous aurez attention de nous en informer.

dernier jusqu'à concurrence de ce qui luy revient et à ses enfants.

ART. 15

Ces comptes vous seront envoyés exactement.

ART. 15

La Compagnie a appris avec plaisir que le premier armement pour Manille où

elle avait un intérèt de dix mille pagodes, a donné un bénéfice de 3133 pagodes 15 fanons, et que vous l'avez intéressée, dans un autre de pareille somme. Mais elle désirerait qu'à mesure que les vaisseaux sur lesquels elle a un intérèt font leur retour, vous luy envoyassiez une copie du compte de mise hors et de celuy de retour, que l'on a sans doute contume de dresser à leur arrivée. Elle approuve au surplus que par délibération du 14 Septembre 1738 vous ayez déterminé qu'elle serait intéressée pour un quart dans tous les armements qui se feroient à Pondichéry et à Chandernagor.

ART. 16

Certains voyages sont les seules occasions où l'on puisse procurer à un employé entendu et habile les occasions de gagner quelque chose. Il ne nous seroit jamais venu dans la pensée que l'intention de la Compagnie fut d'exclure les Conseillers de ces sortes d'avantages. Ils sont les plus anciens de ses employés et doivent être par conséquent les plus ha-

ART. 16

Il est bien que préalablement vous l'ayez intéressée de 25.000 pagodes dans l'armement du *St. Benoist* pour la Chine, et que vous y ayez chargé 30.000 piastres pour être converties en or; mais elle a été très surprise en apprenant que le sieur Signard s'y était embarqué comme second subrécargue. Puisque nonobstant sa qualité de conseiller et

biles; ce qu'il y a de sûr, c'est qu'ils ont plus de travail et de peine que partout ailleurs. Si la Compagnie persiste dans de pareilles dispositions, ces postes deviendront plus à craindre qu'à rechercher. Il leur est impossible de se passer d'un palanquin; comment leur sera-t'il possible de vivre, de s'habiller, et de soutenir ces dépenses avec 1500 ou 1800 livres d'appointements dans un pays ou tout a renchéri du double depuis vingt ans ?

le poste qu'il occupe, il a sans doute demandé à faire ce voyage, vous eussiez dû vous y opposer et sentir que, quand la Compagnie a paru souhaiter que ses employés fussent choisis par préférence autant qu'il serait possible pour faire ces sortes de voyages, elle n'a jamais entendu parler des conseillers, et encore moins du Procureur Général dont la présence à Pondichéry surtout doit être continuellement nécessaire.

La Compagnie est priée de faire attention que les Conseillers sont obligés de se rendre chez le Gouverneur et d'assister au Conseil touttes les fois qu'il le juge à propos, que touttes les affaires doivent estre délibérées et décidées par le Conseil, qu'il exige par conséquent d'eux une assiduité continuelle, que chacun d'eux a outre cela un département particulier d'un grand détail, comme la caisse générale, le magasin général, la caisse courante, la monnoye, le magasin de la marine, que depuis que nous chargeons 4 à 5 vaisseaux annuellement, il y a presque tous les jours la visitte des toiles. Tout cela se trouve fait au bout de l'année. C'est à la Compagnie maintenant à juger s'ils ont de l'occupation et s'ils ne méritent pas qu'elle leur laisse les moyens de gagner de quoy vivre, afin qu'ils puissent se flatter qu'après leur mort, l'hopital ou les charités de la Compagnie ne soient pas les seules ressources sur lesquelles leurs enfants et leurs veuves puissent compter.

La fonction de Procureur Général a toujours été deférée au dernier Conseiller ; elle n'exige pas dans ce pays beaucoup de temps ni de soins, et M. Golard eu fut chargé au départ de M. Signard.

<table>
<tr><td>

Art. 17

</td><td>

Art. 17.

</td></tr>
</table>

Ces ancres n'ont point été vendues, les marchands les ayant trouvées trop chères au prix de 4 piastres le quintal ; elles ont été embarquées sur le *St. Benoist* et remises icy; nous les enverrons au Bengale.

Nous avons été informés à l'arrivée de nos vaisseaux de Chine, comme vous l'aurez sans doute été au retour du *St. Benoist,* que nos subrécargues ont emprunté 1800 taëls des sieurs St. Sauveur et Signard. Nous avons aussy appris que sur les représentations que ces Messieurs ont faites que les deux grosses ancres qu'on vouloit, suivant nos ordres, vous envoyer par le *St. Benoist,* seroient inutiles à Pondichéry en ce qu'elles ne pourroient servir pour les vaisseaux de la navigation des Indes, et que d'ailleurs la Compagnie en avoit beaucoup, vos employés ont pris le party de vendre les dites ancres au capitaine du vaisseau de Manille à raison seulement de quatre piastres le quintal, ce qui est moitié moins qu'elles n'ont coûté, et qu'ils ont autorisé ces Messieurs d'en recevoir l'argent pour le compte de la caisse de Pondichéry au cas que ce capitaine put obtenir de les porter à Macao. Il auroit beaucoup mieux valu que ces ancres nous eussent été rapportées ou qu'on vous les eût suivant nos ordres envoyées par le *St. Benoist,* parceque si elles vous avoient été inutiles, elles ne l'auroient point été sûrement à Chandernagor où vous auriez pu les faire passer.

Art. 18.

La situation du commerce à Bassora n'a point changé depuis le temps que M. de Martinville a écrit à la Compagnie. Nous nous conformerons à son sujet à ce qu'elle nous ordonne et nous le remplacerons lorsqu'il demandera à revenir.

M. Lanoë est mort le 15 juillet à Anjouan où il avait relaché dans un voyage qu'il avait entrepris à la coste d'Afrique.

Art. 18.

Par les lettres que nous avons reçues de Bassora du sieur de Martinville, en date du 28 Juin, le lendemain de son arrivée, et du 8 Septembre dernier, il nous confirme, ainsy que nous vous l'avons déja marqué, les tristes nouvelles que vous nous apprenez de ce pays, et nous rend compte de ce qu'il a fait depuis qu'il y est. Il n'aura sûrement pas manqué des vous en informer, aussy nous vous observons

seulement à son sujet que quoique, les provisions qui ont été expédiées en sa faveur ne fassant pas mention qu'il sera subordonné au Conseil de Pondichéry, ni que ses jugements y assisteront par appel, ces deux dispositions doivent de droit avoir lieu, et vous avez même le pouvoir de révoquer ce Consul si le cas y échoit. C'est ce dont nous aurons soin de l'avertir ; vous devez aussy l'en prévenir de votre coté. Quant au commis pour représenter un chancelier, à la bonne heure, puisque vous l'estimez nécessaire que vous luy en fassiez passer un, et que vous luy fixiez de modiques appointements.

Nous devons encore vous observer à ce sujet que dans le cas où par décès, retraitte ou autrement le poste de Consul qu'occupe le dit sieur de Martinville viendroit à vacquer, il est nécessaire que le sieur Lanoë ou tel autre que vous jugerez à propos d'y envoyer, prit le même nom de Jacques Martinville, pour éviter de demander de nouvelles expéditions tant icy qu'à la Porte, qui causent toujours beaucoup d'écritures, de soins et d'embarras.

La famille du dit sieur de Martinville, nous ayant exposé que le climat de Bassora paraissait contraire à sa santé, s'il arrivoit que ce Conseil s'en plaignit à vous, et vous demandât son retour, vous le luy accorderez, et enverrez en même temps pour le relever le dit sieur de Lanoë ou tel autre sujet que vous connaitriez capable de remplir avec honneur un poste de cette importance.

COLONIE.

Art. 19.

Les Révérends Pères Capuscins continuent toujours, sans aucune difficulté, à notre satisfaction et à celle de tout le public à faire les fonctions de curé des Français, et les Révérends Pères Jésuites sont en possession de la cure des malabars chrétions.

Lorsque la Compagnie fondera ces cures, nous la prions de bien s'expliquer avec ces derniers sur les privilèges et droits honorifiques qui luy appartiennent, tant en qualité de seigneur et souverain, sous le bon plaisir de sa Majesté, que comme fondatrice

Art. 19.

Puisque le Père Dominique de Valence fait de même que le Père Esprit auquel il a succédé, touttes les fonctions curiales paisiblement, et qu'il n'y a aucune difficulté à ce sujet de la part de Mr. de St. Thomé, l'intention de la Compagnie est de laisser subsister les choses en l'état où elles sont sans y rien changer, jusqu'à ce qu'elle ait pourvu aux cures de Pondichéry et qu'elle les ait fondées, ce qu'elle fera incessamment.

A l'égard de ce que vous nous représentez qu'il est impossible que ces Pères Capucins qui sont

et patronne, dont jouiront aux Indes les Gouverneurs et Commandants qui la représentent, le tout conformément aux lois ecclésiastiques, aux ordonnances royales et aux usages observés dans le royaume. La colonie étant considérablement augmentée, il n'y a nulle apparence que les vivres et denrées deviennent moins chers qu'ils sont aujourd'hui; ce qui coûtait un fanon en 1715 au nombre de cinq, et qui bientôt seront obligés d'être six, puissent vivre avec 120 livres, nous voulons bien y avoir égard et vous autoriser à leur faire annuellement une aumône de 200 livres que nous croyons avec d'autant plus de fondement suffisante pour les aider à subsister qu'il y a lieu d'espérer que les vivres ne seront point aussy chers qu'ils ont été.

en vaut actuellement deux. Les Révérends Pères Capucins sont très souvent dans une situation très étroitte, et ont plus que jamais besoin des secours de la Compagnie. Ils manquent actuellement de sujets, n'étant que trois en état d'agir ponr desservir le fort, la paroisse de la ville et l'hôpital. Ils ne pourroient absolument suffire à tout, si Messieurs des Missions Etrangères ne les aidoient souvent avec beaucoup de zèle et de charité.

Art. 20.   Art. 20.

Les dames religieuses Ursulines qui sont actuellement à Pondichéry au nombre de trois, deux mères et une sœur converse, n'ont manqué de rien jusqu'à présent. Nous avons informé la Compagnie les années précédentes des mesures que nous avons Par la copie que nous vous remettons cy jointe de la lettre que nous avons écrite à M. l'Evèque de Vannes le 25 du mois dernier, vous verrez quélles sont les intentions de la Compagnie touchant les Ursulines qu'elle vous a fait passer il y a deux ans

19

prises pour leur subsistance, sans être à charge à personne. Nous attendons l'année prochaine des ordres décisifs à cette occasion.

par le vaisseau la *Paix*. Nous vous recommandons expressément de vous conduire à l'égard de ces religieuses suivant l'esprit de la dite lettre. Vous sentirez sans doute que si la maison que vous proposiez de leur faire bâtir n'est pas commencée à la présente, il ne doit plus estre question de leur en faire construire une, mais seulement de continuer à les loger, si elles restent dans le pays, comme vous nous marquez que vous avez fait à leur arrivée, c'est-à dire dans une maison propre et décente, et où elles trouveront touttes les aisances de la vie et les commodités nécessaires et convenables à leur état, afin que si quelque chose arrive, elles ne puissent avoir aucun sujet légitime de se plaindre ni de se dégouter.

ART. 21.

La ferme de tabac et bétel a rendu cette année 9257 pagodes, 20 fanons, 62 caches ; elle ne montoit en 1730 qu'à 5000 pagodes, et en 1735 à 5300 pagodes.

ART. 21.

Il est bien que la ferme de tabac et bétel ait rendu en 1738, 8179 pagodes, et que vous ayez affermé la permission de vendre l'arack de Colombo sur le pied de 700 pagodes par an, applicable en partie aux dépenses des religieuses ; vous observerez cependant que cela ne soit que relativement à l'esprit de notre lettre à M. l'Evêque de Vannes à leur sujet.

Nous voyons avec plaisir par le prix de la nouvelle adjudication que vous avez faite du bail des fermes des terres de la Compagnie, qui estoit expiré que depuis 1733, il y a eu en cinq ans une différence, au proffit de la Compagnie, de 7530 pagodes.

Art. 22.

Les dernières révolutions arrivées dans cette province depuis le mois de Mai, et l'approche de l'armée des Marattes nous ont persuadés que nous n'avons plus rien à craindre de la famille du Nabab d'Arcatte, mais que notre garnison estoit trop faible pour garder le Fort-Louis et l'enceinte de la ville, et que nous n'avions pas le quart des armes nécessaires pour la déffendre. Les revenus de Pondichéry estant considérablement augmentés, la Compagnie doit sacrifier cette augmentation pour mettre la ville en sureté.

Art. 22.

Il est de la prudence de continuer à vous défier des desseins que ceux de la famille de votre Nabab ou autres pourroient avoir sur la ville de Pondichéry. L'intention de la Compagnie est bien certainement de la tenir toujours en sureté, et d'y entretenir, comme vous le désirez, 500 soldats européens à peu près ; c'est pour cela qu'elle vous en fait passer 150 par les vaisseaux de cette expédition, comme elle vous l'a marqué.

C'étoit sans doute une nécessité de faire pour 1200 pagodes de présents, tant au fils du Nabab qu'à son gendre et à son frère ; ainsy, nous approuvons la délibération que vous avez prise à ce sujet le 20 Mai 1738.

BATIMENTS ET FORTIFICATIONS.

Art. 23.

Le plan de la monnoye et celuy du nouveau gouvernement ont esté envoyés à la Compagnie, le premier, par le *Fleury*, en Octobre 1739, et le second,

Art. 23.

Nous vous avions demandé un plan avec l'élévation du bâtiment que vous avez fait construire pour y placer la monnoye, que nous voyons avoir

par le *Chauvelin*, en Janvier 1738. Elle devoit les avoir reçus lorsqu'elle nous a écrit la présente.

Nous avons esté occupés dans tout le courant de cette année à achever les plateformes et merlins des bastions autour de la ville, sur lesquels il estoit impossible de rester sans être découvert jusqu'au talon. Nous avons aussy travaillé aux fossés autour de la ville, conformément à notre délibération du 22 Mars 1740.

coûté 5520 pagodes. Nous recommandons de nous l'envoyer, et d'en user de même pour le nouveau gouvernement et tous les autres bâtiments de la Compagnie qui sont de quelque conséquence, et dont il est naturel qu'elle puisse en connaitre d'icy la disposition.

Il convient sans doute d'achever l'enceinte de la ville du costé de la mer, et c'est à quoy vous pourrez faire travailler petit à petit sous les ordres du sieur Paradis, quand les les bâtiments commencés seront finis. Nous croyons cet ingénieur très capable de remplacer le Père Louis que nous avons appris avec peine n'être plus en état par son grand âge de veiller aux travaux.

TROUPES ET ARTILLERIE.

Notre garnison se trouve très affaiblie par les forts détachements que nous avons faits pour la coste Malabare. Nous avons de plus perdu dans le courant de cette année 29 hommes, tant par maladie que par désertion ou autrement, suivant l'état cy-joint.

Au moyen des 130 hommes de recrue que nous vous avons fait passer par les vaisseaux de la précédente expédition, et des 150 qui vous parviendront par ceux de celle-cy, nous ne pouvons douter que vous ne vous trouviez en état de compléter les gar-

Notre garnison est beaucoup fatiguée depuis huit mois ; nous avons toujours des hommes malades à l'hopital.

nisons des différents comptoirs.

Nous n'avons pas reçu l'état de revue de la vôtre ; il nous seroit sans doute parvenu si le vaissea la *Paix*, fut arrivé.

Indépendemment des quatre officiers des troupes que nous vous avons marqué vous envoyer par les vaisseaux de cette expédition, nous vous prévenons que nous vous faisons encore passer en qualité d'enseigne le sieur de Neuville, qui est porteur de son brevet. Nous vous remettons cy-joint son reçu de 150 livres que nous luy avons fait avancer icy sur ses appointements, et, dont vous luy ferez faire la retenue.

Nous savons qu'il y a de l'inconvénient à accorder un congé aussy long que l'a été celuy du sieur Descoublanc, mais cet officier s'est trouvé dans un cas particulier où la Compagnie n'a pas jugé à propos de luy refuser une prolongation d'un an.

Art. 24

Le sieur Chambon n'a pas exposé vray à la Compagnie en disant qu'il n'avoit jamais eu l'intention de quitter le service en sortant de Pondichéry. En partant d'icy il a demandé son congé absolu pour repasser en France, et non pour aller continuer ses services au Bengale où il avoit seulement, à ce qu'il disoit, quelques affaires à

Art. 24

Nous vous remettons cy joint copie d'une lettre que le sieur Chambon nous a exposé avoir écrite à M. Dumas le 10 Avril 1738, et par laquelle vous verrez qu'il prétend n'avoir pas été payé en entier de ce qui luy étoit dû pour le temps qu'il a été au service. Comme nous ne pouvons savoir si ce qu'il demande luy est effectivement dû,

régler. S'il avoit été dans le cas qu'il expose, il auroit été porteur d'un ordre de M. Dumas à cet effet, et

vous aurez agréable de nous en informer en réponse.

nous en aurions écrit au Conseil de Chandernagor. C'est tout le contraire, et nous nous sommes plaints de ce qu'on avoit remis au service le sieur Chambon sans nos ordres, après l'avoir quitté à Pondichéry. Au surplus la Compagnie auroit dû faire attention à notre lettre du 24 Janvier 1738 et à la requête de tous les officiers de la garnison qui y étoit jointe, qui prouve incontestablement tout le contraire de ce que M. Chambon avance; cet officier au surplus s'est toujours bien acquitté de ses devoirs, et est un bon sujet.

Art. 25

M. le chevalier de Salvan, lieutenant de la garnison de Pondichéry, fut commandé de s'embarquer sur le vaisseau le *Bourbon*, pour le voyage de Moka, au mois d'Octobre 1737, avec un détachement de cinquante hommes, commandé par M. Miraillet, capitaine d'infanterie, sous les ordres de M. Marquaissac, capitaine du vaisseau. M. de Salvan tue son capitaine en combat singulier et se sauve.

Le vaisseau le *Bourbon*, étant de retour, le capitaine pour se décharger de ces

Art. 25

Le chevalier de Salvan qui est actuellement icy prétend que le Conseil de Pondichéry n'a pas été en droit de prendre connaissance de l'affaire dans laquelle il a tué le sieur Miraillet, attendu que le délit a été commis à Goa. Comme nous avons point encore vos lettres qui nous instruisent de la façon dont vous aurez traité la suite de cette affaire, nous les attendrons avant de décider sur ce qu'il expose, ainsy que sur l'affaire arrivée au sieur Caire.

deux officiers de notre garnison fait la déclaration cy jointe qui fut suivie d'une information qui n'a pas eu de suite. Nous pensons cependant que le Procureur Général ou le Major de la place auroient été bien fondés de poursuivre cette affaire, quoi que passée pendant la relache du vaisseau français dans un pays étranger, soit pour raison du duel et d'homicide commis pas un lieutenant en la personne de son capitaine ou de sa Fuitte en pays étranger. La Compagnie estoit très à portée de faire décider si le Conseil supérieur ou le Gouverneur de la place estoient en droit ou non de prendre connaissance de cette affaire. Nous la prions de nous envoyer en réponse la décision qui nous servira de règle en pareil cas. Au surplus, M. de Salvan n'a que sujet de se louer de notre indulgence dans cette occasion, qui même prise d'un certain biais pouvoit être repréhensible; et la Compagnie doit se souvenir de tout ce que nous luy avons écrit par notre lettre en apostille du 15 Octobre 1738 pour la justification du dit sieur Salvan et luy faciliter les moyens d'obtenir sa grâce.

Quant au combat arrivé entre le sieur Caire et le sieur Des Audrais Le Roux, dans lequel ce dernier a été tué, il fut fait des informations à la requête du Procureur général, et on publia même des monitoires, mais les dépositions et la déclaration du mourant n'ont chargé personne. Cette procédure n'a par conséquent eu aucune suitte ; Caire s'est cependant sauvé chez les Anglais et a passé à Manille où il navigue pour les Espagnols. C'étoit un bon sujet.

Art. 26.

Nous avons envoyé l'année dernière le tableau général des offiiciers où tout est dans la règle pres-

Art. 26.

Par le retour du sieur Descoublanc, le décès du sieur Miraillet, qui est le seul changement que nous

crite par la Compagnie. Nous en enverrons un nouveau cette année si nous recevons à temps les états que nous avons demandés à Chandernagor et à Mahé.

sachions être arrivé dans les capitaines, n'aurait dû donner lieu à aucune promotion dans ce grade. Cependaut nous voyons, que par délibérations des 20 Mars et 15 Septembre 1738, vous avez fait capitaines les sieurs Roussel et Dupuis Planchard, et fait une promotion de plusieurs autres officiers. Comme ces délibérations et vos lettres nous en laissent ignorer les raisons, et que nous ne voyons de moins que les sieurs de Salvan et Cardon, nous différons jusques à ce que nous en soyons éclaircis, à vous envoyer en conséquence d'autres brevets que ceux joints à notre dernière du 18 du mois passé.

Comme c'est à vous directement à qui nous adressons et continuerons d'adresser tous les employés, officiers et soldats, tenez la main à ce que les comptoirs qui vous sont subordonnés se conforment exactement à la règle qu'il convient de suivre, pour que vous soyez en tout temps en état de rendre compte à la Compagnie de ce que chacun d'eux est devenu.

Art. 27.

Cet homme n'est point encore arrivê icy ; l'on nous a dit qu'il étoit sur le *Penthièvre*. Nous exécuterons les ordres que la Compagnie nous donne à son sujet.

Art. 27.

Vous ferez passer à Chandernagor le nommé Estienne Guenièvre, dit Saint Anselme, et marquerez au Conseil de ce comptoir de luy donner le poste de sergent qu'il avait à Pondichéry.

ART. 28.

Louis André Villars est aux invalides, et depuis fost longtemps hors d'état de servir ; il ne luy manque rien à l'hopital.

paroit propre de remplir que l'on nous a demandé le luy donnerez, quand il

ART. 28.

Si le nomme Louis André Villars, qui a été longtemps au service de la Compagnie en qualité de soldat, et que l'on dit estre un bon sujet, vous un poste d'aide canonnier pour luy avec instance, vous y en aura un de vacant.

EMPLOYÉS.

ART. 29.

Nous avons reçu le récépissé du sieur Dumont de 300 livres et luy en ferons la retenue sur ses appointements.

M. Guillard, chef à Mazulipatam, qui avoit passé à Pondichéry pour y rétablir sa santé, ayant demandé à y retourner, nous l'avons renvoyé dans ce poste, et ayant besoin d'envoyer un chef à Surate à la place de feu M. Martin, nous y avons fait passer M. Le Verrier, qui l'occupe actuellement, et qui est resté près de deux ans à Mazulipatam, après le sieur Golard.

M. de Choisy est tou-

ART. 29.

Nous avons très peu de chose à ajouter à ce que nous vous avons marqué par nos précédentes de relatif à cet article.

Nous vous remettons cy joint le reçu du sieur Dumont du Corrier d'une somme de trois cents livres que nous luy avons fait avancer sur ses appointements, et dont vous luy ferez la retenue.

Nous voyons que le sieur Golard, n'ayant pu supporter le climat de Mazulipatam, vous l'avez relevé par le sieur Le Verrier, et qu'ensuite vous l'avez envoyé chef à Karikal.

Nous avons appris depuis

jours chef à Yanaon, et la Compagnie doit être satisfaite de ses opérations, ayant tiré depuis deux ans beaucoup de marchandises de ce comptoir.

Nous n'avons rien à dire à la Compagnie au sujet du sieur Porcher que ce que nous luy avons marqué par nos précédentes, et particulièrement dans nostre lettre du 29 Septembre 1737. Elle doit aussy se ressouvenir de ce qu'elle nous a marqué par sa lettre du 30 Octobre 1737. Quant à la lettre de Madame son épouse, M. Dumas l'a communiquée à M. de Lolière, Evèque de Juliopolis, et au Révérend Père Dominique de Valence, curé et supérieur des Révérends Pères Capucins. Les réponses qu'ils y ont faites sont cy-jointes; elles pronveront à la Compagnie la vérité du fait énoncé dans cette lettre, et luy feront connaitre l'attention qu'elle mérite.

que vous aviez encore relevé le sieur Le Verrier sans savoir par qui, et que vous l'avez envoyé à Surate pour remplacer feu M. Martin. Nous devons vous observer à l'occasion de ces mutations que vous ne pouvez trop réfléchir sur le choix des sujets à qui vous confiez ainsi des postes de chef, et que vous ne devez les accorder par préférence à l'ancienneté qu'autant que la capacité s'y trouve réunie convenablement au bien du service.

Le sieur Porcher repasse sur les vaisseaux de cette expédition en qualité de simple particulier. La Compagnie n'a eu d'autres égards aux diverses représentations et demandes qu'il luy a faites en différents temps, que ceux dont elle vous a informés il y a un an. Nous vous remettons cependant cy-joint copie d'une lettre que sa femme a écrite à la Compagnie le 20 Octobre 1738, et par laquelle vous verrez qu'elle prétend le justifier des faits qu'on luy a imputés; c'est ce dont nous ne pouvons pas juger d'icy, mais si véritablement, en examinant de nouveau sur ce qu'elle expose de sa conduite, sans aucue prévention, vous veniez à découvrir qu'il a été accusé sans fondement, nous ne nous opposons point, avant même que nous puissions en être informés, à ce que vous le fassiez rentrer au service, si vous l'estimez juste, sur le pied que vous jugerez convenable.

Il nous est revenu que le sieur Moreau auquel vous nous marquez avoir donné le poste de greffier, a passé à Mahé avec M. Dirois. Quant au sieur Manon que vous nous dites avoir demandé à repasser en France, nous n'en avons pas entendu parler.

Puisque la veuve La Beaume et ses enfants ne sont en état de subsister ni dans l'Inde ni en France, il faut bien prendre prendre party de faire, ainsy que nous vous l'avons marqué, élever ses enfants à l'hopital jusqu'à ce qu'ils soient en état de gagner leur vie et de faire à la veuve une aumône par mois de ce dont elle ne peut se passer pour vivre.

MAZULIPATAM, YANAON ET SURATE.

Art. 30.

Ce que la Compagnie nous prescrit dans l'article cy contre, sera exécuté autant que nous le pourrons ; mais nombre d'obstacles et d'inconvénients nous empêchent souvent de pouvoir nous conformer aux arrangements de la Compagnie, et il nous paroit impossible de pouvoir répartir par assortiments différentes sortes de mar-

Art. 30.

Il est bien que le sieur Guillard ait esté reprendre son poste à Yanaon. Recommandez luy ainsy qu'au chef de Mazulipatam de redoubler leur exactitude à la visite des marchandises, et de faire en sorte qu'elles vous parviennent d'assez bonne heure pour être réparties à peu près également sur les vaisseaux que vous avez à nous

chandises sur chaque vaisseau ; il y en a qui ne viennent qu'en Décembre et Janvier de chaque année, et il est impossible de charger sur les vaisseaux qui partent en Octobre ; au surplus, nous ferons de notre mieux pour satisfaire la Compagnie.

renvoyer annuellement. De votre costé, ne manquez point de leur envoyer de bonne heure les fonds nécessaires en espèces convenables pour se procurer touttes les marchandises que nous vous demandons.

Quant à celles qui se fabriquent à Surate, elles ne conviennent point, comme Messieurs les Directeurs des ventes vous l'ont observé ; il ne faut nous en envoyer aucune.

CHANDERNAGOR.

ART. 31.

La Compagnie nous auroit fait plaisir de nous marquer dans quel temps et en quelle occasion nous avons écrit à Chandernagor en termes peu mesurés. Ce que nous avons écrit à ce Conseil a esté pour le bien du service, et nous ne sommes jamais écartés de la bienséance et de la modération qu'il convient de garder entre honnêtes gens. Nous l'avons fait parceque la Compagnie a voulu que ce comptoir nous fut subordonné ; ceux qui le composent nous ont répondu en ter-

ART. 31.

Vous aurez vu par la lettre que la Compagnie la écrite au Conseil de Chandernagor, le 18 Janvier dernier, ce qu'elle pense de touttes les discussions et tracasseries que vous avez eues avec luy ; elle n'a rien à y ajouter, si ce n'est pour vous recommander directement d'oublier tout le passé, de mesurer un peu d'avantage vos termes dans les lettres que vous pouvez avoir à luy écrire pour le désapprouver dans quelque point de son administration, et enfin de vivre avec ce Conseil

mes durs et piquants aux- qui vous restera subor-
quels nous n'avons point donné, plus cordialement
répliqué. La Compagnie que par le passé, et comme
sans égard pour le bon le doivent faire d'honnêtes
ordre et la subordination gens dont toutes les opéra-
nous donne tort, et traitte tions concourent au bien
nos justes représentations du même service.
de tracasseries. Un respec- Nous sentons comme
tueux silence est tout ce vous qu'il est de l'intérêt de
que nous avons dans cette la Compagnie que les rou-
occasion à luy objecter, et pies Arcattes reprennent
il ne nous échappera plus faveur dans le Bengale, et
à l'avenir la moindre ob- nous ne doutons pas que
servation sur les opérations le Conseil de Chanderna-
de Messieurs du Conseil gor, convaincu du même
de Chandernagor. principe, n'ait mis tout en
usage pour y contribuer,

puisqu'il y avait lieu d'espérer de réussir.

Vous aurez vu que nous marquons à ce Conseil de vous envoyer, quand vous luy en donnerez l'ordre, cinq à six cents balles de grosses marchandises, et même de fines quand il luy en restera en magasin ; nous trouvons, touttes réflexions faites, qu'il ne peut résulter qu'un bien de cette opération.

MAHÉ

Art. 32.

Nous avons amplement écrit précédemment à la Compagnie sur tout ce qui concerne le comptoir de Mahé. Nous le faisons aussy cette année par une lettre particulière. Cette lettre

Art. 32.

Nous ne pouvons nous empêcher de vous répéter icy que revêtus des pouvoirs de la Compagnie, et instruits de la mauvaise administration des emplo-yés de ce comptoir, vous

fait partie de notre lettre générale.

n'auriez pas dû, comme vous avez fait, attendre des ordres de sa part pour y remédier. Nous espérons cependant qu'au moyen de la nouvelle forme que M. Dirois aura donné à cet établissement, nous n'aurons plus lieu de nous plaindre, et que nous en pourrons enfin tirer tout le poivre que nous désirons. Nous approuvons que par délibération du 4 Octobre 1738, vous en ayez acheté, n'en ayant point assez reçu de Mahé, soixante cinq *bards* d'un particulier, sur le pied de 37 pagodes.

Art. 33

La Compagnie verra dans notre délibération du 29 Novembre les arrangements que nous avons pris pour remplir le poste de directeur à Mahé, lorsque M. Dirois le quittera. M. de Martinville est un bon sujet et qui a du mérite ; mais il y a sur le tableau bien des employés qui ont droit avant luy de prétendre à ce poste, et nous ne voyons pas de raison de les en exclure.

Nous vous prévenons que lorsque la place de chef de ce comptoir viendra à vacquer, l'intention de la Compagnie est que vous la confériez comme cette fois cy à celuy des employés que vous croirez y convenir le mieux pour le bien du service de la Compagnie, sans en exclure le sieur Jogues de Martinville, sous prétexte de sa résidence à Bassora, au cas que vous le jugiez aussy capable de remplir un poste supérieur

que la Compagnie a lieu de présumer par les relations que luy sont faites sur le compte du dit sieur de Martinville, qui a déja rempli la place de second à Mahé sous le sieur Trémisot.

ILES DE FRANCE ET DE BOURBON.

ART. 34

Nous exécuterons avec le plus d'exactitude qu'il nous sera possible les ordres que la Compagnie nous donne au sujet des Iles de France et de Bourbon.

ART. 34

Quoique nous ne doutions pas que les affaires de ces iles ne vous occasionnassent des soins et de l'embarras, l'intention de la Compagnie est néannoins, nonobstant ce qu'elle vous a cy devant marqué de contraire, que vous envoyez directement et *distinctement à chacune d'elles*, le plus tôt qu'il vous sera possible, touttes les provisions et marchandises, en général tant de la côte que du Bengale, qui vous en seront demandées, que vous vous attachiez même scrupuleusement à ce qu'elles soient belles, de bonne qualité, et conformes enfin aux demandes et observations qui vous seront faites par le Conseil de chacune de ces deux iles. Pour vous mettre en état de remplir leurs mémoirés, elle vous envoye, indépendamment de la quantité de matières dont elle vous a prévenus, un fonds de 6000 marcs, et vous autorise non seulement à l'employer en entier, mais elle vous recommande même, s'il ne suffisait pas, de fournir le surplus, son dessein étant de remplir les magasins de ces iles de toutes les marchandises de l'Inde et de France, que les habitants peuvent acheter, et remédier par là à l'introduction de la pacotille qu'elle veut détruire à quelque prix que ce soit.

Vous nous remettrez, comme vous avez toujours fait, des factures séparées des envois que vous ferez aux dites iles; vous les débiterez, comme nous vous l'avons marqué, de toutes les dépenses en général qu'elles vous occasionneront, et les créditerez de la valeur des fonds que nous vous envoyons pour elles, comme de celle des remises qu'elles vous feront.

Il y a lieu de croire que leur caffé, n'ayant aucun débouché dans l'Inde, et ne devant, conséquemment, plus être question de vous en envoyer, les remises pour le présent ne seront pas considérables.

Quant aux fonds que vous recevrez de la Compagnie pour remplir leurs demandes, nous vous prévenons qu'ils seront encore l'an prochain de 6000 marcs.

Nous voyons que sans le party forcé que vous avez pris de donner un cautionnement sur la conduite que l'on tiendrait à l'Ile de France à l'égard de l'équipage maure du vaisseau le *Fulvy*, il vous aurait été impossible, au moment du départ pour l'Ile de France, de le déterminer à faire ce voyage. Nous avons écrit et nous écrivons encore fortement à l'Ile de France sur la retenue forcée que vous nous marquez y avoir été faite de plusieurs lascars, et sur ce que cette conduite, outre qu'elle est cause qu'il n'est plus possible d'y en envoyer, occasionnerait sûrement à la fin quelques mauvaises affaires à la Compagnie. Heureusement que vous ne vous trouvez plus dans le cas d'y en faire passer, non plus que des ouvriers, mais seulement quelques esclaves indiens quand on vous en demandera. Nous voyons que vous y en avez envoyé cent trois de ces derniers par la *Marie Joseph*, le *Fulvy* et le *St. Géran*.

Nous recommanderons au surplus à M. de La Bourdonnais et au Conseil de l'Ile de France de s'observer quand ils vous écriront, plus qu'ils ne l'ont fait jusqu'à présent.

Il est bien que vous ne vous vous soyez determinés à leur envoyer ceux des cafres du *St. Pierre*, qui ont pû échapper à la contagion avec laquelle la cargaison de ce vaisseau vous est parvenue, que lorsque vous avez été certains qu'il n'y avoit plus rien à appréhender.

AFFAIRES GÉNÉRALES.

ART. 35.

Nous observerons ce que la Compagnie nous marque au sujet des certificats de vie.

ART. 35.

Pour remédier aux difficultés qui arrivent tous les jours icy de la part des payeurs des rentes et autres touchant les certificats de vie, qui sont délivrés dans les comptoirs de la Compagnie aux Indes, et éviter qu'ils ne soient mis au rebut, nous vous prévenons qu'il est absolument nécessaire que, dans la légalisation de ces pièces, il soit de nouveau certifié de l'existence des personnes dont il est question.

ART. 36.

Cette règle sera observée.

ART. 36.

Nous vous prévenons aussy que pour éviter que les capitaines des vaisseaux ne puissent se plaindre à la Compagnie qu'ils n'ont pu se faire payer de la nourriture de quelques passagers qu'ils n'ont embarqués qu'à cette condition, elle a donné ordre à Lorient de ne leur en laisser prendre aucun dans ce cas, qu'au préalable ils n'aient déclaré par écrit au bureau qu'ils sont satisfaits pour la nourriture des passagers, et qu'elle souhaite que vous preniez la même précaution à l'égard de ceux à qui vous accorderez le passage à leurs frais. Elle vous recommande aussy de tenir la main à ce que ceux des employés ou officiers qui voudront avoir un congé pour repasser en France pour leurs affaires particulières, soient tenus à cet effet de présenter une requête au Conseil par laquelle ils se soumettent de payer leur nourriture au capitaine suivant les réglements, tant en allant qu'en revenant. Vous aurez agréable de communiquer cet article ainsy que les deux précédents aux Conseils de Chandernagor et de Mahé.

Art. 37.

Cette somme a été remise au Révérend Père Gargan.

Art. 37.

Il a été remis à la caisse de la Compagnie une somme de 7000 livres pour être délivrée à Pondichéry au Révérend Père Gargan, Supérieur des Missions des Jésuites. Nous avons donné ordre à Lorient de la convertir à raison de 50 livres le marc, et de la charger sur un des vaisseaux qui vous sont adressés.

Nous avons fait délivrer à M. Alvarez le paquet venu à son adresse par le *Bourbon*, contenant quelques grenats et rubis, et nous luy en avons fait payer le fret ordinaire de 2 %.

Nous avons fait payer aux héritiers de Pierre Chouloux la valeur de 220 pagodes 16 fanons que vous nous vous avez marqué appartenir à sa succession.

Nous ferons teindre en noir les quatre pièces de Ras de castor avariées que vous nous avez renvoyées par le *Phœnix*, et nous vous les renverrons à la fin de cette année.

Nous avons fait tenir exactement les paquets et lettres que vous nous avez adressés pour l'étranger.

Art. 38.

Nous avons reçu par le *Phœnix* ces patrons et morceaux pour échantillon ; nous y ferons travailler au mois de Février prochain.

Art. 38.

Nous avons chargé le sieur Moracin que nous vous avons prévenu devoir vous envoyer en qualité d'employé par les vaisseaux de cette expédition, de vous remettre un petit paquet en toile cirée, qui contient des patrons et des morceaux pour échantillon d'un meuble de toile peinte que nous vous recommandons de faire exécuter le plus tôt qu'il sera possible, conformément au mémoire cy joint. Vous nous remettrez une facture particulière de ce qu'il aura coûté, et vous le ferez charger en y joignant les morceaux et patrons cy dessus sur un de nos vaisseaux dans une caisse bien emballée que vous ferez employer sur le connaissement général du dit vaisseau.

ART. 39.

La Compagnie aura vu qu'en conséquence de notre délibération du 8 Septembre 1739, nous avons retenu à Pondichéry M. de Cossigny ; la présence de M. Paradis à Mahé y a esté nécessaire jusqu'à présent tant pour y fortiffier les montagnes que nous avons acquises que par rapport à la guerre que nous y avons depuis plus d'un an. Si nous rappelions à Pondichéry le sieur Paradis, il n'y sera qu'en qualité d'ingénieur en second, tant que M. Cossigny y sera.

ART. 39.

La Compagnie ayant envoyé au sieur Paradis un brevet de lieutenant réformé sans appointements, lorsqu'il n'étoit que second ingénieur aux Iles de France et de Bourbon, elle a estimé convenable aujourd'hui qu'il va être en chef à Pondichéry de le pourvoir d'un brevet de capitaine réformé, aussy sans appointements. Nous vous l'envoyons cy joint pour le luy remettre et le faire reconnaitre en cette qualité.

ART. 40.

Nous avons reçu cette décision.

ART. 40.

Vous trouverez cy joint la décision de la Compagnie que vous nous avez demandée sur une affaire de commerce dont vous nous avez remis l'exposé avec vos expéditions du 24 Janvier 1739.

Art. 41.

Les deux sujets dont la Compagnie nous a remis l'engagement, conformément à l'article cy contre, n'ont point encore paru icy. Il nous est venu un armurier nommé Guillaume Menet, engagé par M. Duvelaër à Lorient, et qui est arrivé icy par le *Phœnix*.

Il ne convient pas de faire apprendre le métier d'armurier à des malabars qui nous quitteroient aussitôt qu'ils sauroient quelque chose pour passer chez les Maures.

Nous sommes etc. Signé: Dumas, Le Gou, Dulaurens, Ingrand, Miran, de Courbezatre, Signard et Bois Rolland.

Art. 41.

Nous vous remettons encore cy joint copie de l'engagement de deux armuriers qui vous parviendront par les mêmes vaisseaux que la présente. L'un est ouvrier en platine et l'autre en montures; car n'ayant pas esté possible de trouver ces deux talents réunis, il a bien fallu se déterminer à vous envoyer deux sujets au lieu d'un. On nous assure qu'ils sont tous deux sages et fort habiles, chacun dans leur genre ; mais comme il est fort difficile et fort coûteux de s'en procurer de pareils, il faudroit faire en sorte de faire apprendre leurs métiers à quelques noirs que vous mettriez sous eux, et qui par la suite seroient

d'une grande utilité à la colonie. Vous procurerez l'exécution des conditions faites avec ces deux ouvriers, c'est à dire que vous pourvoierez à leurs gages, de même qu'à leur nourriture. M. Duvelaër aura soin de vous informer de ce qu'il leur aura fait payer avant leur embarquement.

Nous n'ayons rien à ajouter à ce que nous vous avons marqué par nos précédentes touchant la situation des affaires de l'Europe.

Nous sommes, etc. Signé : Les Directeurs de la Compagnie des Indes : Castanier, Boyvin d'Hardancourt, Cavalier, P. Saintard, Le Noir, d'Eprémenil.

A Lorient le 18 Février 1740, Signé : Godeheu et Duvelaër.

RÉPONSE EN APOSTILLE A LA LETTRE DE LA COMPAGNIE DU 14 NOVEMBRE 1739 PAR MRS. DU CONSEIL SUPÉRIEUR DE PONDICHÉRY, EN DATE DU 1er JANVIER 1741.

ART. 1er

Le vaisseau *Le Lys*, est arrivé icy le 26 Juillet et party le 16 Octobre avec une cargaison montant à 84.069 pagodes.

Le vaisseau le *Phœnix* n'a mouillé icy que le 24 Septembre, et le *Penthièvre* n'étoit pas encore arrivé le premier Janvier 1741.

LETTRE ÉCRITE PAR LA COMPAGNIE A MRS. DU CONSEIL SUPÉRIEUR DE PONDICHÉRY, EN DATE DU 14 NOVEMBRE 1739.

ART. 1er

Nous ne vous envoyons point encore, Messieurs, par le vaisseau le *Lys*, qui vous porte la présente, nos réponses à touttes les lettres que nous avons reçues cette année de vous, mais vous les recevrez par les vaisseaux le *Fulvy* et le *Phœnix*, qui doivent se suivre de près, afin que tous les vaisseaux de cette

expédition vous parviennent d'aussi bonne heure que vous le désirez. Le *Penthièvre*, par l'escale qu'il va faire à Mahé, ne peut arriver qu'à la mi Septembre à la côte.

Vous nous en renvoyrez trois en Octobre prochain, compris celuy qui portera les trois cents milliers de caffé de Moka que nous vous avons demandés,

Art. 2.

Par ce que la Compagnie nous marque icy, il sembleroit que nous retardons le départ de ces vaisseaux par négligence ou mauvaise volonté, dont nous cherchons à nous disculper ensuite par quelque mauvaise excuse.

Nous la prions d'être persuadée du contraire, et que lorsque le départ de quelque vaisseau est retardé, c'est par quelques obstacles imprévus ou invincibles, qui sont si ordinaires dans touttes les opérations de la vie.

Art. 2.

et pour que vous ne puissiez plus, si nonobstant nos ordres et les fonds que nous vous envoyons, il vous arrivoit, ce que nous ne pensons pas, d'expédier le dernier plus tard qu'en Janvier pour son retour en Europe, nous alléguer pour excuse que quelques uns de ces vaisseaux ne vous sont pas parvenus assez tôt, pour pouvoir luy procurer pour ce temps un chargement convenable.

Nous sommes toujours sans autres nouvelles de la *Paix*, de la *Duchesse* et la *Thétis* que celles dont nous vous avons fait part.

Art. 3.

Ces employés et officiers sont bien arrivés, excepté les sieurs Bertin de Presle, enseigne, et Marquery.

Art. 3.

Nous vous prévenons que nous vous ferons passer par les vaisseaux de cette expédition tant pour vos besoins que pour ceux des autres comptoirs, qui vous sont subordonnés, sept employés, sept officiers des troupes et cent soldats, savoir :

Pour sous-commis : les sieurs Dumont Dufrenier, David, Villebague Magon, Le Comte, Pennendreff David, Maragon, et Bonnaire.

Lorsque vous aurez quelques sous-commis à envoyer à Chandernagor, vous y ferez passer par préférence, si vous n'y trouvez pas d'inconvénient, le sieur Villebague Magon qui nous a demandé à y aller. Indépendamment de ces sept employés, nous nous proposons de vous en envoyer encore un qui sera bon practicien, suivant que vous nous l'avez demandé et que nous vous l'avons promis.

Pour officiers des troupes : les sieurs Voyard de Maison Rouge, pour à son arrivée avoir rang immédiatement après le sieur Floissac, et avant le sieur Laporterie, attendu qu'il a eu pour les îles où il a servi jusqu'à présent dans un grade supérieur, un brevet d'enseigne de la même date que le sieur Floissac, c'est-à-dire du 21 Septembre 1736,

Pour enseignes : Courtin, Bertin de Presle, Villéon de Puillon, Pages, Marquery, et Despotots.

ART. 4.

Le sieur Paradis nous avoit demandé à passer à Mahé pour y travailler aux fortifications à faire sur les montagnes des nouvelles acquisitions; sa présence y étoit même très nécessaire eu égard à la guerre, et à la situation actuelle où se trouve cet établissement, et aux ou-

ART. 4.

Nous vous prévenons encore que l'intention de la Compagnie est que le sieur Paradis que vous luy avez marqué devoir faire venir de Mahé, restera à Pondichéry en qualité d'ingénieur aux appointements de 1750 livres pour la première année et par la suite à ceux de 2000 livres, si

vrages qu'il y avoit commencés. Nous avons appris avec surprise que sans attendre nos ordres, il l'avoit quitté pour passer à Pondichéry sur le *Penthièvre*, ayant eu avis que la Compagnie l'avait destiné pour Pondichéry. Nous pensons néanmois que cette destination ne devoit pas engager cet ingénieur à quitter sans ordre un poste où nous l'avions envoyé, l'intention de la Compagnie ayant toujours été que tous ses employés, officiers et

vous êtes contents de ses services, et qu'elle écrit à M. de La Bourdonnais de vous faire passer le sieur Reynaud, ou à son refus, celuy qu'il en jugera le plus capable, pour remplaces le sieur Paradis à Mahé aux mêmes appointements de 1500 livres que ce dernier y avoit.

Nous comptons pouvoir vous envoyer aussy par les vaisseaux de cette expédition un maître armurier que vous demandez.

ingénieurs, quoique nommés pour Pondichéry, se transportassent dans les autres endroits où leur présence seroit jugée plus nécessaire.

ART. 5.

Nous ferons la retenue de cette somme au sieur Bonnaire.

ART. 5.

Vous trouverez aussi cy joint un reçu du sieur Bonnaire d'une somme de 500 livres que nous luy avons

fait payer icy, et dont vous luy ferez faire la retenue sur les appointements qu'il percevra à son arrivée.

Nous vous répondrons par une lettre particulière sur ce qui concerne l'établissement de Karical.

Nous n'avons rien à ajouter à ce que vous apprendront les gazettes de la situation des affaires en Europe, si ce n'est que la guerre est présentement bien déclarée entre l'Espagne et l'Angleterre, que l'on est toûjours incertain du party que la France et la Hollande prendront dans cette affaire. Nous vous recommandons néanmoins de vous tenir sur vos gardes, comme si la France étoit en guerre dès à présent.

<table>
<tr><td>

Art. 6.

M. Dumas a acquitté cette lettre de change à vue.

Nous sommes, etc. Signé : Dumas, Le Gou, Dulaurens, Miran, Ingrand, Signard et Bois Rolland.

</td><td>

Art. 6.

Nous vous remettons cy joint une lettre de change à vue de 240 marcs de piastres tirée à votre ordre sur M. Dumas par le sieur Février en remboursement de pareille somme que la Compagnie a bien voulu

</td></tr>
</table>

avancer icy au sieur Février qui s'embarque sur le *Penthièvre* pour reprendre son rang. Vous nous accuserez, s'il vous plait, réception de la dite lettre, et nous informerez du payement.

Nous sommes, etc.

Les Directeurs de la Compagnie des Indes, Signé : d'Hardancourt, d'Eprémenil, Castanier, P. Saintard, Le Noir.

RÉPONSE EN APOSTILLE A LA LETTRE DE LA COMPAGNIE DU 7 DÉCEMBRE 1739 PAR MRS. DU CONSEIL SUPÉRIEUR DE PONDICHÉRY, EN DATE DU 1er JANVIER 1741.

ART. 1er

Messieurs,

Suivant le dernier état de revue de la garnison de Mahé, il y restoit au 12 Novembre dernier 405 hommes. La Compagnie trouvera cy joint un état des troupes qui y sont débarquées depuis.

Mrs. du Conseil de Mahé ont du fer et des ouvriers, et ont plus de moyens que nous de faire faire de bons affûts. Tout le contenu de l'article cy contre a eu son attention.

LETTRE ÉCRITE PAR LA COMPAGNIE A MRS. DU CONSEIL SUPÉRIEUR DE PONDICHÉRY, EN DATE DU 7 DÉCEMBRE 1739.

ART. 1er

Les affaires de l'Europe sont, Messieurs, dans la même situation que nous vous l'avons marqué par nos dernières lettres, mais comme vous ignorez le party que le Roi prendra, et qu'il convient d'être toujours sur ses gardes, principalement à Mahé (comme si nous estions en guerre avec l'Angleterre, et la Hollande) l'intention de la Conpagnie est que vous complétiez les deux compagnies qui y sont entretenues du nombre de soldats européens qui pourroient y manquer, ce que vous pourrez faire d'autant plus aisément que nous vous faisons passer, ainsy que nous vous l'avons marqué, par les vaisseaux de cette expédition, tous les soldats qui vous seront nécessaires pour compléter toutes les compagnies d'infanterie entretenues dans nos comptoirs des Indes ; que vous donniez ordre au Conseil de Mahé de faire faire les affuts qui manquent aux canons ; et afin que vous soyez en état de juger de l'état où cette place se trouve, nous avons estimé devoir faire un relevé de toutte l'artillerie et des munitions de guerre qui sont dans les comptoirs de Pondichéry, Mahé et Chandernagor, et en dresser des états auxquels nous avons joint touttes les munitions de guerre que nous vous avons envoyées par l'expédition de 1738 à 1739 et par celle de cette année ; vous les avez cy joints.

Comme vous estes suffisammet pourvus d'artillerie et autres munitions de guerre, vous ferez passer au Conseil de Mahé celles que vous estimerez y être nécessaires, et qui pourroient y manquer, ainsy que de la poudre à canon. Vous donnerez ordre à ce Conseil d'avoir une attention très particulière à séparer les boulets de différents calibres eu égard à ceux des canons, mortiers à bombes et à grenades, afin d'éviter toutte confusion.

Nous luy donnons pareillement ordre d'avoir toujours dans ses magasins des munitions en riz et nelly ; et vous recommanderez au chef de ce comptoir de faire faire souvent l'exercice aux soldats, ainsy qu'il doit être pratiqué à Pondichéry, de les faire tirer au blanc pour qu'ils soient parfaitement disciplinés, de faire faire aussy aux canonniers l'exercice du canon, et comme le nombre en est modique, et qu'il nous est imposible de vous en envoyer, vous leur donnerez pour adjudants canonniers des soldats auxquels vous ferez pareillement faire l'exercice du canon en sorte qu'ils soient en état de les pointer. Nous vous autorisons pour leur donner de l'émulation de distribuer quelques petites gratiffications d'une piastre ou deux à ceux qui s'en acquitteront le mieux.

Au surplus nous nous reposons entièrement sur vos soins pour mettre le fort de Mahé en état de défense, en y faisant faire tout ce qui sera jugé absolument indispensable pour sa sureté.

ART. 2.

Ayant mis une partie du poivre à bord du vaisseau le *Lys* de celle qui nous étoit destinée, il nous est impossible de leur en faire passer d'avantage cette année, ne pouvant nous en présente, en ayant fourny aux comptoirs de Mahé et

ART. 2.

Vous ferez passer à l'Ile de France, par la première occasion que vous aurez, 15 à 20 milliers de poivre de l'Inde.

dégarnir dans l'occurence d'ailleurs de grosses parties de Karikal.

ART. 3.

M. Dumas a pareillement acquitté cette lettre de change à vue.

Nous sommes, etc. Signé : Dumas, Le Gou, Dulaurens, Ingrand, Miran, Signard, Courbesatre et Bois Rolland.

ART. 3.

Ci joint nous vous remettons une lettre de change à vue de 150 marcs de piastres tirée à votre ordre, le 26 du mois dernier, sur M. Dumas par le sieur Février en remboursement de pareille somme que la Compagnie a bien encore

voulu luy faire payer icy. Vous nous donnerez s'il vous plait avis de réception et du paiement.

Nous sommes, etc.

Les Directeurs de la Compagnie des Indes, Signé : Castanier, d'Hardancourt, Cavalier, Le Noir, P. Saintard.

A Lorient, le 17 Janvier 1740, Signé : Godeheu et Duvelaër.

RÉPONSE EN APOSTILLE A LA LETTRE DE LA COMPAGNIE DU 18 JANVIER 1740 PAR MRS. DU CONSEIL SUPÉRIEUR DE PONDICHÉRY, EN DATE DU 1er JANVIER 1741.

ART. 1er

La Compagnie aura vu par les lettres que nous avons eu l'honneur de luy écrire par le vaisseau *la Paix*, au mois de Février 1739, et celles du mois d'Octobre de la même année, et de Janvier et Février 1740, toutte la suitte de l'affaire de Karical dont nous sommes tranquilles possesseurs, et qui fait aujourd'hui le plus considérable établissement que les Européens ayent à cette coste, situé dans un pays abondant en grains et marchandises, et dont on connaîtra parfaitement l'avantage lorsque la tranquillité sera rétablie dans ces contrées.

LETTRE ÉCRITE PAR LA COMPAGNIE A MRS. DU CONSEIL SUPÉRIEUR DE PONDICHÉRY, EN DATE DU 18 JANVIER 1740.

ART. 1er

La Compagnie, Messieurs, a lu et examiné avec beaucoup d'attention votre délibération du 18 Juillet 1738 et votre lettre du 18 Octobre de la dite année, celle du 9 Février dernier qui luy est parvenue le 22 Aoust par voie de Lisbonne, et celles du 19 Février et 9 Mars suivant, qu'elle a reçues le 5 de ce mois par voie de Bassora et d'Alep. Elle a vu avec plaisir par ces dernières tous les mouvements que M. Dumas s'est donnés pour terminer ses négociations avec le Roi de Tanjaour, en exécution du traitté fait avec ce prince au mois de Juillet 1738 pour la vente de la forteresse de Carcangéry, de la ville de Karical et des aldées en dépendant, dont il devoit vous mettre en possession au moyen d'une somme de 30:000 pagodes.

Art. 2.

Les affaires dans ces pays, surtout avec des princes gentils ne s'y doivent pas traitter comme on feroit en Europe. Les intrigues et l'argent des Hollandais faisoient balancer le roi de Tanjaour à nous tenir parole ; nous avons profitté à propos de la bonne volonté de Sandersaheb, et le roi de Tanjaour n'a point été fâché que nous l'ayons forcé d'accomplir le traitté fait avec nous ; il s'est par ce moyen disculpé auprès des Hollandais. Si la Compagnie vouloit pour un moment faire attention à toutte la suitte de cette opération, elle verroit qu'il a fallu beaucoup de conduite, de soins et de peines pour parvenir à une heureuse fin et éviter tous les obstacles qui se sont rencontrés.

Nous avons accompli touttes les conventions faites avec le roi de Tanjaour; nous luy avons payé 50.000 *chacras* pour le prix de Karical, de Car-

Art. 2.

Il auroit été à souhaitter que ce roi vous eut envoyé son *Paravana* pour l'accomplissement du traitté avant de penser à y former aucun établissement. Cependant, nous voyons par votre lettré du 19 Février, que l'acte de prise de possession que vous en ayez fait et l'envoy d'employés, de troupes, d'artillerie, de munitions de guerre et d'ouvriers, ne sont fondés que sur le *Paravana* que Sandersaheb vous a envoyé après s'être emparé par force de la ville de Karical et de ses dépendances, tenant le roi de Tanjaour renfermé dans la ville. Nous trouverions que vous auriez agi avec un peu trop de précipitation, dans la crainte qu'il ne reprit le dessus et qu'il refusât d'exécuter le traitté fait avec vous, si vous ne nous assuriez par cette mème lettre du 19 Février 1739 que Sandersaheb vous a promis de ne faire aucun traitté avec le roi de Tanjaour qu'en vous confirmant

cangery et des cinq aldées qui en dépendent, première condition. Nous nous étions obligés de lui prêter 100.900 *chacras* faisant environ 43.000 pagodes pendant trois ans, sans intérêt, à condition que ce prince remettroit pour sûreté entre nos mains, des aldées équivalentes et capables d'opérer notre remboursement à peu près dans ce temps.

Ces deux articles renferment touttes nos obligations envers le roi de Tanjaour; la première a été entièrement accomplie le 2 Mars 1739 que nous avons payé 37.502 pagodes pour valeur de 50.000 *chacras* et de quelques présents pour les parents et principaux officiers du roi, le tout suivant notre délibération du même jour. Nous avons commencé à exécuter la seconde le premier Octobre 1739, en prêtant au roi de Tanjore 40.000 *chacras* faisant 18.497 pagodes 2 fanons 40 caches, et il nous remit entre les mains huit aldées conformément à son obligation dont copie est dans la possession de cet établissement. Nous apprenons avec plaisir, par celle du 9 Mars suivant, que ce roi et son oncle vous ont envoyé une personne de confiance de leur part pour traitter avec vous au sujet de la ratification de la vente qu'ils vous ont faite de Carcangery, Karical et ses dépendances, et que ce prince a expédié son *Paravana* qui est déposé entre les mains d'un marchand, qui, suivant toute apparence, ne doit vous être remis qu'après que vous serez d'accord sur les deux articles du traitté en contestation et que vous espérez terminer par l'entremise de Sandersaheb. Il eut été à désirer que vous nous eussiez informés de tous les articles du projet de votre traitté, et particulièrement des deux que vous nous mandez faire difficultés.

La Compagnie approuve cependant ce que vous avez fait touchant cet établissement, et elle ne veut même y rien changer.

insérée dans notre délibération du dit jour, premier Octobre.

Le roy, ayant ensuitte eu un besoin pressant d'argent, nous offrit de nous céder en propriétés les huit aldées qu'il nous avoit remises entre les mains, moyennant les 40.000 *chacras* prêtés et 20.000 *chacras* d'augmentation. Cette condition étoit trop avantageuse pour la refuser. Ainsy, en conséquence de notre délibération du 8 Mai 1740, nous payâmes ces 20.000 *chacras*, faisant 9248 pagodes, 13 fanons, et les huit aldées qui nous avaient été remises pour sureté du prêt de 40.000 *chacras*, fait le premier Octobre 1739, sont restées en propriété à la Compagnie.

Il ne restoit plus pour achever de remplir nos conventions avec le roy de Tanjaour que de lui prêter 60.000 *chacras* pendant trois ans sans intérêt; c'est ce que nous avons fait en conséquence de notre délibération du premier Octobre 1740, et ce prince nous a remis en gage trente-trois aldées qu'on offre de nous affermer pour 300 *garces* de nelly par an.

L'acquisition de Karical et des treize aldées qui en dépendant coûtent en tout à la Compagnie 65.247 pagodes 13 fanons.

Cy joint l'état des revenus actuels que ces aldées rendent annuellement à la Compagnie, et qui se montent à 12.383 pagodes, et au moyen desquels elle sera en cinq ou six ans remboursée de la somme que luy coûte cette acquisition. Quant aux dépenses qu'elle sera obligée de faire, en s'y fortifiant, pour en assurer la propriété à la France à perpétuité, nous pensons que le commerce qu'on pourra faire en cet endroit, les avantages que la ville de Pondichéry pourra en retirer en divers temps, et les revenus considérables attachés à cet établissement qui pourront augmenter par la suitte, sont des considérations assez importantes pour ne pas regretter l'argent qu'il en pourra coûter.

Art. 3.

Il nous paroit que la Compagnie ne peut se dispenser de faire quelques fortifications à Karical et d'y entretenir un certain nombre de troupes pour s'en assurer la possession, non seulement contre les intrigues et la jalousie des Hollandais, mais encore contre la mauvaise foi et l'avarice des naturels du pays qu'il faut toujours tenir en respect par des murs et de l'artillerie.

Il arrive même de temps à autre dans ces contrées des révolutions où un établissement européen seroit à l'alternative infailliblement pillé et ruiné par les partis opposés, s'il étoit ouvert et sans défense. Arcatte et Portenove en ont fait cette année la triste expérience. Karical deviendra d'ailleurs bien plus considérable, si outre la douceur et la justice du Gouvernement, ceux qui viendront s'y établir s'y croient en sureté; les revenus y augmenteront considérablement ainsy qu'à

Art. 3.

Elle vous recommande d'examiner s'il ne seroit pas plus avantageux pour elle de le réduire en simple loge et magasins sans y entretenir des troupes qui luy sont et seront extrêmement à charge et diminueront considérablement les avantages que vous luy en faites espérer, et ne pourront être utiles qu'au cas que les Hollandais voulussent entreprendre quelque chose contre nous, ce qui n'est pas à présumer après les précautions que vous nous marquez avoir prises pour engager le roi de Tanjaour et Sandersaheb à soutenir la possession des Français contre tous ceux qui voudroient s'y opposer; et dans le cas où effectivement vous estimeriez convenable de réduire cet établissement, comme nous vous le disons cy dessus, vous observerez, avant de rien changer à ce qui existera au reçu de cette lettre, d'informer la Compagnie s'il ne vous paroit pas suf-

Pondichéry et dédomma-
geront une partie des dé-
penses qu'on y fera, au
sujet desquelles nous référons à notre projet général
des dépenses à faire aux
Indes, daté du 15 Février
1740, et envoyé à la Com-
pagnie par le vaisseau le
Duc d'Orléans, où il y a
un article concernant Karical, sur lequel nous ne jugeons pas qu'on puisse rien
retrancher.

D'ici à quelque temps,
lorsque les fortifications y
seront achevées, on pourra
réduire la garnison à une
seule compagnie de cent
soldats blancs et cinquante
topas, étant à portée d'y
donner à l'occasion du secours de Pondichéry.

fisant d'y entretenir seulement par la suitte quelques
employés avec une dou-
zaine de soldats et autant
de pions, sauf en cas de
besoin à faire des détachements de Pondichéry, qui
par la proximité des lieux,
seroient à portée de secourir ce nouveau comptoir
en cas de besoin.

Comme le vaisseau la
Paix, n'est pas arrivé, et
qu'il y a tout lieu de croire
qu'il aura hyverné à l'Ile
de France. nous n'avons
pas reçu les pièces cotées
dans votre lettre du 19
Février 1739. Ainsi, nous
ne pouvons vous envoyer
les munitions de guerre et
d'artillerie que vous dites
nous demander par un état
particulier. Nous avons ce-

pendant estimé devoir vous faire passer huit à neuf
employés, quatre à cinq officiers et cent cinquante soldats au lieu de cent que nous vous avions marqué
tant pour Karcangéry que pour recruter vos garnisons.

Quant aux deux mortiers et aux deux cents bombes
que nous comptions vous envoyer, nous n'avons pas eu
le temps suffisant de les avoir, mais recevant l'état de
vos demandes par le vaisseau la *Paix*, en Avril prochain,
nous y satisferons en vous en envoyant le contenu par
le premier navire que nous expédierons pour Pondichéry
en Octobre prochain.

A l'égard de l'artillerie qui vous est nécessaire pour la

déffense de la forteresse de Karcangéry, nous comptons que la fort de Pondichéry, étant aussy bien muni qu'il l'est suivant l'état que nous vous en remettons, vous pourrez suppléer à ce qui vous manque dans l'attente du prochain envoy.

ART. 4.

Il ne s'est rien passé entre les Hollandais et les Danois. Ces premiers nous ont proposé un traitté pour nous rendre réciproquement les fugitifs et déserteurs, et que nous avons accepté. La Compagnie le trouvera cy joint. Pour éviter à l'avenir touttes discussions, il conviendroit qu'il y eut quelque chose de réglé en Europe avec cette orgueilleuse nation au sujet de leurs prétentions sur touttes les terres depuis le Coléron jusqu'au Cap Comorin, et depuis ce cap jusqu'à Calicut et autres endroits de la coste malabare, dont ils prétendent exclure toutes les autres nations, surtout les Français. Au surplus nous nous conduirons avec eux ainsy que la Compagnie l'ordonne. Elle aura trouvé dans nos délibérations, en date

ART. 4.

Vous avez très bien fait de notifier aux Hollandais et Danois votre acte de prise de possession. Lorsque nous aurons reçu toutes les pièces que nous attendons par le vaisseau la *Paix*, et leur réponse à la notification que vous leur en avez faite, nous les examinerons avec la plus grande attention; et dans le cas où ils se porteroient à quelque acte d'hostilité, ou à vous déclarer la guerre, ce que nous ne pouvons croire, quoique vous nous marquiez qu'ils le publient, la Compagnie vous autorise d'employer la force contre eux pour votre déffense. Si, au contraire, ils se déterminent seulement à informer leurs maitres des droits qu'ils prétendent avoir pour s'opposer à notre établissement dans le royaume de Tanjaour, se

du premier Septembre 1738, la copie du *paravana* que le roi de Tanjaour nous avoit accordé pour pour notre établissement de Cabripatnam en 1688 ; l'original ne se trouve point à Pondichéry, nous ne pouvons savoir ce qu'il sera devenu à la prise de cette ville par les Hollandais.

fondant sur leur traitté fait avec le roi de Tanjaour en 1688, dans le temps que nous y étions établis, nous nous servirons pour nous y maintenir non seulement de tous les moyens que vous nous citez, qui sont incontestables, mais encore de tous ceux qui nous paroitront pouvoir contribuer à faire tomber leurs prétentions. Vous nous enverrez à cet effet une copie traduite en français et dûment collationnée par le Conseil du *firman* ou *paravana* qui nous a été cy devant accordé par le Roi de Tanjaour pour nous établir à Cabripatnam. Cette pièce doit avoir été dans le même temps déposée au greffe de Pondichéry.

Nous vous recommandons la plus grande exactitude à nous informer de tout ce qui se passera concernant cet établissement" par touttes les occasions qui se présenteront par mer et par terre.

Art. 5.

La forteresse de Karcangéry étoit fort ancienne et tomboit en ruines; c'étoit un quarré flanqué de tours rondes aux quatre angles, chaque face ayent 45 toises en maçonnerie de briques, 20 pieds de haut, et extrèmement dégradée en dedans et en dehors, située par la latitude de 11 degrés

Art. 5.

Vous ferez dresser et vous nous enverrez un plan particulier qui nous fasse connaitre la forteresse de Karcangéry, son élevation, sa latitude et longitude, si elle est située au bord de la mer, si le canon défend la rade, si elle est foraine, s'il y a une barre comme à Pondichéry, com-

nord, et par la longitude de 100 degrés, à 1000 toises du bord de la mer. L'établissement de la ville de Karical n'en est éloigné que de 900 toises; la rade y est foraine, avec une barre ainsy que tout le long de la coste Coromandel. Un des bras du Coleram passe au pied du retranchement de Karical, ce bras est plus ou moins large depuis 100 jusqu'à 30 toises. Cy joint un état des sondes de cette rivière dans laquelle de haute mer, des bots, de grosses chaloupes et champans peuvent entrer. Karical est à 3 1/2 lieues de Negapatam et à 2 lieues de Tranquebar. Il y a par mer 20 lieues environ jusqu'à Pondichéry, et près de 25 lieues par terre. Lorsque les rivières sont basses, on peut y aller à cheval, en palanquin ou à pied en deux jours et demi. Il y a des pions ou *tapals* établis sur la route de Pondichéry à Karical; les lettres dans le beau temps ne sont que 24 à 26 heures en chemin. Lorsque la mousson du Nord règne, on peut aller par mer de Pondichéry à Karikal en 12 ou 15 heures, et pendant la mousson du Sud on peut venir de Karical à Pondichéry dans le même espace de temps.

bien en ce cas il y a de lames à passer, s'il y a une rivière à Karcangéry ou à Karical, combien elle a de largeur de brasses ou pieds d'eau en profondeur, si les petits batiments y peuvent entrer, et de quel port en tonneaux ils sont. Vous observerez que ce plan renferme non seulement la forteresse de Karcangéry, mais encore Karical et les cinq aldées en dépendant, et que touttes les limites y soient exactement marquées.

Vous nous marquerez à quelle distance cet établissement est de Pondichéry, s'il y a facilité d'y aller par terre et combien de jours il faut pour se rendre de l'un à l'autre endroit.

La forteresse de Karcangéry et sa situation n'étant pas convenables pour y former notre établissement,

M. Cossigny en a fait sauter partie, de notre consentement, pour les raisons énoncées dans le procès verbal du premter septembre 1739, dont cy joint copie.

Lorsque les ingénieurs qui sont actuellement à Mahé seront de retour, nous leur ordonnerons de lever le plan que la Compagnie désire.

<table>
<tr><td>

Art. 6.

Les monnoyes qui ont cours dans le Tanjaour sont des pagodes de Négapatam de 8 1/2 *toques* et des fanons d'or de 21 5/8 à la pagode et qui ne sont que du titre de 3 1/4 *toques*. Quant aux roupies, elles n'y ont point de cours parmi les marchands gentils et les tisserans qui ne veulent que des pagodes et des fanons d'or. Quand nous aurons des matières d'or, nous pourrons y faire frapper de ces espèces, ou même les faire icy pour les y envoyer.

</td><td>

Art. 6.

Nous souhaitons que vous nous remettiez en en même temps un état du titre et poids des monnoyes qui y ont cours, que vous nous informiez si vous pouvez en faire frapper de nouvelles aux mêmes titre, poids et coin; si les pagodes et fanons de Pondichéry y sont admis ainsy que les roupies Arcatte. Le Tanjaour appartenant aujourd'huy au Mogol, nous présumons que celles cy doivent y être reçues comme dans tous ses états, et conséquemment, celles que vous faites fabriquer.

</td></tr>
</table>

Le Tanjaour n'a point encore changé de maitre; c'est toujours un Roy gentil, tributaire du Mogol, qui est sur le trône.

L'arrivée de l'armée des Mahrattes a fait changer totallement la face des affaires. Les maures se tiennent renfermés dans leur forteresse, et aucun n'ose tenir la campagne, ce qui fait que tout le pays est livré au pillage, touttes les terres et tous les villages abandonnés et les habitants en fuitte. Nous sommes actuellement dans le plus fort de la crise, et il est impossible de prévoir quelle fin auront tous les troubles qui agitent aujourd'huy les provinces, et ce que deviendront les Gouvernements d'Arcatte, de Tanjaour et de Trichinopoly. Il y a quelque lieu de croire que le gouvernement gentil prendra le dessus.

ART. 7.

L'on peut tirer du Tanjaour à peu près les mêmes qualités de marchandises que l'on tire d'icy. Nous avons envoyé à la Compagnie des montres de quelques sortes particulières, mais il faut que, les guerres cessant, le commerce se rétablisse pour examiner à fond cette matière.

ART. 7.

Nous serions bien aises de recevoir encore un état de touttes les sortes de marchandises que l'on peut tirer du royaume de Tanjaour, et en même temps des montres par comparaison, tant pour la qualité que pour le prix coûtant, avec celles qui se tirent de l'Inde. Il faut que la monnoye et l'aunage du pays y soient reduites en celles de France, et que ce qui est sujet au poids soit pareillement réduit au poids de marc.

ART. 8.

Les R. R. P. P. Capucins manquent de sujets, nous avons fait desservir la cure de Karikal par les R. R. P. P. Jésuites; nous en avons informé la Compagnie l'année dernière et nous attendons sa

ART. 8.

Ce nouveau comptoir vous sera subordonné de même que ceux de Mazulipotam et de Yanaon, et les employés et officiers qui y seront, rouleront avec ceux de Pondichéry, Mahé et Chandernagor. Quant à la

décision à ce sujet.

Nous sommes, etc. Signé : Dumas, Le Gou, Dulaurens, Miran, Ingrand, Signard. Courbesatre, et Bois Rolland.

chapelle, elle doit être desservie par un père capucin.

Nous sommes, etc. Signé : Les Directeurs de la Compagnie des Indes : d'Hardancour, d'Esprémenil, Castanier, P. Saintard et Le Noir.

à Lorient, le 22 Janvier 1740. Signé : Godeheu et Duvelaër.

———o———

RÉPONSE EN APOSTILLE A LA LETTRE DE LA COMPAGNIE EN DATE DU 18 JANVIER 1740 PAR MRS. DU CONSEIL SUPÉRIEUR DE PONDICHÉRY, EN DATE DU 1er JANVIER 1741.

LETTRE ÉCRITE PAR LA COMPAGNIE A MRS. DU CONSEIL SUPÉRIEUR DE PONDICHÉRY, EN DATE DU 18 JANVIER 1740.

ART. 1er

ART. 1er

Messieurs,

Nous avons exécuté les intentions de la Compagnie au sujet de ses expéditions pour Chandernagor.

Nous vous remettons cy joint, Messieurs, les expéditions de la Compagnie à cachet volant pour le Conseil de Chandernagor; vous le lui enverrez et luy donnerez vos ordres en conséquence, après en avoir pris lecture et fait faire des extraits des articles qui vous regardent, attendu qu'ils ne seront pas répétés dans les lettres que nous vous écrirons.

Art. 2.

La Compagnie a été informée par les vaisseaux de la dernière expédition des arrangements que nous avons pris au sujet du comptoir de Mahé.

Art. 2.

La Compagnie, ayant reçu le 5 de ce mois, par voie de Bassora et d'Alep, une lettre de M. Dirois, dattée à Mahé du 30 Mars dernier, par laquelle il l'instruit de ce qu'il a fait à son arrivée, elle a lieu d'être satisfaite de voir qu'il alloit en conséquence de ses ordres et des vôtres travailler à approfondir la conduite des employés de ce comptoir, et au cas qu'ils se soient trouvés coupables des faits dont nous vous avons fait part, elle ne peut qu'être contente du party qu'elle a pris à leur égard. Si néanmoins ils étoient portés à se justifier des faits qu'on leur a imputés, et notamment d'avoir au préjudice des intérêts et des ordres de la Compagnie fait commerce pour leur compte particulier de poivre et de cardomon, l'intention de la Compagnie n'est pas que vous leur refusiez dans ce cas la justice qui pourroit leur être dûe ; elle vous autorise même à les replacer ainsy que vous le trouverez convenable ; cependant, nous ne vous autorisons dans ce party qu'au cas qu'il soit bien constant que l'on est fondé à ne leur faire aucun reproche.

Art. 3.

La commerce est entièrement perdu dans toute l'Inde, et il n'est plus possible de le continuer à moins de vouloir se ruiner.

Art. 3.

Nous avons aussy reçu par voie d'Alep des lettres du sieur de Martinville, datées de Bassora des 28 Juin et 8 Septembre derniers, qui nous ont appris que le commerce étoit alors entièrement ruiné, ainsy qu'au Banderabassy, qu'au surplus il avoit lieu d'être

24

content de la réception qu'on luy a faite; c'est ce qu'il vous aura sans doute mandé de même qu'à nous; aussy nous ne nous étendrons pas quant à présent d'avantage sur ce sujet.

Art. 4.

Le caffé a valu cette année à Moka 83 piastres le *bohard*; nous en avons reçu par le vaisseau le *Fidéle* 576.680 livres. Cy inclus l'extrait de la lettre de M. de Martinville au sujet de la vente du caffé de l'Isle Bourbon à Bassora.

Art. 4.

Par d'autres lettres particulières nous avons été informés que les affaires étoient dans une aussy triste situation à Jedda, et à Moka, et que le caffé étoit tombé dans ce dernier endroit de 50 à 55 piastres le *bohard*; c'est ce qui nous détermine, toutes réflexions faites, à révoquer l'ordre que nous vous avons donné, par notre lettre du 31 Octobre dernier, de ne nous en envoyer l'an prochain que 300 milliers, et à vous marquer d'en faire acheter à l'ordinaire, surtout s'il reste à aussy bas prix, 5 à 600 milliers que vous nous enverrez par un des vaisseaux de cette expédition, sauf à nous d'en réserver comme l'année dernière une partie en magasin, si nous ne trouvons pas à propos d'exposer en vente la totalité que nous en aurons.

Quant à celui de l'Isle Bourbon, nous voyons avec peine qu'il n'a aucun débouché à Patna, Bassora et à Jedda, ni dans aucun autre endroit de l'Inde, et qu'ainsy il ne doit plus être question de vous en faire passer.

Art. 5.

Ces employés sont arrivés, nous les avons mis à 800 livres, et aurons attention à ce que la Compagnie

Art. 5.

Indépendamment des six employés que nous vous avons marqué vous envoyer par ces vaisseaux, nous

nous prescrit à leur sujet. vous prévenons que nous vous en enverrons encore trois, qui sont les suivants : Coquet, Moracin et Le Riche. Le premier est l'homme de pratique que nous vous avons promis; il a demeuré longtemps chez le notaire, et est un sujet sage, laborieux et entendu. Les deux autres sont des hommes faits, éprouvés, et bons teneurs de livres; vous pouvez envoyer le premier en cette qualité à Karikal, si vous le jugez à propos, et il s'en acquittera bien. La Compagnie ne fixe ny rang, ny appointements à aucun de ces trois employés, et elle vous laisse la liberté de les placer par rapport à leurs talents, sans cependant faire tort à ceux qui, par leur mérite, sont à portée de parvenir. Nous vous prévenons cependant que leurs appointements ne doivent être moindres que 800 livres, ni au dessus de 900 livres, sauf si vous les chargez de travaux extraordinaires dont ils s'acquitteront à votre satisfaction, à leur accorder de petites gratifications que la Compagnie approuvera.

### Art. 6.	### Art. 6.
Le sieur Pagés a été débarqué à Mahé du vaisseau le *Penthièvre*. Quant aux sieurs Marguery et Bertin, nous n'en avons aucune nouvelle; ce dernier nous seroit bien nécéssaire.	Les sieurs Pagés et Marguery que nous vous avons marqué devoir vous envoyer en qualité d'enseignes, ne s'embarqueront pas. Quant au sieur Bertin de Presles, qui est un excellent sujet et bon artilleur,

nous espérons qu'il vous parviendra par les derniers vaisseaux.

### Art. 7.	### Art. 7.
Nous avons reçu tous ces brevets, et ils ont été	Nous vous remettons cy joint les brevets de lieute-

remis à chacun.

nant pour les sieurs Pierçon et Bailleul, ceux de sous lieutenant pour les sieurs Charpentier et Coquelin, et ceux d'enseigne pour les sieurs Courtin, Villeon de Puillon et Depotost. Vous les leur remettrez et ferez reconnaitre chacun d'eux dans leur qualité. Ce sont les seules promotions auxquelles nous trouvons que les sieurs de Miraillet et de Salvan ont donné lieu, n'étant pas informés des autres changements qui ont pu arriver dans le corps des officiers.

Art. 8.

On fera à ces officiers la retenue des avances que la Compagnie leur a faites.

Art. 8.

Nous vous remettons encore cy-joint le reçu du sieur Voyard de Maison Rouge d'une somme de 400 livres que nous luy avons fait avancer icy, et dont vous luy retiendrez la valeur sur ses appointements, et le reçu du sieur Maragon de 300 livres dont vous luy ferez pareillement la retenue.

Nous n'avons pu jusqu'à présent nous procurer en canonniers et armuriers deux sujets tels que nous le souhaiterions ; si nous pouvons réussir à les trouver incessamment, nous vous les ferons passer par le dernier vaisseau.

Art. 9.

Le sieur Villebague Magon a passé au Bengale suivant les intentions de la Compagnie.

Art. 9.

Nous vous confirmons que la Compagnie souhaitte que vous fassiez passer à Chandernagor sous les ordres de M. Dupleix le sieur Villebague Magon, l'un des employés que nous vous envoyons par les vaisseaux de cette expédition.

Nous vous prévenons que dans les deux états joints à notre lettre du 7 Décembre dernier, de toutte l'artillerie et des munitions de guerre qui existent à Pondichéry, Mahé et Chandernagor, nous avons reconnu quelques erreurs qui seront rèformées dans le duplicata des dits états, savoir :

Dans celuy de Chandernagor, à l'article des grenades, au lieu de deux seulement qui y sont employées, il doit y en avoir quatre pesant ensemble 270 livres, et dans celuy de Pondichéry, l'article des mortiers doit être rectifié dans la forme qui suit :

	1 mortier de fer
Bombes	4 de 12 pouces
1210 de 12 pouces	do. de fonte
	2 de 12 pouces
992 de 7 1/2	1 . . 7 1/2
408 6 1/2	2 . . 6 1/2
695 6	4 . . 6
3305 bombes	Mortiers Grenades à grenades 5929 2 de 4 et de 6 pouces.

ART. 10.

Cy joint la réponse de nos chirurgiens à cet article.

Nous sommes, etc. Signé : Dumas, Le Gou, Dulaurens, Miran, Ingrand, Sigward, Courbezâtre et Bois Rolland.

envoye.

Nous sommes, etc. Signé :

ART. 10.

Nous vous avons envoyé des pilules de Belloste, de celles de Pétit et de celles de Chabert, ainsy que de la poudre fébrifuge de la Jutais. Dites-nous ce que vous pensez des uns et autres et ce que vous souhaitez qu'elle vous en

Les Directeurs de la Compagnie des Indes: d'Hardán-
court, P. Saintard, Le Noir, Castanier et d'Espremenil.
A Lorient, le 22 Janvier 1740. Signé: Duvelaën et Godeheu.

<table>
<tr><td>

RÉPONSE EN APOSTILLE A
LA LETTRE DE LA COMPAGNIE
EN DATE DU 8 FÉVRIER 1740
PAR MESSIEURS DU CONSEIL
DE PONDICHÉRY, EN DATE
DU PREMIER JANVIER
1741.

</td><td>

LETTRE ÉCRITE PAR LA
COMPAGNIE A MESSIEURS
DU CONSEIL SUPÉRIEUR
DE PONDICHÉRY
EN DATE DU
8 FÉVRIER
1740.

</td></tr>
</table>

BUREAU DES LIVRES

<table>
<tr><td>

ART. 1er

Nous avons eu l'hon-
neur de répondre aux notes
des erreurs que Messieurs
ont reconnues dans les dits
livres cotés 2, et les avons
envoyées par le vaisseou
le *Fleury*, en Octobre 1739.

ART. 2.

Nous avons l'honneur de
répondre par la présente
occasion aux notes des
erreurs que Messieurs ont
reconnues dans les livres
de négoce du Fort-Louis

</td><td>

ART. 1er

La Compagnie vous a
remis, Messieurs, avec sa
lettre du 19 Janvier 1739
(qu'elle vous confirme dans
tout son contenu) la note
des erreurs reconnues dans
vos livres cotés 2.

ART. 2.

Vous trouverez cy joint
la note des erreurs recon-
nues dans vos livres cotés
R, et dans vos factures de
retour de 1739, qui sont en
plus grand nombre que

</td></tr>
</table>

de Pondichéry, cotés R, ainsy que dans les factures d'envoy. Il y en a plusieurs qui sont erreurs de copistes. A l'égard des autres nous aurons soin de les relever dans nos livres cotés V de cette année. Nous avons l'honneur d'en donner tous les éclaircissements nécessaires à Messieurs, afin que nos écritures se trouvent d'accord.

ART. 3.

Nous avons répondu à cet article dans les réponses aux notes des erreurs trouvées dans les livres cotés R. C'est pourquoy nous prions, Messieurs, d'avoir la bonté de vous y référer.

A la suitte de cette note est celle de 87 esclaves indiens que vous avez fait charger sur nos vaisseaux pour l'Isle de France, sans prix ny factures, et que vous n'aurez pas non plus portés dans vos livres.

ART. 4.

L'article cy dessus répond au présent article de la lettre de Messieurs.

La Compagnie vous recommande de luy dire en réponse pourquoi vous n'avez pas débité l'Isle de France de ces envoys, comme vous avez coutume de faire dans vos livres des effets que vous chargez pour la dite Isle.

ART. 5.

Nous ne pourrons pas envoyer à Messieurs des copies du journal et grand

La Compagnie a reçu le journal et le grand livre de Mahé coté S, mais vous livre des magasins, du journal de la caisse et de celuy des dépenses du comptoir de Mahé, cotés S, à cause du peu d'employés que nous sommes icy qui ne permet pas d'en tirer de copies. Nous écrirons cependant à Mahé pour qu'on nous en envoye une seconde copie pour être envoyée à la Compagnie. Nous n'avons reçu en Octobre 1739 qu'une copie des livres du dit comptoir, commencés le 6 May 1738 et finis le 15 May 1739,

avez omis de luy envoyer le journal et grand livre du magasin, le journal de la caisse et celuy des dépenses, et aussy les livres de Moka cotés S. Comme tous ces livres luy sont nécessaires, ne manquez pas de les joindre à ceux de votre comptoir que vous avez à luy remettre. Elle mande la même chose au comptoir de Mahé. Elle vous recommande de tenir la main afin que ses ordres soient exécutés.

cotés V. C'est pourquoi Messieurs nous excuseront, s'il leur plait, si nous ne leur en envoyons point de copie cette année. Nous n'avons seulement pas reçu jusqu'à présent la copie des livres de Mahé cotés X. Quant à la copie des livres du comptoir de Moka cotés S, nous avons l'honneur de les envoyer dans la caisse des livres de Pondichéry cotés T. Messieurs trouveront dans la même caisse les copies des livres de Moka cotés X, qui sont dépouillés dans nos livres cotés F.

Art. 6.

Le sieur Ingrand à qui il a été communiqué les articles qui regardent la caisse dans le journal coté R, a vériffié tous les articles l'un après l'autre; sa réponse va cy jointe; nous

Art. 6.

Par la vérification qui a été faite de votre journal de caisse, il a été reconnu qu'il n'y a pas une page sans erreurs ou natures, et la Compagnie ne comprend pas comment le sieur In-

prions Messieurs de vouloir bien s'y référer.

Nous aurons soin par la suitte que les copies du journal de caisse et des dépenses soient mieux écrites. La disette où nous sommes d'employés capables en est bien la cause.

Nous avons l'honneur de répondre article par article à la lettre de la Compagnie concernant les livres cotés R, ainsy qu'à toutes les erreurs y contenues.

Nous avons, etc. Signé : Dumas, Le Gou, Ingrand, Miran, Dulaurens, Signard, Courbezâtre et Bois Rolland.

grand a pu certiffier cette copie conforme à l'original, d'autant que s'il est tel, il est d'une nécessité indispensable que vous fassiez vériffier l'original pour relever les dites erreurs, et aussy d'y apporter vos soins pour les éviter dans la suitte, et encore de recommander au commis qui qui en fera la copie, d'être exact tant pour la copie des articles que pour les chiffres dont la plupart ne sont pas formés ny connaissables. La Compagnie vous recommande de répondre aux dites erreurs et à la présente par une lettre particulière.

Nous sommes, etc. Signé : Le Noir, d'Hardancourt, P. Saintard.

COPIE DE LA LETTRE ÉCRITE PAR MESSIEURS DU
CONSEIL SUPÉRIEUR DE PONDICHÉRY, A
MESSIEURS LES DIRECTEURS DE LA
COMPAGNIE, EN DATE DU 5
JANVIER 1741.

VAISSEAUX ET COMMERCE D'EUROPE

Nous avons eu l'honneur de vous écrire par les vaisseaux le *Maurepas* et le *Lys*, qui ont mis à la voile, le 1er et le 16 Octobre; le dernier avec un chargement de caffé et marchandises de la cote, montant à 84.069 pagodes, et le premier entièrement chargé de marchandises et de poivre, le tout montant à 146.000 pagodes.

Nous avons expédié pour Mahé le vaisseau le *Phœnix*, le 28 Octobre, chargé de 353 balles de marchandises, 71.582 livres de poivre et 97.971 livres de bois rouge, le tout montant à 43.891 pagodes. Ce navire estoit en compagnie des vaisseaux le *Maure* et la *Marie Gertrude* et du brigantin l'*Aventurier*. Nous avons eu avis qu'ils étoient tous bien arrivés à Mahé à la fin de Novembre. La Compagnie aura vu par nos précédentes que tous ces vaisseaux devoient toucher à Coléche sur les terres du Roy de Travancore pour y former un établissement; mais la situation du comptoir de Mahé et la guerre que nous y avons avec Bayanor, nous a déterminés à la veille de leur départ, n'ayant reçu depuis longtemps aucune nouvelle de la cote Malabare, d'abandonner notre premier projet et de les envoyer en droiture à Mahé; c'est avec raison que nous avons pris ce party, cet établissement se trouvant pressé par un grand nombre d'ennemis, et ayant besoin d'être secouru. Nous traiterons ailleurs cette matière.

Nous avons eu avis que le vaisseau le *Penthièvre* étoit arrivé à Mahé le 26 Septembre et qu'il estoit party

pour icy le 6 Octobre. Ce vaisseau n'ayant pu gagner Pondichéry a heureusement attrapé Merguy, d'où il a été de
retour en cette rade le 9 du courant; il nous est impossible de le renvoyer cette mousson.

Le vin que nous avons reçu cette année, tant en barriques qu'en bouteilles, ne valait absolument rien.

La Compagnie doit sentir le tort et le dérangement
que le retardement de ce vaisseau, qui à luy seul a un
fonds de 44.000 marcs d'argent, peut causer à ses affaires. On ne doit pas penser à faire toucher des vaisseaux d'Europe à la cote Malabare, s'ils n'y sont rendus
du 20 au 25 Aoûst, pour en sortir dans les premiers
jours de Septembre, sans quoy ils courroient toujours
risque de manquer Pondichéry. Il y a certaines notions
générales sur le commerce de l'Inde qu'on ne devroit
jamais mettre en oubly.

Le vaisseau le *Comte de Toulouse* a été de retour
d'Achem le 30 Décembre, et a rapporté pour le compte
de la Compagnie 180 chevaux, 20 *bars* de salpêtre, 700
paquets de rotin et diverses marchandises. Nous l'expédions pour France chargé de 1351 balles, 158.386 livres
de poivre, 95.694 livres de bois rouge, 903 paquets de
rotin, montant ensemble à 140.500 pagodes, 3 fanons,
4 caches. Ce n'est pas sans des peines et des inquiétudes inexprimables que nous sommes parvenus à
charger ce vaisseau dans le plus fort des troubles et de
la confusion, environnés d'une armée de Marattes
répandus dans le pays.

CHANDERNAGOR

Un vaisseau portugais venant de Bengale et freté
pour le compte de la Compagnie, nous a porté cette
année les premières expéditions du Conseil de Chandernagor, par lesquelles nous avons appris que le
St. Joseph que ces Messieurs avaient fait descendre le

Gange au commencement du mois dernier, ayant malheureusement touché sur un banc auprès de Bernagor, on avoit été obligé de le décharger. L'on compte cependant qu'il pourra reprendre la mer et venir icy avant la fin de la mousson.

Le vaisseau le *Phœnix* n'étant arrivé icy que le 26 Septembre, et étant trop grand pour le Gange, Messieurs du Conseil de Mahé nous demandant d'ailleurs avec les dernières instances de leur faire passer un vaisseau d'Europe, nous avons cru qu'il estoit plus convenable de l'envoyer à Mahé que de le faire partir pour le Bengale à la my Octobre, saison dangereuse où il risque de manquer son voyage. Mais pour que ce vaisseau put retourner en Europe au commencement de cette année bien chargé, nous avons écrit à Chandernagor de faire passer à Mahé 1200 balles, et nous avons embarqué icy sur ce vaisseau tout ce qui nous a été possible de balles et de poivre. Nous voyons par la lettre du Conseil de Chandernagor à la Compagnie, en date du 11 Novembre 1740, qu'ils veulent insinuer que la demande de ces 1200 balles a dérangé touttes leurs opérations et le plan qu'ils s'étaient formé. Ce paradoxe ne nous a pas paru prouvé. Nous les avions prévenus dès le premier Juin que nous leur ferions passer un troisième vaisseau, les troubles qui régnoient à cette cote nous laissant peu d'espérance d'en tirer des marchandises suffisamment pour charger tous les vaisseaux qui nous estoient destinés. Ils estoient donc prévenus depuis longtemps qu'ils devoient rassembler une troisième cargaison et avoient à prendre des mesures en conséquence. Ce vaisseau n'étant point arrivé à temps pour passer à Bengale, et sa présence étant d'ailleurs nécessaire à Mahé, pouvait-on prendre un autre party que celuy que nous avons pris pour renvoyer à la Compagnie cette année un vaisseau de plus. " Notre intention (c'est Messieurs de Chandernagor qui parlent) étoit d'expédier le plus promptement qu'il auroit été possible le *St. Géran,* et ensuite le *Fulvy,* et de travailler après de touttes nos forces pour faire partir le troisième vaisseau assez à temps pour doubler le Cap de Bonne Espérance." En quoi notre nouvelle opération a t'elle dérangé ce plan ? Le *St. Géran* a quitté le pilote le 27 Novembre, et le *Pondichéry,* le 11 Décembre avec un chargement pour le *Phœnix,* montant à 467.000 roupies. Reste à charger un troisième vaisseau qui est le *Fulvy,* que ces Messieurs espèrent faire partir en saison très convenable. Qu'importe donc à la Compagnie que le vaisseau le *Fulvy,* soit le dernier ou le premier qui mette à la voile ? Sur quoy peuvent tomber tous les commentaires et réflexions que Messieurs du Conseil de Chandernagor font à ce sujet, qui n'ont pour but que de faire désapprouver notre opération par la Compagnie, qui ne peut cependant être susceptible d'aucun reproche, puisqu'elle a été non seulement forcée, mais même très convenable au bien du service.

Messieurs de Chandernagor marquent à la Compagnie, par leur lettre du 11 Novembre, que nous ne leur avons remis que 400.000 roupies au delà des fonds que la Compagnie leur avoit destinés. Nous leur en avons remis encore 200.000 par les vaisseaux le *Neptune* et le *Bon Voyage,* qui leur sont parvenus les 17 et 21 Novembre.

MAHÉ

La Compagnie verra, par la copie de notre correspondance avec le comptoir de Mahé, la situation dans laquelle y sont les affaires et que nous continuons toujours à avoir la guerre avec Bayanor, ce que nous regardons comme un des plus fâcheux événements qui put arriver au commerce de la Compagnie, car outre que nous serons privés, tant qu'elle durera, de la plus

grande partie des poivres que nous retirions chaque
année de cet établissement, elle nous consommera des
fonds considérables et nous épuisera en hommes et
munitions de guerre qu'on ne pourra nous remplacer
de longtemps. Nous sommes très fâchés, dans la situation où nous nous trouvons, que M. Dirois, en suivant
nos instances réitérées, n'ait pu terminer cette guerre
qui nous fait craindre des suittes très fâcheuses par le
nombre d'ennemis que nous avons à combattre. Nous
réitérons nos prières à la Compagnie pour qu'elle se
donne la peine de lire avec attention notre correspondance avec le comptoir de Mahé, et celle de ce comptoir avec les princes du pays. Elle y reconnaitra deux
choses, la première, que nous y avons envoyé des fonds
très considérables dans l'espérance de mettre ce comptoir en état d'acheter de grosses parties de poivre et
d'en avoir toujours les magasins pleins une année d'a-
vance, ainsy que M. Dirois nous l'avoit fait espérer.
C'étoit même dans cette confiance que nous fimes un
effort l'année dernière en y faisant passer 197.000 pagodes, outre 24.000 qui y étoient en espèces et ce qui nous
restoit dû par les marchands à la solde des livres de
1739, ainsy que la Compagnie aura pu le voir par l'état
dressé par notre teneur de livres, le 17 Septembre
1740, et que nous luy avons envoyé en Octobre
dernier.

La seconde chose que la Compagnie doit remarquer,
c'est qu'au lieu d'avoir pu suivre ses intentions en ré-
duisant la garnison de Mahé à une seule compagnie,
ou même en la conservant à deux, qui ne faisoit que
252 hommes suivant l'état arrêté à Paris le 30 Octobre
1736, nous y avons toujours eu 4 à 500 hommes, et
qu'il doit y en avoir actuellement au moyen du détachement que nous y avons envoyé par le *Phœnix* et le
Maure 530, non compris 200 soldats cypayes pris au
service, et dont on est très content.

Quelques suittes que puisse avoir cette guerre, nous craignons qu'elle n'indispose Bayanor et les gens de son pays contre nous, de façon que nous ne puissions de longtemps regagner sa confiance, que cette situation nous mettra dans la nécessité de nous y tenir sur nos gardes et d'eutretenir toujours une forte garnison, que les Anglais trouveront peut-être quelque occasion favorable de profitter des mauvaises dispositions des gens du pays contre nous et de nous faire essuyer à Mahé quelque catastrophe fàcheuse. Il ne nous restoit à Pondichéry au 31 Décembre dernier que 350 blancs, y compris les sergents et caporaux, sur lesquels il faut toujours déduire 30 à 40 malades à l'hopital, autant d'éclopés ou gens ruinés, hors d'état de soutenir aucune fatigue.

La garnison de Chandernagor n'est pas complète; celle de Karical n'est plus que de 117 soldats blancs. La Compagnie doit songer sérieusement à nous faire passer de fortes recrues de soldats un peu choisis, valant mieux que ceux des dernières dans lesquelles il y en avoit plusieurs hors d'état de porter le fusil. Il nous semble qu'il conviendroit de donner en France un plus fort engagement pour avoir de bons hommes à la place de petits ragotins malingreux qui ne coûtent pas moins de paye et d'entretien que les autres, et qui restent à la charge de la Compagnie pendant nombre d'années sans pouvoir en tirer à l'occasion le moindre service.

La Compagnie verra que, par notre délibération du 13 Septembre 1740, nous avons acheté 700 *bars* de poivre à Négapatam: cette partie suppléera à ce qu'il nous en a manqué du coté de Mahé, et il nous en reste en magasin 869 *bars* après l'expédition du *Comte de Toulouse*.

Messieurs de Bengale nous ayant écrit qu'en conséquence de nos ordres ils avoient expédié, le 11 Décembre, le vaisseau le *Pondichéry*, avec 1100 balles, montant à 467.609 roupies, nous espérons que le vaisseau le *Phœnix*, pourra partir de Mahé dans tout le courant de ce mois, bien chargé.

ARTICLE DU SIEUR BUNEL.

Le désordre dans lequel étoient les comptes du sieur Bunel ne luy ayant pas permis de les terminer ley, nous avons été obligés de le renvoyer à Mahé par le vaisseau le *Pondichéry*, en Février 1740. Après bien de travail et de vérifications, il s'est trouvé diverses sommes que les marchands ont déclaré avoir reçues, et dont M. Bunel ne les avoit pas débités; leurs comptes en ont été chargés, et le sieur Bunel crédité. Il s'en est trouvé d'autres portées au débit de ces marchands et qu'ils soutiennent n'avoir pas reçues. Celles dont le sieur Bunel n'a pu fournir de pièces justificatives de payement ont été rayées du débit des marchands et portées au débit du Sr. Bunel. La Compagnie trouvera cy-joint cinq pièces concernant cette affaire; elle aura agréable de faire attention au compte en Débit et Crédit des dites erreurs; elle y remarquera que dans le dit compte, sous la cote B, il paroit que le sieur Bunel, ayant été très peu exact à écrire jour par jour et sur le champ les payements qu'il faisait, pressé de rendre ses comptes à l'arrivée de M. Dirois, aura porté au débit d'un marchand ce qui devoit être porté au débit d'un autre, puisque les quatre sommes dont il a mal à propos débité certains marchands, sont les mêmes qu'il a omis de porter au débit de quelques autres et qui ont déclaré les avoir reçues. Nous vous référons au surplus à ce que nous avons marqué à ce sujet par notre lettre du 15 Février 1740.

AFFAIRES DU PAYS.

Nous avons eu l'honneur de vous informer par notre lettre du premier Octobre dernier des révolutions que les Marattes ont causées dans le pays depuis le mois de May, et qu'au moyen de l'exécution du traitté qu'ils avoient fait avec le Nabab Sabderalykan, ils devoient s'en retourner dans leur pays. Le bruit courait alors que ces peuples (appelés par les gens du pays *Ganimers* qui veut dire voleurs) avoient intention après l'hiver de repasser les montagnes et de descendre dans le plat pays qui est le long de la mer, pour le piller et le mettre à contribution. Nous eumes avis à la fin de Novembre que la grande armée des Marattes, composée de 60 000 chevaux et d'une multitude de pions ou fantassins, descendoient les montagnes, après avoir pillé et mis à contribution touttes les maisons, et qu'elle avoit fait divers détachements pour aller du coté du Nord et dans le Sud d'Arcatte. Cette nouvelle mit de nouveau l'alarme dans tout le pays; les villages et les campagnes furent abandonnés et chacun chercha à mettre sa vie et ses biens à couvert et à se retirer dans les places fermées. Nous discontinuâmes à fournir de l'argent aux marchands, qui nous avoient déclaré dès les premières nouvelles de l'approche des Mahrattes, en Mars 1740, qu'ils n'étoient pas en état de nous répondre des fonds qu'il leur falloit distribuer de tous les côtés dans les terres pour rassembler des marchandises, qu'ils étoient déterminés à n'en point envoyer, à moins que nous ne nous obligions de leur tenir compte des pertes et dommages que les pillages des Marattes pourroient leur causer; c'est à quoi nous fumes obligés de souscrire pour tâcher d'avoir des marchandises de quoi charger quelques uns de vos vaisseaux. Nous primes cependant touttes les précautions que la prudence put nous suggérer en n'envoyant que très peu d'argent dans les endroits qui étoient les plus exposés, et peu dans d'autres, ayant soin de n'en faire fournir qu'au fur et à mesure qu'on en retiroit quelques marchandises et qu'il falloit recevoir sans hésiter du tisserand telle qu'il luy plaisait de la fabriquer. Il y a eu même des endroits où il n'a pas été possible de faire fabriquer une seule pièce de marchandise, les villages étant entièrement déserts et abandonnés. La Compagnie peut juger si dans de pareilles circonstances, il est possible de faire du commerce et de risquer dans les terres l'argent nécessaire pour avoir de fortes cargaisons et bien assorties.

Nous eûmes avis au commencement de Décembre qu'un détachement de l'armée des Marattes de 4 à 5000 chevaux avoit investi la forteresse de Gingy, à une journée d'icy, et un autre détachement de 2 à 3000, celle de Vandavassy. L'approche de ces troupes si près de nous, nous obligea de prendre touttes les précautions qui ont dépendu de nous. Pour éviter toutte surprise et pour nous déffendre en cas d'attaque, nous fîmes faire des retranchements et épaulements avec un fossé fraisé partout d'une grande quantité d'épines, vis à vis les portes Madras, Valdaour et Villenour; celle de Goudelour fut entièrement murée comme étant trop faible et hors de déffense; la garnison fut dispersée dans les postes autour de la ville, et la garde du Fort Louis fut confiée aux employés et bourgeois; tout commerce et écritures furent par conséquent suspendus.

Nous apprimes le 15 Décembre que les Marattes avoient pillé et brulé Cangyvaram, Tirounamalé, les environs de Gingy et de Vandavassy et quantité de bourgs et villages, estant les maitres de la campagne et de tous les endroits ouverts, les Maures se tenant renfermés dans leurs forteresses sans oser en sortir, ni mettre le moindre détachement dehors.

Le 25 Décembre, jour de Noël, à une heure de l'après midi, les Marattes au nombre de 3000 chevaux, tombèrent sur la ville de Portonove qu'ils ont entièrement pillée; après avoir forcé la loge des Hollandais et notre maison, ils en ont emporté tout ce qu'ils y ont trouvé; nous avons perdu 3901 pagodes de marchandises suivant l'état cy joint. Heureusement que nous avions dans la rivière de Portonove le bot le *Yanaon* auquel nous donnâmes ordre de mettre en mer, aussitôt que nous eûmes nouvelle de l'approche des Marattes. Ce bot ne put sortir en pleine mer qu'à la nouvelle lune de Décembre qui fut le 19; on y avait embarqué aussitôt touttes nos marchandises bleues qui se trouvèrent prêtes et en état, au nombre de 130 balles, et si les Marattes avaient tardé trois à quatre jours de plus, la Compagnie n'y auroit rien perdu. Tous les employés de la Compagnie de Hollande, des deux sexes, au nombre de neuf personnes, qui étoient dans leur loge, ont été pris prisonniers et ensuite rançonnés, et quelques uns ont été dangereusement blessés. Quelques maraudeurs Marattes se répandirent de nos côtés, et mirent l'épouvante dans nos aldées; ils n'y ont cependant fait aucun dégât ni dommage, et se sont contentés de voler ceux qu'ils ont rencontrés par les chemins et de leur donner quelques coups de sabre, même à des femmes, que nous avons fait panser par nos chirurgiens.

Aussitôt que nous eûmes avis de l'approche de ces voleurs qu'on disait au nombre de plus de trois cents, nous fimes sortir un détachement pour leur donner la chasse, composé de trente cinq français commandés par M. Cossigny avec cinquante pions armés de fusils et de bayonnettes et commandés par le Naïnard ou grand prévost. La femme du Nabab Sabderalikan, qui est toujours à Pondichéry, ordonna à son *Gémidar* ou capitaine des gardes de sortir aussy avec cinquante ou soixante cavaliers pour se joindre à notre détachement qui battit inutilement touttes nos aldées et les environs sans rencontrer aucun party des Marattes qui s'étoient éloignés après avoir fait quelque butin.

Il est étonnant de voir la terreur que le nom de Marattes répand dans ce pays; un seul cavalier de cette nation fait fuir mille malabars. Il est quasi impossible depuis quelque temps d'avoir des avis certains de leur route, ne trouvant personne qui, à quelque prix que ce soit, veuille se mettre aux champs et nous servir d'espions. Les Marattes qui étoient à Gingy et Vandavassy ont gagné du côté du sud, et ils vont, dit-on, avec le reste de l'armée à Trichinopoly qu'ils ont dessein de prendre et de mettre un autre prince sur le trône de Tanjaour. Les généraux de l'armée des Marattes ont écrit à M. Golard de le recevoir dans Karical jusqu'à l'arrivée de toutte leur armée. Monsieur le Gouverneur leur a fait répondre que Karical était encore un endroit nouvellement établi, peu en état de loger et recevoir le prince qu'ils veulent établir sur le trône de Tanjaour, et qu'il convenoit mieux de l'envoyer à Pondichéry où il seroit mieux et plus en sureté. Nous n'avons pas cru pouvoir absolument refuser ces généraux qui nous ont fait cette demande fort civilement, et à la tête d'une armée formidable. Nous ignorons encore le party qu'ils prendront ni de quelle façon tout ceci finira. Il est facile à la Compagnie de juger dans quelle situation nous nous trouvons, les fatigues et les inquiétudes qu'elle doit nous causer, ayant le Fort Louis avec cinq bastions à garder, et autour de la ville cinq portes, dix-sept fortins ou postes et une enceinte de 3000 toises de mur à déffendre, non compris le bord de la mer qui est entièrement ouvert, avec 350 soldats blancs et 220 misérables topas. Il ne nous restoit par inventaire au mois de Juin dernier que 1761 fusils grenadiers neufs, cette quantité ne seroit pas à beaucoup près suffisante, si nous avons un siège à soutenir.

La Compagnie trouvera cy joint un cahier contenant la copie de diverses lettres écrites à Monsieur le Gouverneur par le Nabab Sabderalikan, Ismansaëb et autres; ce dernier a eu le gouvernement de Mazulipatam et les terres qui en dépendent, ce qui favorisera beaucoup le commerce de la Compagnie dans ces quartiers.

Si le fossé commencé autour de la ville étoit une fois achevé, cela la rendroit bien plus forte et plus saine, puisque l'on peut dire avec vérité que le terrain qui est à l'ouest du fort est un cloaque où se viennent rendre touttes les eaux des environs, et que la mer à qui on a laissé une ouverture par le pont de la petite batterie au sud de la ville, y entre dans les grandes marées, et lorsqu'elle est grosse, et ensuite, en se retirant, laisse quantité de vase et d'ordures, qui, échauffées par le soleil, rend une odeur insupportable. Le fossé remédiera à tous ces inconvénients; les eaux qui viennent de dehors passeront autour de la ville. Par ce moyen on pourra boucher les ouvertures qu'on avait été obligé de laisser aux murs de la ville pour leur écoulement. Les terres que l'on retirera du fossé serviront à relever et remplir le terrain bas qui se trouve à l'ouest du fort et le long des Jésuites, ce qui donnera de beaux emplacements pour y bâtir; on a même commencé, il y en a déja deux qui seront bientot achevés.

Nous avons été dans la nécessité de prendre 200 pions d'augmentation tant pour garder les limites que pour battre la campagne, et aller à la découverte de côté et d'autre, afin d'éviter les surprises qui sont beaucoup plus à craindre que des attaques prévues. Pour que touttes ces dépenses extraordinaires ne fussent pas totalement à la charge de la Compagnie, nous sommes convenus de mettre une taxe par tête tant sur les habitants de Pondichéry que sur les étrangers qui s'y sont retirés pour mettre à couvert leur vie et leurs biens. Les artisans et le menu peuple n'ont rien payé; et cette taxe s'est levée en huit jours sans que personne ait murmuré, chacun se trouvant trop heureux d'avoir trouvé dans Pondichéry un asile assuré dans lequel ils ont conservé leur vie, leurs biens et leurs familles, pendant que

ceux qui sont restés dehors ont été pour la plupart
entièrement ruinés. Cette imposition a monté à 8.447
pagodes qui ont été versées dans la caisse du fossé.
La Compagnie trouvera cy joint l'état des marchandises
qu'elle a perdues dans tous ces troubles, et qui ont été
pillées dans diverses aldées.

TROUPES et ARTILLERIE

La Compagnie verra par notre état de revue cy
joint qu'il ne nous restoit au 31 Décembre dernier que
350 hommes dont il faut toujours compter trente à
quarante à l'hôpital, et près de soixante hors d'état de
soutenir aucune fatigue, étant épuisés par la vieillesse
ou par la débauche. Pour bien juger de notre état et
de ce que nous pourrions, si nous étions attaqués, il
faut se faire représenter le plan de Pondichéry, et voir
outre la citadelle le nombre de portes et de postes que
nous sommes obligés de garder, ensuite faire la distribution de la garnison pour monter la garde de deux
jours l'un dans chaque poste. On connaitra pour lors
qu'il n'y en a pas un seul qui soit en état de se deffendre,
ni même de se servir de l'artillerie qu'il y a dans chacun
d'eux. Dans des temps aussi critiques que ceux où nous
sommes, il convient de nous envoyer de fortes recrues.

Le sieur Dupuy, capitaine, et le sieur Delavergne
sont morts à Bengale dans le courant de l'année dernière.

PÉGOU

Le grand vaisseau neuf, nommé le *Fleury*, que nous
avons fait construire au Pégou sous la conduite du sieur
Puel, et qui en étoit sorti au mois d'Avril 1740 pour se
rendre icy, n'ayant pu gagner cette côte, a relâché à
Merguy d'où il est retourné au Pégou au mois de
Décembre; il en est ensuite reparty le 25 Décembre et

a mouillé en cette rade le 8 du courant. Ce vaisseau est fort et bien bâti, on l'estime du port de 700 tonneaux, il a cent. dix pieds de long portant sur terre, quinze pieds de creux de planche à planche, trente quatre pieds 1/2 de baux. (large?) Il reviendra à la Compagnie environ 16.000 pagodes, ce qui est un prix exorbitant; les comptes n'ont pas été encore arrêtés. Il ne faut plus penser à faire construire des bâtiments au Pégou où il est arrivé une révolution considérable l'année dernière, les peuples s'étant révoltés contre le Roy et le Gouvernement de Siriam dont les principaux ont été égorgés. Il n'y a plus moyen de faire pour le présent aucun commerce dans ce pays.

BASSORA et BANDERABASSY

La Compagnie verra, par les copies cy jointes des lettres de M. de Martinville et de M. Beaumont, dans quel état sont les entreprises qu'elle avait projetées de faire dans ces quartiers là, et surtout dans celui de Banderabassy, et ce qu'elle a lieu d'en espérer.

M. Oter, qui, par le séjour qu'il a fait pendant plusieurs années dans toutte la Perse, s'est mis au fait de sa situation et de l'esprit de son Gouvernement, nous parait du sentiment de ne point songer, du moins pour quelque temps, à former aucun établissement dans aucune partie de la Perse. C'est à la Compagnie à y faire ses réflexions et à nous donner des ordres en conséquence, ce que nous vous prions de faire par le première occasion.

Nous devons faire faire attention à la Compagnie aux bons témoignages qu'elle verra que Messieurs de Martinville et Beaumont nous rendent des services que leur rend M. Otter. Nous luy avons fait faire l'année passée par M. de Martinville un présent de 150 pagodes au nom de la Compagnie; nous pensons qu'elle doit aussy de

son côté luy écrire pour luy en témoigner sa reconnaissance.

BATIMENTS et FORTIFICATIONS

Nous avons marqué à la Compagnie par notre réponse
en apostille à sa lettre du 13 Février 1740, que nous
avions travaillé dans le courant de l'année à achever les
plateformes et les murs des bastions autour de la ville.
Comme nos soldats tomboient malades en quantité,
étant sur ces petits bastions exposés aux injures du temps,
sans aucun abri pour le soleil et la pluie, nous avons
été obligés de faire construire sur chacun d'eux de
petits corps de garde; par ce moyen nos postes se
trouvent bien mieux gardés, chacun étant jour et nuit
à son poste, et prêt à prendre les armes pour repousser
l'ennemi.

ILES de FRANCE et de BOURBON

Le vaisseau le *St. Benoist*, entièrement chargé, a mis
à la voile pour les Iles le 24 Octobre. Nous avons remis
à la Compagnie une facture de son chargement.

Le *Cheval Marin* a été expédié de Bengale le 17
Novembre avec un chargement montant à 6.143 roupies.
Nous comptons faire passer sous peu pour ces îles un
vaisseau de 500 tonneaux, chargé de tout ce que nous
pourrons rassembler de marchandises et provisions.

Nous avons écrit fortement à Messieurs de l'Ile de
France pour leur demander quelques secours; cy joint
copie de notre lettre; nous pensons qu'ils ne puissent
refuser de nous aider dans la situation où nous nous
trouvons.

MOKA

Nous avons marqué à la Compagnie, par notre lettre
du 30 Septembre dernier, qu'il n'y auroit point d'armé-

ment particulier pour Moka, les négociants de cette colonie étant entièrement dégoutés de ce commerce qui est totalement tombé depuis six ans.

La Compagnie aura vu, par notre délibération du 31 Aoûst, que nous avions frèté pour un an le vaisseau, le *Maure*, pour la somme de 1.500 pagodes, qui a fait le voyage de Yanaon ; nous l'avons envoyé à son retour à la côte Malabare, chargé de divers effets pour ce comptoir. Il a été destiné pour faire cette année, pour le compte de la Compagnie, le voyage de Moka avec une cargaison de denrées et marchandises de la côte Malabare, conformément à notre délibération du 2 Octobre.

Nous avons fait passer à Mahé le sieur de Courbezatre et le sieur Denis, qui s'embarqueront sur le *Maure* pour aller à Moka y faire l'achat de la part de caffé que la Compagnie demande. Cy joint copie des instructions que nous leur avons données. La situation des affaires à cette côte nous faisant craindre de ne pouvoir rassembler suffisamment de marchandises pour charger les vaisseaux que nous aurons à renvoyer au mois d'Octobre prochain, nous avons donné ordre au sieur de Courbezatre de pousser les achats de caffé jusqu'à 600 milliers, supposé qu'il ne soit point au dessus du prix de 70 piastres le *bohard* de Betelfaguy.

AFFAIRES GÉNÉRALES

Nous prions la Compagnie de déffendre aux capitaines de ses vaisseaux de nous demander (excepté dans les cas extraordinaires) aucun supplément d'armement, comme toile à voile, cordages, remèdes, etc. dont ils doivent être en partant de France suffisamment pourvus pour tout le voyage. Nous avons beau leur représenter que nos magasins ne sont pas suffisamment garnis de touttes ces choses pour en fournir aux vaisseaux d'Europe, qu'ils devroient nous en laisser, bien loin de nous enlever le

peu que nous en avons, ils ne cessent de nous persécu-
ter jusqu'à ce que nous leur en ayons accordé une partie de leurs demandes, sans quoi, disent-ils, il leur est
impossible de faire leur retour en Europe.

M. Pillavoine, notre teneur de livres, dont les fréquens
écarts ne laissent pas de nous causer beaucoup de peine
et à tous ceux qui travaillent dans son bureau, a jugé
à propos, de son autorité privée et sans nous en
informer, de solder par la Compagnie le compte de la
succession du sieur Miraillet pour solde duquel la
Compagnie devoit 500 pagodes, 17 fanons, trois caches
à cette succession, pendant qu'il y a des créanciers
aux Indes à qui il a fallu les rembourser. Nous
craignons que la Compagnie n'ait payé une deuxième
fois cette somme en France aux dits héritiers du sieur
Miraillet, s'en trouvant créditée dans les livres. Si cela
étoit, nous pensons que le sieur Pillavoine doit en
rembourser la Compagnie, sanf son recours contre les
dits héritiers, ne luy étant pas permis sans ordre de
transporter ainsy une succession en France au préjudice des légitimes créanciers qui sont aux Indes, et
qui, suivant les apparences, ne luy sont pas inconnus.

La femme et la mère du Nabab Sabderalikan se sont
retirées de Pondichéry le 16 du courant après y être
restées sept mois vingt six jours. Il n'y est resté que
la femme de Sandersaeb, Nabab de Trichinopoly, qui
est actuellement en guerre avec les Marattes. Il y a
beaucoup d'apparence que ces peuples ne cherchant
que de l'argent et du pillage, les villes le long de la
mer ayant la réputation d'avoir servi de retraites à
touttes les richesses de la contrée, viendront voir ce qu'ils
pourront en arracher. Les Anglais à Madras et au
Fort St. David paraissent à ce sujet dans de grandes
inquiétudes.

La Compagnie trouvera cy joint la suitte de nos
délibérations depuis le 20 Octobre jusqu'au 20 Janvier.

Elle verra par celle du 8 Décembre que nous avons été obligés de traitter en pagodes Madras pour les mouchoirs de Pallicatte, les pagodes courantes de la province d'Arcatte perdant 22 à 23 % dans le prix d'icy.

Il vient de nous arriver de Karical un batiment avec 115 balles de marchandises. Nous n'avons pu embarquer sur le *Comte de Toulouse* que les tarlatanes et les mouchoirs ; ces deux qualités de marchandises nous ont paru assez bonnes. Il a été embarqué sur le même vaisseau une caisse de la graine appelée *saran coté* ou autrememt *bibasse*, demandée par M. Fagon ; cy joint un mémoire à ce sujet.

Nous avons remis au Père Thomas le paquet à son adresse que vous nous recommandiez par votre lettre du 31 Octobre ; cy joint copie de son reçu.

L'affaire du sieur Caire avec le sieur Dessaudrais le Roux, n'ayant point été poursuivie faute de preuves, nous avons fait délivrer au sieur Boyelleau, procureur des héritiers de ce dernier, les sommes provenant de la succession qui étoient en dépôt à la caisse du greffe, sur lesquelles il a rempli le grand port permis du dit sieur Dessaudrais, en qualité de 2ème enseigne sur le vaisseau le *Phœnix*, en 1738.

Nous avons envoyé à l'Isle de France par le *St. Benoist* les huit esclaves indiens que la Compagnie, par sa lettre du 27 Février dernier, nous a demandé d'y envoyer pour le compte des mineurs Deforges du deuxième lit.

Nous avons tiré sur la Compagnie à deux mois de vue, par première, deuxième et troisième, les lettres de change suivantes, aux quelles nous vous prions de faire honneur, savoir : une, le 2 Décembre 1740 à l'ordre de M. de Saintard de 56 marcs, 5 onces, 1/4 gros, valeur reçue du sieur Cayrefourg ; une le 4 du courant à

l'ordre de dame Hélene Ternoy, veuve Duchemin, de
St Malo, de 520 marcs, 4 onces 11 gros, valeur reçue
du sieur Olivier Ferdinand Cotterel ; une, le 6 de ce
mois à l'ordre de M. Dumont secrétaire de la Compagnie, de 104 marcs, 1 once 25/8 gros, valeur reçue du
sieur Boyelleau ; une, du même jour à l'ordre du sieur
Boyelleau, de 48 marcs, 3 onces, 4 gros, valeur reçue
du dit sieur Boyelleau.

Nous prions la Compagnie de recommander à Lorient qu'on ait un peu plus d'attention pour les remèdes que l'on nous envoyera, que l'on n'en a eu pour
ceux de cette année. Nous ne sommes pas à lieu de
nous les remplacer dans ce pays, lorsque ceux qui
nous viennent de France nous arrivent avariés ou de
mauvaise qualité. Il faut faire attention de les mettre
dans des caisses plus fortes et dont les rayons soient
de planches plus épaisses pour pouvoir supporter le
poids dont on les charge, et résister aux secousses
qu'on leur donne en les remuant. Nous avons trouvé
dans les caisses que nous avons reçues cette année
quantité de pots et flacons cassés par cette inattention.
Il faudroit aussy mettre tous les esprits acides et vola-
tils dans de petits coffrets à part pour prévenir les
inconvénients qui peuvent arriver lorsqu'ils en viennent
à se casser et qu'ils se trouvent avec d'autres remèdes.
Ces esprits devroient être dans des flacons de cristal
fort épais et bien bouchés pour empêcher qu'ils ne
s'évaporent par le bouchon, comme il arrive souvent.
L'or fulminant que nous avons reçu cette année nous
paroit d'un prix exorbitant ; nous croyons qu'il y a
erreur sur les factures.

La Compagnie trouvera dans la boite de ses expéditions un paquet à l'adresse du sieur Alvarés de Chavi-
gny, contenant des petits rubis estimés cent pagodes
que nous vous prions de luy faire remettre.

Cy joint, à l'ordinaire, les procès verbaux des ventes et l'état des fonds des Français décédés en cette ville, qui ont été remis à la caisse de la Compagnie. Vous y trouverez aussy l'état de ceux qui n'ont rien laissé et qui ont disposé de leurs effets.

Le sieur Dupuy, capitaine des troupes, mort à Bengale en Novembre dernier, n'ayant laissé aucun bien, sa veuve nous a présenté une requête dont cy joint copie, pour nous demander une subsistance ; nous prions la Compagnie d'en décider.

Cy joint un supplément à notre état de demandes que nous vous avons remis par le *Maurepas*, en Octobre dernier ; nous vous prions de donner vos ordres pour qu'on nous envoie tous ces effets qui nous sont absolument nécessaires.

Nous sommes, etc. Signé : Dumas. Le Gou, Dulaurens, Miran, Ingrand, Signaurd, Courbezatre et Bois Rolland.

Copie de la lettre écrite a la Compagnie par Messieurs du Conseil supérieur de Pondichéry, en date du 12 Janvier 1741.

Messieurs,

Nous avons marqué à la Compagnie, par touttes nos lettres, que nous luy expédions le vaisseau le *Comte de Toulouse*. La situation critique où se trouve la ville de Pondichéry par rapport aux Marattes, et les avis que l'on nous a donnés de divers endroits que leur intention étoit de venir assiéger Pondichéry et Madras, avoient engagé le Conseil sur les représentations des principaux de la ville, tant ecclésiastiques que séculiers, à proposer à M. le Gouverneur de garder le *Penthièvre* et le *Comte de Toulouse* jusqu'au mois d'Octobre prochain, pour en tirer l'équipage et renforcer notre garnison qui est peu en état de servir, ce à quoi M. le Gouverneur avoit toujours refusé de consentir dans la crainte que le retardement de ces deux vaisseaux ne cause un préjudice considérable à la Compagnie. Cependant la retraite de la famille du Nabab et de quantité de seigneurs maures et de marchands gentils, qui sont sortis de la ville depuis quinze jours dans la crainte de s'y trouver renfermés par l'armée de Marattes, a jeté une alarme générale dans tout Pondichéry, ce qui nous engage à faire de nouveau par écrit les représentations dont la Compagnie trouvera cy joint copie, et en considération desquelles nous nous sommes déterminés à retenir icy une partie de l'équipage du *Comte de Toulouse*, que nous avons remplacé par 101 bons lascars avec trois officiers qui savent commander la manœuvre en langue maure. La Compagnie trouvera cy joint la copie de la lettre que nous écrivons à ce sujet à Messieurs du Conseil de l'Isle de France. Nous espérons d'une façon ou d'une autre que la cargaison du *Comte de Toulouse* parviendra cette année à la Compagnie, soit en la versant dans un des vaisseaux qui étoient destinés pour retourner en France, chargés de caffé, soit même en la partageant sur les autres vaisseaux, et principalement sur le *Phœnix* qui n'a que 1453 balles, et qu'il en peut charger 18 à 1900. Nous n'avons au surplus pris ce party qu'à la dernière extrémité et pour la conservation de la place qui est en danger d'être attaquée par une armée formidable.

Nous sommes, etc. Signé : Dumas, Le Gou, Dulaurens, Ingrand, Miran, Signard, Courbezatre et Bois Rolland.

Copie de la lettre écrite a Mrs. les Directeurs Généraux par Mrs. du Conseil Supérieur de Pondichéry, en date du 25 Janvier 1741.

Messieurs,

M. Dumas vient de recevoir une lettre du général des Marattes, dont la Compagnie trouvera cy inclus la traduction avec la réponse en marge. Il nous demande 400.000 roupies et un tribut que nous devons leur payer annuellement, disent-ils, et auquel nous n'avons pas satisfait, depuis quarante années que les princes gentils ont donné Pondichéry aux Français à cette condition. Ces prétentions sont chimériques et sans aucun fondement ; nous nous préparons donc à les recevoir de notre mieux lorsqu'ila viendront nous attaquer.

M. Dumas, ayant arrêté quelques lettres qui étoient pour un brahme, ancien habitant de cette ville, nommé Vital Naganadou, on a découvert que le fils de cet homme qui est de l'armée des Marattes, travaillait de touttes ses forces pour les engager à venir attaquer Goudelour, Pondichéry et Madras, les flattant d'en tirer des sommes considérables. M. le Gouverneur a fait aussitôt arrêter ce Naganadou, et étoit dans l'intention de le faire pendre pour servir d'exemple et intimider les traitres qui peuvent être dans la place ; mais, le Conseil, considérant que le Général des Marattes nous désigne ce Vital pour son *vakil* ou agent, qu'il le traite d'ancien serviteur du roy, son ministre, nous avons cru devoir différer à le condamner au châtiment qu'il mérite pour ne point irriter les généraux Marattes contre nous, et voir auparavant quelle sera la suite de tout ceci.

La situation où nous nous trouvons et la guerre de Mahé nous ont fait penser qu'il conviendroit que la Compagnie armàt en 1742 deux on trois de ses vaisseaux en guerre pour remédier aux accidents qui pourroient arriver, et en imposer eu même temps aux Anglais, aux Hollandais et aux gens du pays. Si ces vaisseaux nous étoient inutiles, nous les renverrions chargés de poivre et de marchandises. C'est à la Compagnie à y faire réflexion et décider ce qu'elle jugera à propos.

Nous sommes, etc. Signé : Dumas, Le Gou, Dulaurens, Ingrand, Miran, Signard, Courbezatre et Bois Rolland.

———

INVENTAIRE de la boite des expéditions du Conseil supérieur de Pondichéry à Messieurs les Directeurs Généraux, par le vaisseau le *Comte de Toulouse*.

Nº. 1 Réponse du Conseil du premier Janvier 1741, en apostille à la lettre du 20 Février 1740.

2 Réponse du Conseil en apostille à la requête du Père Brisson, Jésuite.

3 Mémoire présenté au Conseil par le supérieur des Jésuites de Pondichéry.

4 Réponse du Conseil du premier Janvier 1741, en apostille aux lettres de la Compagnie des 13 Février 1740, 7 Décembre 14 Novembre 1739 et 18 Janvier 1740.

5 Procês verbal d'ouillage des vins de Xérès venus par le *Phœnix*.

6 do. do. du vin en caisse

7 do. do. des draps avariés venus par le dit vaisseau.

8 do. do. d'ouillage des vins venus par le *Comte de Toulouse*.

9 Procès-verbal d'ouillage des vins de ceux venus
par le *Lys*.

10 Etat des farines et biscuits fournis depuis
deux ans aux vaisseaux d'Europe.

11 Une liasse contenant douze pièces concernant
l'armement du vaisseau le *Cantorbéry*.

12 Une liasse contenant ouze pièces concernant
l'armement du vaisseau le *Petit Soukourama*, aux Manilles en 1740.

13 Une liasse contenant sept pièces concernant
l'armement du vaisseau le *St. Pierre*,
voyage de Chine en 1740.

14 Une liasse contenant quinze pièces concernant
l'armement du vaisseau le *Nancy*, pour le
voyage d'Achem en 1740.

15 Compte de la seconde répartition de l'armement du vaisseau le *Maure*, pour Moka
en 1739.

16 Deux pièces concernant l'armement du vaisseau
No. a Sra de San, voyage de Manille en
1738.

17 Deux pièces concernant l'armement du vaisseau *l'Entreprenant*, pour Bassora, en 1737.

18 Etat des soldats morts a Pondichéry en 1740.

19 Décision de M. Marquaisac du 20 Septembre
1738 au sujet de Mrs. Miraillet et Salvan.

20 Copie de la lettre de M. Porcher du 20 Octobre
1738 avec la réponse de M. de Lollière, et
du Père Dominique, 2 pièces.

21 Etat des soldats envoyés à Mahé par le *Phœnix*
et le *Maure*, qui y sont débarqués le 24 Novembre 1740.

22 Etat général des revenus de Karical et de ses
dépendances.

23 Traitté fait avec Mrs. du Conseil de Négapa-

A Pondichéry, le 25 Janvier 1741.

COPIE DE LA LETTRE ÉCRITE A MRS LES
DIRECTEURS DÉPUTÉS POUR LA VENTE A LORIENT
PAR MRS. DU CONSEIL SUPÉRIEUR DE
PONDICHÉRY, EN DATE DU 15 JANVIER 1741.

Messieurs,

Cy joint nos réponses en apostille à la lettre que
vous nous avez fait l'honneur de nous écrire le 13
Novembre 1739, auxquelles nous n'avons rien à ajouter
que pour vous assurer que nous faisons toujours tout
ce qui dépend de nous pour vous satisfaire ainsi que la
Compagnie, mais souvent il se présente des obstacles
imprévus et invincibles qui dérangent toutes nos mesures. Telle est la situation où se trouvent aujourd'hui les
affaires et dont nous rendons un compte exact à la
Compagnie, auquel vous nous permettrez de nous
référer.

Cy joint la facture générale du vaisseau le *Comte
de Toulouse* consistant en 1351 balles, 158.586 livres
de poivre, 95.694 livres de bois rouge et 903 paquets
de rotin, montant ensemble à 140.500 pagodes, 3 fanons,
4 caches.

Cy joint encore la facture de 353 balles de marchandises de la côte, 97.971 livres de bois rouge et de
71.582 livres de poivre, montant à 43.891 pagodes, que
nous avons chargées sur le *Phœnix*, avant de l'expédier
pour Mahé.

Nous sommes, etc. Signé : Dumas, etc.

RÉPONSE EN APOSTILLE A LA LETTRE DE MRS. LES DIRECTEURS DÉPUTÉS POUR LA VENTE A LORIENT, EN DATE DU 13 NOVEMBRE 1739, PAR MRS. DU CONSEIL SUPÉRIEUR DE PONDICHÉ, LE 25 JANVIER 1741.

LETTRE ÉCRITE PAR MRS. LES DIRECTEURS DÉPUTÉS POUR LA VENTE A LORIENT A MRS. DU CONSEIL SUPÉRIEUR DE PONDICHÉRÉ. EN DATE DU 13 NOVEMBRE 1739.

ART. 1er

Messieurs,

Nous espérons que le vaisseau la *Paix* sera bien arrivé et que vous aurez été content de son chargement.

chandises de 1737.

Le vaisseau la *Paix* n'est pas encore arrivé ; il sera sans doute party trop tard. La Compagnie ayant eu nouvelle par un vaisseau anglais qu'il étoit le 22 Février dernier sur la rade de Pondichéry, il n'aura pas pu doubler le Cap et sera allé relâcher à l'Isle de France. Ainsy, nous ne le recevrons qu'en Avril ou May prochain.

ART. 1er

Nous avons reçu, Messieurs, votre lettre du 15 Octobre 1738, par laquelle vous nous dites que vous répondrez en Janvier à nos observations sur les marchandises de 1737.

ART. 2.

Il y a déja bien des années qu'on se plaint des qualités des guinées de la côte, et nous n'y voyons point d'autre remède, ou

ART. 2.

Nous ne vous dirons rien sur le dommage que ce retard et celuy de la *Reine* qui n'est arrivé que cette année, causent à la Com-

d'en augmenter considérablement le prix pour les avoir meilleures, (ce qui ne laissera pas encore d'être difficile), ou bien de retrancher des cargaisons ces sortes de qualités.

Il est à souhaiter pour nous que la Compagnie pût voir les peines et soins continuels que nous nous donnons pour la satisfaire et pour bien charger les vaisseaux. Nous souhaitons que ceux qui nous succéderont fassent mieux et trouvent moyen de la satisfaire.

pagnie, nous nous en rapportons à ce qu'elle vous en écrira.

Voicy les observations que nous avons faites sur les marchandises arrivées cette année de votre envoy. Nous voyons avec chagrin que les qualités des toiles s'affaiblissent tous les jours, et nous avons eu désagrément de nous entendre dire en pleine vente que nos guinées avaient perdu toutte leur réputation, et que si la Compagnie n'y portait pas remède, on s'en passerait. Vous voyez donc de quelle conséquence il

est que vous mettiez tout en usage pour en rétablir la bonne qualité.

ART. 3.

Pour que les reproches que vous nous faites fussent bien fondés, il faudrait poser pour constant qu'il a dépendu de nous pour mieux assortir les cargaisons, et que par méchanceté ou mauvaise volonté nous ayons substitué cette grande quantité de guinées aux marchandises demandées par la Compagnie.

ART. 3.

Nous avons à nous plaindre du mauvais assortiment. Est-il possible que sur 94.000 piéces de guinées, vous en ayez chargé 650 de 30 *conjons* et 240 de 24 *conjons* seulement. Cet assortiment est trop éloigné de celuy que nous vous avons envoyé. Peut-être nous direz-vous, que le vaisseau la *Paix*, en portait ; si

Nous sommes incapables d'un pareil procédé qui n'a pas même de vraisemblance.

Nous avons déja eu l'honneur de vous dire qu'il n'est plus possible d'avoir des 30 et 36 *coujons* et que les endroits où on les fabriquait ont été ruinés entièrement. La Compagnie ne doit plus d'icy à longtemps s'attendre à en recevoir de Pondichéry. On pourra en tirer quelques petites parties de Yanaon et de Karikal.

Nous chargeons les vaisseaux au fur et à mesure que nous recevons des marchandises ; les marchands ne commencent à fournir qu'en Novembre et Décembre, et qui ne peuvent entrer dans les cargaisons des vaisseaux de l'expedition d'Octobre.

cela est, vous devez comprendre de quelle conséquence il est que chaque vaisseau soit assorti autant qu'il est possible suivant les projets de chargement que nous vous avons donnés, afin que le retardement d'un vaisseau ne prive pas la Compagnie totalement de plusieurs espèces de marchandises, et que les ventes soient désassorties comme celle de 1738 le fut, de tarlatanes et d'organdis que la *Reine* portait, et celle-cy par le manque de guinées fines, supposant que la *Paix* en a porté.

Nous vous prions donc de faire tout ce qu'il faut pour que chaque vaisseau porte de tout, afin que, si le malheur veut qu'il en reste en arrière, les ventes soient assorties.

Le commerce s'est fait cette année avec des peines et des risques infinis, et la Compagnie a perdu dans divers endroits pour 4825 pagodes de marchandises qui ont été pillées par les Marattes. Nous avons eu des difficultés infinies pour rassembler la cargaison du *Comte de Toulouse*. Les marchandises se sont trouvées pour la plupart mauvaises, et par cela nous avons été un temps incertains si nous pourrions cette mousson renvoyer aucun vaisseau. Il nous aurait été impossible de les charger sans les fortes parties de marchandises que nous avons tirées de Yanaon. Quant à l'assortiment, il est tel que les temps et les circonstances ont pu nous le permettre.

Art. 4.

Nous ne trouvons point que nous vous ayons marqué dans nos lettres des 15, 20 Octobre 1738, et 15 Janvier 1739, auxquelles vous nous faites l'honneur de répondre, que la cherté du coton étoit cause que l'on ne pouvoit avoir des guinées et salampouris fins. La cherté du coton influe sur les grosses marchandises et très peu sur les fines.

Art. 4.

Vous nous avez marqué qu'il étoit difficile d'avoir des guinées et salampouris fins, et vous nous avez donné la cherté du coton pour raison: Nous convenons que la cherté de coton influe sur le prix de la toile, mais cela n'empêche par de fabriquer du fin, et qu'en s'y prenant de bonne heure, on en peut avoir aussi facilement que du commun, pour ne pas dire plus. Au

Bengale c'est tout l'opposé; on ne voudrait fournir que du fin, et nous trouvons qu'ils ont raison, car il y a plus à gagner sur le fin que sur le gros, et il faut moins de coton.

Art. 5.

Nous avons eu aucune part dans l'envoi des marchandises de Surate. Nous n'en enverrons point à la Compagnie, à moins qu'elle n'en demande.

Art. 5.

Nous avons vendu les marchandises de Surate que feu M. Trémisot avait envoyées pour montres sans que nous les ayons demandées; aucune de ces marchandises ne convient à la Compagnie.

Les toiles blanches qui se fabriquent aux environs de

Pondichéry sont aussy bonnes que celles de Surate au moins comme les montres que nous avons reçues et sont beaucoup moins cher. Le basin, s'il n'y a pas erreur du prix auquel on le passe est d'une cherté horrible; nous l'avons vendu à peu près à moitié perte, et les toiles peintes et étoffes de soie au prix coûtant environ. Les trois pièces atlas à fleurs d'or dont une blanche aussy vilaine qu'il est possible, une rouge et une blene, belles dans leur espèce, se sont vendues un peu plus du tiers de ce qu'elles ont coûté. Ces étoffes ne tirent que 3% à 4% au plus, et par conséquent ne peuvent servir à rien.

On n'a pas offert le quart du cours des couvertures piquées, tant de celles en soie que de celles en coton; c'est pourquoi nous les avons gardées pour l'usage de la Compagnie. N'envoyez plus rien de Surate, s'il vous plait, que la Compagnie ne vous le demande.

Art. 6.

Nous exécuterons ce que la Compagnie désire au sujet des diverses sortes de marchandises que l'on peut tirer du royaume de Tanjaour par Karical, lorsque la tranquillité y sera rétablie, et que l'on pourra y faire du commerce, car tout y est pour le présent en combustion.

Il y a cependant dans les cargaisons de cette année quelques parties de marchandises tirées de Karical, qui se ressentent ainsy que touttes les autres de la situation actuelle du com-

Art. 6.

Nous avons examiné les balles des diverses montres des marchandises de Tanjaour, marquées C M D K Vous pouvez envoyer deux ou trois balles de mouchoirs à petits carreaux, si vous pouvez les avoir de 2/3 en carré, ce sera mieux que de 5/8 comme sont les montres. Ces mouchoirs sont plus beaux et de plus belle couleur que ceux de Tranquebar, et ne coûtent pas davantage. Par l'essai de deux ou trois balles, nous jugerons mieux de l'estime qu'on en fera,

merce à la côte. Nous remettons à la Compagnie un contrat fait le 13 Décembre dernier pour la fournitnre d'une partie de ces sortes de marchandises.

Nous avons l'honneur de vous observer que nos tisserands prétendent qu'il n'est pas possible d'exécuter ce que vous nous marquez au sujet des mouchoirs de Pondichéry et de supprimer le coin bleu en continuant la bordure de la raie; c'est ce que nous vous prions de faire examiner par un tisserand, et de nous envoyer un modêle.

Nous avons trouvé les basins bons et les ...... d'une raie bien marquée; la toile n'est pas belle comme celles de Bengale.

Vous pouvez envoyer deux ou trois balles de chacune de ces espèces, de même que des guingans de Cambaye de 25 pagodes la *courge*, et de ceux de 23 pagodes; mais il n'en faut point de verts ni de noirs, ces deux couleurs ne réussissant point; ceux de 30 pagodes la *courge* sont trop chers.

ART. 7.

Nous nous conformerons à vos intentions.

Nous sommes, etc. Signé: Dumas, Le Gou, Ingrand, Miran, Dulaurens et Bois Rolland.

ART. 7.

Il sera bon que vous ne donniez point de prohibé aux officiers pour leur petit port permis. Tout ce qui est en soie, en toile peinte de couleur soit rayé ou teint est prohibé, même les

mouchoirs de Pondichéry. Il n'y a de permis que les mouchoirs de Mazulipatam, de Palliacatte, de Tranquebar, et de Bengale, et tout ce qui est en blanc en toile de coton.

Voyez la note du plus et du moins qui s'est trouvé sur les balles.

Nous sommes etc. Les Directeurs de la Compagnie des Indes, Signé: Cavalier, Le Noir, Godehen,

COPIE DE LA LETTRE ÉCRITE PAR MESSIEURS DU CONSEIL
SUPÉRIEUR DE PONDICHÉRY A M. DUVELAER,
DIRECTEUR A LORIENT,
LE 22 JANVIER 1741.

Monsieur.

Nous allons par la présente répondre aux divers articles des lettres que vous nous avez fait l'honneur de nous écrire par les vaisseaux de cette expédition, et que nous n'avons point traités dans nos lettres jusqu'au mois d'Octobre.

Nous vous remercions de votre attention à faire passer nos expéditions à la Compagnie et à faire tenir les différentes lettres et paquets que nous vous adressons pour les particuliers: nous vous en demandons la continuation. La Compagnie nous a accusé réception de nos livres.

Les soldats de recrue qui sont venus cette année, valent un peu mieux que ceux que nous avions reçus depuis dix ans. Nous vous reitérons nos prières à ce qu'il ne soit embarqué pour venir icy que des hommes faits et forts, et qui paraitront les plus sages et les plus rangés. Nous ne vous avons fait des représentations à ce sujet que par le chagrin que nous ressentons de voir, que des hommes qui coûtent si cher à la Compagnie soient incapables d'aucun service; nous en faisons aujour-d'huy une bien triste expérience, que nous sommes dans le cas d'en avoir besoin. Nous trouvons que des 350 hommes qui composent notre garnison, il n'y en a pas en vérité 150 qui soient ce qu'on appelle des hommes, et capables de résister à la moindre fatigue ni au moindre travail.

Nous remettrons à M. Paradis l'extrait de votre lettre du 3 Octobre 1739, par laquelle vous nous demandez un plan de cette ville, des embarcations et bateaux qui naviguent le long de la côte, afin que le dit sieur Paradis puisse prendre ses mesures pour vous satisfaire sur cet article en Octobre prochain.

Nous avons envoyé à Messieurs du Conseil de Chandernagor les effets destinés à leur comptoir.

Nous ferons faire la retenue des avances que vous avez données aux employés, officiers, soldats et autres qui ont passé aux Indes par les vaisseaux de cette expédition.

Vous trouverez cy joint à l'ordinaire les états concernent les troupes de cette garnison, l'état des français morts, dont les fonds ont été remis à la caisse de la Compagnie pour être payés à leurs héritiers en France, avec l'état de ceux qui n'ont rien laissé.

Cy joint encore les états de diverses fournitures faites au vaisssau le *Phœnix*, avec le coñnaissement de 353 balles, 71.582 livres de poivre et de 97.971 livres de bois rouge, que nous y avons embarqués avant de l'expédier pour Mahé.

Cy joint pareillement les états concernant le vaisseau le *Comte de Toulouse*, et le connaissement général de son chargement, consistant en 1351 balles, 158.586 livres de poivre, 95.694 de bois rouge, et 903 paquets de rotin, montant à 140.500 pagodes, 3 fanons, 40 caches.

Nous renverrons en Octobre prochain le nommé François Bouché que vous nous redemandez par votre lettre du 24 Mars 1740.

Le nommé Claude Prieur, sergent de cette garnison, venu icy par le *Triton* en 1738 nous a prié de vous écrire d'accorder le passage à sa femme et à deux de ses enfants et à une de ses sœurs, par les vaisseaux de de la première expédition.

Nous avons remis au sieur de La Bretesche les 4000

piastres chargées pour son compte sur le *Penthièvre*, dont il vous à payé le fret à 2 %.

Le nommé Nicolas Poupon, venu par l'*Argonaute*, en 1739, nous a aussi priés de vous écrire d'accorder le passage à sa femme et à son enfant par les vaisseaux de la première expédition, et de luy faire payer cent livres dont il nous tiendra compte icy.

Nous sommes, etc. Signé. Dumas : Le Gou, Dulaurens, Ingrand, Miran et Bois Rolland.

INVENTAIRE du paquet des expéditions de Messieurs du Conseil supérieur de Pondichéry à M. Duvelaër, Directeur des affaires de la Compagnie à Lorient, par le *Comte de Toulouse*.

No. 1 Lettre du Conseil du 22 Janvier 1741.

2 Paquet à l'adresse de Messieurs les Syndics et Directeurs généraux, députés pour la vente·

3 Connaissement des marchandises chargées sur le *Phœnix*, avant sou départ pour Mahé.

4 Facture du petit port permis des officiers du dit vaisseau.

5 Etat des divers effets fournis des magasins au dit vaisseau, avant son départ pour Mahé.

6. Deux états de ceux fournis du Magasin de marine.

7 Etat des effets que le dit vaiseau a remis icy provenant de son armement.

8 Etat dés dépenses du vaisseau le *Phœnix*, avant son départ pour Mahé.

9 Connaissement général du vaisseau le *Comte de Toulouse*.

10 Facture du petit port permis des officiers du dit vaiesseau.

11 Etat des effets fournis des magasins au dit
    vaisseau, avant son départ pour Achem.
12 Etat de ceux qui lui ont été fournis depuis
    son retour d'Achem, avant son départ pour
    France.
13 Etat de ceux du magasin de marine.
14 Deux états des divers effets qu'il a remis icy
    provenant de son armement.
15 Etat des dépenses faites à Pondichéry pour le
    Comte de Toulouse, avant son départ pour
    Achem.
16. Reçu de M. Forty de deux caisses de livres.
17 Reçu de la boite des expéditions.
18 Déclaration de M. Forty comme son vaisseau
    est entièrement chargé.
19 Etat des soldats renvoyés en France en 1740.
20 Etat de ceux reçus par les vaisseaux de 1740.
21 Etat des soldats morts en 1740.
22 Revue générale de la garnison de Pondichéry
    du 31 Décembre 1740.
23 Etat des fonds provenant des diverses succes-
    sions remises à la caisse de la Compagnie.
24 Etat des dépenses du vaisseau le *Fulvy*, avant
    son départ pour Bengale.
25 Etat du sieur Gérand.
26 Duplicata du reçu de M. de la Salle d'une
    . somme de 600 roupies.
27 Un paquet de lettres particulières.
28 Etat des dépenses du vaisseau le *Comte de
    Toulouse*, faites à Pondichéry, depuis son
    retour d'Achem.
29 Le présent inventaire.

A Pondichéry, le 25 Janvier 1740.

30

COPIE DE LA LETTRE ÉCRITE

A MRS. LES DIRECTEURS DE LA COMPAGNIE DES INDES

PAR MRS. DU CONSEIL SUPÉRIEUR

DE PONDICHÉRY, PAR VOIE DE MADRAS,

EN DATE DU PREMIER FÉVRIER 1741.

Messieurs,

Le Vaisseau le *Comte de Toulouse*, a mis à la voile le 27 Janvier avec un chargement de poivre et marchandises, montant à 140.500 pagodes.

Nous avons reçu une lettre de Mahé du 18 Janvier, dont cy joint copie. Depuis la première lettre que le général des Marattes a écrite à Monsieur le Gouverneur, et que nous vous avons envoyée par le *Comte de Toulouse*, il en a reçu encore une autre qui est cy jointe avec la réponse qu'il lui a faite.

Il a passé à une liene d'icy, le 29, un détachement de l'armée des Marattes de 3 à 4000 chevaux qui va dans le nord. Nous ne sommes point encore informés quel est le but de cette marche.

Addition au présent duplicata :

Nous sommes aujourd'hui au 4 Février. Le vaisseau le *Fidèle*, vient d'arriver de Mazulipatam, et nous a apporté les marchandises que nous attendions de ce comptoir avec une partie de celles de Yanaon.

Cy joint la copie d'une lettre que nous venons de recevoir du Conseil de Tellichéry, en réponse à la nôtre du 9 Septembre dernier.

Les employés et bourgeois montent la garde du fort depuis le 30 du passé.

Nous sommes etc. Signé : Dumas, Le Gou, Ingrand, Dulaurens, Miran et Bois Roland.

Copie de la lettre écrite par Mrs.
du Conseil Supérieur de Pondichéry a Mrs.
les Directeurs généraux de la
Compagnie des Indes, par voie
d'Angleterre, en date du
17 Février 1741.

Messieurs,

Nous sommes au 17 Février. Les vaisseaux pour l'Angleterre ne sont pas encore partis de Madras. Le Gouvernement les a retenus dans la crainte d'être attaqué par les Marattes. Il en a même fait revenir un qui étoit prêt à partir du fort St David. L'on assure néanmoins qu'ils en expédieront un à la fin du mois; ce qui nous a déterminés à risquer la présente. Les Marattes continuent toujours le siége de Trichinopoly ; le général de l'armée a fait réponse à la première lettre que Monsieur le Gouverneur lui a écrite le 21 Janvier. La Compagnie en trouvera cy-joint la traduction.

Nous avons lu et relu les différents *paravanas* et *firmans* qui nous ont été donnés en divers temps pour l'établissement de Pondichéry et dépendances. Nous n'avons jamais été assujettis à aucun tribut ou redevances annuelles. La demande du général des Marattes est sans aucun fondement ; il a envoyé icy un homme de sa part qui y est encore actuellement ; il persiste à demander que nous remettions entre ses mains la femme et le fils de Sandersaheb, avec tous ses effets qu'il fait monter à des sommes immenses. Elle est sœur du Nabab Sabderalikan. Elle y estoit venue de Trichinopoly à Pondichéry au mois de Juillet, pour y voir sa mère, femme d'Alidostkan ; cette dernière est retournée à Arcatte le 16 Janvier dernier. La femme de Sandersaheb n'a pas voulu partir avec elle dans la crainte de quelque trahison de la part de son frère Sabderalikan, ennemi déclaré de son mari, et est restée à Pondichéry. Elle se disposait à en partir pour se rendre à Trichinopoly rejoindre son mari, lorsqu'elle apprit qu'il était assiégé par les Marattes. Nous ne consentirons jamais à livrer cette femme aux Marattes; ce serait nous déshonorer avec d'autant plus d'éclat que Sandersaheb, dans le temps de ses conquêtes, s'est toujours déclaré hautement l'ami des Français. Il n'est pas véritable que cette dame ait avec elle le trésor ni les richesses que les Marattes réclament; cela n'est pas même vraisemblable, puisqu'elle n'est pas venue icy comme dans un lieu de retraite pour y chercher un asile, mais seulement dans l'intention d'y rendre visite à sa mère et de s'en retourner.

Nous sommes, etc. Signé: Dumas, Le Gou, Dulaurent, Ingrand, Miran et Bois Roland.

COPIE DE LA LETTRE ÉCRITE A MRS. LES
DIRECTEURS GÉNÉRAUX PAR MRS. DU CONSEIL
SUPÉRIEUR PAR VOIE DE L'ISLE DE FRANCE,
EN DATE DU 28 FÉVRIER 1741.

Messieurs,

Cy-joint les triplicata et duplicata de nos lettres des premier et 17 de ce mois, que nous avons eu l'honneur de vous écrire par les vaisseaux anglais. Depuis ce temps Monsieur le Gouverneur a encore reçu de nouvelles lettres des généraux des Marattes en réponse aux siennes, par lesquelles ils persistent toujours à demander le tribut qu'ils prétendent que nous leur devons depuis quarante ans, et à vouloir que nous leur remettions la femme de Sandersaheb avec son fils, ajoutant que si nous ne les satisfaisions pas promptement sur ces deux articles, ils viendraient nous attaquer aussitôt qu'ils auront fini le siège de Trichinopoly.

Cy-joint copie de deux lettres écrites du camp des Marattes par le sieur François Pereire que Sandersaheb y avait envoyé·pour négocier l'a paix; ainsy, nous les attendons d'un jour à l'autre. Nous souhaitons que la lenteur ordinaire des gens de ce pays dans leurs opérations nous donne le temps de recevoir quelques secours, soit de France, soit d'ailleurs.

Le vaisseau le *Fulvy*, que nous destinons pour expédier, cette mousson pour les iles, ayant, en allant au Bengale, essuyé un coup de vent qui l'a démâté de son mât de misaine et l'a fait relâcher à Mazulipatam, et se trouvant hors d'état d'entreprendre le voyage des iles, ayant beaucoup souffert dans la tempête et faisant beaucoup d'eau, n'en ayant point d'autre à la Compagnie à luy substituer, nous avons acheté des particuliers de cette colonie pour la somme de dix mille pagodes, le vaisseau le *Neptune*, pour porter aux iles le restant des effets que nous avions à y remettre. C'est par ce vaisseau que nous vous écrivons la présente que nous adressons au Conseil de l'Isle de France à qui nous remettons une cargaison en vivres, marchandises, etc., montant à 25.879 pagodes 2 fanons 27 caches.

Nous venons d'avoir avis que les sieurs Beaumont et Bellegarde, chargés des affaires de la Compagnie au Banderabassy, y étaient morts les 9 et 29 Octobre. Il n'est donc resté personne dans ce comptoir pour suivre les affaires de la Compagnie; nous prendrons les précautions qui dépendront de nous pour faire revenir tous les effets qui y sont restés.

Nous sommes, etc. Signé: Le Gou, Dulaurens, Ingrand, Miran et Bois Roland.

A Pondichéry, le 1er Octobre 1741.

Messieurs,

Nous reprenons par cette lettre la suite de l'affaire des Marattes dont nous avons eu l'honneur de vous informer par nos lettres des 22 et 25 Janvier dernier.

Leurs généraux ont pendant quelque temps continué à nous demander 500.000 pagodes et le tribut qu'ils prétendaient que nous leur devions depuis quarante ans; ils nous ont aussy demandé les familles des seigneurs maures, réfugiés dans Pondichéry avec leurs trésors, nous menaçant que si nous ne satisfaisions pas à ce qu'ils exigeaient de nous, de venir nous attaquer après la prise de Trichinopoly dont ils continuaient toujours le siège.

Barasaheb, frère de Sandersaheb, ayant appris qu'il étoit extrèmement pressé, partit de Madura avec 7 à 8000 chevaux pour tàcher d'entrer dans Trichinopoly et d'obliger les Marattes à lever le siège. Ces derniers, ayant en avis de sa marche, furent à sa rencontre à quelques lieues de leur camp avec 20.000 cavaliers et 10.000 pions. Après un combat des plus sanglants et qui a duré plusieurs jours, Barasaheb ayant été tué, son armée a été entièrement défaite, son camp pillé, et son corps ayant été porté au général des Marattes, il le renvoya à Sandersaheb, son frère, après l'avoir considéré et paru touché de la perte d'un si brave homme.

Ce triste événement ayant mis le comble au découragement, Sandersaheb qui manquoit depuis longtemps d'argent pour payer sa garnison, les vivres et les muni-

tions de guerre, se trouvant réduit à la dernière extrêmité, prit le party de sortir de Trichinopoly et de se
rendre prisonnier de guerre entre les mains des Marattes, qui prirent possession de la place le dernier
d'Avril. Ils y ont gardé jusqu'à présent un corps de
troupes de 5 à 6000 hommes en attendant des ordres
de leur roy.

C'étoit pour lors le temps de la crise pour Pondichéry; Trichinopoly pris, les Marattes devoient venir,
à ce qu'ils disoient, nous attaquer. Nous étions sur nos
gardes et préparés autant qu'il avoit été possible de le
faire; chacun dans son poste attendoit l'ennemi; les
soins militaires ne firent point négliger à M. Dumas la
voie de la négociation, ayant depuis longtemps envoyé
un homme entendu auprès des généraux Marattes
pour leur représenter l'injustice de leurs demandes, et
qu'enfin il ne pouvoit leur résulter aucun avantage de
venir nous attaquer dans Pondichéry où nous estions
résolus de nous bien défendre. Il nous venoit cependant de tous côtés des avis que des partis détachés de
l'armée des Marattes commençoient à paraitre et à se
répendre dans les environs de cette place et des
autres villes voisines, lorsque tout à coup les Marattes
quittèrent la résolution de venir nous assiéger, et envoyèrent au contraire demander notre amitié par un
officier de distinction, envoyé à M. Dumas pour luy
présenter un serpeau de leur part, et l'assurer qu'en
considération de la réputation que les Français s'étoient
acquise aux Indes et de l'estime particulière qu'ils
avoient pour luy, ils se désistoient de toutes leurs demandes, et vouloient vivre en bonne intelligence avec
luy.

Un changement si heureux et si peu attendu remit
la tranquillité dans cette place, dont le peuple étoit fort
alarmé, et a fait un honneur infini à la nation dans
toute l'Inde. Nous pouvons avec justice l'attribuer à la

fermeté et à la bonne conduite tenue dans cette occasion, étant certains que ce sont les négociations sages que M. Dumas a entretenues avec les généraux des Marattes, leurs officiers, les Seigneurs maures en relation avec eux, ses bonnes façons pour les différentes personnes que les Marattes ont envoyées icy, les discours prudents et mesurés qu'il leur a tenus, le bon ordre et la discipline que ces envoyés ont vu qu'on observoit dans la place où tout le monde, depuis le premier jusqu'au dernier, sans distinction d'âge ou d'état, étoit sous les armes, qui ont donné lieu à un si heureux dénouement. M. Dumas a, représenté avec douceur à ces envoyés, en se servant des raisons de justice et d'équité, que les prétentions de leurs maitres n'avoient aucun fondement, et qu'il étoit résolu de soutenir cette place contre tous leurs efforts, qu'elle ne tomberoit jamais de son vivant entre leurs mains, et que tout ce qu'il y avoit de Français dedans étoit résolu à s'ensevelir sous ses ruines, que cependant nous ne demandions pas mieux que d'être de leurs amis. Le récit que ces dépuités ont fait aux généraux des Marattes de ce qu'ils ont vu et entendu, nous en a attiré des lettres d'amitié et enfin un serpau qui est la marque la plus anthentique d'une sincère union.

Les Marattes nous ayant demandé avec instance l'élargissement du Brame Vital dont nous avons parlé à la Compagnie dans notre lettre du 25 Janvier dernier, nous n'avons pas crû devoir leur refuser. Notre Nabab Sabderalikan nous ayant aussy fait la même prière à la sollicitation des Marattes, nous l'avons remis à un de leurs principaux officiers qui l'a emmené au camp de Tirounamallé.

Les Anglais, nos voisins, ont été aussy dans de vives alarmes pour Madras et Goudelour ; ils ont fait abattre un grand nombre de balles maisons trop proches de Madras, afin d'en dégager les défenses, ils ont envoyé les premiers des présents aux généraux Marattesa, aussitôt qu'ils ont vu Trichinopoly pris, de la valeur de 3.500 pagodes ou environ; ils ont été quelques jours à leur camp sans être acceptés. La conduite de M Dumas a été plus réfléchie et plus prudente ; nous n'avons fait abattre que quelques arbres, les cases malabares trop proches de nos murs, et n'avons rien donné aux Marattes ; quelques présents d'orange et d'autres fruits, accompagnés de lettres fermes et honnêtes, est tout ce qui a précédé le serpau, mais comme il étoit de la bienséance et de l'honneur de la Compagnie de reconnaitre le serpeau par un autre présent, nous avons délibéré le 2 May dernier de remercier les généraux Marattes du serpeau qu'ils avoient envoyé à M. Dumas, et de leur faire un présent, ainsi qu'à leurs principaux officiers, de la valeur d'envion 2.400 pagodes. Ce présent est party le 6 May dernier, accompagné de deux brames pour le camp des Marattes à Quichena où ils ne les ont pu joindre ; ils en étoient partis en toute diligence pour retourner dans leur pays et y passer avant les débordements de la rivière de Quichena. Les brames sont revenus avec les présents qui sont restés dans vos magasins ; il ne nous en a coûté que les frais du voyage.

Depuis le départ des Marattes, la province continue d'estre toujours dans le plus grand dérangement. Le Nabab Sabderalikan n'y ayant ni troupes ni autorité pour se faire respecter et obeïr, chacun des Seigneurs maures fait le maitre et tranche du souverain dans sa forteresse ou dans ses terres ; nous ne voyons de fin à ce désordre qui influe considérablement sur le commerce de la Compagnie, que lorsque le Mogol aura envoyé un Nabab et des troupes pour établir un nouveau gouvernement, mais cela est encore dans un avenir éloigné.

Nizam El Moulouk ayant été informé par Imam Saheb de l'asile que nous avions donné à la famille du Nabab

Dostalykan, après la perte de la bataille de Kanou-malé, a écrit à M. Dumas une lettre de remerciements, accompagnée d'un serpeau. La Compagnie en trouvera la traduction à la suite de la présente.

TRADUCTION D'UNE LETTRE DU NABAB ASSEFJA NIZAM EL MOULOUK BAHADER A MONSIEUR LE GOUVERNEUR, REÇUE LE 31 JUILLET 1741.

Cecy est écrit dans le grand sceau de Nizam, du règne du roy Mohametcha, aussi puissant que Salomon; celuy qui est digne de la faveur du Roy et de le préserver du sort et maléfice qu'on voudra jeter sur luy, est un ministre tel qu'Assef celuy qui règle et dispose de toutes choses, qui est vaillant et victorieux à la guerre et qui est le généralissime à qui les officiers du Roy sans exception sont subordonnés.

Au vaillant et courageux Seigneur le Gouverneur de Pondichéry, Monsieur Dumas, salut.

Le Gouverneur de Mazulipatam, personnage digne de ma faveur et de ma protection, Goulam Imam Ussenkan, m'ayant écrit depuis peu une lettre où il me marquait fort en détails tous les préparatifs que votre valeur et votre courage vous avoient engagé de faire dans le tems des guerres causées par Ragogy, en munissant cette ville de poudre, boulets, canons et autres instruments de guerre nécessaires pour châtier l'audace de ce malheureux, et que vous aviez aussi accordé asile dans votre place aux officiers, esclaves du Patcha. J'ai appris toutes ces nouvelles avec plaisir, et ai été fort charmé de savoir que vous aviez agi de cette façon dans une pareille occurence ; c'est pourquoi, ayant égard à votre fidelité et à votre attachement pour ma

personne et aux services que vous avez rendus à tous
les sujets de l'empire, je vous envoye un serpeau pour
marque de ma reconnaissance et que vous êtes digne
de ma faveur ; vous pouver comptez que vous serez
toujours en grande grâce devant moy.

RÉPONSE DU GOUVERNEUR DE PONDICHÉRY A LA
LETTRE DE NIZAM EL MOULOUK, PREMIER
MINISTRE DE L'EMPEREUR
MOHAMAT CHA.

Très magnifique Seigneur,

J'ai reçu la lettre et le serpeau que votre Seigneurie
me fait la grâce de m'envoyer ; ce jour là a été un
jour de réjouissance et de fête dans tout Pondichéry.

L'empereur Mohamet Cha ayant toujours aussy bien
que ses ancêtres honoré la nation française d'une estime et d'une protection particulières, ayant aussy reçu
en toutes occasions du Nabab d'Arcatte des marques
d'amitié et de bienveillance, j'ai crû devoir en marquer
ma reconnaissance sitôt que l'occasion s'en est présentée, afin de faire connaitre à toute la terre que nous
méritons la faveur dont vous nous avez si souvent hono-
rés. La prodigieuse quantité de barbares et de Marattes
descendus des montagnes ne nous a point effrayés ni
empêchés de recevoir dans notre ville touttes les familles du Nabab Alydostkan et autres Seigneurs et officiers
de l'Empereur qui s'y sont réfugiés après la perte de
la bataille ; les menaces des généraux Marattes qui
nous ont sommés de les leur livrer ne nous ont point
intimidés, et nous étions résolus d'employer pour les
défendre jusqu'à la dernière goutte de notre sang. Je
suis bien aise qu'à cette occasion, nous ayous pu vous

prouver notre zèle et notre attachement. Soyez assuré, magnifique Seigneur, que nous serons toujours prêts à exécuter tout ce qu'il vous plaira nous ordonner.

Cette lettre est datée au fort Louis à Pondichéry, ce 4 Août 1741. Signé : Dumas, Le Gou, Dulaurens, Ingrand, Miran et Courbezàtre.

A.—Le Conseil supérieur ne prétend pas répondre à la lettre de M. de Salvan cy à cösté ; elle est pleine de citations contre la vérité, ce qui suit n'est que pour donner à la Compagnie une pleine connaissance de cette affaire.

A.—Copie d'une lettre écrite par M. de Salvan du Hàvre, en date du 22 Septembre 1740, au Conseil Supérieur de Pondichéry, remise par le Révérend Père Gargan, supérieur des R. P. Jésuites, le 22 Aoust 1748.

Messieurs,

B.—On ne sait ce que veut dire le dit sieur de Salvan par l'exposé cy à costé. Voici le fait : il fut embarqué en 1737 sur le vaisseau le *Duc de Bourbon*, capitaine M. de Marquaysac, pour Moka avec un détachement de soixante hommes, commandé par M. Miraillet, Capitaine.

B.—Ce n'est pas sans regrets que j'ai vu avant mon départ des Indes toutes les difficultés que vous avez opposées au malheur qui demandait plutôt adoucissement, que les peines, les chagrins, les dépenses et les mouvements que vous m'avez occasionnés,

Le dit sieur de Salvan n'y a plus reparu depuis. Le vaisseau fut à Mahé, à Goa, et de là à Moka, et revint désarmer à Pondichéry.

A Goa, le sieur Miraillet et le sieur de Salvan eurent dispute ensemble et se battirent. Ce dernier tua le premier l'épée à la main en combat singulier et se sauva dans une église, de là il a passé à Madras, à Bengale et en Portugal en janvier 1739.

C.—Ce que dessus vray et constant, comment le sieur de Salvan peut-il dire que le Conseil a pris mal à propos connaissance de son affaire, et qu'on lui a occasionné des peines, des chagrins, des dépenses et des mouvements ? Le Conseil pouvoit de droit prendre connaissance de cette affaire ; le sieur de Salvan étoit lieutenant de la garnison de Pondichéry, détaché pour une expédition d'importance à Moka sur un vaisseau de la Compagnie, étant toujours sous le commandement du Gouverneur de Pondichéry et de son Conseil, et ayant tué le capitaine de ce détachement avant même la fin de l'expédition, ce qui pouvoit la faire manquer. On ne l'a cependant pas fait, la charité et la compassion ont prévalu ; il n'y a eu ni procédure, ni jugement, ni condamnation prononcés contre luy au Conseil supérieur.

C.—en prenant mal à propos connaissance de ma triste aventure de Goa. Vous voyez que c'est ainsy qu'en pense Monseigneur le Cardinal de Fleury, dans la lettre qu'il m'a fait l'honneur de me donner pour le Portugal.

Après avoir accepté avant ma sortie de Paris un accommodement pour plaire à M. de Fulvy, je m'attendais cependant, Messieurs, voir arriver votre procédure, mais Messieurs de la Compagnie m'ont assuré que vous n'en aviez pas dit un mot. Trouvez bon que je vous prie de leur en faire part par les premiers vaisseaux, et d'estre sans rancune pour le mémoire imprimé qui sera sans doute venu à votre connaissance, et que mon honneur m'a fait mettre au jour pour finir toutes les préventions prises contre moy. Dans mon malheureux cas, honorez-moi de votre réponse en l'adres-

Au lieu de cette procédure imaginaire, voicy ce que le Conseil supérieur a écrit à la Compagnie le 15 Octobre 1738, en faveur du sieur Salvan :

sant à la Compagnie à Paris pour Lisbonne en Portugal, et soyez persuadés que j'ai l'honneur d'être avec respect, etc. Signé Salvan.

" Le chevalier de Miraillet à été tué à Goa par le chevalier de Salvan en combat singulier : le premier a été l'agresseur et a forcé M. de Salvan à en venir à cette extrêmité pour sauver sa vie; ce dernier a desseih de passer en Europe sur un vaisseau étranger, pour obtenir sa grâce de sa Majesté ; nous pensons qu'il est de la justice que la Compagnie s'y intéresse."

D.—Nous avons peine à nous persuader que Monseigneur le Cardinal de Fleury ait signé la lettre cy à costé.

D.—Copie d'une lettre écrite par MONSEIGNEUR LE CARDINAL DE FLEURY en faveur de M. de Salvan à M. de Chauvigny, Ambassadeur de France de la cour de Portugal, en date du 30 Août 1740, à Versailles.

Monsieur de Salvan d'Autherive, gentilhomme de Languedoc, et parent des meilleures maisons de ce pays là, ayant eu le malheur de tuer un homme de la maison de Panet pour une affaire d'honneur, fut obligé de quitter la France, et fut employé en qualité d'officier dans la Compagnie des Indes. Il eût encore le malheur d'estré insulté par un capitaine au service de la Compagnie à Pondichéry ; il se battit contre luy dans un lieu de la domination du roy du Portugal, et le tua. On lui fit son procès à Pondichéry, mais comme le lieu du combat n'étoit pas de la domination de France, le jugement étoit nul,

E.—Il n'y en a jamais eu de prononcé au Conseil

E.—en luy-même, et il repassa en France sur un

supérieur contre le sieur Salvan au sujet de son affaire avec le sieur Miraillet ; s'il y avoit eu un jugement, Monseigneur le Cardinal pouvoit-il l'ignorer ?

F.—Le sieur Salvan n'a jamais été condamné pour son affaire avec le sieur Miraillet, au Conseil supérieur. Nous sommes étonnés de son exposé à côte et croyons que la religion de Monseigneur le Cardinal a esté surprise.

A Pondichéry, le 1er Octobre 1741. Signé : Dumas, Le Gou, Dulaurens, Ingrand, Miran et de Courbezatre.

vaisseau portugais; il obtint sa grâce à Goa et à Lisbonne. On est informé de toutes ses malheureuses aventures, et le roy n'a pu luy donner de l'emploi icy,

F.—à cause de sa condamnation à Pondichéry. et on n'a pu décider si la grâce qu'il avait eue à Goa pouvoit procurer sa justification en France. On connait pourtant que son action a été bonne et qu'on ne peut rien luy reprocher. Dans cette extrémité il prend le party d'aller en Portugal où il est déjà connu, et je vous serais très obligé si vous pouvez obtenir de Monseigneur le Cardinal de Mo quelque employ pour luy. C'est un fort joly garçon, plein de bonne volonté, et il est même parent du Duc de Fleury, mon neveu. Je vous prie d'assurer cette Eminence de mes respects, à qui je n'ai point l'honneur d'écrire pour ne la point importuner d'une lettre. Je vous serais obligé de tous les services que vous pourrez luy rendre.

Je vous honore, Monsieur, très parfaitement. Signé : le Cardinal de Fleury.

MESSIEURS LES SYNDICS ET DIRECTEURS GÉNÉRAUX
DE LA COMPAGNIE DES INDES PAR LE
VAISSEAU LE PENTHIÈVRE, ET LE DUPLICATA
PAR LE DUC DE BOURBON.

Pondichéry, le 16 Octobre 1741.

Messieurs,

Nous avons reçu les lettres que vous nous avez fait l'honneur de nous écrire en date des 9 Novembre 1740, 14 Janvier, 18 et 25 Février de cette année, avec toutes les pièces qui sont citées ou jointes suivant les inventaires, par le vaisseau, le *Triton*, arrivé icy le 19 Juillet, l'*Argonaute*, le 28 du dernier mois, le *Chauvelin*, le 9 Aoûst, le *Bourbon*, le 24, le *Duc d'Orléans*, le 7 Septembre.

Nous ressentons avec le plus vif chagrin la perte du vaisseau la *Duchesse*, qui jointe à celle du *Philibert*, ne peut qu'avoir apporté beaucoup de dérangement aux dispositions et aux projets de la Compagnie.

Nous avons reçu par ces vaisseaux les fonds cy après, savoir :

Par le *Triton*	40.000	marcs
Par l'*Argonaute*	16.155	do.
Par le *Chauvelin*	34.955	do.
Par le *Bourbon*	35.984	do.
Par le *Duc d'Orléans*	25.000	do.
	152.094	marcs

Nous avons appris par le vaisseau le *Fulvy*, que Messieurs de l'Ile de France nous ont expédié le 2 Aoûst, et qui a mouillé icy le 22 du mois passé, que le *Condé* y étoit arrivé le 28 Juillet, et en devoit partir le 7 Aoûst pour Mahé. M. de la Bourdonnais nous a confirmé son départ. Il n'est pas encore arrivé et nous n'en avons aucune nouvelle jusqu'à présent.

Nous avons expédié pour le Gange les vaisseaux le *Triton*, le 3 Juillet, l'*Argonaute*, le 11 Août, le *Chauvelin* le 27 du même mois, avec les fonds cy après, provenant de ceux reçus de France cette année, savoir :

Par le *Triton*	240.000	Rs.
Par l'*Argonaute*	264.000	,,
Par le *Chauvelin*	400.000	,,
Par idem en 10.087 marcs par estimation	203.340	,,
Par le vaisseau le *Charles* . .	96.000	,,
Par le vaisseau le *Pondichéry* .	240.000	,,
Par le *Fulvy*	104.000	,,
	1.547.340	Rs.

Nous avons fait passer au Conseil de Chandernagor dès le mois de Mars dernier, par le vaisseau le *Fidèle*, 240.000 roupies, par le *St. Joseph*, en May, 120.000 roupies et par le bot le *Mazulipatam*, à la fin de Juin, 80.000 roupies. Les trois envois montant ensemble à 440.000, indépendamment de ceux cy dessus montant à 1.547.340, forment un fonds de 1.987.340 roupies pour le chargement des trois vaisseaux que nous y avons envoyés, et d'un quatrième que nous comptons y expédier, ne pouvant le charger icy. Ce vaisseau est le *Condé*. Nous craignons qu'il ne nous parvienne trop tard pour cette opération. Nous avons fait aussy passer à ce Comptoir plus de cinq cents milliers de poivre et environ 230.000 livres de bois rouge.

Nous avons envoyé le *Duc d'Orléans* hyverner à Achem; il est party pour s'y rendre le 26 du mois passé avec très peu de marchandises à fret par la difficulté d'en avoir à cause des troubles qui ont régné dans la province. Il doit être icy de retour au commencement de Janvier prochain pour être expédié le même mois pour France.

M. de la Bourdonnais, ayant appris à son arrivée à l'Ile de France que les Marattes devoient venir attaquer Pondichéry, s'est rendu icy avec la plus grande diligence, avec les vaisseaux le *Fleury*, le *Brillant* et l'*Aimable*, qui ont mouillé en cette rade le 27 du mois passé. Nous aurons l'honneur de vous rendre compte à la suite de cette lettre de la disposition que nous avons faite, du consentement de M. de la Bourdonnais, pour Mahé, de ces trois vaisseaux, des troupes et munitions de guerre dont ils sont chargés.

Nous ne nous proposons de répondre à my marge à à vos lettres, Messieurs, qu'au mois de Janvier prochain; nous vous écrirons alors amplement sur toutes choses. Nous vous remettons avec la présente, qui n'est qu'une lettre préliminaire, nos délibérations depuis le départ du *Comte de Toulouse* pour France en Janvier dernier jusqu'à ce jour, dont la lecture vous donnera une parfaite connaissance des nos principales opérations de cette année. Et comme M. Dumas repasse en France sur le *Penthièvre*, et qu'il possède toutes les affaires des Indes parfaitement, il est en état d'en instruire la Compagnie bien mieux que nous ne le pourrions faire nous mêmes, par lettres. Nous ne pouvons vous exprimer, Messieurs, avec quels regrets nous le voyons partir; la prudence et la sagesse de son gouvernement luy ont acquis l'amour et la confiance de toutes les nations tant d'Europe que des Indes à cette coste; il y fallait nécessairement un chef aussy sage, aussy intelligent, surtout ces dernières années, pour terminer aussy heureusement qu'on a fait les affaires que nous ont suscitées les Marattes et tous les inconvénients qui s'en sont ensuivis.

Le plus considérable est celuy de l'interruption du commerce; l'irruption des Marattes dans la province

jusqu'à nos portes a fait déserter les habitants et les tisserans des aldées qui ont été pillées et désolées. Ils ne
sont pas même encore revenus les habiter jusqu'à présent. Nous nous sommes donc trouvés dans l'impossibilité de nous procurer des marchandises suffisamment
pour le chargement des vaisseaux le *Bourbon* et le *Penthiévre* que nous vous expédions avec de très mauvaises
cargaisons. Pour rétablir les marchandises, surtout les
grosses dans leur qualité, nous avons cru qu'en propo-
sant aux marchands de leur payer ce qu'ils voudroient,
ce seroit un moyen sûr et qui auroit été efficace dans
tout autre pays que celui-cy, mais ils nous ont assuré que
les tisserans dans les temps où ils avoient augmenté la façon de la toile, leur avoient dit qu'ils ne pouvoient absolument l'avoir meilleure : effectivement, ils nous en ont présenté quelques balles en 18 *conjons* dont ils nous ont demandé 52 pagodes la *courge* ; elles ne sont guère meilleures
que cy devant. Nous nous sommes donc trouvés forcés pour
nous acquitter des avances que nous leur avions faites,
et ne pas renvoyer vos vaisseaux à demi chargés, de prendre les marchandises de rebut de nos marchands. Vous
en avez cy joint l'état et les prix, et ces marchandises
seront mises avec une autre marque à la suite des factures. Ces sont les Marattes qui sont cause de tous ces
contre temps. Nous n'avons rien à nous reprocher, ayant
donné à cet article que nous savons être le plus essentiel,
tous les soins dont nous sommes capables. Nous ne pouvons même nous flatter que le commerce se rétablisse
encore sitôt, ni que nous puissions nous procurer assez
de marchandises pour charger entièrement le *Duc d'Orléans* au mois de Janvier prochain. Il faut des ordres
supérieurs du Mogol et des arrangements nécessaires et
indispensables dans le gouvernement de cette province
pour que le commerce s'y rétablisse, mais nous n'envi-
sageons ces choses que dans un avenir encore très éloigné.
Nous avons eu l'honneur de vous écrire une lettre

particulière en date du premier de ce mois au sujet des Marattes ; nous nous y référons.

Le comptoir de Mahé ne nous ayant fourni cette année que 408 *candys* de poivre, nous avons pris le party de nous en procurer icy 932 *bars* à raison de 35 pagodes, 8 fanons le *bar* ; cela nous a mis en état d'en envoyer au Bengale environ cinq cents milliers, d'en pouvoir bonder vos vaisseaux le *Duc d'Orléans* et le *Duc de Bourbon*, et d'en avoir envoyé une partie en magasin pour le voyage de Chine projeté en Mars prochain. Ce poivre est sec et bien conditionné, et il ne s'y trouvera pas à ce que nous croyons beaucoup de déchet en France.

Nous n'avons encore aucune nouvelle de Chandernagor depuis May dernier, ce qui nous fait peine, parceque nous ne pouvons rien marquer de ce comptoir à la Compagnie. Les vents du sud qui règnent avec violence nous font craindre que nous ne soyons encore quelques jours avant de voir arriver des vaisseaux du Gange, de Mazulipatam et de Yanaon.

Messieurs de Beaumont et de Bellegarde étant morts au Banderabassy au mois d'Octobre 1740, M. de Martinville a fait venir à Bassora la meilleure partie des fonds et effets que la Compagnie avoit dans ce comptoir, et nous les a fait passer. Nous traiterons plus amplement cet article au mois de Janvier.

Le vaisseau le *Neptune*, que nous avions expédié pour les iles en conséquence de la délibération du 27 Février, est de retour sans que le sieur de Solminiac ait pu retirer les fonds appartenant à l'armement du *Cantorbéry* dus à Mozambique. Les vaisseaux de ...... n'étant pas encore de retour quand ce capitaine a été obligé, pressé par la mousson, à s'en revenir, nous prions le Conseil de l'Ile de France d'y envoyer un vaisseau en May prochain pour retirer ces fonds dans

lesquels la Compagnie est intéressée d'un quart, et faire
la même opération que le *Neptune* devoit faire.

Par le compte que nous nous sommes fait rendre par
le marchand Soucourama de sa situation et de ce qu'il
devoit à la Compagnie, et des fonds et marchandises
qu'il avoit pour y satisfaire, nous avons reconnu qu'il
devoit beaucoup plus qu'il n'avoit de biens pour payer.
Cela nous a déterminés à ne plus faire de contrat avec
luy ; nous avons arrêté son compte le premier Avril
dernier, dont nous vous remettons copie, pour le solde
duquel il s'est trouvé devoir 15.270 pagodes 5 fanons,
à compte de laquelle somme il a payé en diverses fois
à votre caisse jusqu'à ce jour 6.053 pagodes 21 fanons ;
il nous a fourni une partie de bois rouge montant à
pagodes 1.435 - 7 - 24. Nous donnerons nos soins pour
luy faire acquitter le restant. Il doit nous fournir incessamment une partie de mouchoirs de Paliacatte. Si
cette affaire n'avoit pas été traitée avec beaucoup de
prudence et de ménagement, la Compagnie courait risque de perdre plus de 30.000 pagodes avec ce marchand. La Compagnie verra par notre délibération du
25 Juin que nous avons été obligés d'emprunter 250.000
roupies que nous avons remboursées le 15 du passé.

Il ne nous restoit en caisse au premier Juillet dernier
que 14.838 roupies et 9.097 pagodes sur quoy nous
devions 4.625 marcs d'argent. Nous vous remettons cy-
joint le bilan que nous avons dressé par estimation des
fonds que nous avons reçus de France cette année et
de leur employ, et pour plus grande précision, nous
avons l'honneur de vous dire qu'il nous restoit au premier Octobre 22.397 marcs de matières d'argent et
340.000 roupies à recevoir de la monnoye, sur quoy
nous devons envoyer 16.000 pagodes à Mahé et payer
8 à 10.000 pagodes pour les dépenses de M. de la
Bourdonnais et de son escadre.

Il vous est aisé de voir qu'il nous restera bien peu

de fonds en caisse après le départ des vaisseaux en Janvier prochain pour faire des avances aux marchands; envoyer à Yanaon et à Mazulipatam, parceque en supposant que le *Condé* ne soit chargé que de 8.000 marcs d'argent pour compléter les 160.000 marcs que la Compagnie nous promet, cela ne fait que 48.000 pagodes; or, il en faudra envoyer à Mahé 120.000, partant 72.000 pagodes à prendre sur les fonds cy-dessus. Nous ne comprenons pas non plus diverses autres dépenses indispensables, comme Karikal, envoy à Moka pour l'achat des cafés, le prix de 40.000 *chacras* à faire au Roy de Tanjaoure, les dépenses de l'escadre de M. de la Bourdonnais. Il est à souhaiter que les vaisseaux de la Compagnie arrivent de bonne heure avec des fonds l'année prochaine, sans quoy nous nous trouverons très embarrassés.

Le comptoir de Chandernagor se trouvera aussy dans la même situation après le départ des vaisseaux pour France, en Décembre prochain.

Pour celuy de Mahé nous ne pouvons en rien dire, sinon qu'il avait consommé tous les fonds que nous luy avons envoyés jusqu'à présent, qu'il se trouvoit sans un sol au mois de Juin dernier et qu'il attendoit très impatiemment ceux que devoit luy remettre le *Condé* et ceux que nous devions luy envoyer dans ce mois.

Par délibération du 17 Juillet dernier, nous avons acheté une partie d'or pour la somme de 60.044 pagodes 20 fanons et 40 caches, payable en roupies à raison de 328 pour cent pagodes. Pour justifier cet achat et vous en prouver l'employ, nous vous remettons, Messieurs, un état de la situation de la caisse, des pagodes, de l'or, sous le N° 6, par lequel vous verrez que cet achat d'or étoit indispensable, nous ayant été impossible de vendre des matières d'argent à cette côte, à moins de l'y donner à six pagodes 21 fanons la *serre* à trois mois de terme, en achetant l'or à raison de 328 roupies Arcattes pour

100 pagodes huit *toques*, cela nous représente l'argent vendu à raison de 6 pagodes, 20 fanons, 32 caches la *serre*, ce qui est une opération avantageuse à la Compagnie, eu égard à la situation présente des affaires.

Nous avons vendu une partie de 5.500 marcs d'argent à Négapatam comptant, à raison de 6 pagodes 21 fanons la *serre* en pagodes neuves Madras à l'étoile, qui sont d'une pagode quatre fanons huit caches pour cent plus faibles que les nôtres, et qui n'ont pas encore un cours trop aisé dans le commerce, à cause de cette étoile. Nous avons donc pris le party, ne pouvant les vendre, de porter à notre monnoye toutes nos matières d'argent, à l'exception de 10.000 marcs que avons envoyés à Bengale, et de 16.898 marcs qui nous restent actuellement en caisse, déduction faite des 5.500 marcs vendus à Négapatam depuis le premier de ce mois.

Nous avions écrit à Yanaon de nous expédier de bonne heure un bâtiment pour que nous puissions recevois les marchandises vers le 20 Septembre, les blanchir et les charger sur les vaisseaux d'Octobre. M. de Choisy nous avait expédié la *Diane* le 17 Août avec des balles de marchandises. Ce bâtiment après avoir battu la mer pendant trente jours, est rentré à Yanaon le 16 du passé pour y faire des vivres et de l'eau, après quoy il s'est remis en route; il n'est pas encore arrivé, non plus que le brigantin l'*Indien*, qui doit nous apporter 50 à 60 balles de Mouchoirs de Mazulipatam que nous chargerons sur le *Duc de Bourbon*, si elles arrivent assez à temps.

La situation des affaires de Mahé continue toujours d'être très fâcheuse, et la guerre suspendue par une trève de quelques semaines, estant prète à se rallumer avec plus de fureur que jamais, tous nos alliés, même Cogninaire, estant prêt à nous abandonner et à se joindre à nos ennemis, ce qui pourroit causer beaucoup d'embarras à Mahé, nous avons proposé à M. de la Boudonnais d'aller avec son escadre au secours de ce comptoir, ce qu'il a accepté. Nous prions la Compagnie de lire notre délibération du premier de ce mois à ce sujet et le mémoire que nous a présenté M. de la Bourdonnais en conséquence le même jour, que nous avons répondu le 2. Nous espérons un heureux succés de cette expédition par le zèle qui anime M. de la Bourdonnais et les forces considérables qu'il y peut employer, après quoy il retournera en Janvier prochain aux îles. Nous avons laissé sur les vaisseaux de cette escadre les canons, mortiers et munitions de guerre que la Compagnie nous envoyoit pour Pondichéry et Karikal, et y avons joint tout ce que nous avons pu d'icy avec 200 hommes de notre garnison que nous avons prié M. de la Bourdonnais de nous renvoyer après qu'il aura mis à une heureuse fin les affaires de Mahé, ne pouvant absolument nous passer de ces troupes icy. Au surplus, Messieurs, nous vous remettons les cahiers de notre correspondance avec ce comptoir, dont nous vous prions de prendre lecture,

M. de Cossigny repasse en France sur le *Duc de Bourbon*, nous nous référons à la délibération du 24 Aoûst dernier.

Vous ne recevrez les livres de ce comptoir que par le *Duc d'Orléans*; ils ne sont pas encore soldés; les troubles que nous ont occasionnés les Marattes qui nous ont obligés de faire prendre les armes pour la garde du fort à différentes fois aux employés, et les infirmités dont M. Pillavoine continue d'être attaqué assez fréquemment en sont cause.

M. de la Garde Jazier a entièrement payé cc qu'il devoit icy à votre caisse, il a aussi remis son grand port permis en 330 marcs d'argent dont le garde magasin luy a donné son reçu.

Cy joint, Messieurs, le mémoire de nos demandes pour ce fort que nous vous prions de faire exécuter. Les vins en bouteilles étoient mal conditionnés, les

bouteilles mal bouchées, et il s'en est trouvé plusieurs
de manque dans les caisses. Cy joint les procés-verbaux dressés au sujet des divers effets reçus cette
année de France. Nous vous renvoyons huit pièces de
serge de soie et deux pièces de droguets qui se sont
trouvées entièrement gâtées et piquées, quoique la caisse de fer blanc fut bien conditionnée, cela vient sans
doute de ce que ces pièces d'étoffes ont été encaissées
trop fraiches.

Le chargement du vaisseau le *Penthièvre*, dont nous
vous remettons les factures et connaissements, consiste
dans les effets cy après :

        1795 balles de café, grandes
              et petites .   .   .   .   Rs. 51.938- 6- 0
      121.100 livres de bois rouges   ,,   903- 5-20
          400 paquets de rotins   .   ,,   133-19- 0
          400 balles de marchandises ,,   46.705- 9- 4
              frais   .   .   .   .   ,,   1.040- 8-40
                                          ———————————
                                          100.720- 0- 0

Nous avons fait charger sur le *Penthièvre* une caisse
de livres emballée en toile marquée CLDI pour la
bibliothèque du Roy, de l'envoy de M. Otter, adressé
à M. l'ablé Pellerin; le connaissement de ce vaisseau en
fait mention.

Cy-joint l'état des sommes que M. de Martinville, Consul à Bassora, a payées à M. Otter.

Nous avons tiré sur vous, Messieurs, deux lettres de
change par première, deuxième et troisième, à deux mois
de vue, de 16 Marcs, 6 onces 2 gros 1/2 d'argent à l'ordre
de M. Philippe Le Maçon, valeur reçue comptant de M.
Boyelleau, seconde, en date du 20 septembre, à l'ordre
du R. P. Manuel Delrio, de l'ordre des Frères Prêcheurs,
de 176 Marcs 3 onces 3 gros, valeur reçue comptant du
R. P. Delrio. Nous vous prions d'y faire honneur.

33

M. Cayrefour, chiruagien major de cette place, nous a demandé par requête un congé de trois ans et la permission d'aller en France y vaquer à des affaires de famille qui demandent absolument sa présence ; nous luy avons accordé sous votre bon plaisir ; c'est un bon sujet. Nous prions la Compagnie de nous le renvoyer dès qu'il aura terminé ses affaires en France.

Le sieur Danon, sous marchand, étant très incommodé de l'asthme, nous a aussy demandé par une requête un congé de deux ans pour passer en France chercher du soulagement à sa maladie : nous le lui avons aussy accordé sous votre bon plaisir ; c'est un très bon sujet. Les appointements de ces deux personnes ont cessé le jour de leur embarquement.

M. Duvelaër de la Barre nous a envoyé de Canton par le vaisseau le *St, Pierre*, capitaine M. de la Gatinais, la quantité de 3.383 Marcs 2 onces 7 gros de matières d'argent qu'il n'a pù y convertir en or ; il nous a écrit que s'étant trouvé un excédent de fonds après l'expéditon des vaisseaux, il nous en faisoit part ; nous avons crédité la Compagnie de cet envoy.

M. Dumas, voyant la situation où nous allons nous trouver, nous a proposé de nous prêter 20.000 pagodes pour dix huit mois à 7 %; nous l'avons accepté avec d'autant plus de plaisir que nous serons sous peu sans aucun fonds, devant plus de 100.000 pagodes, tant à Ismam saheb qu'à d'autres particuliers. Nous prions la Compagnie de satisfaire aux engagements que nous avons contractées à ce sujet avec luy, en conséquence de notre délibération du 22 Août.

M. Bunel s'embarquera sur le *Duc de Bourbon*, consigné au capitaine pour êtres remis à M. Duvelaër, directeur à Lorient ; cy-joint une expédition en forme de l'arrêt du Conseil supérieur, en date du 8 Février 1740, qui le condanme par corps au payement de ce qu'il doit à la Compagnie, qui lui a été signifié.

Il a été reçu à votre caisse le 15 Septembre une somme de 1138 roupies, 9 annas, 12 gandas, pour autant que la succession Dolnet de Palmaroux devait au sieur Bunel, et à compte de ce qu'il doit.

M. Dulaurens, extraordinairement découragé de la nomination de M.M. De la Métrie Quentin et d'Espremenil au poste de conseillers et sur le tableau général au dessus de luy, nous a présenté un mémoire le 23 du mois passé, tendant à se retirer du se.vice, ce que nous n'avons pu luy accorder jusqu'à la réception de vos ordres, estant chargé de quantité d'affaires et d'opérations dont il s'acquitte bien; nous luy avons même promis de vous écrire en sa faveur et de vous prier d'avoir égard à ses longs services et au zèle que nous luy connaissons pour vos interêts.

Sur la demande que nous avions faite de secours à l'occasion des Marattes à Messieurs du Conseil de l'Île de France, au mois de Janvier dernier, ils nous ont envoyé avec la meilleure volonté du monde par différents vaisseaux 282 hommes de troupes réglées, 17 officiers, et ce qu'ils ont pu de munitions de guerre. Ces secours nous auraient été très nécessaires si les Marattes fussent venus nous attaquer; on s'est cependant bien aperçu du bon effet que l'arrivée de ces troupes a fait à cette côte; il n'y a pas de doute que cela ne fasse respecter encore davantage la nation aux Indes. Nous avons remis ces troupes à M. de la Bourdonnais, et avons renvoyé aux iles les munitions de guerre que nous en avions reçues.

Le vaisseau *le Condé* a mouillé en cette rate le 5 au soir, venant de Mahé. Nous avons reçu par cette occasion tous les paquets dont il était chargé et vos lettres des 11, 13 et 15 Mars. M. Dirois a passé icy sur ce vaisseau; le Conseil de Mahé a retenu 150.000 piastres et les cent barils de poudre à canon dont il était chargé pour ce fort, le reste nous a été remis. La saison très avancée et le mauvais état du *Condé* et de son équipage, constaté par

une requête des officiers, dont nuos vous remettons copie,
nous ont fait prendre le party de renvoyer ce vaisseau à
Mahé, d'où il ira aux îles en Décembre prochain. M. de la
Bourdonnais nous ayant promis un vaisseau aux îles pour
vous porter la cargaison du *Condé*, si ce batiment n'était
pas en état de s'en retourner. en France, nous donnons.
ordre au Conseil de Chandernagor d'expédier un vaisseau
de l'Inde pour l'Ile de France avec la cargaison ordonnée
pour le *Condé*, où elle sera remise auv ordres de M. de
la Bourdonnais.

La partie des *cauris*, dont la Compagnie parle dans
sa lettre du 15 Mars. était restée sur le vaisseau le *St.
Pierre*, Capitaine le sieur Bachelin, venant de la côte
d'Afrique, et party d'icy pour le Gange le 27 Septembre
1739 et qui a péri sans doute en y allant, n'en ayant eu
depuis ce temps aucune nouvelle.

Cy joint le paquet dès dépêches du Conseil de Mahé
à l'adresse de la Compagnie, reçu par le *Condé*.

M.M. Delametrie Quentin et Duval d'Espremenil ont
été installés au Conseil le 7 de ce mois dans les grades
que la Compagnie leur a accordés.

M. Golard nous ayant demandé par une requête un
congé de deux ans et la permission de repasser en France pour y aller vaquer à des affaires de famille, nous luy
avons accordé sous votre bon plaisir aux conditions
portées dans votre lettre du 29 Décembre 1738 dont
nous luy avons donné communication.

M. Signard a payé à votre caisse de Mahé une som-
de 468 pagodes pour grosse à 18,/° de celle de 2.600 pagodes qui s'est trouvée d'erreur sur sa caisse à son départ pour la Chine.

Le vaisseau le *St. Benoit*, party du Gange le 17 du
passé, a mouillé en rade le 15 de ce mois, chargé de
provisions pour ce fort, les iles et l'escadre. Nous avons
appris avec plaisir l'arrivée dans le Gange des vaisseaux

le *Triton*, *l'Argonaute*, le *Chauvelin*, le *Pondichéry* et le *Charles*. Nous attendons tous les jours le *Fidèle*, capitaine M. Debrais, chargé aussy de provisions.

M. Dupleix ne se rendra icy qu'au mois de Décembre prochain.

Cy joint une lettre du Conseil, de Chandernagor à l'adresse de la Compagnie par le *St. Benoit*.

Nous venons de recevoir par la voie d'Imam saheb des *firmans* de l'empereur qui nous confirment la possession de tout ce que la Compagnie a acquis à Karikal; vous en trouverez cy joint la traduction. Nous avons demandé ces *firmans* dans le temps que les maures étaient les maitres de tout le Tanjaour. M. Dumas a aussy reçu un *firman* de l'empereur qui confirme la donnation qui luy a été faite par le Nabab de l'aldée d'Archivac.

Nous avons l'honneur, etc. Signé: Dumas, Le Gou, Dulaurens, Quentin de Lametrie, Duval d'Espremenil, Ingrand, Miran, Courbezatre.

Inventaire de la boite des expéditions du Conseil supérieur de Pondichéry à l'adresse de Messieurs les Directeurs de la Compagnie des Indes à Paris, par le vaisseau le *Penthièvre*

No. 1 Lettre du Conseil supérieur du 6 Octobre 1741.

2 Lettre do. do. au sujet des Marattes, du premier Octobre 1741.

3 Réponse du Conseil en apostille concernant le sieuir de Salvan.

4 Compte courant de Soukourama avec la Compagnie arrêté le 8 Avril 1741.

5 Bilan par estimation des fonds existant à Pondichéry au premier Octobre 1741.

6 Compte de l'or acheté pour la Compagnie depuis le 30 Juin 1741 jusqu'an 10 Août suivant.

25 Traduction du *firman* du grand Mogol pour
   Karikal et les cinq aldées de sa dépendance.

26 Reçu du sieur Lefevre d'une somme de 13 pagodes, 5 fanons, 20 caches.

27 Copie de la lettre de Messieurs du Conseil
   supérieur à Messieurs du Conseil de Tellichéry, en date du 4 Septembre 1740.

28 Copie de la lettre du dit Conseil à celuy de
   Bombay de même date.

29 Extrait du registre des délibérations du Conseil supérieur ds Pondichéry, depuis le 5
   Février 1741 jusqu'au 16 Octobre, présent
   mois.

30 Copie des lettres écrites par Messieurs du
   Conseil supérieur de Pondichéry au Conseil
   de Mahé depuis le 6 Février 1741 jusqu'au
   12 de ce mois.

31 Copie des lettres écrites par le Conseil de Mahé à celuy de Pondichéry, depuis le 23
   Janvier 1741 jusqu'au 28 Septembre suivant.

32 Quatorze pièces ou cahiers de correspondance du Conseil de Mahé avec les princes du
   pays, dans lesquels est un projet de traité
   de paix avec Bayanor, du 5 Janvier 1741.

33 Copie des lettres écrites par le Conseil supérieur au Conseil de Chandernagor, depuis le
   20 Mars 1741 jusqu'au 9 Octobre suivant.

34 Copie des lettres du Consel de Chandernagor
   à celuy de Pondichéry, depuis le 23 Janvier
   1741 jusqu'au 13 Septembre suivant.

35 Livres et papiers concernant M. de Villeneuve,
   mort à Bassora, à l'adresse de M. Castanier.

36 Paquet du Conseil de Mahé à l'adresse de
   Messieurs les Syndics et Directeurs de la
   Compagnie des Indes.

37 Paquet du Conseil de la Chandernagor à l'a-

dresse de Messieurs les Syndics et Directeurs, reçu par le *Fidèle*.

38 Procés-verbaux des marchandises et effets avariés venus par les vaisseaux de cette expédition.

39 Requète de M. Quentin de Lamétrie.

40 Une lettre à l'adresse de M. le Duc de Gèvres.

41 do. do. de M. le Comte de Maurepas.

42 Sept lettres à l'adresse de Messieurs les Directeurs généraux de la Compagnie des Indes à Paris.

43 Sept lettres à l'adresse de M. d'Hardancourt.

44 Trois lettres à l'adresse de M. Saintard.

45 Quatre lettres à l'adresse de M. Le Noir.

46 Deux lettres do. de M. d'Esprémenil.

47 Trois lettres do. de M. Godeheu.

48 Une lettres do. de M. Cavalier

49 Quatre lettres do. de M. Castanier.

50 Une lettre venue de Manille pour Madrid.

51 Six lettres à l'adresse de M. Dumont.

52 Une lettre do. de M. Pellerin, premier commis de M. de Maurepas.

53 Deux lettres pour Londres.

54 Deux lettres pour Rome.

55 Quatre-vingt trois lettres particuliéres.

56 Le présent inventaire.

A Pondichéry le 16 Octobre 1741. Signé : Duplant de Laval.

Inventaire de la boite des expéditions du Conseil supérieur de Pondichéry à l'adresse de Messieurs les Directeurs de la Compagnie des Indes à Paris par le *Duc de Bourbon*.

No. 1 Lettre du Conseil supérieur du 6 Octobre 1741.

2 Lettre au sujet des Marattes du premier Octobre.

3 Lettre de ce jour.

4 Réponse du Conseil en apostille concernant le sieur de Salvan.

5 Compte courant de Soukourama avec la Compagnie, arrêté le 8 Avril 1741.

6 Bilan par estimation des fonds existant à Pondichéry au premier Octobre 1741.

7 Compte de l'or acheté par la Compagnie depuis le 30 Juin 1741 jusqu'au 10 Avril suivant.

8 Etat de demandes du fort Louis de Pondichéry.

9 Idem des remèdes nécessaires pour le dit comptoir.

10 Etat des sommes payées par M. de Martinville à M. Otter, y joint quatre reçus du dit sieur.

11 Copie de la requête des officiers du vaisseau le *Condé*, concernant l'état du dit vaisseau.

12 Lettre du Conseil de Chandernagor à l'adresse de Messieurs les Directeurs de la Compagnie des Indes.

13 Facture générale du vaisseau le *Duc de Bourbon.*

14 Connaissement général des marchandises chargées sur le dit vaisseau.

15 Etat des effets fournis du magasin général au dit vaisseau.

16 Etat de l'armement d'un sergent, d'un caporal

et de neuf soldats embarqués sur le dit vaisseau.

17 Deux comptes de l'armement du *Neptune* à Bengale en 1740.

18 Mémoire pour connaitre au juste le bénéfice qui revient à la Compagnie sur la fabrication des roupies Arcattes à sa monnoye de Pondichéry.

19 Requète de M. Dulaurens au Conseil supérieur.

20 Requète de M. Golard.

21 Mémoire de M. de La Bourdonnais avec les réponses du Conseil supérieur par apostille, concernant Mahé.

22 Reçu du sieur Lefévre d'une somme de 13 pagodes, 5 fanons, 10 caches.

23 Copie de la lettre de Messieurs du Conseil supérieur à Messieurs du Conseil de Tellichéry, en date du 4 Novembre 1740.

24 Copie de la lettre du dit Conseil à celuy de Bombay de même date.

25 Extrait du registre des délibérations du Conseil Supérieur de Pondichéry, depuis le 5 Février 1741 jusqu'au 16 Octobre, présent mois.

26 Copie des lettres écrites par Messieurs du Conseil supérieur au Conseil de Mahé, jusqu'au 16 Octobre inclusivement.

27 Copie de celles écrites par le Conseil de Mahé à celuy de Pondichéry depuis le 23 Janvier 1741 jusqu'au 28 Septembre suivant.

28 Quatorge pièces ou cahiers de correspondance du Conseil de Mahé avec les princes du pays, dans lesquels est un projet de traite de paix avec Bayanor, du 5 Janvier 1741.

29 Copie des lettres écrites par le Conseil supé-

rieur à celuy de Bengale, depuis le 20 Mars jusqu'au 9 Octobre suivant.

30 Copie des lettres du Conseil de Chandernagor à celuy de Pondichéry, depuis le 23 Janvier 1741 jusqu'au 13 Septembre suivant.

31 Requête de M. de Lamétrie Quentin.

32 Reçu de M. Lagarde Jazier de la personne de M. Bunel.

33 Paquet concernant la procédure du Sieur Bunel avec la Compagnie.

34 Un paquet de lettres pour Paris.

35 Une lettre à Messieurs les Syndics et Directeurs généraux à Paris.

36 Une lettre à l'adresse de M. Dumas.

ë7 Une à celle de M. Lenoir.

38 Une à celle de M. d'Hardancourt.

39 Deux à celle de M. Saintard.

40 Une à celle de M. Godeheu.

41 Une à celle de M. Castanier.

42 Une à celle de M. Cavalier.

43 Vingt huit lettres particulières.

44 Une lettre à l'adresse de M. Dumont.

45 Le présent inventaire.

Signé : Duplant de Laval

M. DUVELAER, DIRECTEUR A L'ORIENT.
PAR LE PENTHIÈVRE, ET LE DUPLICATA PAR LE
DUC DE BOURBON.

A Pondichéry le 18 Octobre 1741.

Monsieur.

Les vaisseaux *le Triton, l'Argonaute, le Chauvelin, le Duc de Bourbon, le Duc d'Orléans* et le *Condé*, sont arrivés en cette rade les 19 et 28 Juillet, 9 et 24 Aoust, 7 Septembre et 6 Octobre. Les capitaines de ces vaisseaux nous ont remis tous les paquets dont vous les aviez

chargés pour nous, conformément aux notes que vous en
avez envoyées. Nous avons aussy reçu les lettres que
vous nous avez fait l'honneur de nous écrire les 18 Novembre, 1, 2, et 25 Décembre 1740, 18 et 25 Janvier, 8
Février, 2, 14 et 19 Mars derniers, avec toutes les pièces
y jointes conformément aux inventaires.

La présente vous parviendra par le *Penthièvre*, par lequel nous vous remettons cy-joint le connaissement général de la cargaison du dit vaisseau, consistant en 1795
balles de café grandes et petites, 121.300 livres de bois
rouge, 400 paquets de rotin et 400 balles de marchandises, montant à 100.721 pagodes.

Nous avons reçu toutes les marchandises et matières
d'argent chargées sur les vaisseaux de cette expédition,
conformément aux factures et connaissements, à l'exception de la cargaison du *Condé* que nous n'avons pu encore vérifier.

Nous aurons soin de faire faire la retenue des sommes que vous avez données en avances aux passagers
embarqués sur les différents vaisseaux, et d'en faire cré-
diter la Compagnie.

Le nommé Balloir, caporal du détachement du *Bourbon*, étant un bon sujet, ainsy que vous nous l'annoncez,
nous aurons égard à votre recommandation.

Nous avons reçu tous les paquets et lettres conformément aux notes que les capitaines nous ont remises.

Nous avons fait remettre au R. P. Gargan, Supérieur
des jésuites, la caisse contenant 200 marcs de piastres,
venue par le *Bourbon*, à son adresse.

Nous voyons avec plaisir le parti que la Compagnie
a bien voulu prendre au sujet des grands et petits ports
permis des officiers de ses vaisseaux, qui nous donnaient
beaucoup de peine et d'embarras, et qui ne subsistaient
plus au moyen de cent pour cent de bénéfice qu'elle
leur accorde.

Nous avons fait passer à son adresse la lettre pour Colombe que vous nous recommandiez.

Cy-joint sont généralement tous les états concernant le vaisseau le *Penthièvre*, tant des dépenses qu'il a faites que des différents effets qui luy ont ont été fournis pendant son séjour aux Indes.

Nous vous remettons quatre états des armes et ustensiles de guerre qui se sont trouvés de moins avec les détachements venus par les vaisseaux *l'Argonaute*, le *Chauvelin*, le *Duc de Bourbon* et le *Duc d'Orléans*.

Nous avons fait payer à M. Durocher, capitaine du *Penthièvre*, la somme de 640 pagodes 9 fanons pour subsistance de dix personnes de table à Pondichéry pendant le séjour qu'il a fait à terre. Nous luy avons fait monter la garde et à tout son équipage; par consequent la Compagnie ne luy doit pas tenir compte de la table de ses officiers depuis le 10 Janvier 1741 jusqu'au premier Octobre suivant.

Vous trouverez encore cy inclus un état en forme de décompte de ce qui est dû à 17 hommes embarqués sur le *Triton*, provenant des équipages des vaisseaux le *Comte de Toulouse* et le *Phœnix*, montant à la somme de 2772 Rs. Outre cette somme il leur sera dû des salaires dequis le 28 Juillet dernier, jour de leur embarquement sur le *Triton*.

Cy joint sont généralement tous les états concernant les vaisseaux et les avances faites à divers, dont vous aurez la bonté de faire compter à Lorient.

Nous vous renvoyons par ce vaisseau un sergent, un caporal et neuf soldats, dont cy-joint leur signalement.

Cy-joint l'état des passagers embarqués sur le *Penthièvre*.

Nous avons, etc. Signé: Dumas, Le Gou, Dirois, Dulaurens, Quentin de Lamétrie, Duval d'Esprémenil, Ingrand, Miran et de Courbezatre.

INVENTAIRE du paquet du Conseil supérieur pour Lorient, par le *Penthièvre*.

No. 1 Lettre du Conseil Supérieur de Pondichéry du 16 Octobre 1741, à l'adresse de M. Duvelaër, directeur à Lorient.

2 Paquet pour Messieurs les directeurs, députés pour les ventes.

3 Facture du petit port permis des officiers du *Penthièvre*.

4 Facture de 200 paquets de rotin chargés sur le dit vaisseau.

5 Connaissement des marchandises embarquées sur le dit vaisseau.

6 Etat des effets fournis du magasin général au dit vaisseau, du 11 Avril 1741.

7 Idem du 14 Octobre 1741.

8 Idem de ceux du magasin de la marine.

9 Etat de signalement d'un sergent, un caporal et neuf soldats renvoyés par le dit vaisseau.

10 Etat de l'armement des dits.

11 Etat de l'armement d'un sergent et de quarante quatre soldats venus par l'*Argonaute*.

12 Idem par le *Chauvelin*.

13 Idem par le *Bourbon*.

14 Idem par le *Duc d'Orléans*.

15 Etat de ce qui est dû à l'hopital par quatre soldats embarqués sur le *Penthièvre*.

16 Etat des dépenses faites par le *Triton* pendant son séjour à Pondichéry.

17 Idem par l'*Argonaute*.

18 Idem par le *Chauvelin*.

19 Idem par le *Duc d'Orléans*, avant son départ pour Achem.

20 Décompte du nommé Pierre Morin, malade du *Triton*.

21 Idem d'un matelot de l'*Argonaute*.
22 Idem d'nn officier marinier, d'un pilotin, de
    quatorze matelots et d'un mousse provenant
    des vaisseaux le *Comte de Toulouse* et le
    Phœnix, embarqués sur le *Triton*.
23 Rôle des officiers mariniers, matelots et autres
    auxquels il a été fait des avances à Pondi-
    chéry.
24 Décompte des matelots restés malades à Pondi-
    chéry, du *Triton*.
25 Etat des officiers mariniers et matelots du
    Comte de Toulouse, embarqués en remplace-
    ment sur le *Duc de Bourbon*, auxquels il a
    été payé deux mois d'avance.
26 Reçu de M. Durocher, capitaine du *Penthièvre*,
    de la somme de 640 pagodes, 9 fanons, pour
    le temps qu'il a tenu la table à Pondichéry
    à dix personnes, à raison de 25 sols par jour.
27 Rôle des avances faites aux officiers mariniers,
    non mariniers, matelots et autres du *Pen-
    thièvre*, auxquels l'on fera la retenue.
28 Reçu du sieur Galloche, pilotin sur le *Penthi-
    èvre*, de 30 roupies.
29 Idem du sieur Lachenaye, officier sur le *Comte
    de Toulouse*, de 30 pagodes.
30 Rôle de l'équipage du *Penthièvre*, existant au
    jour de son départ.
31 Connaissement de la personne de M. Bunel
    embarqué sur le *Duc de Bourbon*.
32 Six lettres à l'adresse de M. Duvelaër.
33 Vingt-une lettre particulières.
34 Reçu de M. Durocher de la boite des expédi-
    tions et d'un paquet pour M. Duvelaër.
35 Etat des passagers embarqués sur le *Pen-
    thièvre*.

36 Etat de dépenses faites par le *Penthièvre*,
  pendant son séjour à Pondichéry.
37 Le présent inventaire,
  A Pondichéry, le 16 Octobre 1741.
  Signé : Duplant de Laval.

INVENTAIRE du paquet du Conseil Supérieur pour
Lorient, par le vaisseau le *Duc de Bourbon*.

No. 1 Duplicata de la lettre du Conseil Supérieur de
  Pondichéry, en date du 16 Octobre 1741, à
  l'adresse de M. Duvelaër.
 2 Duplicata de celle pour Messieurs les directeurs députés pour la vente.
 3 Connaissement des marchandises embarquées
  sur le dit vaisseau.
 4 Etat des effets fournis du magasin général au
  dit vaisseau.
 5 Idem des effets fournis du magasin de marine
  au dit vaisseau.
 6 Etat de signalement d'un sergent, d'un caporal
  et de neuf soldats renvoyés par le dit vaisseau.
 7 Etat de l'armement des dits.
 8 Etat de l'armement d'un sergent et de 44 soldats venus par l'*Argonaute*.
 9 Etat de ce qui est dû à l'hôpital par quatre
  soldats embarqués sur le *Duc de Bourbon*.
 10 Décompte du nommé Pierre Morin, resté malade, du *Triton*.
 11 Idem d'un matelot de l'*Argonaute*.
 12 Idem d'un officier marinier, d'un pilotin et
  d'un mousse, provenant des vaisseaux le
  Comte de Toulouse et le *Phœnix*, embarqués sur le *Triton*.

13 Rôle des officiers mariniers. matelots et autres
  du *Penthièvre*, auxquels il a été fait des
  avances à Pondichéry.
14 Décompte des matelots restés malades à Pondichéry, du *Triton*.
15 Etat des officiers mariniers du *Comte de Toulouse*.
16 Rôle des noms des officiers, matelots et autres
  provenant du *Comte de Toulouse*, auxquels
  il a été fait des avances.
17 Reçu de M. Durocher, capitaine du *Penthièvre*,
  de la somme de 640 pagodes, 9 fanons, pour
  le temps qu'il a tenu la table à Pondichéry
  à dix personnes à raison de 25 sols par jour.
18 Connaissement de la personne de M. Bunel,
  signé de M. de la Garde Jazier.
19 Etat des armes qui se sont trouvées de moins
  au détachement embarqué sur le *Chauvelin*.
20 Etat des armes qui se sont trouvées de moins
  sur le *Duc de Bourbon*.
21 Idem   do.   do.   do.   sur le
  Duc d'Orléans.
22 Noms des officiers mariniers et matelots provenant du *Comte de Toulouse*, embarqués en
  remplacement sur le *Duc de Bourbon*.
23 Etat des dépenses faites par le *Duc de Bourbon*, pendant son séjour à Pondichéry.
24 Idem par le vaisseau le *Fleury*.
25 Idem par le *Brillant*.
26 Idem par l'*Aimable*.
27 Idem par le *Condé*.
28 Reçu de M. de la Garde Jazier de 5 caisses de
  vin de Bordeaux, contenant 300 bouteilles.
29 Etat des effets et munitions de guerre et de
  bouche fournis au vaisseau le *Fleury*.
30 Idem au vaisseau le *Brillant*.

35

31 Idem   do   *l'Aimable.*

32. Idem des effets du magasin de la marine fournis au *Condé.*

33 Le présent inventaire.

A Pondichéry, le 16 Octobre 1741. Signé: Duplant
de Laval

MESSIEURS LES DIRECTEURS, DÉPUTÉS POUR LES
VENTES A L'ORIENT, PAR LE PENTHIÈVRE ET
LE DUPLICATA PAR LE DUC DE BOURBON.

A Pondichéry, le 16 Octobre 1741.

MESSIEURS,

La présente qui vous parviendra par le *Penthièvre,*
n'est que pour vous en remettre la facture générale, consistant en 400 balles de marchandises, 1795 balles de
café de Moka, 400 paquets de rotin, 121.100 livres de
bois rouge, montant à 100.721 pagodes.

Nous aurons l'honneur de répondre au mois de Janvier à votre mémoire d'observations en date du 7 Novembre 1740 sur les marchandises cy devant envoyées
en France.

Nous avons, etc. Signé: Dumas, Le Gou, Dirois, Dulaurens, Duval d'Esprémenil, Ingrand, Miran et de
Courbezatre.

MESSIEURS LES SYNDICS ET DIRECTEURS GÉNÉRAUX DE
LA COMPAGNIE DES INDES A PARIS, PAR LE DUC
DE BOURBON, ET LE DUPLICATA PAR LE PENTHIÈVRE

A Pondichéry, le 18 Octobre 1741

MESSIEURS,

Nous vous remettons cy inclus le duplicata de la lettre que nous avons eu l'honneur de vous écrire par le *Penthièvre* le 6 de ce mois.

Le brigantin la *Diane*, venant de Yanaon, a mouillé en rade le 17, chargé de 222 balles de marchandises qui serviront au chargement du *Duc d'Orléans*, an mois de Janvier prochain,

Nous avons tiré sur vous Messieurs, le 17 de ce mois, une lettre de change par première, deuxième et troisième à deux jours de vue, de 56 Marcs d'argent piastres à l'ordre de M. Bocquet de Pontenay à L'orient, valeur reçue de M. Paradis; nous vous prions d'y faire honneur.

M. Quintin de la Métrie nous a présenté une requète dont copie est cy jointe, par laquelle il nous a demandé un congé de six mois pour aller terminer ses affaires de famille à Madras avant de venir occuper le poste que vous lui avez donné; nous n'avons pas crù devoir luy refuser sa demande.

Le Conseil de l'Ile de France nous ayant marqué que votre intention était qu'il fut payé chaque année une somme de cent livres au nommé Lefevre, cet homme étant icy, nous luy avons payé 13 pagodes, 5 fanons, 10 caches, suivant son reçu que nous vous remettons; nous donnons avis de ce payement à l'Ile de France.

Nous avons attendu inutilement jusqu'à ce jour 50 à 60 balles de mouchoirs de Mazulipatam dans le dessein de les charger sur le *Duc de Bourbon*; elles ne sont pas encore arrivées, et la mousson nous force d'expédier ce bâtiment. Nous garderons encore deux ou trois jours le *St. Benoit* que nous envoyons aux îles, et chargerons ces mouchoirs dessus s'ils nous parvienent assez à temps ; nous prierons Messieurs du Conseil de l'Ile de France de les faire embarquer sur le *Duc de Bourbon* qui débarquera plutôt le poivre pour leur faire place.

Le vaisseau le *Fidèle*, venant de Bengale, a mouillé icy le 16, chargé de diverses provisions, nous l'envoyons à Mahé d'où il nous rapportera son chargement de poivre en May prochain.

Nous vous remettons cy joint la facture du chargement du *Duc de Bourbon*, montant à 151.299 pagodes. Nous en envoyons le connaissement à L'orient.

M. de la Bourdonnais est parti pour Mahé le 19 Octobre avec les vaisseaux le *Fleury*, le *Brillant*, l'*Aimable*, le *Neptune*, le *Fidèle et le Condé*.

Nous sommes, etc. Signé : Dumas, Le Gou, Dulaurens, Dirois, Duval d'Esprémenil, Ingrand, Miran et de Courbezatre.

Messieurs les Directeurs, Députés pour les ventes a Lorient, par le Penthièvre, et le duplicata par le Duc de Bourbon.

A Pondichéry, le 15 Octobre 1741.

Messieurs,

La présente qui vous parviendra par le *Duc de Bourbon* est pour vous remettre la facture de son chargement montant à 151.299 pagodes.

Nous vous remettons cy joint le duplicata de notre dernière du 16 du courant, par le *Penthièvre*.

Nous avons l'honneur, etc. Signé: Dumas, Le Gou, Dirois, Dulaurens, Duval d'Esprémenil, Ingrand, Miran et de Courbesatre.

MESSIEURS LES DIRECTEURS GÉNÉRAUX DE LA COMPAGNIE DES INDES A PARIS, PAR LE PENTHIÈVRE, ET LE DUPLICATA PAR LE BOURBON.

A Pondichéry, le 24 Octobre 1741.

MESSIEURS.

Vos vaisseaux le *Duc de Bourbon* et le *Penthièvre* ont mis à la voile pour le port de Lorient le 20 de ce mois. Mr. et Me Dumas se sont embarqués sur le dernier.

Nous envoyons cette lettre à l'Ile de France par le *St. Benoit* que nous expédions ce jour, chargé de vivres et de provisions pour les îles. Nous avons retenu ce vaisseau jusqu'à présent comptant recevoir de Mazulipatam 50 à 60 balles de mouchoirs que nous y aurions chargées pour être mises à l'Ile de France sur le *Bourbon*, mais les vents du Sud qui ont continué jusqu'à ce jour, retiennent le vaisseau qui nous les apporte et qui n'a pas encore paru.

L'escadre de M. de la Bourdonnais a mis à la voile pour Mahé le 20 de ce mois.

Nous faisons partir ce jour pour Mahé le *Fidèle*, chargé de vivres et provisions pour l'escadre.

Nous y envoyons aussi le brigantin la *Diane*, sur lequel nous avons fait charger 300 balles de café des îles, et avons donné ordre à ce comptoir de les envoyer à M. Martinville par un des vaisseaux du Gange, qui touchera en Février ou Mars prochain à Mahé en allant à Bassora.

Nous avons, etc. Signé: Le Gou, Dirois, Duval d'Esprémenil, Dulaurens, Ingrand, Miran et de Courbesatre.

Monsieur Duvelaer, Directeur a Lorient, par le Penthièvre, le duplicata par le Duc de Bourbon.

A Pondichéry, le 24 Octobre 1741.

Monsieur,

Nous avons l'honneur de vous donner avis que dans l'état des dépenses du *Bourbon*, on a omis de passer 5381 rations fournies à l'équipage du dit vaisseau pour le temps qu'il a sejourné à l'hôpital, l'économe ne nous en ayant remis l'état qu'après que le vaisseaux a mis à la voile. Nous vous prions de faire compter l'écrivain de de ce vaisseau de ces 5381 rations.

Vous trouverez cy joint le connaissement de trois pipes de vin de Cherés données à M. de Lagarde Jasier, dont on a oublié de prendre son reçu, ayant cté débarquées de bord à bord du *Condé*. Vous aurez la bonté d'en faire tenir compte à M. de Lagarde.

Cy joint le signalement du nommé Charles le Roux dit Bataille, invalide, embarqué sur le *Duc de Bourbon*.

Vous trouverez encore cy inclus un état montant à 88 pagodes 8 fanons pour vingt six lascars qui ont travaillé pendant un mois vingt jours à bord du *Duc de Bourbon*, dont on avait pareillement omis de vous envoyer le compte qui ne nous a été donné qu'après le départ ce ce vaisseau.

Nous sommes, etc. Signé: Le Gou, Dirois, Duval d'Esprémenil, Dulaurens, Ingrand et Miran.

Messieurs les Syndics et Directeurs Générauy de la Compagnie des Indes a Paris, par le Duc de Bourbon et le duplicata par le Penthièvre.

A Pondichéry, le 25 Octobre 1741.

Messieurs,

Le vaisseau la *Marie Gertrude* qui mouilla hier au jour en rade, nous a apporté 60 balles de mouchoirs de Mazulipatam que nous attendions depuis longtemps: la mousson étant très avancée, nous avons pris le party de faire embarquer ces mouchoirs de bord à bord sur le *St. Benoît*, expédié dès hier pour l'Ile de France, et que nous avons retenu jusqu'à présent pour les prendre. Nous vous en remettons cy joint la facture montant à 15.202 pagodes 21 fanons 53 caches. Nous écrivons à Messieurs du Conseil de l'Ile de France de recevoir ces 60 balles de mouchoirs et de les faire embarquer sua le *Duc de Bourbon*, Capitaine M. de Lagarde Jazier; nous avons eu l'honneur de vous en prévenir par notre lettre du 6 de ce mois, le connaissement en sera envoyé par le Conseil de l'Ile de France à M. Duvelaër, Directeur à Lorient.

Nous sommes, etc. Signé: Le Gou, Dirois, Dulaurens Duval d'Esprémenil, Ingrand et Miran.

RÉPONSE DU CONSEIL SUPÉRIEUR DE PONDICHÉRY PAR APOSTILLE A LA LETTRE DE LA COMPAGNIE, EN DATE DU 9 NOVEMBRE 1740.

A Pondichéry le 31 Décembre 1741.

1er—Nous avons appris avec plaisir l'heureuse arrivée de tous ces vaisseaux à Lorient, et sommes bien aises que la Compagnie ait trouvé nos expéditions conformes aux inventaires.

COPIE DE LA LETTRE DE LA COMPAGNIE ÉCRITE AU CONSEIL SUPÉRIEUR DE PONDICHÉRY EN DATE DU 9 NOVEMBRE 1740.

1er—La Compagnie a reçu, Messieurs, les 16 lettres que vous lui avez écrites en date des 20 Janvier, 10, 16, 18 et 20 Février, 16 Septembre, 10, 12, 20 et 26 Octobre et 11 Novembre 1739, 15, 19 et 29 Janvier, 16 et 24 Février dernier, celle-cy en chiffres par voye d'Angleterre. Elles lui sont parvenues ainsy que toutes les pièces dont elles font mention, et celles qui y étaient jointes, conformément aux inventaires, par les vaisseaux le *Fleury*, le *Triton*, la *Paix*, le *Jupiter* et le *Duc d'Orléans* heureusement arrivés à Lorient les 23 May, 1er et 16 Juin, 16 Aoûst et 11 Septembre dernier. Elle ne vous fera réponse sur tous les articles qui l'exigent qu'à la fin de cette année.

Le *Thétis*, l'*Argonaute* et le *Chauvelin*, venant de Bengale, sont de même arrivés dans le port les 18 Juin et 24 Juillet ; le *Condé* et le *Duc de Chartres*, venant de Chine, y sont aussy arrivés le 24 Juillet, et le *Héron* le *Prince* de *Conty* et la *Fière*, venant des Iles de France et de Bourbon, les 8, 24 et 26 Juillet.

2o—Nous ressentons viment la perte du vaisseau la *Duchesse*, qui jointe à

2o—Vous voyez, Messieurs, qu'il n'est point question de la *Duchesse*. Nous

celle du *Philibert*, n'a pu qu'apporter du dérangement dans vos dispositions concernant les Indes. La Compagnie a très bien fait de faire insérer dans les instructions des capitaines qui sont destinés pour le Gange, l'ordre de faire mettre des bouées sur les caisses d'argent, d'en faire mettre la moitie, même le tout sur le bot qui accompagne les vaisseaux. Il est des plus surprenant que les officiers du *Philibert* n'y aient point pensé.

n'en avons eu aucune nouvelle depuis celle de son départ du Gange ; ainsy, il n'est que trop vray que ce vaisseau aura péri en pleine mer, soit par le feu ou par quelque autre accident, sans que qui que ce soit ait pu se sauver. Un aussi grand malheur confirmé dans le même temps que la perte entière du *Philibert*, nous a jetés, comme vous le pouvez croire, dans une consternation des plus grandes, car, en même temps que nous sommes sensibles au delà de toute expression à la triste destinée qu'ont eue tant d'hommes qui étaient sur ce premier vaisseau, nous sommes vivement touchés du dérangement que des pertes aussy considérables apportent à nos dispositions et aux projets dont nous vous avons fait part pour le soutien et l'accroissement du commerce annuel de la Compagnie dans l'Inde. Pour obvier autant qu'il est en nous à ce qu'il n'arrive encore un accident pareil à celuy du *Philibert*, dans le cas où un capitaine viendrait à manquer Pondichéry, comme a fait le sieur Lobry, ce que nous trouvons très extraordinaire, quelque chose qu'il nous allègue pour sa justification, nous faisons insérer dans les instructions des capitaines destinés pour le Gange, les mêmes articles à peu près que vous êtes dans l'usage de leur prescrire, lorsque vous les expédiez pour Chandernagor.

3°—La position des

3°—Nous approuvons aus-

bouées dans les endroits du Gange où il est nécessaire, est une manutention intérieure du Conseil de Chandernagor, qui est très à propos.

sy ce Conseil d'avoir, à l'imitation des Hollandais, pris le party (dont il vous a fait part pour y être autorisé) de faire poser dès le mois d'Avril une demi douzaine de bouées

dans les endroits du Gange où les pilotes les auront jugées les plus nécessaires.

4º—Nous ne manquons ni de zèle ni d'attention à la visite des marchandises. Nous nous sommes aperçus les premiers qu'elles tombaient de qualité, ce qu'il faut attribuer aux dérangements considérables occasionnés dans cette province par l'incursion des Marattes. Nous avons même lieu de craindre que nous ne puissions pas réussir si bien dans la suite à charger vos vaisseaux que nous avons fait jusqu'à présent, la tranquillité ne se rétablissant pas encore dans les aldées où se fabriquent les marchandises, et l'obstacle des pagodes de bas titre subsistant toujours.

4º—La vente des dix vaisseaux cy dessus dénommés a été faite à Lorient à l'ordinaire le 26 Septembre dernier, et jours suivants et elle aurait eu tout le succès que l'on en pouvait désirer, sans la mauvaise qualité de plusieurs toiles de coton, et particulièrement des Betilles. Vous verrez par la disposition qui vous en sera envoyée par Mrs. les Directeurs députés pour la dite vente, les prix de chaque article, et vous recevrez en même temps leurs observations sur les marchandises de votre envoy, et sur celles à nous envoyer dans la suite, tant pour la qualité que pour la quantité, et particulière-

ment par les vaisseaux que nous allons vous expédier. Nous nous référons entièrement à tout ce qu'ils vous marquent, vous recommandant seulement très expréssément de vous y conformer autant qu'il sera possible avec la plus grande attention.

5° — Nous supplions la Compagnie de nous envoyer les gazettes, mercures, et autres nouvelles imprimées, par les vaisseaux de la première partance, sauf de nous envoyer la suite par ceux de la seconde. Nous sommes si peu informés de la situation des affaires à l'arrivée de vos vaisseaux, que nous ne pouvons répondre aux étrangers sur les nouvelles et la situation de notre patrie, dont ils sont mieux instruits que nous; mettez vous à notre place et jugez de notre confusion. Nous souhaitons que les troubles en Europe se terminent sans guerre.

Nous observons avec la dernière exactitude de n'avoir aucune discussion avec les Anglais et les Hollandais ; nous l'avons fortement recommandé aux autres comptoirs, et principalement à Mahé.

5° — Les gazettes de France et de Ilollande que nous vous enverrons à l'ordinaire ainsi que les mercures, vous instruiront de tout ce qui s'est passé d'intéressant en Europe depuis celles que vous devez avoir reçues ; nous y ajouterons seulement que la nouvelle que l'on vient de recevoir de la mort de l'Empereur, arrivée le 20 du mois dernier, ne peut manquer d'occasionner de grands mouvements ; mais d'en prévoir le résultat, c'est ce qu'il n'est pas possible de faire quant à présent avec certitude. Ainsy, dans l'indécision et la crainte où nous sommes avec plus de fondement que jamais que la guerre qui subiste entre l'Espagne et l'Angleterre ne nous l'occasionne aussy contre cette dernière nation, et même contre la Hollande, la Compagnie ne peut assez vous recommander de nouveau

de faire tout ce qui est en vous pour vous tenir sur vos gardes, et vous mettre en état de défense, ainsy que pour éviter d'avoir avec l'une ou l'autre de ces deux nations aucune discussion qui puisse donner lieu à nous brouiller ouvertement avec elles.

6.—La Compagnie verra que le nombre de vaisseaux qu'elle nous a envoyés cette année est plus que suffisant pour les marchandises que ses comptoirs sont en état de leur donner, et qu'après les avoir expédiés, il ne nous restera que très peu de fonds tant à Bengale qu'icy, eu égard aux avances qu'il est nécessaire de donner aux marchands et au grand nombre de vaisseaux que la Compagnie se propose de nous expédier de 1741 à 1742. Il est vray que nous avons été obligés d'envoyer des fonds considérables à Mahé d'où nous n'avons reçu que 408 *candis* de poivre, le surplus étant consommé par la guerre avec Bayanor; nous vous informerons par notre lettre générale des fonds qui nous resteront après le départ du *Duc d'Orléans*, et de leur disposition pour le commerce de 1742, tant à Bengale qu'icy, Mahé, Moka, Mazulipatam et Yanaon; il n'a point été fait

6.--Cette situation incertaine et les pertes considérables qui résultent du naufrage du *Philibert* et de la *Duchesse*, jointes au retard du vaisseau le *Maurepas* que nous croyons qu'il ne vous a été possible de nous renvoyer cette année, faute de pouvoir vous procurer assez de marchandises pour son chargement, dérangent de plus en plus le projet que la Compagnie avait formé d'expédier annuellement le même nombre de vaisseaux avec à peu près la même quantité de fonds; et il n'est pas possible qu'elle pense cette année à l'exécuter. Cependant, pour ne pas perdre de vue l'objet qu'elle s'est proposé, comme le plus essentiel qui est qu'il reste des fonds après l'expédition des vaisseaux, en quantité suffisante pour faire travailler à l'avance, elle s'est déterminée à ne vous expédier cette année que six vaisseaux, dont trois pour Bengale, attendu la rareté dont les mar-

d'armement pour Chine en 1741.

partagerez avec ce comptoir.

7.—Nous avons été obligés de prendre ces rebuts ou de renvoyer vos vaisseaux sans être entièrement chargés. Nous serons peut-être encore forcés de le faire pour la même raison, en ce cas nous nous conformerons à ce que Mrs. les Directeurs députés pour la vente nous prescrivent par leur lettre du 7 Novembre 1740.

chandises fines sont icy, avec un fonds néanmoins de 160.000 marcs que vous

7.—Une autre raison essentielle qui l'a déterminée à vous envoyer d'aussy gros fonds quoi qu'elle n'expédie qu'un si petit nombre de vaisseaux, est pour que vous vous attachiez davantage à la qualité de la marchandise, que vous vous teniez plus fermes à la visite, que vous ne receviez aucune pièce qui ne soit en sorte et conforme aux anciennes montres, et à plus forte raison, aucune marchandise de rebut, à quelque prix que l'on vous l'offre. Les 175 balles que vous en avez envoyées cette année ayant influé à la vente sur le prix des autres, ont produit un très mauvais effet.

8.—Tous ces vaisseaux sont bien arrivés, le *Condé* à la place du *Fleury*, et le *Duc d'Orléans* à la place du *Brillant*.

8.—Les vaisseaux que nous nous proposons de vous envoyer sont :

Pour Pondichery,

Le *Bourbon*, en droiture, Capitaine Jasier de la Garde 800 Ts.
Le *Fleury*, passant aux iles capitaine de la Métrie Magon 800
Et le *Chauvelin*, à Mahé capitaine Dufresne de la Villeherbe 600

{80.000 Marcs

Pour Bengale :

Le *Triton*, en droiture à Pondichéry, capitaine Richard Butler 600	
L'*Argonaute*, allant aux Iles, capitaine Gilbert Deschenays. 600	80.000 Marcs
Et le *Brillant*, capitaine Chantelou le Fer. 600	

160.000 Marcs.

Nous vous prévenons qu'à la place du *Fleury*, nous pourrons bien ne vous expédier que le *Condé* de 600 tonneaux, et envoyer le *Jupiter* au Bengale au lieu du *Brillant*.

De ces 160.000 marcs nous comptons vous en faire passer par le *Bourbon* 40.000 marcs, et par le *Triton*, 40.000 autres.

Indépendanment de ces six vaisseaux, la Compagnie en expédiera à l'ordinaire deux pour la Chine et deux ou trois pour les îles, y compris une flûte qu'elle a fait construire exprès.

Vous recevrez à l'ordinaire outre les fonds cy dessus ceux provenant des grands ports permis des officiers, maitres et pilotes à raison de 6.600 piastres par vaisseau, et la Compagnie ayant jugé à propos d'exiger que ces ports permis fussent, à commencer de cette année et à l'avenir, remis à la caisse de Lorient pour chacun de ceux à qui il en est accordé avant leur départ, chaque vaisseau vous en remettra le montant à son arrivée.

Quant aux petits ports permis, elle n'y a apporté aucun changement. Vous recevrez aussy toutes les marchandises et effets employés dans vos états de demandes, et M. Duvelaër vous en remettra, comme de coutume, les factures et connaissements, ainsi que ceux des matières d'argent.

9.—Nous avons reçu ce tableau qui est très bien spéculé jusques en Janvier 1741, mais notre situation a changé depuis par les fonds considérables qu'il a fallu envoyer à Mahé. Nous joignons à notre lettre générale l'état des fonds qui nous resteront après le départ des vaisseaux de cette expédition,

9.—Nous vous remettons cy joint le tableau que nous avons fait dresser de votre situation sur laquelle nous espérons avec d'autant plus de fondement avoir bien spéculé que nous sommes partis de votre bilan et avons estimé chaque article en conséquence de ce que vous nous avez marqué. Nous avons même observé de caver toujours au plus fort quant aux articles de dépenses, de façon que nous sommes persuadés que votre situation se trouvera plus gracieuse que nous ne l'estimons par ce tableau où vous verrez que, quoique au commencement de cette année il dut y avoir un fonds de près de 80.000 pagodes répandues dans les différentes branches du commerce particulier, une somme presque aussi considérable dans le comptoir de Mahé, et d'autres fonds encore, tant en nature qu'en marchandises dans ceux de Mazulipatam, de Yanaon, de Karikal, de Bassora, de Surate et de Banderabassy, nous ne faisons point entrer toutes ces sommes en ligne de compte, et les laissons affectées, attendu qu'il faut toujours les remplacer en tout ou partie aux différentes branches dans lesquelles elles sont employées.

Vous y verrez aussy que la Compagnie a eu égard aux dépenses plus fortes occasionnées par l'établissement de Karikal et les batiments et fortifications faits et à faire à Pondichéry et à Mahé, qu'elle a employé annuellement un fonds considérable tant dans l'armement de Chine que celuy de Moka, et qu'enfin en admettant toutes ces dépenses et l'acquit de tous les emprunts, elle trouve qu'il vous restera au commencement de l'année prochaine, après l'expédition des vaisseaux, 83.244 pagodes au

moins, qui faisant environ le quart du montant des cargaisons que vous aurez à donner aux trois vaisseaux que
nous vous expédions, suffiront pour en faire fabriquer
les marchandises à l'avance, et celles surtout après les
quelles vous ètes exposés à attendre, de façon que nous
comptons bien que vous serez en état de nous renvoyer
deux de ces vaisseaux en Octobre, qui seront le *Bourbon*
ou le *Fleury* avec le *Chauvelin.* Vous ferez charger le
premier, ainsi que celuy de pareil port que vous ne nous
expédierez qu'en Janvier, indépendamment de leur lest
en bois rouge et salpètre, de la plus grande quantité de
marchandises qu'il sera possible de leur faire prendre
et les ferez.

10.—Au moyen de la partie du poivre que nous nous sommes procuré en conséquence de notre délibération du premier Septembre dernier, nous avons pu en envoyer à Bengale environ 500 milliers, et vos vaisseaux, tant du Gange que d'icy, sont chargés d'une forte partie.

10.—ensuite bonder de tout le poivre qui y pourra trouver place, et pour que nous puissions recevoir une partie plus considérable de cette dernière marchandise, dont nous ne doutons pas que vous n'ayiez alors une forte quantité, et en même temps plus de belles toiles, vous ferez passer au Conseil de Chandernagor

tout le poivre dont il pourra avoir besoin, pour en bien
bonder les trois vaisseaux, et pour que vous puissiez en
faire encombrer davantage sur le *Bourbon* et le *Fleury.*

11.—Nous n'avons ordonné à Moka que 300 milliers de café pour 1742. C'est le *Penthièvre* qui vous porte celuy de cette année avec 400 balles de marchandises.

11.—Nous ne vous demandons que 300 milliers de café de Moka, qui, avec ce qui nous en restera de la vente prochaine, nous suffira, de sorte que n'ayant à

faire charger sur le *Chau-*
velin que ces 300 milliers, vous pourrez compléter son'
chargement de la plus forte quantité de balles qu'il pourra prendre, ce qui vous donnera toujours plus de place
sur les deux autres vaisseaux, dans l'un desquels même
nous vous autorisons à faire rompre et changer los cloi-
sons et calles à l'eau, pour vous procurer encore plus
d'emplacement.

Vous verrez par le tableau que nous vous envoyons,
qu'après ces trois vaisseaux expédiés, nous comptons
qu'il vous restera en caisse au moins 76.162 pagodes,
indépendamment des 87.000 que nous supposons que
vous aurez alors envoyées à Moka et en Chine, et dont
moitié vous reviendra peu après l'expédition du dernier
vaisseau pour l'Europe, ce qui avec les fonds provenant
des poivres, que vous serez dans le cas, ne pouvant
nous les envoyer par un aussi petit nombre de vaisseaux,
de faire vendre dans les endroits de l'Inde où le débit
en sera plus avantageux, vous mettra en état de faire
travailler à l'avance aux marchandises nécessaires pour
les cargaisons des vaisseaux que nous vous expédierons
de 1741 à 1742, et dont vous pouvez statuer que le nombre sera plutôt au dessus qu'au dessous de celuy de cette
expédition, comme aussy que les fonds qu'ils vous por-
teront excèderont plutôt 160.000 marcs, et qu'ils ne seront pas moindres.

Nous ne vous avions promis l'année dernière que
146.000 marcs, et nous avons cependant porté notre
envoy jusqu'à 193.500 marcs, non compris les 5.000
piastres que vous aura remis le sieur Forty de Préra-
vily. Nous ferons toujours tout ce que nous pourrons
pour que vous vous trouviez au large.

12.--L'aisance dans la   12.—Mais cette aisance
quelle la Compagnie tra-   dans laquelle nous travail-

vaille à nous entretenir, et qui n'a pas encore eu son entière perfection par les pertes qu'elle vient d'essuyer, ne nous a jamais portés à l'entreprise d'aucune opération, que nous n'y ayons réfléchi très murement, et qu'après avoir été pleinement persuadés de leur utilité.

La Compagnie n'ignore pas les ordres que nous avons eus d'étendre son commerce trop borné dans ses anciens établissements, par rapport au nombre de vaisseaux qu'elle nous envoye tous les ans. C'est dans cette vue que nous avons formé l'établissement de Karikal, projeté celuy de Coleche dans le royaume de Travancore, à l'occasion duquel nous ne pouvons assez témoigner notre chagrin de ce que la Compagnie l'improuve. Elle n'en connait pas l'utilité et les avantages ; peut être dans quelques jours en sera t'elle persuadé, et il ne sera plus temps de se l'acquérir, Nous n'aurions jamais pensé que les oppositions des Hollandais lons à vous entretenir, ne doit pas contribuer à ce que vous vous laissiez aller plus facilement à des entreprises, du succès et de l'utilité desquelles vous n'êtes pas moralement assurés, ou qui entraineraient avec elles des dépenses trop fortes ou des inconvénients qu'il convient toujours d'éviter. Nous ne pouvons, malgré tout ce que vous, M. Dirois et son Conseil, nous marquez en faveur des établissements de Travancore et de Ponnatour, ne les pas regarder comme des entreprises à peu près de cette espéce, car indépendamment de ce que l'on nous a assuré que les mêmes offres ont été faites à M. Trémisot, qui n'en voulut point profiter dans la crainte d'avoir à essuyer de la part des Hollandais les mêmes oppositions que nous voyons qu'ils y forment. C'est que l'on nous a assuré aussy que l'on ne devait espérer de pouvoir tirer des poivres que de Ponnatour, et que tout le commerce à faire à Travancore sé réduisait à dé-

aux nouveaux établissements jugés utiles à l'agrandissement de votre commerce, eussent été un motif suffisant pour nous arrêter, principalement lorsque ces oppositions sont sans raison ni fondement. Nous pensons au contraire que ce doit être un puissant motif pour les boucher annuellement une très petite quantité de marchandises de Bengale, et que d'ailleurs, quand il serait possible d'en tirer aussy des poivres, ces deux établissements ne nous deviendraient pas d'une aussy grande utilité que vous nous le représentez, acquérir, puisque cela prouve leur bonté et leur utilité. Ceux qui bornent le commerce de Colèche à déboucher annuellement une petite partie de marchandises de Bengale, ne sont pas bien instruits. On en peut tirer 3.000 *candis* de poivre et quantité de toiles, le coton y étant très abondant, de la grosse canelle, du *Kaire* et des bois en quantité. Nous nous référons à ce que nous avons écrit à la Compagnie au sujet de ces établissements par nos lettres de 29 Janvier, 24 Février et 16 Octobre 1740.

13.—La suite des nouvelles de Mahé, depuis l'acquisition des deux montagnes et la paix avec les quatre Nambiars, ne vous aura appris que troubles, guerres et dépenses considérables, sans que nous en ayons reçu que très peu de poivre. Nous espérons que l'escadre en guerre nous y procurera une paix solide et avantageuse. Nous traiterons ces 13.—attendu que Mahé où nous avons appris avec plaisir que nous pouvions enfin nous regarder aujourd'hui comme très en sureté au moyen de la possession de deux montagnes et de la victoire remportée sur les quatre Nambiars, est certainement suffisant pour nous procurer toute la quantité de poivre dont nous pouvons annuellement avoir

articles dans notre lettre générale.

besoin, tant pour nos vaisseaux d'Europe que pour notre commerce de l'Inde.

14.—Nous nous conformerons exactement à vos ordres, Messieurs, tant pour les anciens établissements que pour Karikal, où les Hollandais nous voient tranquillement. M. Mossel, Gouverneur de Négapatam et le sieur Février, chef à Karikal sont en bonne intelligence et se préviennent de politesse.

14.—Ce qui est donc le plus important quand à présent, c'est de donner toute votre attention à maintenir les établissements de la Compagnie, sans en former de nouveaux, c'est d'achever pour cela de se bien fortifier à Mahé, c'est d'en user de même pour Karikal dont nous avons approuvé l'établissement, attendu qu'il nous a paru

bien réfléchi et incontestable.

15. Dans le cas de l'exécution des ordres de la Compagnie de repousser la force par la force, nous nous y conformerons, ainsy que pour tout ce qui nous est prescrit par l'article cy à coté.

15. C'est aussy par cette dernière considération que nous vous avons autorisés, si vous y trouviez de l'opposition, à repousser la force par la force, et c'est ce que nous vous confirmons en vous réitérant d'observer de ne faire dans cet

endroit que des dépenses indispensables avec la plus grande économie.

Nous attendons au surplus que Mrs. les Directeurs des ventes soient de retour icy pour traiter de concert avec eux ce qui regarde les deux établissements de Travancore et de Ponnatour, et vous informer définitivement des intentions de la Compagnie à ce sujet. Nous voulons croire que les Hollandais n'ont, comme vous nous l'observez, d'autre droit sur les terres des princes de ces pays que celuy qu'ils s'arrogent comme y étant les plus forts, et qu'ils prétendent soutenir. Mais en supposant cela seulement, n'est ce pas une raison déterminante pour vous empêcher de rien tenter de ce côté; et d'ailleurs, les invitations concertées et pressantes des Roys de ces deux pays, ne doivent-t'elles pas vous être suspectes, et vous faire connaitre évidemment que leur empressement à vous avoir chez eux procède uniquement de l'envie qu'ils ont de se soustraire au Samorin, et ensuite aux Hollandais, en ayant dans l'intérieur de leur royaume une nation capable de les seconder contre eux, qui, ne pourrait se dispenser, et se trouverait même dans le cas insensiblement d'épouser et de soutenir par elle même leurs querelles.

16.—Nous ne répondrons rien à cet article, et renvoyons la Compagnie à notre lettre du 16 Octobre 1740. Nous consentirions volontiers à avoir tort, si cela pouvait luy rendre Colèche dont elle ne connait ni le prix ni la conséquence, nous souhaitons que M. Dumas soit écouté à ce sujet, il apprendra à la Compagnie des choses si importantes qu'elles ne peuvent être confiées au papier.

16.—Vous avez cependant donné, Messieurs, dans ces deux entreprises, et avez expédié, le *Maurepas* pour en aller prendre possession, tentative dispendieuse, inutile, et qui n'aurait pas manqué de tourner à la honte de la nation, si par les dernières lettres que nous avons reçues de Mahé, par voye d'Angleterre, en date des 2 et 8 Mars dernier, nous ne savions que ce Conseil a pris prudemment le party d'envoyer le

St. Joseph au devant de ces vaisseaux pour leur donner ordre de se rendre directement à Mahé sur l'avis qui luy a été donné que les Hollandais s'étaient encore emparés de trois manchoües qu'il avait déjà expediés à cet effet. Nous espérons qu'ils n'aurent pas eu la hardiesse d'insulter le *St. Joseph*, et qu'il aura rempli sa destination. Nous ne doutons pas non plus qu'ils n'aient restitué la manchoüe que le sieur de Leyrit était allé réclamer à Cochin. Mais, quoiqu'il en soit, nous sentons qu'il convient que la Cour de France s'explique là dessus avec les Etats généraux, et qu'elle sache à quoy s'en tenir, pour que nous puissions vous donner des ordres relatifs, et que vous régliez votre condiste en conséquence. C'est sur quoy nous nous proposons de donner un mémoire incessamment. Mais, comme nous ne devons pas espérer, attendu la situation présente des affaires, d'en savoir le résultat aussitôt que nous le souhaiterions, tout ce que la Compagnie a en attendant à vous prescrire à cet égard, c'est quand il arrive quelque sujet de contestation entre vous et les Hollandais, ou les Anglais, de dresser un mémoire bien détaillé de vos prétentions, et d'en envoyer copie aux uns ou aux autres, en les priant de vous faire tenir leurs réponses le plus tôt qu'ils pourront, et d'en envoyer copie, ainsy que de votre mémoire à leur Compagnie, pourque sur les mêmes pièces que vous les préviendrez devoir nous remettre aussy, et que vous nous remettrez effectivement, nous puissions parvenir sur l'examen respectif que nous ferons en sorte d'en faire faire icy, à obtenir des décisons dont nous vous ferons part, qui fassent loi pour les uns et pour les autres, de façon que chacun sache positivement les bornes dans lesquelles il doit se renfermer.

17.—Tous les employés sont arrivés à l'exception du sieurs Macmahon et Lambert.

17.—La Compagnie ayant fait attention au nombre d'employés dont vous nous exposez avoir besoin pour que tous les comptoirs de l'Inde s'en trouvent suffisamment pourvus, et ayant aus-

sy eu égard aux représentations que vous lui faites, tant
pour vous procurer un certain nombre qui soient forts,
que pour admettre au service quelques jeunes enfants de
la colonie, ou autres que vous luy exposez être occupés
dans les bureaux, elle a décidé de donner le rang et les
appointements de sous marchands à la suite des trois
qu'elle vous a envoyés l'année dernière en cette qualité,
et sans cependant que le nombre en soit plus grand que
trente cinq, que vous nous marquez être suffisants pour
tous les différents comptoirs où il convient de les dis-
perser, aux cinq personnes cy-après, savoir.

Les sieurs,

De Brain,   capitaine commandant les vaisseaux d'Inde
en Inde, qui demande du service à terre, et
et que nous croyons capable.

Cotterel,   que vous nous demandez, par votre lettre du
15 Février 1740, d'admettre au service.

Lange,   homme fait, fils d'un négociant ds Ham-
bourg, s'entendant bien dans les livres et
sachant travailler.

Rolland,   belle main, sachant bien travailler, et étant
fort entendu, agé de 30 ans.

Ces deux derniers vous parviendront par
les vaisseaux de cette expédition.

Fournier,   capitaine subrécargue des vaisseaux d'Inde
en Inde, qui demande de l'emploi à terre,
et que l'on dit fort capable.

Quoiqu'avec les deux sujets que nous vous avions fait
passer il y a un pour sous marchands, non conpris celuy qui est au fait de la pratique, nommé Coquet, il aurait suffi de vous en procurer quatre autres; nous avons
estimé devoir en nommer un de plus dans le cas où il
ne conviendrait pas à quelqu'un d'eux d'accepter la qualité de sous marchand.

18.—Le sieur Pochauvin de Marson a accepté le poste de commis à Chandernagor où il en fait les fonctions.

18.—Le sieur Pochauvin de Marson, actuellement lieutenant des troupes à Bengale, ayant exposé qu'il se sentait plus propre à un employ de plume, et qu'il désirerait fort d'en occuper un avec la qualité et les appointements de premier commis, nous luy avons accordé sa demande, sur les assurances que l'on nous a données qu'il est en état de s'en acquitter; si cependant, vous ne l'en trouviez pas capable, vous le laisseriez dans le poste où il est.

Les autres employés que nous destinons pour commis du 2eme ordre et pour sous commis, sont le sieurs:

Le Roy, Panon, Mauricet, Le Faucheur, Miran. Vous connaissez ces cinq puisqu'ils sont dans l'Inde,

Vincent, fils de celuy qui est décédé à Chandernagor, n'a pas une belle écriture, mais s'entend un peu dans les livres et sait chiffrer.

Macmahon, fils de celuy mort au service de la Compagnie. Il a de l'esprit et n'écrit ni bien ni mal.

Minos, parait garçon d'esprit et entendu; il a travaillé dans les domaines.

Thyery, entend la pratique, un peu les livres et l'arithmétique, parait sage et d'un bon caractère.

Drugeon, entend assez bien l'arithmétique et les livres, parait rempli de bonne volonté.

Sainfray, sait bien l'arithmétique et les livres.

Guerrier, écrit bien, entend un peu les livres et l'arithmétique.

Lambert, parait rempli de bonne volonté, il a une teinture des livres.

Marcotte, a fait un voyage en Chine, et travaille depuis dans le bureau de Lorient.

Astruc, élevé dans les bureaux de M. Drack à St. Malo.

Et pour surnuméraires avec des appointements de sous commis, les sieurs:

> Petitval, qui vous sera envoyé d'icy, parait rempli de bonne volonté, et sait un peu l'arithmétique et les livres

Innocent de Jésus,
Dumont,
Ilerygayen,
Vogle,
et Laurain.
} ces cinq sont dans l'Inde.

19.—Les officiers sont tous placés tant à Bengale, Mahé, qu'icy. Les sieurs de Selve et Dulivier ne sont pas arrivés.

19.—Nous vous procurons aussy douze officiers en qualité d'enseignes, qui prendront rang à la suite de ceux que nous vous avons envoyés l'année dernière,

Savoir, les sieurs:

Joüanne,
St. Géorges,

que vous connaissez puisqu'ils sont dans l'Inde. Vous avez ci-joint leurs brevets.

Bellemare de St. Cyr,
Corail de Sérigny,
de Selve,
St. Denis de Vervaine,
Barbreux,
Durocher de Perigne,
de St. Vincent,
Touzelier,
Dulivier,
et Chazeray.

Ces dix vous parviendront par les vaisseaux de cette expédition, et seront porteurs de leurs brevets.

Quand vous serez dans le cas de faire passer quelques enseignes à Bengale, vous y enverrez de préférence le sieur de Selve, l'un des dénommés cy-dessus.

20.—De ces 370 hommes, nous en avons reçu 343, les autres étant morts ou désertés; de ces troupes, nous en avons envoyé au mois d'Octobre dernier environ 250 hommes à Mahé, y compris le détachement du *Condé*; le surplus a servy à recruter en partie les garnisons de Pondichéry, Chandernagor et Karikal, ce que nous acheverons de faire quand Mahé nous aura renvoyé ses troupes.

20.—La Compagnie s'étant encore déterminée sur vos représentations à entretenir à Mahé deux compagnies de cent hommes, deux autres à Karical aussy de cent hommes et à entretenir cent hommes de plus pour votre garnison, elle a trouvé comme vous le verrez par la note cy joint, qu'il vous fallait un supplément de 370 hommes, et elle vous l'envoye par les vaisseaux de cette expédition, au moyen de quoy vous serez

en état de compléter, et au delà, les garnisons des différents comptoirs.

21.—Nous avons pris lecture de cette lettre et l'avons envoyée au Conseil de Chandernagor.

21.—Nous vous remettons cy-joint notre première lettre à cachet volant pour le Conseil de Chandernagor; vous en prendrez lecture,

et la luy enverrez en luy donnant en conséquence les ordres que vous jugerez convenables.

22.—Ce chirurgien sert dans les comptoirs de Mazulipatam et de Yanaon; nous aurons soin de luy faire faire la retenue des

22.—Sur les représentations que vous nous faites dans l'état général des employés qu'il vous faut un chirurgien, nous vous fai-

avances qui luy ont été faites en France, ainsy qu'aux officiers, employés et ouvriers.

son engagement, nous luy avons fait avancer icy deux cents livres sur son reçu que vous trouverez aussy cy joint, et il aura encore touché pareille somme à Lorient. Vous aurez soin de luy faire petit à petit la retenue de ces avances; vous en userez de même à l'égard des sieurs Guerrier, Dulivier et Corail de Serigny, en conséquence de leurs reçus qui sont aussy cy-joints, savoir, un du premier pour 200 livres, un du second pour 100 livres et deux du troisième, ensemble 250 lvs.

Si M. Duvelaër leur fait et à d'autres quelques avances, il aura soin de vous en informer pour que vous en ordonniez pareillement la retenue.

23.—Ces ouvriers sont arrivés, nous avons envoyé à Mahé le nommé Boucher; les deux autres sont restés malades icy.

més Jean Dupuis, Nicolas Gein et François Boucher que nous vous adressons à cet effet par les premiers vaisseaux, ainsy qu'une expédition de l'engagement de chacun d'eux que vous trouverez cy jointe.

24.—Le sieur Mitard étant à Bengale, nous avons écrit au Conseil de Chandernagor de luy faire compter cette somme de votre caisse.

sons passer le sieur Cossart qui est fort habile, aux appointements de 800 livres. Comme vous le verrez par l'expédition cy jointe de

23.—Le Conseil de Mahé, nous ayant demandé un armurier et deux taillandiers, vous luy ferez passer par la première occasion qui se présentera, les nom

24.—Vous ferez compter au sieur Mitard la valeur de 150 livres qui a été remise icy à la caisse pour son compte le 16 Septembre dernier par Melle Lavant.

25.—Nous avons fait payer au nommé Mathieu Clément Coquille, soldat de cette garnison, ces 30 lvs. sur son reçu dont nous vous enverrons copie.

25.—Vous ferez aussy donner au nommé Mathieu Clément Coquille, soldat de la garnison de Karikal, la valeur de 30 livres qui a été pareillement remise icy pour son compte le 3 Octobre dernier.

26.—Cet arrangement nous épargnera de la peine et un travail inutile à votre service. Nous ne recevrons plus aucune somme à votre caisse pour les grands et petits ports permis. M. de la Garde à payé le sien, montant à 330 marcs d'argent.

26.—Quoique nous vous marquions au commencement de cette lettre que chaque vaisseau vous remettra indépendamment des fonds de cargaison dont il sera chargé, la valeur des ports permis des officiers, maitres et pilotes du vaisseau à qui il en est accordé, nous vous prévenons que cette valeur sera jointe aux fonds de cargaison, ainsy qu'il sera expliqué sur les factures, sans néanmoins aucune distinction, et au moyen de cet arrangement, la Compagnie vous défend de recevoir à l'avenir aucune somme pour les grands ports permis, à l'exception cependant de M. de la Garde Jazier à qui la Compagnie a bien voulu accorder la demande qu'il luy a faite de ne fournir le montant de son port permis qu'à Pondichéry, en considération de ce qu'il luy a exposé avoir laissé des fonds dans l'Inde à son dernier voyage, et de la connaissance qu'elle en a par elle-même.

27.—Nous avons envoyé cette lettre au Conseil de Mahé qui nous en a accusé réception.

27.—Nous vous remettons cy-joint une lettre de la Compagnie pour le Conseil de Mahé, vous la luy enverrez le plus tôt qu'il vous sera possible par voie sûre, ou à défaut, vous l'instruirez du contenu dans une lettre en chiffre que vous luy ferez tenir par *pattemars* et lui donnerez en même temps les ordres que vous jugerez convenables au bien du service; vous luy ferez part aussy de nos réflexions touchant les établissements de Travancore et de Ponnatour, ainsy que de la façon dont nous souhaiterions que les difficultés qui surviennent entre vous et les étrangers fussent traitées.

28.—Nous avons soin d'envoyer aux îles tout ce qui nous est possible, surtout en provisions de bouche. Cette opération occupe de grands vaisseaux, principalement cette année que nous y avons envoyé le *St. Benoist*, en Octobre dernier, et que les vaisseaux le *Neptune* et le *Fidèle* sont allés à Mahé à la suite de l'escadre chargée des provisions de bouche que nous avons eu ordre de luy procurer tant à Bengale qu'icy.

28.—Si le Conseil de l'Ile de France vous marque de lui envoyer du riz ou *nelli*, nous vous recommandons de ne pas manquer à luy en faire passer la quantité qu'il vous en demandera pour le temps qu'il vous marquera en avoir besoin.

Nous sommes, etc. Les directeurs de la Compagnie des Indes, signé: Boyvin d'Hardancourt, d'Esprémenil, Castanier, P. Saintard.

Réponse du Conseil Supérieur par apostille a la lettre de la Compagnie en date du 14 Janvier 1741.

à Pondichéry, le 31 Décembre 1741.

1.—Les vents contraires et le mauvais temps retardent quelquefois les vaisseaux de la première partance pour les Indes, dont nous nous ressentons, parceque les fonds nous parviennent trop tard pour remplir les vues de la Compagnie. Mais ce sont des évènements auxquels ni elle ni nous, ne pouvons apporter d'autres tempéraments que ceux que la prudence suggère. Ce qui arrive à Lorient arrive aussy aux Indes; aussy, comme la Compagnie fait de son mieux en cette occasion, nous la prions de croire que nous agissons de même pour l'expédition de ses vaisseaux pour l'Europe, soit du Gange, soit de cette côte.

Copie de la Lettre de la Compagnie, écrite au Conseil Supérieur de Pondichéry, en date du 14 Janvier 1741.

1.—Nous avons eu, Messieurs, le chagrin de savoir les vaisseaux le *Bourbon* et le *Triton*, retenus si longtemps à Lorient par les vents contraires et mauvais temps qui n'ont presque point eu d'interruption depuis trois mois, que l'*Argonaute* étant prêt, la Compagnie prend le party, plutôt que de l'exposer à manquer le moment favorable qui pourrait se présenter de le faire appareiller, de donner ordre à M. Duvelaër de profiter du premier beau temps pour le faire partir, sans attendre nos depêches pour votre comptoir et celuy de Bengale, et même sans la totalité des 20.000 marcs que nous avons compté de faire charger, au cas qu'il n'ait pas suffi-

samment de matières pour le compléter.

2.—Le party que la Compagnie a pris par sa délibération du 18 Novembre dernier, au sujet des grands et petits ports permis des officiers de ses vaisseaux d'Europe, est plus convenable à ses intérêts, et nous soulage d'un travail pénible, disgracieux, et qui ne luy était d'aucune utilité.

3.—Ces deux vaisseaux sont bien arrivés; le premier a été expédié pour Achem le 25 Septembre, et le dernier pour Mahé, le 20 Octobre.

2.—Vous verrez par la lettre cy incluse, que nous écrivons ce jour au Conseil de Bengale, et par l'extrait qui y est joint, de la délibération de la Compagnie du 18 Novembre dernier, le party qu'elle a pris au sujet des grands et petits ports permis des officiers de ses vaisseaux ; nous vous y référons.

3.—Au lieu des vaisseaux le *Fleury* et le *Chauvelin*, que nous vous marquions par notre lettre du 9 Novembre dernier devoir vous adresser, nous vous expédierons le *Duc d'Orléans* et le *Condé*, qui n'étant pas d'un aussy grand port, vous consommeront moins de fonds pour leur chargement.

4.—Les imprimés sur les affaires d'Europe nous seraient nécessaires par les premiers vaisseaux. Nous ne savons que répondre aux étrangers qui sont toujours instruits avant nous de ce qui se passe dans notre propre patrie.

5.—Le sieur Bourdeaux est arrivé, il travaille au greffe et au notariat.

4.—Les affaires d'Europe étant toujours dans le même état dont nous vous avons informés par notre lettre du 9 Novembre dernier, nous vous confirmons ce que nous vous avons marqué à ce sujet.

5.—Indépendamment des employés que nous vous avons prévenus, par notre lettre, devoir vous envoyer pour commis du 2ᵐᵉ ordre, nous vous ferons passer en la même qualité le sieur Bourdeaux qui a déja été employé pour la Compagnie au Sénégal, et que l'on dit être un sujet sage, et sachant travailler.

6.—Le sieur Mabille, médecin, n'est point venu aux Indes; il est resté à l'Ile de France.

6.—Le sieur Mabille, médecin, et qui est en même temps botaniste, apothicaire et chirurgien, ayant sollicité de la Compagnie avec instance de luy accorder son passage gratis pour Pondichéry, et s'étant même engagé pour l'obtenir à s'y employer pour son service sans appointements, elle s'est déterminée sur les témoignages avantageux qu'elle a reçus, à vous l'adresser sur ce pied ; cependant elle vous autorise s'il se rend aussy utile qu'il le fait espérer, et que nous pensons qu'il peut l'être, à lui accorder les appointements que vous jugerez convenables.

7.—Le nommé Jean Le Fort travaille icy, nous en sommes contents; on aura soin de luy faire la retenue de ses 200 livres.

7.—Sur la demande que vous nous avez faite d'un bon charpentier de maison, nous nous sommes déterminés à vous envoyer le nommé Jean Le Fort que l'on nous a assuré être un bon ouvrier; vous avez cy joint une expédition de son engagement, par lequel vous verrez qu'il luy a été avancé tant icy qu'à Lorient, une somme de 200 livres, dont vous luy ferez la retenue sur ses gages.

8.—Nous ferons faire à ceux de ces employés qui sont passés aux Indes la retenue des avances. Les

8.—Vous avez aussy cy joint les reçus des avances que nous avons faites icy à divers employés, aux-

sieurs Macmahon et Lambert ne sont point arrivés.

quels vous en ferez la retenue, savoir:

au sieur Macmahon de 200 lvs
„ Vincent 200 „
„ Drugeon 200 „
„ Astruc 200 „
„ Rolland 200 „
„ Lambert 100 „

9.—Nous avons reçu ce brevet de grâce. M. Dupleix en fera l'usage qu'il jugera convenable.

9.—Nous vous remettons encore cy-joint le brevet de grâce du roy que vous nous avez demandé pour le nommé Joseph Louis de Voulton, soldat déserteur de Pondichéry, et devenu depuis médecin du Mogol.

10.—M. Dirois a acquitté à la caisse de Mahé la lettre de change tirée sur luy par M. son frère.

10.—La Compagnie ayant fait payer au sieur Dirois du Tertre, frère de M. Dirois qui est à Mahé, une somme de 4.238 lvs. nous vous remettons cy inclus la lettre de change de pareille somme que ce premier nous a fournie sur son frère à l'ordre de M. Peshevin qui l'a passée au vôtre pour que vous en procuriez le remboursement à la Compagnie.

11.—Nous avons fait rendre au R. P. Gargan ces 200 marcs de piastres. Quant au fret, il nous a paru étonné, et nous a representé que la Compagnie n'en avait jamais exigé, que cet argent provenait des pensions que sa Majesté

11.—Vous ferez délivrer au R. P. Gargan, Supérieur des Jésuites, les 200 marcs de piastres chargés sur le *Bourbon*, par connaissement à son adresse, en retirant le fret ordinaire de 3 %

Nous sommes, etc. Les directeurs de la Compagnie

39

accorde aux missionnaires des Indes, qu'il aurait l'honneur de vous en écrire, et qu'il nous priait d'attendre là dessus la réponse, à quoy nous avons acquiecé,

des Indes, signé : P. Saintard, D'Hardancourt, Godeheu, d'Espremenil, Castanier, P. Cavalier.

RÉPONSE PAR APOSTILLE DU CONSEIL SUPÉRIEUR DE PONDICHÉRY A LA LETTRE DE LA COMPAGNIE EN DATE DU 18 FÉVRIER 1741.

à Pondichéry, le 31 Décembre 1741.

COPIE DE LA LETTRE DE LA COMPAGNIE ÉCRITE AU CONSEIL SUPÉRIEUR DE PONDICHÉRY EN DATE DU 18 FÉVRIER 1741.

MESSIEURS,

1.—Nous répondons à cette lettre en apostille à l'ordinaire, afin qu'aucun article ne nous échappe.

1.—Nous allons vous faire réponse sur tous les articles des lettres dont nous vous avons accusé réception, qui nous ont paru l'exiger, et traiter en même temps ce que nous pouvons avoir de nouveau ou de relatif à vous mander, en observant lorsque quelques uns de ces articles seront compris dans les lettres aux Conseils de Chandernagor et de Mahé que vous trouverez cy-jointes à cachet volant, de vous y renvoyer, ou même de ne vous en dire mot pour abréger les écritures.

2.—Nous avons reçu le mois passé par voie d'Alep, Bassora et Surate, des gazettes du mois de May dernier qui nous ont appris la

2.—La situation des affaires de la France étant toujours aussy incertaine que nous vous l'avons marquée par notre lettre du 9

continuation de la guerre entre l'Espagne et l'Angleterre, et que cela ne nous l'avait pas encore occasionnée; nous souhaitons que les troubles de l'Europe se terminent bientôt, et sans que nous ayons la guerre avec les puissances maritimes.

Novembre dernier, nous n'avons pas d'autres ordres à vous donner à cet égard que ceux qui y sont contenus. Si cependant, nous venions, comme il y a lieu de le craindre, à avoir la guerre, nous ferions en sorte de vous en donner avis de bonne heure.

VAISSEAUX et COMMERCE d'EUROPE.

3.—Nous répondons à mi marge à la lettre que vous nous avez fait l'honneur de nous écrire le 9 Novembre 1740.

3.— Les articles les plus relatifs à ce sujet étant traités dans la lettre que la Compagnie vous a écrite le 9 Novembre dernier, nous ne vous les répéterons point dans celle-ci.

4.—Le party de faire fabriquer des pagodes d'or à notre monnoye, du même titre et poids que celles qui se fabriquent dans la monnoye des Maures, n'est plus praticable. Lorsque nous avons proposé cet expédient à la Compagnie, les pagodes étaient encore de 7 1/2 *toques*, aujourd'hui elles ne sont que de 6 et même moins; nos marchands les refusent absolument, et nous ont repré-

4.—Toutes réflexions faites sur la diminution du titre que vous exposez que le Gouvernement Maure apporte de jour en jour aux pagodes, et sur les apparences qu'il y a qu'il continuera cette manœuvre, attendu le bénéfice immense qu'il en retire, sans que vous voyez jour à pouvoir y remédier, la Compagnie vous autorise, nonobstant ce qu'elle peut vous avoir écrit de contraire, à

senté la perte qu'ils y font au nord et au sud dans les endroits d'où ils tirent leurs marchandises, qui ne sont pas de la domination d'Arcatte. Le contrat que nous avons fait avec eux le premier Juillet dernier porte que les marchandises leur seront payées en pagodes de 8 *toqnes*, ce qui est d'équité, si nous voulons qu'ils nous fournissent de bonnes marchandises; mais, notre embarras est de nous en procurer ; n'y ayant point eu d'armement pour Chine en 1741 ; par les raisons énoncées dans notre délibération du 20 Juin, nous n'avons pu y envoyer d'argent pour convertir en or. Nous prions la Compagnie de lire ce que nous avons eu l'honneur de luy écrire le 1er Janvier dernier, au sujet de la diminution du titre des pagodes, par le huitième article de nos réponses en apostille à sa lettre du 13 Février 1740.

faire fabriquer, si vous continuez à penser que ce soit chose convenable pour ses intérêts, des pagodes d'or du même titre et poids que celles qui se fabriqueront à la monnoye d'Alemparvé, et en telle quantité que vous estimerez en avoir besoin. Nous sentons que cette opération ne se peut faire qu'autant qu'il sera apporté de l'or à la côte, que vous pourrez acheter, mais indépendamment de ce que nous ne doutons pas, que vous ne puissiez toujours vous y en procurer quelques parties, soit au retour du vaisseau qui va annuellement en Chine, soit en l'achetant des particuliers, soit autrement, c'est que si vous ne pouvez en avoir suffisamment de cette façon, la Compagnie ne désapprouvera pas que vous continuez à envoyer annuellement en Chine tous les fonds que vous jugerez à propos pour vous procurer de l'or, suivant vos besoins et les circonstances.

5.—Nous supplions la

5.—A l'égard des rou-

Compagnie de nous permettre de ne point exécuter l'ordre qu'elle nous donne de réformer le titre et le poids de nos roupies.

Nous avons eu l'honneur, Messieurs, de vous marquer par notre lettre du 1er Octobre 1740, qui répond en apostille à celle de la Compagnie du 21 Aoust 1739, Article 23, que le titre des roupies Arcattes n'était fixé par aucun règlement du souverain, et que ce n'avait été qu'après beaucoup de peines, de soins et de travail, que nous étions enfin parvenus à connaître quel titre il convenait de donner à nos roupies qui sont constamment fixées au titre de 9 *toques* 20/32 et de 24-3/8 à la *serre*, titre et poids de celles d'Arcatte, car celles qui se fabriquent dans les autres monnoyes y sont actuellement de près de 4°/₀ inférieures aux nôtres en titre. Ces fripponneries sont la suite du mauvais gouvernement et du dérangement où est cette province; au surplus, nous nous référons à ce que nous avons

pies d'argent, façon d'Arcatte, qui se fabriquent à Pondichéry, sur le même principe que vous pensez qu'il ne tournerait point à compte de s'entêter à faire fabriquer des pagodes du titre ancien de 8 *toques* et demie, pendant que celles du gouvernement Maure ne sont plus que de 7 1/2 *toques*, et même de 7, vous devez penser aussy qu'il ne convient pas à la Compagnie de faire frapper des roupies d'un titre supérieur à celles d'Arcatte, quoique ce soit un moyen sûr de les faire préférer; ainsy, elle vous ordonne de n'en frapper aucune à la réception de la présente, qui ne soit exactement conforme à celles d'Arcatte, tant pour le titre que pour le poids. Nous avons observé à ce sujet, que, quoique le Cónseil de Chandernagor ait prétendu que le défaut de cours dans le Bengale des premières roupies envoyées de Pondichéry, était provenu en partie de ce qu'elles n'étaient pas du même titre de celles d'Arcatte, que quoiqu'il ait appuyé

écrit à la Compagnie par notre lettre du 1er Octobre 1740, cy dessus citée. D'ailleurs, par le Conseil et l'entremise de Imam Saheb, nous avons envoyé il y a quelques mois à la monnoye ou *Cazana* de Golconde, 60 roupies de celles frappées à la nôtre pour y être éprouvées et reconnues du titre de celles d'Arcatte, et elles y sont déposées. Si nous touchons maintenant au titre de nos roupies, cela pourrait nous occasionner quelques fâcheuses discussions avec les Maures qui pourraient nous faire perdre le privilège de frapper des roupies à Pondichéry.

son sentiment sur ce que ayant fait mettre en lingots partie de ces roupies, ils ne furent point trouvés à la monnoye de Moxoudabad, (encore que la refonte eut cependant dû les rafiner) du titre dont auraient dû être les roupies Arcattes, et que, quoiqu'il vous ait ensuite envoyé de ces lingots pour en reconnaitre par vous-mêmes le titre, vous ne luy avez cependant rien écrit ni à la Compagnie à cet égard, d'où elle pourrait conjecturer que vous avez vous-mêmes reconnu qu'il était fondé dans sa façon de penser sur cet article, si ce n'était qu'elle ne peut la concilier avec l'essay qu'elle a fait faire icy, dans le temps, de ces premières roupies, fabrique de Pondichéry, qui ont été trouvées du titre de 11.^{d} 7 5/8, pendant que le titre de celles d'Arcatte n'a été trouvé que de 11^d 6 1/2, comme vous le verrez par la note de ces essais qui sont cy-joints.

N.—Il est vrai qne les roupies d'Alemparvé ont été trouvées du titre de 11^d 9 1/2.

6—Le party que nous avons pris de donner cours à nos roupies dans le commerce sur le pied de 320 pour cent pagodes de 8 to-

6.—Le pariy que vous avez pris de diminuer le poids des fanons en en mettant 180 à la *serre* au lieu de 175, ainsy que celuy

ques, était absolument nécessaire et indispensable, sans quoy toutes affaires eussent été interrompues par le manque d'espèces dans la place.

d'ordonner le cours de vos roupies à raison de 320 pour cent pagodes de 8 *toques*, nous a paru convenir assez à la situation où vous vous trouviez de manquer d'espèces pour le

commerce de la place, surtout si dans un temps où le pays.

7.—Nous ne comprenons pas ce que la Compagnie veut dire par la réflexion cy à coté, et la remercions de ce qu'elle pense que nous faisons pour le mieux au sujet de ces différentes espèces de monnoye à l'occasion des quelles elle n'a eu aucune perte.

7.—était rempli de pagodes d'un titre inférieur, il n'en a point été donné en échange pour le compte de la Compagne, au lieu de celles de 8 *toques*, c'est sans doute à quoy vous aurez obvié. Au surplus, la Compagnie étant persuadée de votre zèle et de votre attachement pour ses intérêts, elle l'est aussy

que vous faites pour le mieux suivant les circonstances, tant par rapport aux roupies que par rapport aux pagodes, et à la vente des matières d'argent; c'est ce qu'elle vous exhorte à continuer de faire, et c'est même ce à quoy se réduit tout ce qu'elle a à vous recommander à ce sujet.

8.—Cela est absolument nécessaire, et pourrait même s'exécuter sans égard aux fonds destinés pour le commerce d'Europe, en laissant à la monnoye le bénéfice sur la fabrication

8.--La Compagnie vous procurera avec grand plaisir, lorque les circonstances du temps le permettront, les fonds que vous paraissez désirer pour pouvoir faire fabriquer à l'avan-

qui tiendrait lieu des fonds dont nous avons parlé; cela n'empêcherait pas que cette caisse ne prêtât à celle des fonds les sommes dont elle pourrait avoir besoin, et qui seront rendues à la caisse de la monnoye, comme on rembourse le prêt d'un particulier.

9.—Nous avons reçu les mémoires de M. Grassiu, et sommes bien aises que la Compagnie et lui aient été satisfaits *du mémoire que nous vous avons envoyé, non sur la manutention de notre monnoye, mais concernant la manière dont on fait les essays d'argent dans l'Inde.

Il nous est impossible de nous procurer icy de la suye bisque; Nous avons fait faire l'épreuve de la trempe avec celle que vous nons avez envoyée, en se conformant à l'instruction, et nous trouvons que cela a bien réussi. Nous prions la Compagnie de nous envoyer chaque année une pipe de suyé bisque pour cette opération.

ce à la monnoye. Il faut pour cet effet qu'il puisse rester dans l'Inde, après l'expédition de ses vaisseaux, des fonds pour son commerce; si tôt que cela sera praticable, elle le fera sûrement, puisque c'est le but qu'elle se propose depuis bien des années.

9.—Vous avez cy joint la note des essays que M. Grassin a fait faire des différentes roupies que nous avons reçues l'année dernière. S'il nous remet, comme il nons l'a promis, avant le départ de la présente, ses réflexions sur le mémoire que vous nous avez envoyé de la manutention de votre monnoye, et dont il a été entièrement content, de même que la Compagnie, vous en trouverez aussy copie cy jointe.

Nous y joignons en attendant trois pièces que vous nous avez demandées, savoir:
l'instruction pour bien donner la trempe aux coins d'acier; la suye bisque étant nécessaire pour cette opération, vous en recevrez

une barrique pour que vous puissiez vous en procurer
de semblable par la suite;

l'instruction pour les essais d'or et d'argent, et celle
sur la maniére de fabriquer les coupelles d'essais.

10.—Il est certain et incontestable que l'altération des pagodes a occasionné des pertes considérables à nos marchands, dont ils ont fait ce qu'ils ont pu pour s'indemniser sur la qualité de la marchaudise; mais ce que la Compagnie propose, de saisir l'occasion du peu de vaisseaux qu'elle nous adresse, ne peut avoir lieu, puisques nous ne pouvons pas même les charger entièrement par les grands dérangements survenus dans cette province qui nous ont obligés à demander au Conseil de Chandernagor une quatrième cargaison pour un des trois vaisseaux que la Compagnie avait destinés pour Pondichéry, qui doit être portée de Bengale à l'Ile de France, où le vaisseau le *Condé*, ou à son défaut, un autre de l'escadre de M. de la Bourdonnais, la doit prendre pour la porter en France.

Nous avons pris le party,

10.—Nous sentons que l'altération du titre que le gouvernement maure donne aux pagodes d'or, occasionnant de la perte aux marchands lorsqu'ils les portent dans les endroits où les marchandises se fabriquent, ils cherchent à s'en indemniser sur la qualité de celles qu'ils fournissent à la Compagnie, ce qui vous cause bien des rebuts, et par conséquent de la peine à la visite; mais ne pouvez-vous pas saisir l'occasion du peu de vaisseaux que nous vous adressons cette année, et conséquemment de la moindre quantité qu'il vous faudra de marchandises pour les charger, et faire en sorte d'éviter cet inconvénient, premièrement en ne donnant des pagodes aux marchands que sur le pied de leur valeur réelle, et en le leur faisant observer, secondement, en vous tenant plus fermes que ja-

après y avoir mûrement réfléchi, de ne donner à nos marchands que des pagodes de 8 *toques*, ou leur valeur réelle ; nous nous y sommes obligés par le contrat fait avec eux le premier Juillet dernier, et n'avons pas manqué de le leur faire observer. Quant à la visite et recette des marchandises, nous y apportons une très sérieuse attention.

mais à la visite, et en ne recevant, s'il est possible, aucune pièce qui ne soit nous conforme aux anciennes montres.

11.—Nous avons reçu ce tableau auquel nous serons bien aises de répondre de la façon que la Compagnie le souhaite, mais c'est l'affaire de notre teneur de livres dont nous vous avons dit nôtre sentiment par notre lettre du 15 Janvier dernier. Quant aux emprunts auxquels vous nous autorisez, nous sommes dans le cas d'en avoir cette année un extrême besoin, surtout pour l'exécution de ce que vous nous prescrivez par votre lettre du 13 Mars dernier, mais nous ne savons plus à qui nous adresser pour cela. Iman Saheb n'est plus icy, nous sentons sa perte, c'était luy à qui nous avions recours dans l'occasion ; la Compagnie luy à ce sujet de grandes obligations.

11.—Par le tableau de spéculation sur votre situation que nous vous avons envoyé, vous aurez vu que nous avons fait attention aux sommes dont vous étiez crédités, et que nous avons compté que vous vous serez acquittés des premiers fonds qui vous seront parvenus l'an passé. Nous vous autorisons à faire ces sortes d'emprunt lorsque votre situation l'exige, et que vous êtes moralement assurés qu'il en résultera pour la Compagnie un bénéfice beaucoup plus considérable que l'intérêt qu'elle en supporte.

12.—Nous recevrons à

12.—Cette considération

votre caisse, à constitution de rente, sur le pied de 6%, l'argent qui nous sera offert par les particuliers et les mineurs à qui cela sera très avantageux. Par les actes qui en seront passés, la Compagnie sera toujours la maitresse de rembourser capitaux et intérêts, quand elle le jugera à propos, et les mineurs, devenus majeurs, auront aussy la faculté de retirer, s'ils veulent, cet argent de votre caisse.

l'a déterminée à vous autoriser encore de prendre de l'argent à constitution de rente de tous les particuliers qui voudront en remettre à sa caisse sur le pied de 6% par an, et par préférence les fonds des mineurs à qui cette disposition ne peut être qu'avantageuse. Mais observez seulement de ne stipuler dans les contrats, qui en seront passés, aucune clause qui puisse lier les mains à la Compagnie sur la faculté de rembourser lors qu'elle le jugera à propos.

13.—Il s'est introduit depuis quelque temps aux Indes du corail venant du levant par Yedda: cela a été un obstacle à Bengale et à cette côte pour la vente du nôtre. Quand M. Dupleix sera icy, nous prendrons avec luy le party qui conviendra pour celuy que nous avons en magasin, soit pour l'envoyer en partie à Bengale, ou pour le garder icy.

Il nous en restait par inventaire au 30 Juin dernier, 77 caisses, savoir :

13—Puisqu'il vous restait encore quarante une caisses de corail, et que vous ne comptiez pas pouvoir vous défaire promptement de la marque M, n'aurait-il pas convenu que vous envoyassiez à Chandernagor quelques caisses de différentes marques suivant l'assortiment ordinaire ? Vous êtes plus à portée que nous de juger par le prix qu'elles y auraient été vendues, si ce party aurait procuré plus d'avantages à la Compagnie;

8 caisses de la marque B
41   do.   „   A
28   do.   „   M

Nous en avons reçu cette année 26 caisses par le *Duc de Bourbon*, et 20 caisses par le *Duc d'Orléans*. Nous prions la Compagnie de ne nous én point envoyer que nous ne luy en demandions. Nous **aurons** l'honneur de l'informer du succès de la vente du corail en grains pour essai, dont nous avons reçu une caisse par le *Duc de Bourbon*.

14.—Nous avons envoyé à Bengale les 67 balles de draps vingtains, qui nous restaient en magasin, le 21 Septembre dernier par le vaisseau le *Chandernagor*, capitaine, M. Perdriguier; en conséquence de notre délibération du dit jour; le Conseil de Chandernagor les enverra à Patna.

Nous en avons reçu cette année 310 balles de Londrins par les vaisseaux le *Duc d'Orléans*, le *Condé* et le *Bourbon*, qui, joints à 156 balles qui nous restaient par inventaire au 30 Juin, font 466 balles dont nous espérons nous défaire si le commerce se rétablit.

que celuy d'attendre l'occasion de les pouvoir vendre à la côte.

14.—Nous avons appris avec plaisir que tous vos draps étaient enfin vendus à l'exception de quatre balles trente quatrains pour présent, et 72 balles vingtains, dont vous ne pouvez trouver aucun débouché; comme il s'en est vendu à Patna de cette même qualité à un prix modique à la vérité, il faut les faire passer, si vous ne l'avez fait, au Conseil de Chandernagor qui les y enverra, afin d'en faire une fin à quelque prix que ce soit. Nous avons ordonné tous ceux que vous nous avez demandés, et nous espérons que vous en serez également contents pour la qualité et la couleur.

15.—Le plomb se vend

15.—Vous recevrez aussy

ordinairement 13 pagodes le *bar*, et même 15 en détail ce qui revient la pagode évaluée à 7 lvs. 10 sols à 97 lvs. 10 sols les 480 livres. Il est passé sur nos factures à 18 lvs. le cent, ce qui revient à 86 lvs. 16 sols le *bar*; ainsy il y a du bénéfice.

16.—Nous préférons envoyer hyverner nos vaisseaux à Achem plutôt qu'à Merguy, parceque cela convient mieux aux intérêts de la Compagnie. Nous y avons envoyé le *Duc d'Orléans* au mois de Septembre dernier. Quant au bénéfice, il ne dépend pas de nous, mais de la situation du commerce qui est

17.—Nous avons encore été forcés de vous écrire à ce sujet le 15 Janvier dernier; nous nous y référons, et réitérons nos prières à la Compagnie pour qu'elle donne des ordres aux capitaines de ses vaisseaux de nous rien

tout le fer que vous nous avez demandé, ainsy que le plomb ; marquez nous s'il convient à la Compagnie de continuer à vous envoyer de ce dernier métal au prix que vous verrez par les factures qu'il luy coûte.

16.—Continuez à envoyer hyvernes à Achem ou Merguy les vaisseaux d'Europe que vous ne pourrez expédier qu'en Janvier, et faites en sorte que chacun d'eux y employe ce temps aussy utilement pour la Compagnie, que nous voyons que le *Duc d'Orléans* l'a fait à Achem.

actuellement en très mauvais état; nous n'avons pu par cette raison procurer que très peu de frêt au *Duc d'Orléans.*

17.—C'est mal à propos que quelques capitaines ont prétendu qu'on ne leur avait pas fourni à Lorient suffisamment de diverses choses nécessaires pour leur campagne, et qu'en conséquence, vous vous êtes portés à leur faire

demander, excepté dans les cas extraordinaires; au surplus, nous nous confor-merons dans la suite aux ordres de la Compagnie à cet égard.

donner ce que vous avez pu. Vous deviez, avant d'avoir égard à leur ex-posé, vous faire représen-ter l'état d'armement de leurs vaisseaux et ceux de la consommation des diffé-rents effets, afin de juger par vous-mêmes si leurs plaintes étaient fondées. Comme il n'y a pas lieu de le croire, n'ayez pas à l'avenir tant de facilités, et ne man-quez pas de faire connaitre à la Compagnie ceux qui se plaignent. Elle vous envoye par les vaisseaux de cette expédition tous les cordages et autres effets de marine employés dans vos états de demandes.

18.—Le vin rouge en barriques était meilleur cette année que celuy en bouteilles, au sujet duquel nous avons eu l'honneur de vous dire notre senti-ment par notre lettre du 6 Octobre dernier.

18.—On met tout en usage pour ne vous envo-yer que du bon vin; quand il ne vous arrive pas tel, ce n'est pas la faute de la Compagnie, et dans ce cas, vous faites fort bien d'en tirer le party le moins mau-vais que nous pouvez. Vous avez eu une très bonne idée de donner aux vaisseaux celuy qui était faible, mais encore potable pour le con-sommer en échange de pareille quantité à peu près de vin de Xères et d'eau de vie.

COMMERCE D'INDE EN INDE.

19.—Les ordres de la Compagnie seront exécu-tés, et elle ne sera plus intéressée dans les arme-ments; ce n'est ni notre

19.—La Compagnie a reconnu si sensiblement que l'employ de ses fonds dans le commerce d'Inde en Inde, indépendamment

faute ni manque de soins et d'attention s'ils n'ont pas mieux réussi, le commerce continue d'être très dérangé dans toute l'Inde.

Les armements de l'*Entreprenant* à Bassora, du *Maure*, du *Fidèle* à Moka, du *Neptune* à Bengale, dans lesquels la Compagnie avait intérêt, sont entièrement soldés, et elle n'est plus intéressée que dans les vaisseaux le *Soucourama*, le *Nousseretcha* aux Manilles, le *St. Benoist* et le *St. Pierre* en Chine, le *Cantorbéry* à la Côte d'Afrique, et le *Nancy* à Achem. Nous espérons que tous ces armements solderont dans le cours de l'année prochaine; alors, nous vous en remettrons les comptes. Cy-joint celuy du voyage des vaisseaux le *Maure*, à Moka, en 1741, sous la direction de M.M. Courbezatre et Denis. Il aurait été plus avantageux si on luy avait donné une plus forte cargaison à Mahé; il faut avoir égard que ce vaisseau a rapporté une cargaison de café, gratis de fret.

de ce qu'il devient de jour en jour plus mauvais de tous les côtés, luy serait toujours; quand il serait meilleur, beaucoup moins avantageux que celuy que elle en pourrait faire dans toute autre partie de son commerce d'Europe, que elle a pris le party, comme vous le verrez par l'article 21 de sa lettre au Conseil de Chandernagor, de ne plus avoir aucun intérêt dans tel armement particulier que ce puisse être, et d'en faire retirer tous les fonds qui y ont été distribués ; en conséquence de ses ordres, vous vous conformerez pour ce qui vous regarde à ses intentions sur ce sujet, et par là, vous vous procurerez ainsy que le comptoir de Chandernagor, une augmentation de fonds de 40.000 pagodes au moins qui vous rentreront d'autant plus à propos que vous ne recevrez cette année avec les 160.000 marcs que nous vous avons promis; que le montant des ports permis des officiers des vaisseaux que la Compagnie arme cette année, sans aucune distinction des fonds de cargaison, ainsy que nous vous en avons prévenus, et que vous vous trouverez cependant dans le cas, comme vous aurez pu le remarquer par le tableau que nous vous avons remis, d'envoyer aux iles de France et de Bourbon des vivres et des marchandises et autres effets pour cette somme, comme nous comptons, en conséquence de nos derniers ordres, que vous l'aurez fait cette année.

20.—Le Comptoir de Moka ne subsiste plus et les employés que nous y envoyons chaque année pour les achats de café, s'en reviennent par le même vaisseau qui les y portent.

Les négociants de cette ville ayant armé le vaisseau le *Maure*, parti pour Moka au mois d'Octobre dernier, nous avons traité avec eux pour nous apporter 300.000 livres de café, moyennant 1.200 pagodes payables au retour. Les sieurs Courbezatre, Denis et Dumont sont chargés de l'achat du café moyennant 5 % de commission à partager entre entre eux trois. Nous avons aussy chargé sur le dit vaisseau le *Maure*, 10.000 piastres pour le compte de la Compagnie,

20.—Nous voyons que vous n'avez pris le party de relever le Comptoir de Moka que parceque la Compagnie vous en avait formellement donné l'ordre, et que vous continuez à penser qu'il aurait mieux convenu à ses intérêts de les laisser subsister. Quelque raison que vous nous apportiez pour justifier votre sentimnet à cet égard, nous persistons toujours à croire que les particuliers armateurs, soit que la Compagnie ait un comptoir dans cet endroit soit qu'elle n'y en ait pas, continueront d'y envoyer des vaisseaux comme partout ailleurs, tout le temps seulement qu'ils y trouveront du bénéfice. Cependant, si contre toute vraisemblance, la seule raison de la suppres-

pour commencer à faire ces achats; les fonds de l'armement du *Maure* achèveront de les payer. Notre délibération du 16 Septembre dernier a constaté tous ces arrangements.

Le Betelmal devait à la Compagnie en

1740 Pias. 25930: 15
Il a payé .3.535 5
en 1741. Reste qu'il
doit au 1er
Aoust dernier. 22.395 10

sion de ce comptoir suffit pour les dégoûter d'y faire commerce, que chacun d'eux s'engage à son propre et privé nom de supporter sa part et portion des avaries que la Compagnie pourra y essuyer; ainsy que des prêts qu'elle pourra être contrainte d'y faire, et alors elle ne s'opposera point au rétablissement de ce comptoir ; ou bien, si cet engagement, tout juste qu'il est dans le fond, n'est point

de leur goût, qu'ils prennent le party, comme ils se trouveront obligés tous les ans s'ils veulent continuer d'y faire commerce, d'y laisser des gens pour vendre leurs marchandises, d'y entretenir un homme annuellement pour leur compte, et alors vous luy procureriez les mêmes commissions pour le commerce de la Compagnie, que vous êtes dans l'usage de confier à ses employés, et le feriez même jouir de ses privilèges et avantages, comme si c'était réellement toujours un chef de comptoir par elle entretenu. Il nous parait que ces deux moyens dont nous vous laissons l'option doivent mettre ces armateurs à leur aise, et qu'ils doivent d'autant moins hésiter de continuer à armer pour Moka, qu'indépendamment de ce qu'ils seront assurés, en préférant ce dernier party, du fret des marchandises et effets qui regarderont la Compagnie tant pour l'aller que pour le retour, ils auront encore l'avantage de la commission, tant sur la vente des dites marchandises que sur l'achat des cafés, pour l'emplette desquels ils seront toujours charmés de contribuer de leurs fonds,

41

puisqu'ils évitent d'en courir le risque au moyen des lettres de change qui leur sont fournies. Dans le cas cependant, où, contre toute apparence, ils préfereraient renoncer à ce commerce plutôt que d'accepter l'une ou l'autre de ces conditions, la Compagnie sent qu'en vérité vous ne pourriez vous dispenser d'armer annuellement un vaisseau exprès, et de luy donner des fonds d'environ 60.000 piastres en nature, mais elle serait alors plus persuadée que jamais, que les frais qu'elle faisait à Moka pour le séjour de plusieurs employés, ainsy que pour le loyer d'une maison, étaient beaucoup plus pour l'utilité du commerce particulier que pour le sien propre. Au reste, elle espère que de prendre le dernier party, il n'en résulterait pas la perte de ses privilèges à Moka, comme vous paraissez le craindre. Elle vous autorise suivant ce qui sera déterminé avec les armateurs particuliers, à régler la condition de ceux qui seront chargés de l'emplette des cafés, sur le pied qui vous paraitra le plus équitable, et dont vous l'informerez. Elle approuve ce que vous luy marquez, par votre lettré du 12 Octobre 1739, avoir réglé en faveur de ceux qui en ont été cy devant chargés; elle approuve aussy les conditions que vous avez faites avec les armateurs du vaisseau le *Fidèle* pour cette destination, ainsy que la délibération que vous avez prise pour y faire charger 30.000 piastres en nature, et pour charger de la cargaison les sieurs Miran, Courbezatre et Denis.

21 — Lorsque M. Dupleix sera icy, nous écrirons au sieur de Martinville au sujet des 2 % de droits que vous luy permettez de percevoir à Bassora. Nous observerons la même chose au sujet des droits à

21. — Nous avons reçu des lettres du sieur de Martinville, en date du 4 May dernier, qui nous ont informés de ce qu'il a fait à Bassora, depuis qu'il y est arrivé jusqu'à ce jour. Vous en aurez sans doute

percevoir par M. Le Verrier à Surate. Quant à celuy de 1/2 roupie par tonneau établi pour subvenir à l'entretien des religieuses, par délibération du 4 Novembre 1738, dont vous dites que nous aurions dû prévenir le Conseil de Chandernagor, est-ce avant d'avoir pris cette délibération ou après que la Compagnie entend que nous aurions dû en faire part à ce Conseil ? Si c'est avant, nous n'avons pas pensé le devoir faire, car en ce cas, où serait la supériorité que vous nous donnez sur luy? Si c'est après, nous n'y avons pas manqué, et c'est ce qui a donné lieu à ce que nous avons eu l'honneur de vous écrire par notre lettre du 12 Octobre 1739.

reçu qui vous auront instruits également ; ainsy, nous vous observerons seulement que ce Consul nous ayant représenté que le droit de 1% en sus de ses appointements ne le mettait pas en état, sans entamer ses propres fonds, de subsister avec les dépenses qu'exige le poste qu'il occupe, la Compagnie a décidé et prévenu le Conseil de Chandernagor, nonobstant sa répugnance à payer ce droit, qu'il serait de 2%, au lieu de 1%, tout le temps que le sieur de Martinville demeurerait à Bassora. Vous verrez par les articles 23 et 24 de sa lettre au Conseil de Chandernagor, ce qu'elle luy écrit à ce sujet, ainsy que touchant la difficulté qu'il a faite de se soumettre au droit de 1% établi à Surate et à celuy de 1/2 roupie par tonneau que vous avez jugé à propos d'établir à Pondichéry, pour subvenir à l'entretien des religieuses. Il est vray qu'il se plaint avec raison, si, comme il l'expose, vous ne l'avez point prévenu de l'établissement de ces sortes de droits qui l'intéressent particulièrement, en ce qu'il se fait chez eux beaucoup plus d'armements particuliers qu'à la côte pour ces trois destinations.

22. — Tous les sentiments sont unanimes sur l'inutilité quant à présent d'un établissemeut au Banderabassy; il faut attendre que le Royaume de Perse soit plus tranquille ; au surplus, il ne suffirait pas pour se procurer des laine de Kirman, rouges et blanches; il faudrait, comme les Anglais et les Hollandais qui sont très jaloux de ce commerce, avoir une loge et des employés à Kirman même ; c'est à la Compagnie à décider si cela convient à ses intérêts, et à nous donner des ordres en conséquence.

Nous prenons la liberté de luy faire observer qu'elle ne nous a pas répondu au sujet des deux ballots de laines de Kirman que nous luy avons envoyés en Octobre 1739; peut être en a-t'elle écrit à M. de Martinville en qui elle parait avoir une confiance si décidée.

Ne devant plus y avoir d'employés à Banderabassy, il ne faut plus penser à y envoyer du café de l'Ile de Bourbon. Le sieur

22. — L'intention de la Compagnie n'ayant jamais été de s'établir au Benderabassy, qu'autant qu'il y aurait de l'avantage pour elle, et le sieur de Martinville luy ayant fait connaitre, comme il vous l'aura sans doute marqué aussy, qu'il n'y en a point à espérer dans les circonstances où se trouve tout ce pays, vous verrez par l'article 22 de sa lettre au Conseil de Chandernagor, qu'elle prend le party d'abandonner ce projet. Vous donnerez vos ordres en conséquence.

Elle ne serait cependant pas fâchée de pouvoir, s'il est possible, tirer annuellement de ce pays quelques milliers de laines de Kirman, rouges ou blanches. Quant à y envoyer du café de Bourbon, elle a d'autant moins lieu de penser qu'il puisse s'y vendre sans perte, que M. de Martinville ne nous marque point que le sieur de Beaumont luy en ait demandé, mais seulement qu'il vous a écrit de luy en envoyer 300 balles d'une graine

de Martinville nous marque par sa lettre du 5 Aoust dernier qu'il a encore en magasin tout le café que le Conseil de Chandernagor luy a envoyé au commencement de cette année par le vaisseau le *Chandernagor*, et que quelque mauvais qu'il soit, il y a des marchands qui le demandent, mais qu'il ne pense pas qu'il convienne de le mettre en vente, avant de l'avoir fait visiter et trier, ce à quoy il allait faire travailler.

Nous avons reçu cette année 300 balles de café de l'Ile de Bourbon par le vaisseau le *Duc d'Orléans*; nous les avons envoyées à Mahé par le brigantin la *Diane*, au mois d'Octobre, avec ordre de les faire passer à Bassora par quelque vaisseau de Bengale, en Février prochain. Nous en avons prévenu le Conseil de Chandernagor, nous luy avons aussy marqué le 23 Septembre dernier que le fer continuait d'être extrèmement recherché à Bassora, et d'en envoyer 130 *bars* à M. de Martinville,

bien choisie et bien saine; il le demande même dans des emballages de Moka, espérant de cette façon en avantager la vente ; mais la Compagnie approuve d'autant moins cette petite supercherie, qu'en genéral, il ne doit jamais y en avoir dans le commerce, et que d'ailleurs, une fois qu'elle serait reconnue, il y a lieu de penser qu'elle achèverait de discréditer le café de cette île, bien loin de contribuer à luy faire prendre faveur. Vous vous attacherez donc seulement à ne luy en envoyer que de la meilleure qualité. Vous aurez sans doute fait tout ce qui est en vous pour exécuter sa demande, cependant si à la réception de la présente, elle n'était pas encore remplie, ou qu'elle ne le fut qu'en partie, vous pourriez débarrasser Chandernagor de la partie du café qui lui reste au cas qu'elle y fut encore, et qu'elle vous parvint aussy bien conditionnée qu'il convient qu'elle le soit, ou en tirer de l'Ile de Bourbon où nous recom-

en observant qu'il soit tel qu'il le souhaite, c'est-à-dire le plus large possible.

mandons expressément, lorsque vous y en demanderez, de ne vous envoyer que ce qu'il y aura de plus beau et de meilleur.

Les nouvelles de Bassora du mois d'août dernier portent que les Persans étaient sur le point d'avoir la guerre avec les Turcs, que Bagdad allait être assiégé par les premiers, et que Bassora se rendrait à la première sommation. Les Arabes remuent toujours, et sont en grande liaison avec les Persans ; l'inondation du désert y était plus forte cette année que la dernière, et il y avait grande apparence de maladies.

Cy joint le compte de M. de Martinville avec le fort Louis, arrêté à Bassora le 30 Juin dernier, par lequel la Compagnie verra qu'il reste entre les mains de ce Consul 18.000 *mamoudis* qu'il a gardés pour le payement de ses dépenses.

Nous avons appris par une lettre de M. Le Verrier du 29 Novembre, que Nadercha, Roy de Perse, avait envoyé 500 cavaliers à Surate pour veiller à la construction de douze vaisseaux qu'il y fait construire, on ne soit à quel dessein.

23. — Le sieur de Larche ayant demandé à être relevé, l'air de Bassora étant contraire à sa santé, nous y avons fait passer le sieur Gosse, un des employés du comptoir de Mahé, en Mars dernier, et le sieur

23. — La Compagnie approuve que vous ayez fait passer le sieur de Larche auprès du sieur de Martinville, aux appointements de 800 livres en qualité de son chancelier.

de Larche travaille içy. Nous prions la Compagnie d'approuver la délibération que nous avons prise à son sujet le 5 Octobre dernier.

24.— Cet article est ré-
pondu cy dessus, article 22.

fer plat qu'il nous marque
les luy enverrez.

24.— Si vous n'aviez pas
fait passer au sieur de
Martinville les 130 *bars* de
vous avoir demandé, vous

25.—Quand nous aurons
reçu ces draps, nous les
ferons passer à Bassora, et
nous en préviendrons le
sieur de Martinville la première fois que nous luy
écrirons. Nous trouvons
que la Compagnie agit très
prudemment de n'envoyer
que cent pièces de draps
au lieu de six cents; nous
doutons même que ces
cent pièces soient vendues
avantageusement à Bag-
dad.

25.— Quant aux 600 piè-
ces de draps qu'il vous a
aussy demandées et dont
il nous a remis la note,
nous en avons simplement
ordonné cent dans le même
assortiment qu'il les de-
mande, attendu que son
idée étant de tenter de les
vendre à Bagdad plutôt
qu'à Bassora, la Compagnie
trouve que ces cent pièces
suffisent pour un pareil
essay; elles ne vous par-
viendront que par les vaisseaux de la prochaine ex-
pédition.

26.— En envoyant ces
drogues à la Compagnie,
nous avions bien pensé
qu'elles ne conviendraient
point à son commerce, il
faudrait comme elle le dit
fort bien, qu'elles fussent
choisies par un habile droguiste, et être sûr qu'elles
se conserveraient jusqu'en
Europe.

26.—Le sieur de Martin-
ville nous a encore remis
un état de diverses dro-
gues qu'il pourrait procurer à la Compagnie, au cas
qu'il luy convint d'en faire
venir; mais, comme vous
le verrez par les obser-
vations de Messieurs les
Directeurs, députés pour
les ventes, celles que vous
nous avez envoyées ont été

si mal vendues et trouvées si mauvaises, qu'en général ces drogues ne conviennent point à la Compagnie, à moins qu'elles ne soient choisies par un habile droguiste et qui fut sûr qu'elles se conserveraient jusqu'en Europe.

27. — Tout le contenu de cet article était absolument nécessaire pour le bon ordre.

27. — Nous écrivons au sieur de Martinville relativement à ce que nous vous marquons et au Conseil de Chandernagor ; nous l'informons en outre que M. de Maurepas a marqué à M. de Villeneuve d'obliger les Pères Carmes de Bassora de remettre au Consul de la nation tous les papiers en général qui concernent ce consulat, qu'il a recommandé au Provincial de cet ordre, en luy écrivant que l'intention du Roy est qu'il y ait toujours deux religieux français dans la maison de Bassora, de faire savoir à ceux qui s'y trouvent actuellement de ne pas différer à remettre les capitulations et autres papiers, soit qu'ils en aient reçu ou non l'ordre de M. de Villeneuve ; qu'il a aussy écrit à cet ambassadeur de procurer un *barat* de la Porte au courtier de ce consul, en vertu duquel il puisse jouir de la protection et des privilèges de la nation, et qu'enfin ce ministre trouvant qu'il convient que ce consulat ait un sceau aux armes du Roy avec cette légende sur l'exergue : *Consulat de France*, pour l'authenticité des actes qui seront passés dans sa chancellerie, nous le luy envoyons par voie d'Alep.

28. — Par notre lettre du 15 Février 1740, en vous renvoyant les sceaux de l'ancien conseil de Surate, nous avons eu l'honneur de

28. — Nous vous observerons à cette occasion que vous nous avez renvoyé plusieurs anciens sceaux en argent provenant de

vous écrire et de vous représenter que ceux de ce Conseil étaient très incommodes, n'ayant point d'anse; nous vous remettons l'empreinte de ces sceaux en cire et vous prions de nous en envoyer deux en argent avec des anses pour pouvoir s'en servir avec plus de facilité.

Surate, en nous marquant simplement de vous en renvoyer d'autres, mais que la Compagnie ne sachant combien vous en vouliez, de quelle forme et grandeur, ni avec quelle empreinte, elle a pris le party d'attendre, avant de les ordonner, que vous l'ayez informée à ce sujet, comme il convient qu'elle

le soit; faites le donc en réponse et si ceux que vous avez et dont vous pouvez bien vous servir encore quelque temps, sont comme il faut pour l'empreinte, envoyez la luy en cire.

29.— Lorsqu'il sera nécessaire de faire résider un employè au Pégou, nous nous conformerons à ce que la Compagnie nous marque. Il ne s'agit que d'en trouver un qui sache ce que c'est que construction et marine, et qui y veuille bien aller, Nous ne croyons pas trouver cette docilité dans les sieurs Fournier et de Brain' que la Compagnie semble nous désigner. Nous nous dispenserons d'y faire construire des vaisseaux autant que nous pourrons, par les raisons que nous en

29.— Puisque vous pensez qu'il convient qu'il y ait toujours un employé résidant au Pégou, la Compagnie approuve cette dépense; mais quoiqu'il ne soit pas douteux que vous ne devez donner cette destination qu'à un sujet entendu pour la construction d'un vaisseau et la qualité des bois que vous tirez de ce pays, elle entend que vous ne la donniez à des particuliers, comme le sieur Puel, qu'autant que aucun de ses employés ne sera en état de la remplir, ce qui ne doit point arriver

âvons marquées à la Compagnie par notre lettre du 15 Janvier dernier, et par celle du premier du dit mois en réponse en apostille à la lettre du 13 Février 1740, Article 13.

l'admettre à son service que de sa résidence au Pégou.

au moyen des nouveaux qu'elle vient d'y introduire. Dans le cas cependant où le sieur Puel ou un autre particulier vous paraitrait mériter la préférence sur cet article, elle, vous prévient qu'elle entend ne pour le temps seulement

30.—Ce *bancassal* qui est grand et bien situé, sera très utile si les troubles cessent et que le commerce se rétablisse au Pégou. Notre intention n'a jamais été d'y faire d'autres dépenses que celles absolument nécessaires et indispensables; il n'y en a encore eu aucune de faite jusqu'à présent que celle du *bancassal* qui à couté 300 pagodes.

30.— Au reste, elle est bien aise que le dit sieur Puel ait obtenu du roy un terrain pour y construire des vaisseaux ainsy qu'un emplacement pour y bâtir au besoin un *bancassal* et des magasins, mais elle vous avertit que bien loin d'avoir envie de se livrer à d'autres dépenses en ce pays, elle entend ne faire même celle-cy qu'autant que ce sera chose indispensablement nécessaire,

et pourra être faite à très peu de frais.

31.— Par notre lettre du 15 Janvier dernier, nous avons eu l'honneur de vous marquer que nous étions très contents du vaisseau le *Fulvy* qui était fort bien bâti, et que nous croyons qu'il reviendrait à, en-

31.— Nous souhaitons que vous soyez aussy contents du vaisseau et du brigantin que vous en attendiez, ainsy que de la *Marie Gertrude* que vous aviez déjà, qu'on l'a été peu aux îles des qualités et du

viron 16.000 pagodes; les   prix du vaisseau le *Fulvy*.
comptes en ont été dressés
depuis, et il a coûté 20.717 pagodes. Ce vaisseau que
commande le sieur Puel, ayant besoin de quelques ré-
parations, et y ayant à Syriam une partie des 2.206
pièces de bois de teck achetées, et montant à 1.841 pagodes, dont nous avons besoin, nous l'y avons renvoyé
au commencement de Septembre. Le capitaine a ordre
d'aller à Merguy pour y débarquer Monseigneur l'Evêque
d'Iléliopolis, et de là à Syriam d'où il doit partir en
temps convenable pour être rendu icy au commencement de Janvier 1742. Nous luy avons donné 2.000
piastres pour ses dépenses dont il comptera à son retour.
Nous aurons l'honneur de faire part à la Compagnie
par notre lettre générale de la situation dans laquelle
il aura laissé le pays.

Le brigantin se nomme la *Diane*, il est bon, ainsy
que la *Marie Gertitude*. Le premier a coûté 3.578 pagodes, et le dernier 6.605. Il faut observer que la partie
de bois resté au Pégou doit-être déduite sur le prix
auquel ont été évalués ces trois bâtiments.

32.—Nous n'avons d'autre perte à annoncer à la Compagnie que celle du brigantin l'*Aventurier*, capitaine Ady, parti de Mahé le 18 May dernier, chargé de 18 *candis* de *Kaire*, et que nous croyons péri en

32.—Nous voyons que la *Légère* y a été condamnée, et que le *Subtile* a péri bien tristement à la côte Malabare; le Conseil de Mahé nous l'a aussy mandé.

mer du mauvais temps que les vaisseaux le *Fleury*,
(qui a perdu son grand mât,) le *Pondichéry* et la
Marie Gertrude ont essuyé dans le même temps. Ces
vaisseaux avaient été expédiés trop tard de Mahé.

33.— Nous avons reçu   33.— Nous   souhaitons

bien conditionnés les effets que nous vous avions demandés pour le prince de Syriam, par notre état du 10 Février 1740, à l'exception de deux chapeaux blancs et noirs qui sont avariés, surtout le blanc. Les révolutions arrivées il y a un an dans le royaume du Pégou, dont nous ignorons la suite, nous feront suspendre l'envoy des effets à ce prince jusqu'à un temps convenable. Tous les autres effets que vous que vous trouviez les deux chapeaux blancs et noirs que nous vous envoyons pour le Pégou, tels que vous désirez qu'ils soient; il n'a pas été possible de les faire faire icy, ni plus hauts de forme, ni plus larges de bord; vous nous marquerez comment vous aurez trouvé aussy les différents articles que nous vous envoyons pour présent en conséquence de vos demandes.

nous avez envoyés pour présents, nous sont parvenus bien conditionnés. Nous avons l'honneur de vous en remercier; nous en disposerons dans les occasions où il s'agira du bien du service.

34.—Le sieur Le Verrier est toujours à Surate avec le sieur Boucard pour second; le sieur Cornet est chargé actuellemént icy des livres et des écritures du magasin général, des marchandises, sous l'inspection du sieur Dulaurens, l'un de nous, jusqu'à ce qu'il y ait un garde magasin de nommé. Nous ne ferons à Surate que les dépenses fixées par la Compagnie, et réglerons de

34.— A la bonne heure que vous ayez envoyé le sieur Le Verrier à Surate, pour y résider avec le sieur Cornet, sous ses ordres, et que vous l'ayez pourvu d'une commission de Conseiller; nous luy en enverrons les provisions du Roy à son tour, et nous nous souviendrons à l'occasion des témoignages avantageux que vous nous en rendez. La Compagnie veut bien par les raisons que

concert avec M. Dupleix, le droit à tirer par le sieur Le Verrier sur le commerce des particuliers pour l'indemniser des autres dépenses dans lesquelles la Compagnie ne veut pas entrer.

vous luy détaillez, et puisque c'est votre avis, continuer à y entretenir toujours deux employés, et approuver les dépenses de la loge et autres inséparables de leur séjour en ce pays, mais à condition seulement, puisqu'elle n'y fait

aujourd'hui aucun commerce, et que ce sont les armateurs particuliers qui seuls retirent tout l'avantage de leur résidence, que si le droit de 1 % que vous avez établi, ne l'en indemnise pas entièrement, vous l'augmenterez et obligerez les dits armateurs à en passer par là; vous vous entendrez dans ce cas avec le Conseil de Chandernagor, et luy ferez sentir qu'il n'est pas juste qu'il en coûte à la Compagnie pour la seule utilité des particuliers.

35.— Cela aurait pu tirer de conséquence et nous occasionner quelques discussions avec le gouvernement à Moka.

35.— Vous avez bien fait de défendre à ces employés de prêter leurs noms aux *bagnans* et maures, pour faire passer des marchandises à Moka, et frauder

par ce moyens les droits dûs aux Arabes.

COLONIE.

36.— Après un sérieux examen de toutes les difficultés qui se sont présentées au sujet des dames religieuses Urselines, nous avons pris notre délibéra-

36.— Si nous voyons que les religieuses Urselines que nous vous avons envoyées ne vous ont pas donné peu d'embarras, vous aurez vu par la copie de notre

tion du 9 Septembre dernier, et en conséquence, elles ont été priées de se préparer à repasser en France sur le *Duc d'Orléans*, au mois de Janvier 1742, suivant l'ordre de la Compagnie; mais vous verrez, Messieurs, par la lettre écrite par la Réverende Mère de Ste. Gertrude, Supérieure, à M. Dumas, le 15 Octobre, dont nous vous remettons copie, que ni la Compagnie, ni le Conseil n'ont le pouvoir ni l'autorité de les renvoyer, et qu'il faut que ce soit leur supérieure de France qui les rappelle. Cela seul, indépendamment des tracasseries continuelles dont elles nous ont fatigués depuis qu'elles sont icy, serait une raison suffisante pour ne les pas garder, ne reconnaissant point l'autorité ni les ordres de la Compagnie. Cela pourrait tirer à de grandes conséquences, joint aux dispositions où l'Evèque de St. Thomé continue d'être au sujet des dames religieuses dont nous informons la Compagnie par notre lettre du 31 de

lettre à M. de Vannes, du 25 Juin 1740, et l'ordre que nous avons donné en conséquence de ne point faire construire de maison pour ces dames, au cas où il n'y en eut point de commencé, que nous n'avons pas eu l'intention non plus que elles vous fussent aussy à charge qu'elles vous l'ont été, et que l'idée de la Compagnie, comme vous le dites fort bien par votre lettre du 18 Février 1739, n'a jamais été de fonder un couvent, mais seulement d'établir un simple hospice faisant partie de la communauté de Vannes. Sur ce principe nous ne pensons pas qu'il soit nécessaire d'un réglement aussi ample que celuy que nous voyons que vous avez communiqué à Mr. de St. Thomé, et sur lequel il n'est pas d'accord avec vous. Nous n'avons pas jugé à propos de le communiquer à Mr. de Vannes, ni de nous charger de trois autres religieuses du même ordre qu'il a voulu nous donner nonobstant ce que nous luy avons écrit, at-

ce mois, en réponse en apostille à celle de la Compagnie du 11 Mars dernier. Nous continuerons à traiter cet article dans notre lettre générale.

tendu que si celles qui sont restées ne sont, comme on nous l'assure, et comme il y a lieu de le croire, et que vous nous le dites vous-mêmes, d'aucune utilité à la Colonie, il faut que vous les fassiez repasser en France par les premiers vaisseaux, et que dans ce cas vous supprimiez les différents droits que vous avez établis pour subvenir à leur entretien et subsistance. Si cependant, par les lettres que nous recevrons de vous cette année, vous nous appreniez que ces dames commencent à être précieuses à la Colonie par les services qu'elles y rendent, et qu'il convient d'en augmenter le nombre, nous ne négligerons rien pour vous en faire passer d'autres.

37.— Nous prions la Compagnie de faire attention que les arracks affermés avec les boissons d'Europe pour cinq ans par le bail du 14 Septembre 1738 pour 700 pagodes, n'ont monté à cette somme qu'à cause des boissons d'Europe qui y ont été jointes, sans quoy personne ne se serait chargé de ce bail. Nous avons marqué à la Compagnie par notre délibération du 15 Septembre, et par notre lettre du 15 Octobre 1738, en réponse en apostille à celle du 30 Octobre 1737, que

37.-- Dans l'un ou l'autre cas l'intention de la Compagnie est qu'à l'expiration du bail des cinq années que vous avez passé avec le nommé Chavriapa et consorts, pour le privilège exclusif de la vente de l'arrack et des boissons d'Europe, vous affermiez seulement à son profit, comme cy devant, celle des arracks, avec d'autant plus de raison, qu'ayant monté seule à 536 pagodes, il ne résulte qu'une augmentation de 164 pagodes par an de la réunion que vous y avez faite des boissons

les arracks de Colombo, Goa et Batavia ayant manqué, nous n'avions trouvé aucun adjudicataire pour les affermer, et que le bail de ces boissons avoit été interrompu depuis Novembre 1736. La Compagnie ne doit pas compter qu'en d'Europe, et que l'interdiction de leur libre débit peut, à ce qu'il nous semble, priver d'un grand soulagement le nombre de gens attachés au service de la Compagnie, ce qui mérite considération.

retranchant les boissons d'Europe, nous puissions affermer les arracks seuls 536 pagodes, comme cy devant, puisqu'il n'y a plus moyen d'en avoir. Après le bail du 15 Septembre expiré, il conviendra de rendre aux habitants la liberté de vendre des boissons d'Europe, ce qui est, comme dit la Compagnie, d'un grand soulagement pour plusieurs.

38.—Nous sommes de sentiment que ces droits seraint suffisants pour l'entretien des religieuses, fussent-elles cinq et une sœur, si elles voulaient se retrancher quelque chose de ce que le réglement leur accorde. Les pensions des jeunes filles, quoique modiques, leur procurent un fonds considérable, lequel dans la suite, serait suffisant pour l'édification d'une maison convenable; en ce cas, la Compagnie serait déchargée entièrement de cette dépense.

38.—Au surplus, à moins que le produit du droit d'entrée de 1/2 %, et de celuy de 1/2 roupie par tonneau, ne suffise pas pour les dépenses qu'occasionnent ces religieuses, sans qu'il soit nécessaire d'y joindre les 700 pagodes provenant annuellement de la ferme des arracks et des boissons d'Europe, la Compagnie a lieu de penser, que bien loin de se croire déchargée entièrement de cette dépense depuis le mois de Juin 1739, comme vous voulez le lui faire entendre, elle y contribue seule plus que la colonie entière, ce qu'elle n'a jamais entendu.

39.— Nous voyons que ces deux personnes étaient bien arrivées en Europe.

39.— A la bonne heure que la Révérende Mère St Joachin de la Guittonnais soit repassée en Europe, puisqu'elle l'a voulu, et qu'elle ne pouvait s'accommoder avec les autres. Nous avons appris avec plaisir que le Père Norbert, supérieur de ces dames, qui nous parait trop turbulent pour une Colonie, y était repassé aussy. Nous n'avons pas encore enteudu parler de luy depuis son arrivée.

40.— Nous avons informé de nouveau les R. P. Capucins des intentions de la Compagnie au sujet de leur église; elle est actuellement à la hauteur de 17 pieds, elle sera fort belle. La délibération du 7 Août 1739 ne fixant point la hauteur de cette église, nous l'avons fait par délibération du 2 Mars 1740, et de concert avec le R. Père Dominique, supérieur, et le R. Père Hyppolite, la hauteur en a été arrêtée à 35 pieds, depuis le sol actuel pusqu'au dessus de la voûte. Nous avons une sérieuse attention à ce que le contenu de ces deux dé-

40.— Nous ne pouvons que louer les R. R. Pères Capucins d'avoir préferé rebâtir leur église et leur maison, et d'y avoir appliqué les 3000 pagodes que la Compagnie vous a cy devant autorisés de leur faire payer. Mais nous vous confirmons, et vous devez les en informer de nouveau, que c'est tout ce qu'ils doivent attendre d'elle. Au surplus, la Compagnie se propose, comme elle vous l'a marqué il y a un an, de pourvoir aux cures de Pondichéry et de les fonder, et jusqu'à ce temps, elle désire que vous laissiez subsister les choses

libérations soit exécuté ; mais, comme le Conseil est sujet à des mutations inconnues chez les ecclésiastiques qui ne meurent jamais, nous prions la Compagnie de leur donner un ordre formel au sujet de cette église que nous leur notifierons, et qui sera enregistré sur les registres du Conseil, afin que cela demeure constamment arrêté.

La hauteur de l'église des R. R. Pères Jésuites est de 50 pieds, fixée sur l'avis de M. Deydier, ingénieur, par délibération du 28 May 1728, mais elle est trop haute par rapport au fort.

Il n'y aura rien de changé aux cures de Pondichéry, et les choses subsisteront dans l'état où elles sont actuellement, jusqu'à la réception des ordres de la Compagnie. Nous la supplions d'avoir égard, lorqu'elle pourvoiera à ces cures et à celle de Karikal, à ce que nous avons eu l'honneur de luy écrire par notre lettre du premier Janvier 1741, en réponse en apostille à celle de la Compagnie du 13 Février 1740, article 19.

dans l'état où elles sont, sans y rien changer.

Si les supérieurs des Capuçins eussent demandé à la Compagnie le passage pour quelques uns de leurs Pères, elle l'eut accordé volontiers, mais apparemment qu'ils n'ont point de sujets pour cette destination, car elle n'en a point entendu parler.

A la bonne heure que vous ayez dépensé 1042 pagodes pour acheter deux terrains qui étaient derrière l'ancienne église des Capucins, et éloigner du fort par ce moyen la nouvelle. Ayez attention à ne pas souffrir qu'ils l'élevent plus qu'elle ne doit l'être par rapport au fort.

41. — Le riz vaut actuellement 56 pagodes la *garce*, et le coton 37 pagodes le *bar*; les pluies ont man-

41. — Il est bien triste que le riz et le coton se se soutiennent toujours à un prix aussy cher que ce-

qué cette année aux environs d'icy, et quoiqu'il en ait tombé de considérables dans l'intérieur du pays, nous avons lieu d'appréhender une famine. Nous avons recours à Karikal pour nous procurer du riz, la récolte sera très abondante dans le Tanjaour.

luy de 70 pagodes la *garce* et de 28 pagodes le *bar*.

BATIMENTS ET FORTIFICATIONS.

42.—L'hopital a été commencé en 1734 sous le gouvernement de M. Le Noir. Le plan que la Compagnie envoya en 1733 n'a pas été suivi, non plus que celuy qui fut envoyé d'ici à la Compagnie en 1732, qui ne devait coûter que 8000 pagodes environ. Il n'a jamais rien été constaté au Conseil par délibération au sujet de ce bàtiment qui est immense, mais difforme et mal construit. C'est le Père Louis qui, sans les ordres de M. Le Noir, a décidé et exécuté tout ce qu'il a voulu; s'il n'avait pas été si avancé à l'arrivée de M. Dumas en 1735, il l'eut fait démolir, la dépense luy en ayant paru énorme; mais il n'était plus possible de reculer, et il fallut le continuer et l'achever. Il coûte jusqu'au 30 Juin dernier 31.351 pagodes, il ne reste plus d'ouvrages à y faire. Si nous avons le temps, nous joindrons le plan de cot hôpital à nos expéditions, sinon nous aurons

42.— La Compagnie est effrayée de la dépense de l'hopital, qui, suivant ce que vous luy marquez par votre lettre du 20 Février 1739, montait au 31 Décembre 1738 à 24.872 pagodes, quoiqu'il restât encore beaucoup d'ouvrage à faire pour le finir entièrement; donnez nous donc tous les éclaircissements qu'elle peut désirer sur ce en quoy elle consiste, et détaillez-nous quel changement il y a sur l'ancien projet.

l'honneur de l'envoyer à la Compagnie au mois d'Octobre 1742.

43.— Par notre lettre du 16 Octobre 1740, nous avons marqué à la Compagnie que les ouvrages construits au bord de la mer N. et S. avaient été renversés entièrement pour avoir été portés trop près de la mer. Il est cependant d'une nécessité indispensable que nous soyons fermés de ce côté là. Dans le temps des Mahrattes, nous reçumes des avis qu'ils avaient eu la pensée de venir nous attaquer par le bord de la mer. Nous continuerons de traiter cet article qui est très important dans notre lettre générale.

La construction du gouvernement dans le fort et du pont de la porte Goudelour n'a point été reprise jusqu'à présent. Le sieur Février nous ayant vendu sa maison qui est bonne et grande, c'est là où se tient le Conseil et où sont les bureaux du secrétariat et du greffe,

43.— La Compagnie approuve en considération des circoustances où vous vous trouvez par rapport aux Mahrattes et à Sabderalikan, fils ainé de notre Nabab, que vous ayez, suivant votre délibération du 22 May 1839 et les plans que vous luy avez remis, fait fermer la ville entièrement de tous les côtés de la terre, nord et sud. Nous voyons que les pluies continuelles ont été cause que, lors du départ des derniers vaisseaux, il n'y avait encore que l'ouvrage du nord, dont vous nous avez remis le compte, entièrement achevé, et que n'ayant pu vous dispenser d'abandonner aux habitants la totalité des ouvriers pour réparer leurs maisons presque entièrement endommagées par ces mêmes pluies, la construction du gouvernement et du pont de la porte Goudelour a été interrompue.

44.— Cela était absolu-

44.— A la bonne heure

ment indispensable.

Blanchisseurs à la porte Madras, puisque c'était une nécessité.

que vous ayez fait rebâtir à neuf six *chauderies* de

45.— Nous joindrons à nos expéditions un nouveau plan de la monnoye sur lequel sera marquée la destination de chacune des pièces qui composent ce bâtiment et sa hauteur.

45.— Nous avons reçu le plan de la monnoye, mais vous nous auriez fait plaisir de marquer dessus la destination de chacune des pièces qui composent ce bâtiment. Nous aurions aussy souhaité que vous

nous en eussiez envoyé l'élévation. Il est bien triste que le Père Louis ait aussy mal réussi que vous nous le marquez dans les ouvrages qu'il a entrepris, et que la Compagnie n'en ait pas été informée plus tôt pour y remédier.

46.— Notre délibération du 8 Septembre 1739 et notre lettre du 12 Octobre suivant contiennent des motifs si forts pour avoir installé icy M. Cossigny dans le poste d'ingénieur que nous n'avons rien à y ajouter. Nous nous référons à la délibération du 21 Aoust dernier au sujet du dit sieur de Cossigny, qui est repassé en France avec sa famille sur le *Duc de Bourbons*, au mois d'Octobre dernier.

M. Paradis est actuelle-

46.— Puisque vous avez jugé les services du sieur de Cossigny utiles à la Colonie et préférables à ceux des autres ingénieurs, la Compagnie étant instruite de sa capacité et de l'intérêt que M. le contrôleur général y prend, elle sera bien aise de contribuer à sa satisfaction en luy laissant le poste d'ingénieur en chef qu'elle avait cy-devant destiné au sieur Paradis; mais vous auriez dû avant que de l'attacher aux travaux de l'Inde, convénir

ment icy, et a remplacé M. de Cossigny. Nous nous conformerons pour ses appointements aux ordres de la Compagnie contenus dans sa lettre du 14 Novembre 1739.

avec luy des appointements raisonnables, et beaucoup moins considérables que ceux qui luy avaient été fixés pour passer aux Iles de France et de Bourbon. Elle ne doute pas qu'il ne se trouve satisfait tant pour le passé que pour l'avenir de 3.000 livres par an, monnoye forte, à compter du jour qu'il a commencé à travailler, au cas qu'il veuille demeurer dans l'Inde au service de la Compagnie. Mais, s'il ne se trouvait pas satisfait de la fixation de ses appointements sur ce pied, tant pour le passé que pour l'avenir, la Compagnie n'a point envie de le conserver à son service. Ainsy, à la réception de cette lettre, vous vous arrangerez avec luy, et vous vous conformerez, suivant le party qu'il prendra, à l'intention de la Compagnie à son sujet.

KARICAL.

47.— Nous avons eu l'honneur de marquer à la Compagnie par notre lettre du premier Janvier 1741, en réponse en apostille à celle de Messieurs du 18 Janvier 1740, article 2, que nous avions payé 50.000 *chacras* au roy de Tanjaour pour le prix de l'acquisition de Karical, et qu'en conséquence de notre délibération du premier Octobre 1739, nous luy avions prêté 40.000 *chacras* en acompte

47.— La Compagnie a appris avec plaisir que cet établissement luy appartient aujourd'huy en vertu de la vente et cession du Roy de Tanjaour de l'agrément et consentement du Nabab, à qui vous aviez déja payé 40.000 *chacras*, et à qui vous deviez payer peu de temps après les 60.000 restant, au moyen de plusieurs aldées que le Roy de Tanjaour vous avait remises et devait encore vous re-

des 10.000 que nous luy avions promis pour l'engager à ratifier la vente de Karical, que suivant notre délibération du 8 May 1740, nous avions acquis les huit aldées données par le roy de Tanjaour pour sureté de ces 40.000 *chacras*, moyennant 20.000 *chacras* de plus, (ces huit aldées ont été affermées pour cinq ans au nommé Rangapoullé, par délibéra-du 8 May 1741 pour 3.500 pagodes par an). Par délibération du premier Octobre 1740, il fut arrêté que nous prêterions au Roy 60.000 *chacras*, restant des 100.000 à luy promis, moyennant trente trois aldées qu'il nous remit en gage. Ce prince qui avait besoin d'argent, nous fit observer que les 40.000 *chacras* que nous luy avions prêtés en 1739, ayant depuis fait partie de l'acquission des huit aldées cy dessus mentionnées, il fallait luy compter cette somme pour compléter les 100.000 *chacras* que nous devions luy prêter pour trois ans, sans intérêt, sans quoy nous

mettre, pour vous procurer votre remboursement. Elle a été bien aise de savoir aussy qu'indépendamment de ces aldées, le seul établissement de Karical luy rend actuellement chaque année 6.960 pagodes avec apparence de luy rendre encore davantage dans la suite; mais elle a été effrayée de la dépense immense dans laquelle la jetterait la construction d'une loge fortifiée, suivant le plan dressé par M. de Cossigny que vous luy avez remis, et elle appréhenderait même très fort que vous n'eussiez été trop avant sur cet article, sans ce qu'elle vous a marqué l'année dernière, et qui sans doute vous aura fait perdre sur le champ toute idée de travailler ainsy dans le grand, et vous aura déterminé à réduire tout cet ouvrage, suivant l'intention de la Compagnie, à une simple loge contenant quelques magasins, et à quelques autres petits bâtiments absolument indispensables et de peu de dépense. Elle n'a pas comp-

manquerions à nos engagements. Considérant que cette demande était juste et que, si nous ne l'accordions pas, nous indisposerions le Roy de Tanjaour contre nous, nous luy avons fait donner notre parole par M. Golard, que nous luy ferions ce prêt, moyennant qu'il nous remit entre les mains un nombre d'aldées à notre proximité et bienséance, qui pussent opérer notre remboursement en trois ans, et qui sont annuellement affermées pour 6.000 pagodes environ.

Par délibération du 24 Octobre dernier, nous avons envoyé des fonds à Karical pour mettre M. Février en état de faire ce té non plus, attendu la proximité de Pondichéry, y entretenir beaucoup d'employés et de soldats. Cependant vous aurez vu par sa lettre du 9 Novembre dernier qu'elle vous envoie tous ceux que vous lui avez demandés, et que vous recevrez aussy par les vaisseaux de cette expédition toutes les munitions de guerre, ustensiles et provisions employées dans vos états de demandes, ce qui ne doit pas vous engager pour cela à en munir Karical plus abondamment que la Compagnie ne le désire par rapport à la dépense à laquelle elle entend que vous réduisiez cet établissement, s'il est possible.

prêt, au sujet duquel il y a un article dans le projet de traité à faire avec le Roy de Tanjaour, dont nous remettrons copie à la Compagnie, quand il aura été constaté. Ce prêt n'est pas encore fait, le traité n'est pas encore signé, et les aldées qui doivent nous servir de nantisse ne nous ont pas encore été remises. Nous continuerons de parler à la Compagnie de cet article dans notre lettre générale, ainsy que du party que nous aurons pris, lorsque M. Dupleix sera icy, sur la loge et les bâtiments à construire à Karical, sur quoy nous avons dit notre sentiment à la Compagnie par la lettre cy-dessus citée du premier Janvier 1741, article 3.

48.— Il faut que le pays soit tranquille pour jouir de cet avantage. Nous nous référons à ce sujet à ce que nous avons eu l'honneur d'écrire à la Compagnie par notre lettre du premier Janvier 1741, en réponse en apostille à la lettre du 13 Février 1740, article 4.

48.— Nous souhaitons être aussy contents que vous nous le faites espérer de la qualité des marchandises que vous nous proposiez d'en tirer à meilleur compte que des marchands de Pondichéry.

49.— Les Hollandais ne nous ont rien dit au sujet de cet établissement; ils ont sans doute reconnu que leurs prétentions étaient chimériques. Nous pensons qu'il en eut été de même de Colèche sur lequel ils n'ont pas plus de droit que sur Karical. Au surplus, si les Hollandais voulaient nous inquiéter à Karical, nous suivrons les ordres que la Compagnie nous prescrit.

49.— Nous vous confirmons que si les Hollandais entreprenaient de nous enlever cet établissement, ce que nous ne pensons pas, attendu leurs prétentions chimériques et le peu d'impression qu'elles nous ont faites, vous devez employer pour votre défense toutes les forces que vous pourrez rassembler.

50.— M. Golard n'a été préféré pour Karical que parcequ'il n'avait point de bureau, et que les autres conseillers ne pouvaient quitter les leurs sans en rendre compte auparavant, ce qui demandait du temps; d'ailleurs, ne faut-il pas aussy des sujets capables dans le Conseil de Pondichéry, où les affaires sont très mul-

50.— Puisque vous avez confié le poste de chef de Karical au sieur Golard, vous l'avez sans doute regardé comme capable de le remplir à la satisfaction de la Compagnie.

tipliées. M. Golard a demandé à revenir icy, et ensuite a passé en Europe, et c'est le sieur Février qui est actuellement commandant à Karical.

51.— Il n'a encore été fait aucun bâtiment ni fortification à Karical jusqu'à présent. Nous les constaterons avec M. Dupleix, et nous nous conformerons aux ordres de la Compagnie, en ne nous écartant cependant pas de ce qu'il sera à propos de faire pour le bien de son service, la sureté et la conservation de cet établissement.

51.— Les dépenses que ce comptoir pourra occasionner si les plans que vous nous avez envoyés ont lieu, ne font qu'augmenter l'inquiètude où nous étions l'année dernière, qui nous a déterminés à vous mander qu'au cas que vous persistiez à soutenir cet établissement, il fallait que vous le réduisiez à une simple loge. Ces réflexions avaient pour objet la certitude de la dépense et l'incertitude de l'avantage; c'est à vous à peser mûrement l'un et l'autre, et c'est ce que nous avons confié à votre zèle pour les intérêts de la Compagnie, et nous ne pouvons que vous répéter ce que nous vous avons déja dit à cet égard.

52.— La Compagnie aura vu par le traité que nous avons fait avec les Jésuites pour l'aumônerie de Karical, le 4 Juin 1739, que nous les avons préférés aux Pères Capucins sur ce qu'ils nous ont représenté que la mission de Tanjaour appartient aux Pères de leur Société. D'ailleurs, ils entendent la langue du

52.— A la bonne heure que vous ayez traité avec les Pères Jésuites pour faire les fonctions d'aumonier à Karical, mais vous ne nous marquez point ce qui vous les a fait préférer aux Pères Capucins. Serait-ce le petit nombre de ceux-ci? Avec votre lettre du 15 Février 1740, vous remettez à la Compagnie

pays, et les Capucins manquaient de sujets. La Compagnie peut changer cette disposition, si elle le juge à propos, et nommer à cette aumonerie tels religieux qu'elle voudra.

Notre avis sur le mémoire des Jésuites qui était joint à cette lettre, est que la Compagnie peut leur accorder 1.200 livres pour l'aumonerie de Karical au lieu de 1.000 livres que nous leur faisons payer. Quant aux deux autres points de ce mémoire, c'est à la Compagnie à les décider.

copie du mémoire que ces premiers vous avaient priés de luy envoyer, mais elle différera à statuer sur ce qu'il contient, jusqu'à ce qu'elle en sache votre sentiment que vous auriez dû luy marquer en même temps.

EMPLOYÉS.

53. — M.M. Quentin de la Métrie et d'Espréménil ont été installés dans le Conseil en conséquence de l'arrêté du 7 Octobre dernier, et le sieur Fournier, par arrêté du 19 Aoust, a passé à Chandernagor peu de jours après. Nous assurons la Compagnie que nous aurons tous les égards possibles pour M. d'Espréménil; il est pourvu d'un mérite distingué.

M. Quentin de la Metrie nous a présenté un mémoire le 16 Octobre, tendant à aller séjourner quelques mois à Madras pour y terminer ses affaires, et venir

53. — En même temps que la Compagnie s'est déterminée sur vos représentations à augmenter non seulement le nombre de ses employés, mais encore à admettre à son service en qualité de sous marchands plusieurs sujets faits et entendus, suivant qu'elle vous l'a marqué, elle a aussy reconnu qu'il n'était pas moins nécessaire de fortifier les Conseils de Pondichéry et de Chandernagor de quelques personnes d'un mérite distingué. Mais quoique les qualités des trois sujets sur qui elle a jeté les yeux pour cela

ensuite résider icy. Nous luy avons accordé un congé de six mois; nous vous avons envoyé copie de son mémoire et de la réponse du Conseil, au mois d'Octobre dernier.

soient assez connues pour ne faire murmurer qui que ce soit de leur introduction au service, dans les premières places de conseillers, elle a jugé à propos, pour ne déplacer personne, d'admettre au Conseil de Pondichéry en qualité de simples conseillers, les sieurs Quentin de la Métrie et d'Espréménil l'ainé, le premier avec l'expectative de second (poste dont elle s'est réservé la nomination) pour avoir entrée, séance et voix délibérative, après le sieur Le Goû, et rang sur le tableau général, après M. Burat, et l'autre, avec une pareille expectative de second, pour ètre immédiatement après luy au Conseil et sur le tableau.

Le troisième de ces sujets est le sieur Fournier dont il luy est revenu tant de bons témoignages qu'au lieu de l'admettre au service simplement en qualité de sous marchand, comme elle l'a marqué par ses lettres du 9 Novembre dernier, elle a estimé plus convenable de luy donner au Conseil de Chandernagor le poste de dernier conseiller et rang sur le tableau général, immédiatement avant le sieur Fimiel auquel elle a différé d'envoyer cette année des provisions du roy de conseiller, par les raisons insérées dans sa lettre de ce jour au Conseil de Chandernagor, article 41.

Vous avez cy joint celles pour le sieur Quentin de la Métrie qui est suffisamment connu par le commerce qu'il a fait depuis longtemps avec distinction, tant en Chine qu'aux Manilles et aux Indes. Vous les luy remettrez et le ferez reconnaitre en cette qualité, aussitot qu'il se sera rendu de Madras à Pondichéry pour s'y fixer et y suivre la partie des affaires de la Compagnie qu'il sera estimé plus convenable au Conseil de luy confier.

Vous en userez de même à l'égard du sieur d'Esprémenil, l'ainé, qui doit s'embarquer sur le Condé, et qui est porteur de ses provisions. Quoique nous soyons bien persuadés que par rapport à Mr. son père, l'un de nous, vous aurez de vous mêmes pour luy toute la considération et les égards qu'il mérite, nous vous le recommandons particulièrement, et vous observons qu'ayant fait le voyage de Chine dès 1734 sur les vaisseaux de la Compagnie, en qualité de second subrécargue. c'est une justice qu'elle luy rend en le plaçant comme elle vient de vous le dire.

54. — Ces commissions ont été délivrées à ces employés; le sieur Ingrand et sa femme doivent s'embarquer pour France en Janvier prochain sur le *Duc d'Orléans*.

54. — Nous vous envoyons cy joint six autres provisions du Roy de Conseillers pour les sieurs Ingrand, de Leyrit, Guillard, Gazon, Février et Fournier à qui vous les remettrez. Elle ne vous en a point envoyé plus tôt pour ce premier, attendu qu'elle comptait qu'il repasserait en France, comme il se l'était proposé.

Nonobstant ce supplément de provisions, il n'y aura que 25 employés qui s'en trouveront pourvus, attendu la suspension pour le sieur Finiel, au lieu de 26 que vous exposez qu'il doit y avoir toujours, compris le premier et le deuxième de Pondichéry. Mais tant par la résidence à Surate du sieur Le Verrier, et celle à Mahé des sieurs Moulineau, Moreau et Bourquenou, au lieu et place de quatre conseillers, que parceque la Compagnie veut bien ne pas priver de cette qualité ni des appointements y attachés, les sieurs Finiel, Couffbezatre, Moulinau et La Noë, il va se trouver tant à Pondichéry qu'à Chandernagor sept employés de trop aux appointements de conseillers; d'où il résulte que jusqu'à ce qu'il y en ait eu sept de moins, vous ne devez faire monter à ce grade aucun des sous marchands, dont le nombre, par ce moyen, suivant le tableau général que vous nous avez remis et d'où vous devez partir dans la suite de même que nous, se trouvera être précisément de 35, que vous nous exposez être nécessaires pour le service de tous les comptoirs, en en retranchant seulement les sieur Bunel et Aubry, et en y admettaut le sieur Dangest, immédiatement après le sieur La Breteche Litout, et ensuite ceux que nous vous avons envoyés l'année dernière et cette année en cette qualité, observant de les placer dans le même ordre que nous vous les avons dénommés dans nos lettres.

A l'égard des commis du premier ordre, de ceux du second et des sous commis, nous n'avons rien à vous observer, si ce n'est que vous devez fixer invariablement le nombre des uns et des autres à celuy porté par le tableau général que vous nous avez remis; et quoique nous ne vous ayons désigné les sept employés que nous vous avons envoyés il y a un an que comme des sous commis, vous pouvez néanmoins donner la qualité et les appointements de commis du deuxième ordre, avant ceux que nous vous envoyons cette année, à ceux d'entre eux qui vous auront paru mériter cette préférence.

55. — En vous demandant, Messieurs, par notre lettre du 10 Octobre 1739, en réponse en apostille à celle de la Compagnie du 29 décembre 1738, article 38, du service pour les employés que vous avez la bonté d'y faire rentrer cet-

55. — Comme au moyen des employés que nous vous envoyons pour commis et sous commis, et de ceux que nous avons admis au service sur vos représentations, il s'en trouvera une douzaine de surnuméraires que vous devez ré-

te année, nous avons omis d'y comprendre le sieur La Tour, fils du sieur La Tour, médecin aux Manilles, où il a rendu service aux capitaines et subrécargues des vaisseaux que nous y avons envoyés lorsque les occasions s'en sont présentées. Ce jeune homme, actuellement icy, a de la bonne volonté et sait travailler, ayant déja été employé en qualité de sous commis en 1739 dans les bureaux. Nous vous prions de luy accorder une place de commis du second ordre.

partir dans les différents comptoirs, nous ne comptons pas vous en envoyer l'an prochain; évitez de votre coté d'y en introduire aucun sans ordre de la Compagnie, parcequ'elle ne pourrait confirmer ce que vous auriez fait à cet égard.

56.— Nous joindrons à notre lettre générale le tableau des employés existant au service dans les Indes. Quand aux appointements du sieur Ingrand, ils ont été remis à 1500 livres; il serait cependant naturel que les caissiers et les comptables eussent plus d'appointements que les autres employés. S'ils font des erreurs, la Compagnie n'y entre pas, et elle n'ignore pas qu'il n'y a guère de comptables à qui cela n'arrive.

Il est absolument nécessaire d'un aumonier à Mazulipatam, qui se transporte chaque année à Yanaon

56.— Elle ne vous enverra par ces vaisseaux ni tableau d'employés, ni état de dépenses, ceux que vous luy avez remis ne différant pas en des points bien essentiels de ceux qu'elle vous a cy-devant envoyés. Elle vous observra seulement que vous passez dans l'état de dépenses une augmentation d'appointements au sieur Ingrand, caissier, d'une somme de 300 livres, quoiqu'elle ne vous y ait point autorisés, que vous y employez aussy quelques ouvriers qui n'y étaient pas compris, que les dépenses de Mazulipatam y sont augmentées de

pour y administrer la Pâ-
que.

Le commerce de ce
comptoir y étant augmenté,
il y faut des employés en
proportion du travail.

Le second chirurgien et
le Capitaine du port jouis-
sent des appointements
que la Compagnie leur a
accordés.

Le sieur Desjardins est
très entendu dans la marine, et servira toujours utilement dans quelque en-
droit qu'on le place.

300 livres pour un aumô-
nier, celles de Yanaon de
800 livres pour un commis
du premier ordre, et celles
du capitaine d'armes et des
armuriers de 400 livres en
appointements plus forts,
et qu'enfin ce sont des
dépenses d'augmentation
qu'elle veut bien approu-
ver, parcequ'elle les croit
momentanées et dictées
pour le bien du service,
mais que vous n'auriez cependant pas dû faire sans
y être autorisés préalablement,

Elle veut bien encore en considération de vos représentations porter les appointements de votre second
chirurgien à 1000 livres au lieu de 800. Quant à ceux
du capitaine du port qui sont de 900 livres, nous voulons bien les porter aussy à 1000, mais point au delà;
d'ailleurs, s'il est vrai, comme on nous l'assure, que le
sieur Desjardins que vous avez choisi pour en faire les
fonctions au lieu et place du feu sieur La Touche, soit
un des officiers de l'Inde qui connait mieux le Gange,
n'estimeriez-vous pas convenable de l'envoyer à Chandernagor dans la même qualité et aux mêmes appointements, au lieu et place du sieur Bari?

57.—Ces 600 pagodes
ont été payées à M. Dumas
sur son reçu.

57.—La Compagnie étant
très satisfaite des services
de M. Dumas, elle luy a
accordé une gratification

de 600 pagodes que vous luy ferez payer sur son simple
reçu lorsqu'il le désirera.

58.— Par notre lettre du 10 Octobre 1739, article 33, nous vous avons dit ce que nous trouvions de plus convenable au sujet de la transmigration des conseillers. Le travail journalier dans ce comptoir, le peu de commerce qui s'y fait sans risquer ses fonds à la mer, les grandes dépenses occasionnées par la cherté des vivres, font que les conseillers qui servent dans les autres comptoirs des Indes répugnent à s'y rendre quand ils y sont appelés. La Compagnie pourrait rendre ces postes assez gracieux et assez lucratifs, pour qu'ils soient recherchés avec autant d'empressement qu'il parait que les employés qui servent dans des comptoirs où ils font mieux leurs affaires, craignent de venir les occuper.

58.— Comme par la lettre qu'elle luy écrit, de même date que celle-cy, elle l'informe de ses intentions touchant la transmigration des conseillers et officiers d'un comptoir dans un autre, il pourra vous dire qu'il n'en doit être question qu'autant qu'il en résultera un bien pour le service, et jamais autrement. Comme le Conseil de Chandernagor parait l'appréhender, il est bien entendu que le nombre de conseillers et même d'autres employés, fixé par les états de la Compagnie pour chaque comptoir, doit toujours s'y trouver autant qu'il est possible, surtout à Pondichéry qui est le chef-lieu.

59.— Le sieur Gosse avait raison de nous représenter que si nous attendions votre agrément pour cette augmentation d'appointements, il serait mort avant ce temps; le Seigneur en a disposé le **17** Aoust dernier.

59.— En considération des raisons que vous nous marquez vous avoir déterminés à accorder au sieur Gosse une augmentation d'appointements de **300** livres, nous l'approuvons sans tirer à conséquence.

60.— Ce que nous avons écrit à la Compagnie par notre lettre du 15 Janvier 1740 au sujet des sieurs de Latouche et Le Faucheur, est fondé sur la vérité. La Compagnie a perdu en eux deux bons employés, et nous ne comprenons pas ce que vous voulez dire, Messieurs, en parlant d'eux, *de défaut de conduite*. Ils sont morts pauvres à la vérité. Mais n'est-ce pas le sort de presque tous vos employés et officiers? La veuve du sieur Le Faucheur est remariée au sieur Boyelleau, chef à Mazulipatam; la veuve du sieur de Latouche ne subsiste qu'à la faveur de ce qu'elle reçoit de votre caisse. La Compagnie a oublié sans doute les services que son mari luy a rendus en qualité de capitaine de ses vaisseaux des Indes, et ensuite, de port à Pondichéry pendant presque quarante ans. Au surplus, quand le Conseil de Chandernagor nous aura fait part du projet du réglement dont la Compagnie nous parle, nous

60.— Quoique la Compagnie vous ait marqué il y a trois ans que l'usage dans lequel vous êtes d'accorder aux veuves des employés, qui restent pauvres chargées de famille, la moitié des appointements de leurs maris, lui devenait trop à charge et qu'elle vous ait, en conséquence, prescrit les bornes dans lesquelles elle désirait que vous vous renfermassiez à cet égard, elle voit cependant que vous avez encore traité sur l'ancien pied les veuves des sieurs Latouche et Le Faucheur, ce qu'elle approuve d'autant moins qu'elle n'a jamais entendu suppléer ainsy au défaut de conduite, ni faire ces sortes de grâces qu'à celles qui ne pouvaient absolument subsister autrement. A la bonne heure de les débarasser de leurs enfants en les employant de préférence, quand ils sont en état de l'être, la Compagnie y donnera les mains volontiers, comme elle fait cette année pour le sieur Le Faucheur. Au surplus, vous

prendrons un arrangement avec M. Dupleix pour faire subsister les veuves et les enfants de vos colonies, sans qu'ils soient trop à charge à la Compagnie, et nous vous en informerons pour que vous preniez un party définitif à cet égard.

Nous voyons avec chagrin que la Compagnie n'a fait nulle attention à ce que nous avons eu l'honneur de luy représenter par l'article 39 de notre lettre du 10 Octobre 1739, en réponse en apostille à la sienne du 29 Décembre 1738.

verrez par la lettre qu'elle écrit au Conseil de Chandernagor, qu'elle luy marque de faire à cet égard un projet de réglement, de vous l'envoyer, et enfin, de concerter avec vous les moyens les plus convenables de faire subsister ces veuves et enfants, sans que ils soient aussy à charge à 'la Compagnie, qu'ils le sont actuellement et le deviendraient dans la suite. Dès que la Compagnie aura ce projet, elle prendra un party définitif à cet égard.

TROUPES et ARTILLERIE.

61.— Nous joindrons à nos expéditions le tableau général des officiers existant aux Indes actuellement, comme nous avons coutume de faire chaque année, et chaque officier y sera placé dans le grade et rang que la Compagnie nous prescrit.

61.— Suivant les dépouillements que nous avons faits sur le tableau général des officiers et sur les états de dépenses des différents comptoirs, nous trouvons qu'il faut pour compléter tous les différents postes en officiers, dix capitaines, seize lieutenants, dix sous-lieutenants et quinze enseignes. Nous comptons sur un capitaine de moins que vous, et en même temps sur un lieutenant de plus, en ce que ce doit être un de ceuxcy qui doit faire à Chandernagor les fonctions d'aide major, et non un capitaine, ainsy que la Compagnie l'a déja marqué. Conformez-vous à ses intentions sur cet article.

62.— Les commissions et brevets que la Compagnie nous a envoyés, ont été remis aux officiers. Les sieurs Dupuis, Planchard, Dufresnoy et Delavergne sont morts; le sieur d'Estimauville a demandé son congé pour repasser en France; le sieur de St. George a été reçu enseigne le premier de ce mois; le sieur de la Porterie, ne pouvant plus servir en qualité d'officier depuis la blessure qu'il a reçue à Mahé dans l'affaire du Porc-Epic, nous luy avons accordé un poste de commis à 800 livres sur la demande de M. Dirois, et sous le bon plaisir de la Compagnie; il doit aller à Bengale avec M. Dirois. Nous avons envoyé au Conseil de Chandernagor la commission du sieur Roussel de St. Rémy, capitaine.

62.— Suivant le compte cy-dessus, elle vous remet cy joint quatre commissions de capitaines pour autant de lieutenants qui se trouvent promus à ce poste, et qui sont les sieurs Roussel, Dupuis Planchard, Roussel de St. Rémy et Damblard;
neuf brevets de lieutenant pour les sieurs Duperron, Beausset, Pochauvin de Marson, Dupassage, Charpentier, Coquelin, Floissac, Baldie et Voyart de Maison rouge;
dix brevets de sous lieutenants pour les sieurs de la Portrie, Dufresnoy, Delavergne, Scapat de St. Martin, Duplant, d'Estimauville, de Mainville, d'Héry, Martin, et Dussaussaye;
deux brevets d'enseigne seulement pour les sieurs Jouënne et St. George.
Chacun des dix autres officiers que nous vous envoyons en cette qualité, étant porteur de son brevet, il se trouvera par ce moyen un enseigne de plus que les quinze qui sont nécessaires.

Nous vous observerons que, quoique nous vous envoyons la commission de capitaine pour le sieur Roussel de St. Rémy, l'intention de la Compagnie est cependant que vous ne la luy délivriez qu'autant que l'affaire qu'il s'est faite à Patna avec le sieur Groiselle, ne vous aurait pas paru aussy grave qu'au Conseil de Chandernagor et à nous.

Que, nonobstant les ordres que la Compagnie vous a donnés au sujet des sieurs Duperron et Baldie, elle veut bien se rendre à vos nouvelles représentations en leur faveur, eu égard à la distinction avec laquelle ils se sont conduits dans la dernière affaire de Mahé, et les laisser dans le rang qu'ils sont placés sur votre tableau.

Quant aux sieurs Pochauvin de Marson, d'Estimauville, Jouënne et de St. George, le premier doit être placé immédiatement entre les sieurs du Bausset et Dupassage, le second, seulement après le sieur de la Vergne et avant le sieur de Mainville, et les deux autres, seulement après les quatre enseignes que nous vous avons envoyés l'an passé.

Nous vous observons aussy qu'à l'avenir, la Compagnie non seulement n'admettra point ainsy à son service ceux qu'elle n'aura pas désignés par elle-même pour y entrer, mais elle les excluera sans se laisser entamer davantage à cet égard.

Il nous reste encore à vous observer que sur le tableau général des officiers, ce doit être après le sieur Dufresnoy, les sieurs de Lavergne, de St. Martin et Duplant, dans l'ordre qu'ils sont icy et qui est le rebours de celuy de votre tableau à leur égard.

63.— Il faut donc que l'Ile France soit d'une plus grande considération pour la Compagnie que la ville et les forts de Pondichéry;	63.— Dans les circonstances où la France est actuellement, il n'est pas possible d'y pouvoir engager de bons canoniers;

pour y avoir établi cette Compagnie d'artillerie plutôt qu'icy, et nous voilà subordonnés à cette île pour y demander des secours de ce genre lorsque nous en aurons besoin. Il ne s'agira plus que de savoir si ces secours nous seront envoyés à temps.

Nous avons l'honneur de représenter à la Compagnie (et cela mérite toute son attention) qu'il faut que ce fort soit toujours pourvu de soldats, canoniers, armes et munitions suffisamment pour sa défense, sans être obligés de recourir ailleurs. Nous en avons écrit plusieurs fois notre sentiment à la Compagnie; elle a le plan de Pondichéry. Il ne manque pas d'habiles gens en France qui luy diront tout ce qu'il convient d'avoir icy, eu égard à la quantité de postes, et à l'étendue de l'enceinte pour les garder et les défendre en cas d'attaque; à joindre que c'est d'icy que l'on fournit les autres établissements de la Compagnie aux Indes, ce qui dégarnit souvent trop cette place, comme cela nous est arrivé en 1740, à l'occasion de la guerre de Mahé, dans un temps des plus critiques, et à la veille d'être assiégés par les Mahrattes. Au surplus, nous nous référons à ce que nous avons écrit à la Compagnie à ce sujet au mois de Janvier dernier.

mais cette difficulté ayant fait prendre à la Compagnie le party d'établir à l'Ile de France une Compagnie d'artillerie, commandée par de bons officiers qu'elle envoie d'icy, vous pourrez vous adresser au Conseil de la dite île pour vous procurer quelques bons sujets de ce genre, lorsque vous en aurez un besoin indispensable pour Pondichéry, ou pour les autres comptoirs qui luy sont subordonnés.

Vous avez bien fait de renvoyer le sieur Polo, puisqu'il ne tenait point une conduite convenable à un officier.

64. — Cela était absolu-

64. — Nous approuvons

ment indispensable, ainsy que la retenue de ces 50 soldats. Nos garnisons ne seront point recrutées entièrement avec les troupes que la Compagnie nous a. envoyées cette année. Mahé nous en a consommé la plus grande partie, au surplus, nous joindrons à nos expéditions notre état de revue qui contiendra l'état des garnisons de Karical, de Mahé et de Chandernagor, si nous les recevons assez à temps.

que dans les circonstances de crainte où vous vous êtes trouvés, vous ayez mis tous vos postes dans le meilleur état qu'il vous a été possible, en retenant pour cela la plupart des soldats qui étaient sur les vaisseaux d'Europe, ainsy que les cînquante qui vous avaient été envoyés de l'Ile de France. Au moyen de ceux qui vous parviendront cette année, vous vous en trouverez suffisamment pour compléter toutes les garnisons sur le pied que vous le désirez.

CHANDERNAGOR.

65.— Nous traiterons cet article dans notre lettre générale, lorsque M. Dupleix sera icy et de concert avec luy.

65.— Au moyen de la lettre de la Compagnie au Conseil de ce comptoir, que nous vous remettons cy joint à cachet volant, afin que vous en fassiez prendre tous les extraits que vous estimerez devoir garder, et que vous donniez en conséquence les ordres qui vous paraitront convenir au bien du service ce qui nous reste à vous marquer touchant cé chapitre se réduit à très peu de chose.

Quoique l'état de dépenses que vous nous avez remis de ce comptoir, ne cadre pas avec celuy que nous en avons reçu directement, nous n'en relèverons point les différences, attendu qu'outre que leur résultat ne deʋient qu'un très petit objet, nous les croyons dictées pour le bien du service. Il convient maintenant que vous vous mettiez d'accord ensemble sur cet article et qu'une fait cet état de dépenses bien constaté entre vous, on ne s'en écarte pour quelque raison que ce puisse être, sans en prévenir préalablement la Compagnie.

Sur la demande que le Conseil de Chandernagor vous avait faite de luy donner des ordres précis en cas de mutation dans le gouvernement de Bengale, nous ne voyons pas que vous ayez pû luy répondre autrement que vous l'avez fait le 8 Octobre 1739.

Conciliez-vous avec luy sur le conseiller qu'il convient d'envoyer à Patna relever le sieur Groiselle, qui demande à revenir à Chandernagor par repport à sa mauvaise santé, ce qu'on ne peut luy refuser.

Il est bien triste que depuis quelques années il arrive fréquemment dans le Gange des tempêtes qui font périr nombre de vaisseaux, dont nous voyons que l'*Heureux* et le bot qui l'entrait, ont été du nombre. Nous souhaitons qu'il n'en ait pas été de même du *St. Pierre*, comme vous l'appréhendiez.

Continuez à aider le Conseil de Chandernagor des fonds dont il aura besoin, et dont vous pourrez vous dégarnir en consultant dans ces occasions ce qui peut procurer le plus d'avantages à la Compagnie, et en oubliant entièrement les discussions que vous avez eues avec ce Conseil.

MAHÉ.

66.— Par délibération du 9 Novembre 1740, M. Signard a été nommé pour succéder à M. Dirois dans la direction de Mahé. Il a

66.— Nous avons examiné la situation de ce comptoir dans lequel nous ne voyons de conseillers que les sieurs Dirois et de Ley-

travaillé dans ce comptoir en second de M. Dirois jusqu'au mois de Septembre dernier. Lorsque M. Dupleix sera icy, nous délibererons avec luy s'il est nécessaire d'y faire passer d'autres employés que ceux qui y sont actuellement et qui ne peuvent qu'être découragés, ainsy que les autres conseillers placés sur le tableau avant le sieur de Martinville, de la préférence que vous luy donnez pour présider à ce comptoir, sur ses confrères qui croient n'avoir rien à luy céder sur le zèle et l'attachement qu'ils ont à votre service.

rit. Nous nous sommes fait représenter ce que nous vous avons mandé l'année dernière au sujet des employés de ce même comptoir. On vous a laissé la liberté d'y pourvoir suivant que vous l'estimeriez plus convenable, en vous indiquant que le sieur Jogues de Martinville, ayant rempli le poste de second, pourrait peut être mieux convenir qu'un autre pour suivre les opérations de ce comptoir, et être en état par la suite d'y présider. Nous avons vu par les lettres que nous avons reçues l'année dernière que le sieur de Leyrit y occupe actuellement la place de second. Nous ne doutons pas que ce ne soit le mérite que vous avez reconnu en luy qui vous a déterminés à faire ce choix. Mais sa jeunesse nous parait mériter votre attention, s'il était question d'icy quelques années de pourvoir au poste de chef; c'est ce qui nous déterminé à vous mander que malgré l'affection que nous portons au sieur de Leyrit, nous désirons que vous ne consultiez que le bien de la Compagnie dans le choix que vous devez faire du successeur de M. Dirois.

67.— Nous sommes bien aises que la Compagnie soit contente des ordres et instructions donnés à M.

67.— La Compagnie est satisfaite des ordres et instructions que vous avez donnés au dernier, en l'en-

Dirois au sujet du comptoir de Mahé, et de la façon dont il les a exécutés; il n'y a pas de doute que ce comptoir avait besoin d'une pareille réforme.	voyant à Mahé, ainsi que de la façon dont il les a exécutés ; par toutes les informations et procédures qui ont été faites, de même que par tout ce que vous

luy observez à ce sujet, elle est de plus en plus persuadée que ce comptoir avait besoin d'une pareille réforme. Vous êtes en état, si vous le jugez à propos, d'y fairr passer le nombre de conseillers qui y doit être, puisque, comme nous vous l'avons observé, il y en a suivant le tableau général sept de plus que vous ne l'estimez vous-mêmes nécessaires, et vous devez d'autant moins balancer à composer ce comptoir d'employés qui vous paraitront les plus propres à y régir les affaires de la Compagnie, qu'elle approuve d'avance tout ce que vous estimerez devoir faire à cet égard.

68.— Cette omission est cause que l'affaire du sieur Bunel a si fort trainé en longueur. Il est repassé en France sur le *Duc de Bourbon* ; nous nous référons à ce que nous avons eu l'honneur de vous écrire à son sujet par notre lettre du 16 Octobre dernier.	68.— Par l'omission que le Conseil de Mahé a faite de faire signifier et signer au sieur Bunel son compte et la demande dans laquelle ce dernier a persisté pour qu'il fut fait en sa présence des déclarations juridiques de la part des marchands de Mahé des sommes qu'il leur a payées

pendant son administration, vous ne pouviez vous dispenser de le renvoyer sur les lieux. Mais, quand en conséquence de votre délibération du 12 Novembre 1739, les créanciers du sieur Bunel auront été satisfaits des deniers de la Compagnie, ce qu'elle sent qu'il convenait de faire, et qu'à compte de ce qu'il doit à la

Compagnie, vous aurez retiré généralement tout ce que vous aurez pu découvrir à lui appartenant en meubles ou immeubles, dettes actives ou intérêt dans quelque affaire ou armement, vous le renverrez en France consigné, ainsy que vous en avez usé à l'égard du sieur Louet que nous voyons avoir entièrement remboursé la Compagnie, ainsy que le feu sieur St Martin.

69.— Les héritiers de Jean de Santos ne devaient plus au 15 Juin 1740 que 7447 fanons 13 biches. Nous ne pouvons marquer à la Compagnie s'il a payé quelque chose depuis, parceque les livres nous manquent du 15 May 1740 au 15 May 1741, et que nous n'avons reçu aucun bilan de ce comptoir depuis ce temps.

69.— Le Conseil de Mahé vous aura sans doute donné des éclaircissements plus satisfaisants que nous voyons qu'il n'a fait d'abord sur l'article des 20.724 fanons dûs à la Compagnie par le nommé Jean de Sante, interprête à Calicut.

70.— Le vaisseau le *Condé* a mouillé à Mahé le 16 Septembre, et y a remis 55 caisses d'argent; il en est party le 22 du même mois, et n'a mouillé icy que le 6 Octobro. Il était trop tard pour luy donner d'autre destination que celle de retourner à Mahé. Nous prions la Compagnie de lire la délibération prise au sujet de ce vaisseau, de son chargement et de son retour en Europe, en date du 8 Octobre dernier.

70.— Nous donnons les ordres nécessaires pour que le *Condé* qui vous portera le duplicata de la présente, soit à Mahé du 20 au 25 Aoust prochain, et qu'il n'y reste absolument que huit jours pour y laisser 100.000 piastres, plus ou moins, suivant les ordres que vous y aurez donnés, y prendre son chargement de poivre, et continuer sa route pour vous parvenir en Septembre.

71.— Les poivres que la Compagnie recevra par les vaisseaux de cette expédition, sont évalués sur les factures à 35 pagodes 8 fanons le *bar*. Les poivres, bois et *Kaire* que nous avons reçus de Mahé cette année nous ont été envoyés sans prix ni factures.

Quant aux déchets considérables qui ont été trouvés sur cette marchandise, nous espérons de l'attention du Conseil de Mahé qu'ils ne seront pas si considérables dans la suite. Nous ne croyons pas qu'il s'en trouve beaucoup sur celuy que nous envoyons cette année à la Compagnie, et qui a été acheté à Pondichéry.

71.— Continuez à évaluer le poivre dans vos factures sur le pied de 30 pagodes le *bar*. Nous voyons que les déchets sur cette marchandise ont excédé jusqu'à présent les 10 % auxquels vous les estimez; mais par l'attention que M. Dirois aura, au moyen des gros fonds que vous lui avez envoyés, à ne laisser embarquer que du poivre vieux, et à ne laisser peser à la livraison qu'en présence d'un employé sûr, nous espérons que par la suite, ces déchets ne seront pas aussy considérables.

72.— M. Duvelaër nous a envoyé ces pièces, et Mahé doit avoir reçu par le *Condé*, le *Jupiter* et les autres vaisseaux de l'escadre en guerre tout ce que la Compagnie luy a fait remettre.

72.— M. Duvelaër aura soin de vous remettre une copie des factures des effets qui seront expédiés directement à Mahé; si le *Condé* ne peut pas en embarquer la totalité, comme il y a lieu de le penser, le restant sera chargé sur le *Jupiter* destiné pour les îles, et nous marquerons au Conseil de l'Ile de France de les envoyer tout de suite à Mahé par ce même vaisseau.

73.— Nous avons reçu

73.-- Vous avez cy joint

cette lettre et en avons pris lecture et copie, et nous l'avons envoyée au Conseil de Mahé qui nous en a accusé réception.

la lettre de la Compagnie pour le Conseil de Mahé à cachet volant. Vous en prendrez lecture, en retiendrez les extraits qui vous conviendront, et donnerez en conséquence au Conseil de ce comptoir les ordres que vous estimerez à propos.

74.— Cet article n'a pas occasionné ouvertement la rupture des Anglais avec nous, comme nous avions lieu de le craindre; mais qui sait, si en ayant été instruits, puisqu'ils ont protesté contre, cela n'a pas été pour eux un motif de nous susciter tous les embarras et toutes les discussions que nous avons avec

74.— Votre réflexion sur le 6me article du traité fait avec les quatre Nambiars nous parait juste, et le mal en même temps sans remède. Nous souhaitons fort que les Anglais n'aient pas pris occasion de se brouiller ouvertement avec nous, comme vous l'appréhendiez.

les gens du pays, et surtout avec Bayanor?

75.— Le zèle qui nous anime pour le progrès du commerce de la Compagnie nous fait ressentir un regret infini de ce qu'elle n'a pas pris en considération ce que nous luy avons marqué au sujet de l'établissement de Travancore. Ce n'est qu'une voix aux Indes sur les avantages qui en seraient résultés pour le commerce de la Com-

75.— Quant aux établissements de Travancore et de Ponnatour, nous vous confirmons que la Compagnie réunie pense comme nous vous l'avons marqué par notre lettre du 9 Novembre dernier, qu'il ne convient point de se livrer à des entreprises de cette nature, que cependant elle donnera des mémoires au gouvernement, pour par-

pagnie, qui regrettera peut-être un jour d'avoir manqué l'acquisition de cet établissement.

venir, s'il est possible, à savoir positivement quels ordres elle veut vous donner sur la conduite que vous devez tenir tant avec les Hollandais qu'avec les Anglais dans les différentes occasions qui peuvent se présenter.

MAZULIPATAM et YANAON

76.— Ces embarcations sont bien arrivées.

Nous avons tiré cette année environ 120 balles de mouchoirs de Mazulipatam, dont la Compagnie recevra la moitié par le *Duc de Bourbon*, et le surplus par le *Duc d'Orléans*.

Yanaon nous a fourni jusqu'à présent 627 balles de marchandises qui composeront en partie le chargement de ce vaisseau en Janvier prochain; sans cela, nous n'aurions pu charger les vaisseaux de cette expédition aussy bien que nous avons fait.

Nous ne négligeons rien pour que nos roupies et nos pagodes à trois figures aient cours dans le commerce de ces deux comptoirs, au moyen des ordres et *paravana* de Nizamel-

76.— Nous désirons fort que vos premières nous apprennent l'heureuse arrive du brigantin et de l'autre embarcation dont vous étiez inquiets de ne point avoir de nouvelles au 24 Février 1740. Vous faites bien d'avoir recours à ces comptoirs et à celuy de Karical, lorsque vous ne pouvez tirer des marchands de Pondichéry, la quantité ou la qualité des marchandises que nous vous demandons. Nous espérons que vous trouverez d'autant moins de difficultés à faire un gros commerce dans ces deux endroits, que nous voyons qu'il a été obtenu un *paravana*, et ensuite un ordre de Nizamelmoulk pour que nos roupies et nos pagodes à trois figures soient reçues au trésor de Gol-

moulk et du crédit d'Imam Saheb, actuellement gouverneur de Mazulipatam.

conde, et qu'elles aient cours dans le commerce.

Ce que nous avons eu l'honneur de vous écrire à ce sujet par le 55ᵐᶜ article de notre lettre en apostille du 10 Octobre 1739, continue cependant d'avoir lieu de temps en temps.

Le sieur Guillard ayant obtenu d'Imam Saheb la permission de faire frapper des roupies au coin d'Arcatte à la monnoye de Mazulipatam, nous luy avons avons envoyé 1.100 marcs d'argent n° 4 qui n'y ont produit que 21.409 roupies, au lieu qu'ils auraient produit à notre monnoye 21.736 roupies, cela nous a fait suspendre cette opération.

77.— Nous ne pensons plus à ce petit comptoir, ni à former aucun autre établissement, puisque la Compagnie en regarde aujourd'hui la multiplicité comme ruineuse. Elle l'avait cependant approuvé après l'avoir reconnu très utile par sa lettre du 29 Décembre 1738. Cette disposition actuelle de la Compagnie nous a fait aussy abandonner le dessein de luy acquérir l'ile de Divy qui lui aurait été très avantageuse et que nous pensons que nous aurions eue à de bonnes

77.— Puisque le petit comptoir que vous vous proposez d'avoir au nord de Yanaon vers Ganjam n'a point encore eu lieu, nous désirons que vous abandonniez cette entreprise, avec d'autant plus de raison que Karical dont il n'était point question alors doit vous procurer toutes les marchandises et grains dont vous pourrez avoir besoin, et que d'ailleurs, il convient d'éviter la multiplicité des établissements, qui est ordinairement ruineuse.

conditions par le crédit d'Imam Saheb. Il est à craindre qu'il ne la fasse avoir aux Anglais, qui en ont envie il y a longtemps, en connaissant toute l'utilité.

ILES DE FRANCE ET DE BOURBON.

78.— Nous envoyons chaque année aux îles tout ce qu'elles nous demandent tant en marchandises qu'en provisions de bouche, soit par Bengale ou d'icy, autant qu'il nous est possible; les envois cette année passeront la somme fixée par la Compagnie, mais l'escadre en guerre en est la cause.

78.— Quoique nous ne vous ayons pas prévenus expressément d'employer sur les 80.000 marcs que vous recevrez cette année 6.000 marcs et même davantage s'il le faut pour envoyer à ces îles toutes leurs demandes, surtout en vivres; vous aurez vu par le tableau de votre votre situation arrêté le 9 Novembre dernier, que c'est néanmoins l'intention de la Compagnie, ce que nous vous confirmons.

79.— Il est du bien du service qu'il ne soit plus envoyé de lascars aux îles; cela aurait pu occasionner quelques fâcheuses affaires à la Compagnie, surtout à Bengale, ainsy qu'elle en a convenu elle-même par sa lettre du 13 Février 1740. Pondichéry se ressent encore de la disette d'ouvriers par la quantité qui en a été envoyée à ces îles; quant anx noirs esclaves, nous ferons notre possible pour en procurer, quand il nous en sera demandé.

79.— Si vous n'avez point suffisamment d'ouvriers pour vos besoins, ce n'est pas le moyen de pouvoir y en faire passer; au reste, nous pensons qu'il ne vous en sera plus demandé, ni même de lascars, mais seulement des noirs esclaves que vous ferez en sorte de vous procurer.

80.— C'est de Bengale que cet ordre sera exécuté;

80.— Nous vous confirmons d'y envoyer par tous

nous demanderons à M. Le Verrier, à Surate, de la graine d'indigo d'Agra, en lui recommandant que les bouteilles en soient bien bouchées, mais pour que elles le soient hermétiquement, cela ne se peut aux Indes, et surtout à Surate, où il n'y a point de verreries.

les vaisseaux quelques bestiaux, oies et canards, ainsy que quelques graines, plantes ou arbres que vous estimerez pouvoir y devenir utiles. Nous vous recommandons particulièrement d'y envoyer dans des bouteilles bouchées hermétiquement de la graine d'indigo d'Agra, par différents vaisseaux, la Compagnie ayant fort à cœur d'y introduire cette culture.

81.— Nous écrirons à M. de Martinville à Bassora pour se procurer des plants de vigne produisant le vin rouge et le vin blanc, et de nous les faire passer. Nous les enverrons à l'île de France. Cela est difficile, mais pas absolument impossible.

81.— Comme elle n'y désirerait pas moins la production de la vigne, faites venir de Shiraz des plants de vigne produisant le vin rouge et le vin blanc, et faites en passer à ces îles par différents bâtiments en recommandant aux capitaines des vaisseaux, qui en seront chargés, de prendre un soin particulier pour leur conservation.

82.— Par délibération du 7 Octobre 1740, tout port permis en nature a été supprimé, et il a été accordé une somme fixée à 30% de grosse à chaque officier, selon son grade. Ils ne sont pas contents de cet arrangement qui ne leur donne

82.— Nous vous avons mandé il y a un an de supprimer tous les ports permis en nature, que vous êtes en usage d'accorder aux officiers des vaisseaux pour les îles, et de leur en fixer d'équivalents à l'instar de ceux que la Compagnie

pas beaucoup de profit. Au surplus il n'aura guère plus lieu, puisqu'il est permis à toute personne d'envoyer des marchandises aux îles, moyennant 5 % d'entrée et 10 % de fret, suivant que nous en ont assuré M.M. de la Bourdonnais et Herbaut par leur lettre du 10 Octobre dernier, dont nous vous remettons copie. Tout ce que nous pourrons faire à cet égard sera d'exempter les officiers de vos vaisseaux, qui iront aux îles dans la suite, du fret et du droit d'entrée sur une somme fixée, eu égard au grade, c'est sur quoy nous délibérerons quand M. Dupleix sera icy.

accorde aux officiers des vaisseaux d'Europe. Nous vous le réiterons.

83.— Il sera bien qu'il ne nous soit envoyé du café des îles que lorsque nous y en demanderons, sans quoi il courrait risque de rester longtemps dans vos comptoirs des Indes, comme il est arrivé cy-devant. Ce ne sera qu'autant que M. de Martinville nous marquera pouvoir en déboucher à Bassora que nous en demanderons aux Conseils des îles, car il n'y a aucun débit ailleurs.

83.— Le café de Bourbon ne pouvant se vendre sans une perte considérable ni dans le Bengale, ni à Jedda, ni à Surate, ni au Banderabassy, ni dans aucun autre endroit de l'Inde excepté à Bassora, où le sieur de Martinville espère encore en pouvoir tirer party, quand il sera de bonne qualité, il ne vous en sera envoyé que ce que vous en demanderez à la dite île, où nous recommanderons que ce soit un café choisi.

AFFAIRES GENERALES.

84.— Ces huit caisses nous avaient été envoyées

84.— Les huit caisses marquées Nº 1 à 8 AN, que

par le Gouverneur général des îles Philipines avec prière de les envoyer en France par vos vaisseaux. Ce Gouverneur est repassé en Europe en 1739.

vous avez fait charger sur la *Paix*, sont toujours dans les magasins de Lorient' n'ayant encore été réclamées de qui que ce soit.

85.— Nous avons appris par Mahé que les vaisseaux portugais, chargés de troupes et de munitions de guerre que l'on attendait depuis longtemps à Goa, y avaient mouillé le 13 May dernier au nombre de six, un de ces vaisseaux ayant péri à Mozambique. M. le Marquis de Loriçal, (c'est le comte de Riceira) viceroy renvoyé par la cour de Lisbonne pour relever le comte de Sandomil, est arrivé par cette escadre; il a mis aussitôt en campagne un corps de troupes de 5000 hommes, la plus grande partie européenne, et a signalé son retour en

85.— Vous avez bien fait d'envoyer au Viceroy de Goa les secours qu'il vous a demandés en poudre, pierres à fusils, etc. Nous sentons combien il serait fâcheux que les Mahrattes se rendissent maitres de cette ville, mais, pendant la suspension d'armes, elle aura sans doute reçu des secours d'Europe qui l'auront mise en état de se soutenir contre ces peuples qui deviennent si formidables, de même que les Angarias; il serait bien a souhaiter que les nations pussent se concilier ensemble pour les détruire.

chassant les Mahrattes de la province de Bardes dont ils s'etaient emparés il y a trois ans. Si nous apprenons quelqu'autres nouvelles de Goa, nous en ferons part à la Compagnie par notre lettre générale.

86.— Nous aurons attention à nous conformer à ce

86. Toutes les lettres de change que vous avez tirées

que la Compagnie nous prescrit au sujet des traites que nous ferons sur son caissier.

sur la Compagnie ont été acquittées à leur échéance, à raison de 48 livres le marc, prix courant des piastres dans le commerce. Nous vous recommandons d'avoir attention dans l'avis que vous nous donnez des dernières traites, d'y faire mention de leurs dates et du terme de leur échéance, ce qui n'était pas observé dans votre lettre du 20 Février 1739, par le vaisseau la *Paix*.

87.— Nous avons reçu cette procuration qui était absolument nécessaire suivant que nous l'avons marqué à la Compagnie par notre lettre du 20 Février 1739, pour retirer aux Manilles ce qui est dû à la succession du feu sieur Jean Dutertre; nous en ferons usage, et souhaitons que ce soit utilement.

87.— Vous trouverez cy joint une expédition de la procuration en blanc que les héritiers du feu sieur Dutertre Hervé, décédé aux Manilles, nous ont fait remettre, pour parvenir à retirer le restant de sa succession; vous la remplirez du nom de celuy que vous jugerez à propos de charger de la suite de cette affaire, et vous nous informerez des fonds qui seront rentrés à votre caisse provenant de cette succession.

Il a été porté à votre caisse le 30 Juin 1741 une somme de 1540 pagodes appartenant à la succession du dit sieur Dutertre, et depuis, celle de 1125 pagodes, 7. 32, produit de 1685 1/2 piastres déposées au greffe le 6 may dernier par le sieur Jean Dubois, provenant d'un intérêt que le défunt avait avec le sieur Dubois de la Roussetière, son frère. Ces deux sommes seront comprises dans l'état général des successions qui sera joint à nos expéditions, et la Compagnie peut sans difficulté les faire payer aux héritiers du dit feu sieur Dutertre.

88.— Par notre lettre du 15 Janvier 1741, en réponse en apostille à celle du 13 Février 1740, nous avons informé la Compagnie de la suite de l'affaire du sieur Cainec avec le sieur Desaudrais, ainsy que par celle du 15 Février de la même année, qu'elle n'avait point été poursuivie, faute de preuves, et que nous avions fait remettre au sieur Boyelleau, procureur de ses héritiers, le montant de sa succession.

88.—Les parents du sieur Desaudrais le Roux, second enseigne du vaisseau le *Phœnix*, tué à Pondichéry, ne cessant de solliciter la Compagnie touchant sa succession, vous nous marquerez en réponse de quelle manière son affaire a été terminée, ce que vous n'auriez pas dû nous laisser ignorer jusqu'à présent.

89.— Nous avons joint à nos expéditions du mois d'Octobre dernier nos répliques à une lettre du sieur de Salvan, pleine de faussetés et d'impostures, afin d'instruire à fond la Compagnie de la mauvaise manœuvre du dit sieur de Salvan qui aurait mérité une punition au lieu de 3000 livres que la protection de Monseigneur le Cardinal Fleury luy a fait obtenir: Nous nous référons à cette pièce et à ce que nous avons eu l'honneur de vous en écrire par notre lettre en apostille du premier Janvier 1744, article 25. La Compagnie a bien fait de l'exclure de son service; c'est un très mauvais esprit.

89.— Vous auriez bien dû aussy ne pas manquer d'informer la Compagnie de ce qui a été fait par rapport à celle du sieur de Salvan, mais quoiqu'il en soit, vous verrez par la copie de la délibération cy jointe, que nous avons fini entièrement icy avec cet officier, et qu'il n'a plus rien à répéter sur la Compagnie.

90.— Le sieur Guillau-

90.— Marquez-nous en

me Debris, père, s'est perdu sur le vaisseau le *St. Pierre*, capitaine Bachelier, dans le Gange en Octobre 1739, et Etienne Debris, son fils, s'est embarqué cette année à Golgota pour Manilles, sur le vaisseau du sieur Alexandre Carvaille.

réponse si vous avez connaissance d'un nommé Guillaume Debris que l'on dit avoir servi la Compagnie, en qualité d'officier, sous M. de Marquaysac, et qui était à Pondichéry le 26 Juin 1734, de même que du nommié Etieune Debris que l'on dit naviguer d'Inde en Inde, en qualité de pilote.

91.— Cet homme a été fait adjudant canonier suivant vos ordres, et nous sommes contents de luy.

91.— Le nommé Claude Perret, sergent du détachement d'un des vaisseaux de cette expédition qui vous sont destinés, nous étant recommandé par gens de considération, et paraissant d'ailleurs un fort bon sujet, vous lui donnerez à son arrivée à Pondichéry un poste d'adjudant canonier que nous luy avons promis icy; il doit, suivant les ordres que nous avons donnés à Lorient, avoir pris quelques teintures de l'exercice du canon.

92.—Le sieur Le Comte, employé à Mahé, à touché ses 600 livres à la caisse du dit lieu.

92.— Nous vous donnons avis que M. Pechevin a tiré sur vous le 9 Décembre 1740 par première deuxième et troisième, une lettre de change de 600 livres, monnoye de France, à quinze jours de vue, à l'ordre du sieur Le Comte, employé à Pondichéry, valeur remise a la caisse de la Compagnie, par M. le Chevalier Courtin, à laquelle vous ferez honneur.

93.— Le sieur St. Geor-

93.— Il a été aussy reges a été reçu enseigne de troupes, le premier de ce mois, et nous luy avons fait payer ses 240 livres sur son reçu, dont nous vous remettons copie.

mis à la caisse de la Compagnie à Paris par M. Taillepied, receveur général des finances, une somme de 240 livres, pour en faire compter la valeur au sieur de St Georges, enseigne

des troupes de la garnison de Pondichéry.

94.— Nous avons demandé aux environs de Portenove et à Madrapak du coton filé; nous espérons le pouvoir envoyer à la Compagnie par le *Duc d'Orléans*, en peloton, et tel qu'elle le souhaite.

94.— Vous verrez par la lettre que nous écrivons au Conseil de Chandernagor que nous luy demandons 100 livres du plus beau coton filé. Si vous croyez en pouvoir procurer à la Compagnie de plus beau que celuy de Benga-

le, que l'on nous assure être trop mou, chargez vous de la commission, et donnez en avis à ce Conseil.

95.— Les deux filles Dortis dont nous avons eu l'honneur de vous parler par notre lettre du 15 Septembre 1740, sont mortes cette année à peu de jours l'une de l'autre; l'ainée qui était mariée au sieur Grouet, a laissé un garçon.

95.— Par l'examen que nous avons fait faire icy des comptes du feu sieur Dortis, nous voyons que bien loin que la Compagnie redoive quelque chose à cette succession, c'est elle au contraire qui lui est redevable, quoique la Compagnie ait eu attention

d'employer les intérêts des capitaux à raison de 5 %, et d'acquitter ces mêmes intérêts à mesure qu'ils sont échus, avant de ne rien imputer en déduction des capitaux.

Vous devez comprendre que cette succession ayant

neçu des acomptes en différents temps, la Compagnie ne les impute point d'abord sur les capitaux, mais sur les intérêts qui étaient échus jusqu'au jour des paiements qu'elle a faits, et lorsque ces payements se sont trouvés excéder les intérêts échus, et a imputé comme de droit cet excédent sur les capitaux, et par conséquent les interêts ont diminué.

96.— Avec notre lettre du premier Janvier 1741 en apostille à calle de la Compagnie du 18 Janvier 1740, nous luy avons envoyé le traité que nous avons fait avec le Conseil de Négapatam le 19 Septembre 1740, au sujet des déserteurs. Les Hollandais ont reconnu que ce traité leur était pour le moins aussy avantageux qu'à nous, à cause de la proximité des garnisons de Karikal et de Négapatam.

Nous avons aussy un traité au sujet des déserteurs avec les Danois, en date du 4 Octobre 1737.

Nous avons, etc. Signé Dupleix, Le Gou, Dirois, Bulaurens, Ingrand, Miran et Guillard.

96.— S'il ne vous a pas été possible de vous concilier avec le Conseil de Negapatam pour vous rendre réciproquement les déserteurs, comme nous le voyons par la correspondance que vous avez eue avec luy à ce sujet, il parait que c'est par pure mauvaise humeur de sa part, et que cette disposition devant l'interésser autant que vous, il sera le premier dans un autre temps à vous en faire la proposition.

Nous sommes, etc., Les directeurs de la Compagnie des Indes, signé: Boivin d'Hardancourt, P. Cavalier, Godeheu, Le Noir, P. Saintard, Castanier, d'Espréménil, et a coté est écrit: Vu: Orry. A L'orient, le 25 Février 1741, Signé: Duvelaër.

RÉPONSE DU CONSEIL SUPÉRIEUR DE PONDICHÉRY PAR APOSTILLE A LA LETTRE DE LA COMPAGNIE, EN DATE DU 31 DÉCEMBRE 1741.

1. — En Janvier 1741 les fonds de la succession du chevalier de Miraillet n'étaient pas entièrement rentrés, et ceux qui étaient à la caisse du greffe n'étaient pas suffisants pour en acquitter les dettes, en sorte qu'on ne pouvait liquider alors cette succession. Elle l'est maintenant et monte net à pagodes 460 : 12 : 32, qui ont été remises à votre caisse. Nous joignons à nos expéditions le compte de cette succession, dressé par le greffe et visé au Conseil.

Nous vous avons envoyé au mois de Janvier 1739 la copie de l'inventaire et de la vente des meubles du dit sieur de Miraillet, faite à Pondichéry le 22 Mars 1738 ; ses autres effets ont été vendus à Mahé. Les procès-verbaux et inventaires faits à bord du *Duc de Bourbon*, capitaine

COPIE DE LA LETTRE DE LA COMPAGNIE, ÉCRITE AU CONSEIL SUPÉRIEUR DE PONDICHÉRY, EN DATE DU 25 FÉVRIER 1741.

1. — La Compagnie, Messieurs, ne pouvant satisfaire les parents de feu le chevalier de Miraillet qui la font solliciter depuis longtemps à l'égard de sa succession ; l'état que vous luy avez remis, par le vaisseau la *Paix*, des fonds rentrés à la caisse de Pondichéry en 1738, provenant de diverses successions, luy faisant seulement connaitre par l'apostille mise en marge de l'article qui le concerne, qu'il y a des saisies sur la dite succession, laquelle, suivant toute apparence, n'était pas liquidée lorsque vous avez arrêté l'état que vous luy avez envoyé par le *Duc d'Orléans*, des fonds rentrés en 1739, puisqu'il n'y en est point fait mention, vous l'informerez en réponse, au cas que vous ne l'ayez point fait, par les vaisseaux qu'elle attend cette année, de la

M. de Marquaisac. ne nous ont été envoyés de Mahé qu'en Octobre dernier; vous en recevrez les copies collationnées avec cette lettre.

situation où seront les choses, et vous aurez attention de luy remettre copie de l'inventaire qui doit avoir été fait de ses effets à bord du vaisseau le *Bourbon*, le procès verbal de vente qui a été dressé à Pondichéry le 2 Mars 1738, ne contenant que ceux qu'il avait laissés en dépôt lors de son départ pour Moka sur le dit vaisseau, entre les mains du sieur de La Tour, et qui sont de peu de valeur.

2.— Le nommé Paul Martin, dit St Martin est repassé en France en congé par le *Lys,* Capitaine M. Delasalle, au mois d'Octobre 1740. Il est vray qu'il a travaillé icy dans les bureaux et chez quelques conseillers; ce jeune homme nous a paru sage et aimer le travail.

2.— La Compagnie ayant reçu un mémoire par lequel on lui expose que le nommé Paul Martin, dit St Martin, soldat de la garnison de Karikal, suivant l'état du 3 Février 1740, est non seulement écrivain de la troupe, mais que lorsque le service le luy a permis, il n'a cessé de travailler dans les bureaux de Pondichéry, et chez plusieurs conseillers comme les autres employés de la Compagnie, vous nous direz si l'exposé cy dessus est dans le vray, si c'est un jeune homme bien élevé, sage et de bonnes mœurs, s'il a réellement des capacités et de l'intelligence, et enfin, s'il conviendrait de l'admettre au service, comme on le demande.

3.— Ces trois vaisseaux sont bien arrivés, et nous ont remis à Mahé les fonds dont ils étaient chargés.

3.— Le vaisseau le *Bourbon,* ayant été obligé de rentrer une seconde fois dans le port de Lorient, le 20 de ce mois, la Compagnie marque à M. Duvelaër de vous expédier le plus tôt possible le *Chauvelin* avec 35.000 marcs au moins, et de mettre le *Bourbon* en état de le suivre de près avec pareille quantité. Comme ces deux vaisseaux vont directement à Pondichéry, nous espérons qu'ils vous parviendront dans les premiers jours d'Aoust au plus tard. Quant au *Condé*, il doit aussy partir sous peu avec environ 20.000 marcs,

4.— M. de Borel, enseigne, qui a passé sur le *Condé*, a été retenu à Mahé où il est actuellement.

Nous sommes, etc Signé: Dupleix, Le Gou, Dirois, d'Espréménil, Miran et Guillard.

4.—Indépendamment des officiers que nous vous avons marqué devoir vous parvenir cette année en qualité d'enseignes, nous vous prévenons que nous vous envoyons en cette même qualité le sieur de Borel pour remplacer le sieur Bardy qui ne s'est point embarqué l'année dernière.

Nous sommes, etc. Les Directeurs de la Compagnie des Indes, Signé: Boyvin d'Hardancourt, Castanier et Godeheu.

RÉPONSE DU CONSEIL SUPÉRIEUR DE PONDICHÉRY PAR APOSTILLE A LA LETTRE DE LA COMPAGNIE EN DATE DU 31 DECEMBRE 1741.

1.— Nous avons envoyé à Monseigneur de St Thomé la lettre que vous lui avez écrite le 18 février

COPIE DE LA LETTRE DE LA COMPAGNIE ÉCRITE AU CONSEIL SUPÉRIEUR DE PONDICHÉRY, EN DATE DU 11 MARS 1741

1.— Nous vous remettons cy joint, Messieurs, copie de la lettre que M. le Cardinal, Ministre, écrit

dernier; il nous a fait la réponse qui sera jointe à nos expéditions. Nous ne comprenons point le sens de la lettre de cet Evêque, ni sur quel fondement il nous dit que ces religieuses ne doivent point être laissées à l'abandon. Nous pouvons vous assurer, Messieurs, que nous les avons toujours traitées avec distinction, et qu'il ne leur a jamais rien manqué. Nous prions la Compagnie de prendre lecture de notre délibération du 9 Septem-

à Monseigneur l'Evêque de Méliapour touchant les difficultés survenues entre vous et luy par rapport aux dames religeuses Ursulines qui sont à Pondichéry, pour que vous puissiez en prendre connaissance et être en état de répondre dans le même esprit aux objections qui pourraient vous être faites de la part de cet Evêque. Nous vous avons aussy remis pour cet effet, à cachet volant, celle que la Compagnie luy écrit.

bre 1740 au sujet des dames religieuses Urselines qui sont icy. Nous ne savons si elles prendront le party de repasser en France par le *Duc d'Orléans*. Nous continuerons de traiter cette affaire dans notre lettre générale, et en répondant en apostille à votre lettre du 18 Février 1741.

2. — Cela nous a fait beaucoup de peine; nous redoublerons nos soins pour réprimer un pareil abus, et nommerons un employé qui sera présent au mesurage de toiles qui se fait par les écrivains noirs, lors de la visite des marchandise en écrue sous la halle.

Nous sommes, etc., Si-

2. — Vous verrez par l'extrait cy joint d'une lettre que nous avons reçue de M.M. Cossart et Bouvert, d'Amsterdam, en date du 2 Juin 1740, que nous avons omis de vous envoyer par les premiers vaisseaux, les plaintes que les négociants en général qui achetent à la vente de la Compagnie à Lorient, font sur ce que les

gné: Dupleix, Le Gou, Dirois, d'Espréménil, Dulaurens, Ingrand, Miran et Guillard.

Nous sommes, etc. Les Directeurs de la Compagnie des Indes, Signé: d'Hardancourt P. Castanier et Godeheu.

toiles de coton, et surtout les guinées, sont fabriquées beaucoup plus courtes d'aunage qu'elles ne devraient être. Nous vous recommandons d'apporter vos soins pour remédier à cet abus, qui, s'il continuait, pourrait leur donner par la suite du discrédit.

Réponse du Conseil Supérieur de Pondichéry par apostille à la lettre de la Compagnie, en date du 31 Décembre 1741.

Nous avons lu avec une sérieuse attention cette lettre qui ne nous est parvenue que le 6 Octobre dernier par le *Condé*. Nous en avons envoyé copie au Conseil de Chandernagor. Nous ferons tout ce que nous pourrons pour donner à la Compagnie en cette occasion des preuves de notre zèle et de notre attachement à son service. Si nous n'y réussissons pas, nous espérons de son équité qu'elle ne nous en imputera

Copie de la lettre de la Compagnie écrite au Conseil Supérieur de Pondicéry, en date du 13 Mars 1741.

La présente est uniquement, Messieurs, pour vous prévenir que la Compagnie désirant extrêmement que vous teniez pour la partance d'octobre 1742 suffisamment de marchandises prêtes pour la cargaison de deux grands vaisseaux, et que le Conseil de Chandernagor ait aussy en magasin de son coté pour ce temps la cargaison au moins d'un vaisseau, vous devez de même que luy mettre tout en usage, en faisant à cet

point la faute. Elle est instruite de notre étroite situation, des troubles qui régnent dans le pays, de la difficulté d'avoir des marchandises, les villages ou aldées où elles se fabriquent étant encore déserts et inhabitables, et du dérangement occasionné par les pagodes de bas titre qui subsistent toujours. Nous tâcherons cependant de surmonter tous ces obstacles autant qu'il nous sera possible, et de vous expédier en Octobre 1742 deux vaisseaux, comme nous avons fait cette année. Nous voyons cependant dans l'exécution de ce projet de très grandes difficultés par rapport à la situation présente du pays. Quant au vaisseau à expédier de Bengale, nous réitèrerons au Conseil de Chandernagor les ordres de mettre tout en usage pour vous l'expédier dans ce temps.

Nous sommes, etc. Signé: Dupleix, Le Gou, d'Espréménil, Dirois, Dulaurens, Ingrand, Miran et Guillard.

effet les emprunts nécessaires pour que vous vous trouviez l'un et l'autre dans cette situation qui est de la dernière importance pour la Compagnie. Donnez a cet égard au Conseil de Chandernagor les ordres que vous estimerez convenables, et faites en sorte, s'il est possible, d'en tirer pour ce temps tout ou partie de da la cargaison que nous demandons de luy, attendu que les premiers vaisseaux ne pouvant être expédiés du Gange qu'à la fin de Novembre, ou même en Décembre, la Compagnie préfererait que vous puissiez vous trouver en état par cet arrangement de luy renvoyer trois vaisseaux en Octobre 1742, dont un avec des marchandises de Bengale, au lieu de deux simplement avec leurs chargements en celles de la côte. C'est dans ces sortes d'occasions que la Compagnie compte sur des preuves de votre zèle et de votre attachement à son service.

Nous sommes, etc. Les Directeurs de la Compagnie des Indes, Signé: Gode heu, P. Cavalier, P. Saintard, Castanier et d'Espréménil.

RÉPONSE DU CONEIL SUPÉRIEUR DE PONDICHÉRY PAR APOSTILLE A LA LETTRE DE LA COMPAGNIE, EN DATE DU 31 DÉCEMBRE 1741.

Par nos lettres de 6 et 16 Octobre dernier, nous avons eu l'honneur de marquer à la Compagnie que cette partie de ces *cauris* était restée sur ce vaisseau, expédié d'icy pour le Gange le 27 Septembre 1739, et qui a sans doute péri en y allant, n'en ayant eu depuis ce temps aucune nouvelle; nous en avions donné avis à la Compagnie par notre lettre du 15 Janvie 1740, dont elle nous a accusé réception, article timbré, Iles de France et de Bourbon; nous en écrirons au Conseil de l'Ile de France. Nous avons, etc. Signé: Dupleix, Le Gou, d'Espréménil, Dirois, Dulaurens, Ingrand, Miran et Guillard.

COPIE DE LA LETTRE DE LA COMPAGNIE ÉCRITE AU CONSEIL SUPÉRIEUR DE PONDICHÉRY, EN DATE DU 15 MARS 1741.

Le Conseil supérieur de l'Ile de France, Messieurs, informant la Compagnie qu'il a fait passer à Bengale une partie de 100 tonneaux de *cauris* de Mozambique provenant de la traitte du *St. Pierre*, comme elle ne peut avoir, par les livres qu'elle a reçus jusqu'à présent des comptes qui ne sont que de 1738, aucune connaissance de l'employ qu'il en a fait, et qu'il ne nous en dit rien par ses lettres et qu'il est maintenant trop tard pour pouvoir luy en écrire directement, nous vous prions d'élaircir avec luy cet article, et de nous le faire savoir en réponse.

Nous sommes, etc. Les Directeurs de la Compagnie

des Indes, Signé : d'Hardancourt, d'Espréménil, P. Cavalier, Godeheu et P. Saintard.

RÉPONSE DU CONSEIL SUPÉRIEUR DE PONDICHÉRY PAR APOSTILLE À LA LETTRE DE LA COMPAGNIE, EN DATE DU 31 DÉCEMBRE 1741.

1. — Nous n'avons rien fait débarquer icy de cette artillerie chargée à Lorient sur les vaisseaux le *Fleury*, le *Brillant* et l'*Aimable.* Nous avons envoyé le tout à Mahé avec ces vaisseaux, et donné ordre au comptoir de nous renvoyer ce qui est pour Pondichéry et pour Karical, après que la guerre sera finie, et de ne garder que ce qui leur serait absolument nécessaire pour la sureté de l'établissement.

2. — Le sieur de Martinville nous a écrit par sa lettre du 10 Juillet 1739, que M. Otter, venant d'Ispahan, s'était rendu à Bassora où il devait rester jusqu'à de nouveaux ordres de M. le Marquis de Vil-

COPIE DE LA LETTRE DE LA COMPAGNIE ÉCRITE AU CONSEIL SUPÉRIEUR DE PONDICHÉRY, EN DATE DU 15 MARS 1741.

1. — Nous vous prévenons, Messieurs, que la grande partie de l'artillerie que nous avons fait exécuter sur vos demandes et sur celles du Conseil de Mahé, ayant été chargée sur les vaisseauv armés par augmentation pour les Iles de France et de Bourbon, nous y donnons ordre de vous en faire passer la totalité, ainsy qu'à Mahé pour ce qui le regarde, le plut tôt qu'il sera possible.

2. — M. le comte de Maurepas ayant mandé à la Compagnie que le sieur Otter, touchant lequel nous vous avons écrit il y a quelques années, s'était arrêté à Bassora à la prière du sieur de Martinville qui le

leneuve qui luy avait recommandé d'aider l'employé résidant à Bassora de la facilité qu'il a de parler la langue du pays, ce qui avait épargné la dépense d'un interprête dont le dit sieur Otter avait servi à M. de Martinville, qui nous marque qu'il conviendrait de reconnaitre ce service. Nous luy avons écrit le 13 Janvier 1740, que nous souhaiterions avoir quelque chose d'honnête à présenter au sieur Otter que nous ne connaissions point; aussy ne sachant ce qui pourrait luy convenir et luy faire plaisir, nous avons autorisé le dit sieur de Martinville à luy faire un présent de 100 à 150 pagodes en ce qu'il jugera à propos; il l'a fait et le sieur Otter en a paru content et satisfait. Nous avons donné avis de ce présent à la Compagnie par notre lettre du 15 janvier 1741, et l'avons priée d'écrire au sieur Otter pour le remercier des services qu'il luy rend à Bassora.

Nous donnerons ordre au sieur de Martinville, si retenait auprès de luy depuis plus d'un an, et que ce consul avouait qu'il devait à ses soins et à sa prudence l'établissement qu'il a formé à Bassora, et la tranquillité dont il jouit et qu'en cette considération, il serait juste d'accorder au sieur Otter une gratification, nous avons répondu au ministre que ni vous, ni ce consul ne nous aviez informés, comme il est vray, d'aucun de ces bons offices de la part du sieur Otter, que d'ailleurs, vous étiez plus à portée que nous de statuer conjointement avec M. de Martinville sur la gratification qu'il convenait de fixer, et que nous vous en en écririons. Nous consentons en effet, au cas que le dit sieur de Martinville, ait reçu des services réels et essentiels du sieur Otter par rapport à la négociation, dont il était chargé pour la Compagnie, que vous accordiez à ce dernier une gratification telle qu'il vous paraitra juste de la fixer.

c'est le sentiment de M. Dupleix, de faire encore un nouveau présent quand il le jugera à propos au dit sieur Otter de pareille valeur que le premier, pour l'engager à continuer ses bons offices à la Compagnie jusqu'à de nouveaux ordres de sa part.

3. — Le sieur Prigent est décédé le 25 Décembre 1740; le produit de sa succession a monté net à la somme de 138 pagodes qui ont été remises à votre caisse. Cy joint le compte de cette succession signé du greffier et visé au Conseil.

Nous avons, etc. Signé: Dupleix, d'Espréménil, Dirois, Le Gou, Dulaurens, Ingrand, Miran et Guillard.

3. — Le sieur Prigent ayant représenté qu'il était fort incommodé de la poitrine et de l'estomac, et que le climat de Pondichéry était très contraire à sa santé, vous luy donnerez au cas que son exposé soit juste, quelqu'autre destination, quand l'occasion se présentera.

Nous sommes, etc. Les directeurs de la Compagnie des Indes, Signé: d'Hardancourt, P. Cavalier, P. Saintand et d'Espréménil.

RÉPONSE DU CONSEIL SUPÉRIEUR DE PONDICHÉRY PAR APOSTILLE A LA LETTRE DE LA COMPAGNIE, EN DATE DU 31 DECEMBRE 1741.

1. — Nous avons reçu la lettre que vous nous avez fait l'honneur de nous écri-

COPIE DE LA LETTRE DE LA COMPAGNIE ÉCRITE AU CONSEIL SUPÉRIEUR DE PONDICHÉRY, EN DATE DU 9 FÉVRIER 1741.

BUREAU DES LIVRES.

1. — La Compagnie vous a remis, Messieurs, avec sa lettre du 8 Février 1740

re en date du 9 Février 1740, ainsy que la note des erreurs contenues dans les livres de négoce du Fort Louis de Pondichéry, cotés R. Nous y avons répondu par le vaisseau le *Comte de Toulouse*, et nos réponses sont datées du 31 Décembre 1740:

2. — Nous avons pareillement reçu les notes sur les erreurs reconnues dans nos livres cotés S, nous avons l'honneur d'y répondre par le vaisseau le *Duc d'Orléans*.

3. — Nous apporterons dans la suite tout le soin possible pour que les copies de nos livres soient exactement collationnées avec les originaux, et que ceux qui les auront collationnés en certifient la collation.

4 et 5. — Nous aurons soin à l'avenir de mettre dans notre journal du négoce toutes les circonstan-

qu'elle vous confirme dans tout son contenu, la note des erreurs contenues dans vos livres cotés R.

2. — Vous trouverez cy-joint celle des erreurs reconnues dans vos livres cotés S, et dans les factures des vaisseaux de retour en 1740, que vous aurez attention de vérifier et de luy mander par une lettre particulière ce que vous aurez trouvé, afin que le tout soit de conformité de part et d'autre:

3. — La Compagnie vous recommande de faire en sorte que les copies de vos livres que vous luy envoyez, soient exactement collationnées, d'autant que par la vérification qui a été faite icy, on a reconnu plusieurs fautes qui paraissent avoir été faites par les copistes.

4. — La Compagnie a trouvé quelques articles dans vos livres qui ne luy donnent pas les renseigne-

ces qui regardent le commerce de la Compagnie, comme par exemple les voyages auxquels les vaisseaux sont destinés, le lieu d'où ils viennent, lorsqu'on leur fournit quelques effets des magasins généraux et de la marine, pour quel usage, si c'est pour les vivres de l'équipage, ou pour remplacement d'agrès, apparaux qui ont été consommés pendant leur dernier voyage. Nous marquerons exactement le jour de leur arrivée à cette rade, et le jour de leur départ, et, où ils vont.

Nous sommes, etc. Signé : Dupleix, Le Gou, d'Espréménil, Dirois, Dulaurens, Ingrand, Miran et Guillard.

ments dont elle a souvent besoin; elle en rapportera seulement icy un.

5. — Vous avez ouvert à l'extrait de négoce f° 159, un compte pour les diverses fournitures que vous avez faites au vaisseau le *St. Pierre*, mais vous avez omis de marquer sa destination; or, la Compagnie a besoin de savoir le lieu d'où vient chaque vaisseau, le jour de son arrivée, et après luy avoir fourni son nécessaire, de marquer le jour de son départ et le lieu où il doit se rendre. Vous aurez attention à l'avenir de vous conformer à ce que dessus.

Nous sommes, etc. Les directeurs de la Compagnie des Indes, signé : d'Hardancourt, Godeheu, d'Espréménil, P. Cavalier, P. Saintard, Castanier et Le Noir.

Pondichéry, le 24 Janvier 1742.

Messieurs les syndics et directeurs généraux de
la Compagnie des Indes a Paris.

Messieurs,

Nous avons eu l'honneur de vous écrire par les vaisseaux le *Bourbon* et le *Penthièvre* qui ont mis à la voile pour France le 21 Octobre dernier, le premier entièrement chargé de marchandises et de poivre, et le second, de café de Moka et de 400 balles.

COMMERCE ET VAISSEAUX.

Le vaisseau le *Duc d'Orléans* est de retour d'Achem du 8 de ce mois; il a rapporté pour le compte de la Compagnie 35 chevaux, 127 pains de benjoin en troc d'une partie d'opium que nous y avions envoyé pour son compte, une partie de fonte provenant de canons brisés.

La vente de tous les effets que ce vaisseau a rapportés, n'étant point encore faite, ny le fret perçu, nous ne pouvons quant à présent vous rendre aucun compte de ce voyage qui ne donnera pas autant de bénéfice que les précédents pour les raisons dont nous avons fait part à la Compagnie par notre lettre du 6 Octobre dernier; nous vous enverrons ce compte au mois d'Octobre prochain.

Nous expédions ce vaisseau pour France, chargé de la plus grande partie des marchandises que nous ayons pu luy procurer, eu égard à la situation fâcheuse où les affaires continuent à être en cette province.

Le peu de marchandises de cette côte que nous vous envoyons par ce bâtiment sont assez bien dans leurs sortes, et meilleures que nous ne l'espérions, attendu le malheur des temps.

Celles d Yanaon qui forment la plus grande partie de la cargaison du *duc d'Orléans* sont, à l'ordinaire. Vous recevrez aussy par ce bâtiment une petite partie de coton filé que nous croyons que vous trouverez trop cher; ce vaisseau dont nous vous détaillerons le chargement à la suite de cette lettre, sera entièrement bondé de poivre.

M. Dupleix, parti de Chandernagor le 30 Décembre pour se rendre icy, y est arrivé le 14 de ce mois; il a été reconnu le même jour à la tête des troupes comme gouverneur de Pondichéry, et Commandant de tous les établissements français dans les Indes orientales.

Nous luy avons rendu compte des fonds que nous avions en caisse à son arrivée, sur quoy nous en avons arrêté la distribution énoncée dans notre délibération du 18, par laquelle vous verrez que nous devions envoyer 120.000 roupies à Yanaon, 30.000 à Mazulipatam par la première occasion favorable, et 200.000 à Mahé par le *St. Joseph*. Nous espérons que ces 200.000 roupies, avec ce que l'on poura retirer des dettes, suffiront pour subvenir aux dépenses de ce comptoir et nous procurer une assez bonne quantité de poivre au mois de May prochain.

La situation étroite où nous allons nous trouver après le départ du *duc d'Orléans* ne nous a pas permis de comprendre dans cette distribution le comptoir de Chandernagor. Mrs. du Conseil de cet endroit trouvent des facilités à emprunter que nous n'avons pas icy; nous les autoriserons à faire tels emprunts qu'ils jugeront nécessaires pour les opérations de leur commerce.

Nous remettons à la Compagnie l'état de nos fonds au 15 de ce mois, et de la distribution dont nous venons de luy faire part; elle verra qu'il ne nous restera pas 200.000 roupies en caisse; elle verra aussy par le bilan que nous luy envoyons des livres de ce comptoir, depuis le premier Juillet 1741 jusqu'au 24 Janvier 1742, que nous devons 203.529 pagodes 18 fanons, 52 caches. Ces deux pièces là mettront pleinement au fait de nôtre situation, et doivent luy servir de règle pour les envoys à nous faire, qui doivent être très forts, si elle veut que nous poussions avec vigueur toutes les branches de son commerce dans les Indes.

Dans les 150,000 roupies que nous nous proposons d'envoyer à Mazulipatam et Yanaon, il y aura environ 18,000 pagodes d'or à trois figures que nous nous sommes procurées sur les représentations des chefs de ces deux comptoirs, et pour les raisons énoncées dans notre délibération du 10 Novembre dernier.

En conséquence des ordres que nous avions donnés au Conseil de Chandernagor de former une quatrième cargaison pour France, il nous a expédié le vaisseau le *Pondichéry*, avec 1050 balles de marchandises, du poivre, du salpètre, etc. Ce vaisseau a été expédié d'icy pour l'Ile de France le 20 de ce mois; nous avons écrit à Mrs. du Conseil de cette Ile que cette cargaison était destinée pour être versée sur le *Condé*, s'il est en état de la prendre; à son défaut, elle sera mise sur un des vaisseaux de l'escadre de M. de la Bourdonnais.

Le *Pondichéry* étant party d'icy de bonne heure et dans une saison convenable, nous ne doutons point que cette cargaison ne parvienne cette année à la Compagnie.

Mrs. de Chandernagor luy rendent compte des motifs qui les ont empêchés d'envoyer un vaisseau en droiture aux iles avec cette cargaison, ainsy que nous leur avions prescrit, trouvez bon, Messieurs, que nous y référions.

Ces Mrs. nous ont envoyé 1330 pièces de garas écrues; ils nous annoncent le surplus par un bot qu'ils se proposent de nous faire passer; nous ne pouvons vous en remettre que quatre balles qui se trouvent prêtes, et qui suffiront pour faire juger à la Compagnie si cet essay luy est avantageux.

Les baftas écrus ne se contractent qu'en Février ainsy que nous le marque le Conseil de Chandernagor, nous ne pourrons les recevoir que dans le courant de cette année et vous les envoyer que par les vaisseaux de Janvier 1743.

Ces Mrs. par leur lettre du 30 Décembre dernier,

nous marquent que pour pouvoir exécuter l'ordre de la Compagnie énoncé dans sa lettre du 13 Mars 1740, il faudrait faire partir un vaisseau dans la petite mousson, ce qui entraînerait de grands inconvénients, soit par rapport aux pluies, soit par rapport aux risques du Gange qui sont très considérables dans cette mousson, que par ces considérations, ils avaient cru plus convenable pour les intérêts de la Compagnie, de charger la cargaison qu'elle demande sur le premier vaisseau d'Europe qui arrivera dans le Gange, que ce vaisseau étant expédié en Octobre, il arrivera à temps aux îles pour remplir ses vues. Ils nous ont remis copie de la délibération qu'ils ont prise à ce sujet le 29 Décembre dernier. Nous ne pouvons qu'approuver cet arrangement qui nous paraît très mesuré.

Mrs. de Mahé, par leur lettre du 23 Décembre dernier, nous informent qu'ils ont eu nouvelle que le vaisseau le *Jupiter*, envoyé à Goa pour charger des vivres et des provisions pour l'escadre de M. de la Bourdonnais, avait été attaqué en sortant par sept palles et vingt galvettes des Angrias, et qu'après un combat de dix heures, ce vaisseau, ayant perdu son gouvernail et tous ses mâts, avait été obligé de se rendre; il est bien à désirer que cette nouvelle ne se confirme pas.

Les Angrias deviennent plus puissants que jamais, et leur hardiesse augmente à proportion; ils n'avaient point osé depuis 1718 attaquer un vaisseau portant pavillon blanc. Il serait d'une nécessité absolue que les nations européennes, qui font du commerce dans les Indes, fissent un effort et un armement commun pour détruire ces pirates; il est à craindre que leurs forces ne deviennent dans quelque temps si supérieures à la côte Malabare, qu'ils ne barrent la mer depuis le cap Comorin jusqu'à Surate, ce qui rendrait cette côte impraticable; la Compagnie en sent aussy bien que nous les conséquences.

COLONIE.

Les dames religieuses Ursulines ont constamment continué de refuser à se soumettre à l'ordre qui leur avait été donné de se préparer à repasser en France sur le *Duc l'Orléans*, prétendant qu'il leur fallait un ordre de leur supérieure en France pour y retourner. Ainsy, elles restent encore icy, et M. Dupleix a remis après l'expédition des vaisseaux à travailler à concilier toutes choses tant avec Monseigneur l'Evêque de St Thomé qu'avec ces dames religieuses. et les ordres de la Compagnie insérés dans sa lettre du 18 Février 1741. Nous vous ferons part de ce qui aura été constaté définitivement à ce sujet, au mois d'Octobre prochain.

Mrs. du Conseil de Chandernagor nous ont fait part des arrangements qu'ils ont pris au sujet dés veuves et des orphelins de leur colonie, mais ils ne sont par praticables icy, et les choses à cet égard subsisteront sur le même pied que cy devant jusqu'à la reception de vos ordres,

A l'égard du droit de demi roupie par tonneau sur les armements des vaisseaux d'Inde en Inde pour l'entretien des dames religieuses, M. Dupleix a aussy remis après le départ du *Duc d'Orléans* pour examiner cette affaire dont nous aurons l'honneur de vous informer en Octobre prochain.

Dans la crainte d'une disette de grains à cause du manque de pluies, nous prierons Mrs. du Conseil de Chandernagor de nous renvoyer le plus tôt qu'ils pourront le vaisseau le *Fleury*, chargé de riz; comme il est grand, il doit nous en apporter une forte quantité.

M. Dupleix a pris à Chandernagor, au son des tamtams et autres instruments, possession de la dignité de *Mansebdar* accordée par le Roy Mogol aux gouverneurs de Pondichéry; ce titre est très honorable pour la nation, et ne peut faire qu'un très bon effet à cette côte.

50

Le *faussedar* d'Ougly y a déféré en refussant d'accepter le salamy ou présent que M. Dupleix luy fit présenter, lorsqu'il prit congë de luy ; il a reconnu par là la supériorité de son titre sur le sien. Nous vous remettons copie du titre reçu de Delhi concernant cette dignité.

CHANDERNAGOR.

Nous nous référons pour la manutention de ce comptoir et les diverses opérations de son commerce à ce que Mrs. du Conseil de cet endroit en écrivent à la Compagnie par les vaisseaux de cette expédition.

Ces Mrs. nous marquent par leur lettre du 30 Décembre dernier que les vaisseaux le *Triton* et l'*Argonaute* avaient quitté le pilote le 25 Novembre et le 15 Décembre dernier, et qu'ils espéraient faire partir le *Chauvelin*, du 20 au 25 de ce mois.

Nous leur avions adressé le brigantin le *Cheval Marin* avec un chargement de poivre et de bois rouge, mais les officiers qui commandaient ce bâtiment et le pilote pratique du Gange qui était dessus, ont cru se trouver dans la nécessité de l'échouer à la côte de Jamka, au sud de Balassore. Ces Mrs. ont envoyé à la Compagnie la copie du procès-verbal dressé à ce sujet le 2 Octobre dernier, suivant leur lettre du 30 Décembre ; il n'a échappé à ce naufrage que la mature, quelques gréements, 17.437 livres de poivre et 116 bûches de bois rouge pesant 6789 livres.

Nous leur expédierons dans les premiers jours de Février le *Fleury*. M. Dirois passera sur ce bâtiment pour se rendre à Chandernagor avec les employés que nous y avons destinés.

MAHÉ.

Nous avons l'honneur de vous remettre, comme à l'ordinaire, notre correspondance avec ce comptoir, dont la lecture vous donnera les connaissances que vous pouvez désirer de sa manutention.

L'arrivée de l'escadre de M. de la Bourdonnais y a fait changer de face les affaires, la victoire remportée sur les troupes de Bayanor, le 3 Décembre, luy a fait prendre le party de mettre bas les armes; la paix n'était cependant pas faite le 23 Décembre; l'irrésolution de la régente, et les conseils qu'elle continue de prendre de nos voisins en sont la cause. Nous souhaitons pouvoir vous apprendre qu'elle est conclue avant de fermer cette lettre, et que ce comptoir soit tranquille et en état de nous envoyer au mois de May prochain une bonne quantité de poivre.

Quoique nos fonds soient très limités, le Conseil de Mahé nous ayant écrit par sa lettre du 15 Décembre qu'il ne luy restait en caisse que 40.000 piastres et 8.000 pagodes, et que les dépenses continuaient d'être considérables et indispensables, nous y envoyons par le vaisseau le *St Joseph*, 200.000 roupies, tant en fanons, bouzéroux, pagodes, qu'en roupies Arcattes. Nous marquons à ce Conseil que ces fonds avec ce qu'il pourra retirer des débiteurs de la Compagnie, le doivent mettre en état de satisfaire à toutes les dépenses et à l'achat des poivres qu'ils pourront se procurer après la paix faite, et nous les envoyer par les vaisseaux le *Neptune*, le *Fidèle* et le *St. Joseyh*.

COMMERCE D'INDE EN INDE.

Le *Fleury*, a passé à Merguy en allant au Pégou, et y a mis à terre Mgr. l'Evêqtte d'Iléliopolis. Ce vaisseau a mouillé icy le 9 du courant et nous a rapporté diverses pièces de bois et 1768 planches, montant à 2763 Ticaux; il reste encore une partie du bois dans notre *bancassal* à Siriam, que le sieur Puel a laissé à la garde du Père Witorny, Missionnaire au dit lieu.

Les Pégouans, cy devant tributaires des Barmas et du Roy d'Ava, se sont révoltés à la fin de Décembre 1740, ont chassé les Barmas de Siriam, et se sont rendus maitres du pays que l'on appelle proprement le Pégou. Le roy qu'ils se sont choisi, se nomme Simmente, l'on ignore sa caste; il est peu favorable aux nations européennes. Cette révolution a entièrement ruiné le pays, et suivant le rapport des officiers du *Fleury*, il ne pourra pas se rétablir si les Barmas ne soumettent de nouveau les Pégouans; les dernières nouvelles qu'ils ont reçues en rivière disent que les Barmas n'étaient qu'à une journée de Siriam.

La mort des sieurs de Beaumont et de Bellegrade n'a causé aucun dérangement aux affaires de la Compagnie au Banderabassy; les fonds qu'elle avait dans ce comptoir ont été font bien régis par le sieur Duplessis, leur interprète, et ont été envoyés et reçus à Bassora, à l'exception de 8779 roupies, tant en argent qu'en marchandises qui sont encore entre les mains du sieur Duplessis.

M. Dupleix pense que le présent de 150 pagodes que nous avions autorisé M. de Martinville de faire au sieur Otter, est suffisant pour les services qu'il peut avoir rendus à la Compagnie à Bassora.

Nous vous informons, Messieurs, au chapitre des Iles de France et de Bourbon, du party que nous avons pris d'y faire passer le sieur Lhostis par le *Duc d'Orléans*, pour y prendre le commandement du brigantin la *Diane*, et aller à Mozambique faire le recouvrement de ce qui reste dù en cet endroit au vaisseau le *Cantorbéry*.

BATIMENTS ET FORTIFICATIONS.

Nous vous remettons le plan de l'hopital, ainsy que nous vous l'avons promis par notre réponse en apostille à votre lettre du 28 Février 1741, et celuy de la monnoye, sur lequel est marquée la destination de chacune des pièces qui composent ce bâtiment, et sa hauteur.

Nous allons continuer à fermer l'enceinte du bord de la mer depuis le fort St Louis jusqu'au fort St Laurent, cela étant absolument nécessaire pour la sureté de cette place ; nous continuerons aussy les fossés de la ville commencés par M. Cossigny, en conséquence de notre délibération du 22 Mars 1740. Nous ferons aussy achever le gouvernement commencé dans le fort il y a quelques années, et dont l'ouvrage avait été interrompu, parcequ'il y avait quelque chose de plus pressé à faire ; nous n'entreprendrons aucun autre ouvrage avant que ceux-ci soient achevés.

KARICAL.

Nous avons traité cet article assez amplement par notre réponse en apostille à votre lettre du 18 Février 1741.

Le roy de Tanjore a refusé de signer le traité dont nous vous parlons dans cette lettre, pour des raisons assez frivoles. Nous luy avons cependant fait le prêt de 40.000 *chacras*, pour sureté duquel il nous a remis en nantissement quinze aldées qui doivent, suivant le recensement qu'en a fait faire M. Février, produire par an 219 *garces* de nelly, lesquelles estimées seulement à vingt pagodes la *garcc*, donneront avec les droits seigneuriaux 4.741 pagodes, en sorte que la Compagnie sera remboursée en moins de quatre ans de ce prêt de 40.000 *chacras*. Le roy nous a donné le *paravana* nécessaire pour ces quinze aldées, afin que nous en jouissions paisiblement, comme de celles de Tirounoular.

Au surplus, il nous a accordé les *paravana* nécessaires pour la communication libre par terre d'icy à Karical de toutes les personnes tant blancs que noirs, à pied, à cheval ou en palanquin, que nous jugerons à propos d'y envoyer, sans que les *joncans* puissent les inquiéter, et pour qu'il ne soit perçu sur les marchandises que nous ferons à Karical que la moitié des droits qu'ils perçoivent sur celles que les autres marchands du pays y fabriquent.

M. Février nous a remis un mémoire sur le comptoir de Karical, dont nous vous remettons copie. Nous avons trouvé justes plusieurs de ses remarques sur quoy nous luy ferons passer nos ordres incessamment; nous laisserons subsister le retranchement et la garnison tels qu'ils sont actuellement, et jusqu'à ce que vous ayez approuvé le plan que M. Paradis a fait de la loge à y construire, dont nous vous remettons copie.

Par notre lettre du mois d'Octobre dernier nous avons informé la Compagnie que nous avions reçu des *firmans* de l'Empereur qui nous confirmaient la possession de Karical et des aldées qui en dépendent. Imam saheb nous ayant écrit qu'il en avait coûté 6.000 roupies pour l'obtention des *paravanas*, qu'il nous marquait de rembourser à son agent, nous l'avons fait en conséquence de notre délibération du 24 Octobre dernier.

Le sieur Puismorin cadet, à Karical, y ayant tenu une bonne conduite, M. Dumas avait donné ordre à M. Février de le faire reconnaitre garçon major dont il s'acquitte bien; nous prions la Compagnie de lui envoyer un brevet d'enseigne.

EMPLOYÉS.

Les successions des sieurs Beaumont et Bellegarde décédés au Banderabassy, ne sont point encore liquidées; les papiers en sont au greffe de ce Conseil.

M. Ingrand ne se propose de repasser en France qu'au mois d'Octobre prochain. M. Dupleix ayant emmené avec lui M. d'Haugest, secrétaire du Conseil de Chandernagor, dont nous connaissons le mérite, nous l'avons nommé sous votre bon plaisir, par délibération du 15 de ce mois, conseiller d'honneur et secrétaire du Conseil supérieur. Le sieur Duplant de Laval qui en faisait les fonctions par interim, qui est sage et assidu, sera second de ce bureau, dont le travail et les écritures sont beaucoup augmentées.

Nous vous remettons cy-joint, Messieurs, le tableau général des employés existant actuellement dans vos comptoirs des Indes.

Nous ferons passer incessamment à Mahé les sieurs Maragon, Kersauzon et Bonnaire, le sieur Bordeau à Karical où il fera les fonctions de notaire, les sieurs Lange, Rolland, La Porterie, Mauricet, à Chandernagor : le premier pour y faire les fonctions de second teneur de livres ; les sieurs Drugeon et Sainfray à Yanaon, d'où le sieur Dalbert, second de ce comptoir, a demandé à repasser icy à cause de sa santé, ce que le Conseil luy a accordé.

M. Duval de Leyrit, ayant demandé à M. Dupleix la permission de repasser à Pondichéry à cause de sa santé, nous le luy avons accordé, et avons cependant prié M. Dupleix de luy écrire que s'il pouvait rester à Mahé jusqu'au mois d'Aoust prochain cela nous ferait plaisir, étant très au fait des affaires de ce comptoir, et n'ayant actuellement personne à y envoyer pour le remplacer.

M. Golard doit s'embarquer sur le *Duc d'Orléans* pour repasser en France.

Le sieur Flacourt, fils du sieur Flacourt mort à votre service à Surate, travaille actuellement au bureau des livres à la satisfaction des chefs et sans appointements ; nous vous prions, Messieurs, en considération des services de son père, de l'admettre à votre service en qualité de commis du second ordre.

Le sieur Rennes nous a présenté le mémoire cy-joint pour nous engager à prier la Compagnie de l'admettre à son service; il nous a paru fort rangé depuis son arrivée à Pondichéry, il travaille au secrétariat depuis ce temps avec beaucoup d'assiduité.

MAZULIPATAM.

Nous avons reçu de ce comptoir le 20 de ce mois 57 balles de mouchoirs et guingans de Mazulipatam, qui font partie du chargement du *Duc d'Orléans*.

Il n'y restait de fonds suivant les dernières lettres du sieur Boyelleau qu'environ 4.000 pagodes, dont il nous en a renvoyé 876 de bas titre que les marchands refusent absolument de recevoir; ils ne veulent point non plus de nos roupies que sur le pied de 330 pour cent pagodes de 8 *toques*, ou des pagodes à trois figures à 15% de change en sus de ces pagodes, ce qui nous a fait prendre le party d'autoriser le sieur Boyelleau à donner des roupies aux marchands avec lesquels il allait faire les contrats de cette année sur le pied de 330 pour cent pagodes de 8 *toques*, en leur faisant observer qu'ils ne doivent point espérer recevoir d'autres espèces que ces roupies, en payement de leurs marchandises. Si cela réussit, nous ne serons plus dans la nécessité d'y envoyer des pagodes d'or, et cela nous procurera un débouché pour nos roupies.

Nous avons ordonné au sieur Boyelleau de contracter comme à l'ordinaire pour environ 30.000 roupies de mouchoirs, et de se conformer pour leur qualité aux observations de Mrs. les directeurs députés pour les ventes à Lorient, dont nous luy avons envoyé l'extrait; pour le mettre en état de faire les avances nécessaires en contractant ces mouchoirs, nous luy enverrons par la première occasion 30.000 roupies.

Mazulipatam est menacé ainsy que Golconde de l'incursion des Mahrattes; si cela arrivait, nous avons autorisé le sieur Boyelleau à tenir prêt des embarca-

tions sur lesquelles il puisse se sauver avec les effets
du comptoir les plus précieux.

YANAON.

Nous avons reçu de ce comptoir le 9 de ce mois par
le bot l'*Expédition* 243 balles de marchandises montant
à 13.889 pagodes, qui ne peuvent nous servir au chargement du *Duc d'Orléans*, n'étant pas apprétées, ni
blanchies; elles formeront en partie ceux des vaisseaux
d'Octobre prochain.

Par le compte que M. de Choisy nous a rendu de la
situation de ce comptoir, il luy restait au départ du
bot l'*Expédition*, tant en caisse qu'en avances entre
les mains des marchands 38.000 pagodes environ. Il
espérait pouvoir porter les contrats cette année jusqu'à
100.000 pagodes, et les faire remplir s'il ne survient
point de troubles dans le pays, ou d'autres inconvénients qu'on ne peut prévoir.

Pour le mettre en état de notre part d'exécuter ses
promesses, nous luy ferons passer incessamment 120.000
roupies, dont partie en pagodes à trois figures provenant de l'or que nous avons acheté, en conséquence de
notre délibération du 10 Novembre dernier; ne pouvant
espérer de nous procurer icy beaucoup de marchandises, nous comptons sur celles que nous fournira
Yanaon pour le chargement des vaisseaux que nous
attendons cette année de France. Ces pagodes d'or à
trois figures procureront à M. de Choisy un débouché
plus facile de nos roupies que les marchands de
Yanaon refusent de prendre sur le pied de 320 pour
cent pagodes de 8 *toques,* ce qui nous a déterminés de
donner ordre au sieur de Choisy de les délivrer aux
marchands à raison de 330, comme à Mazulipatam,
afin de lever tout obstacle aux contrats qu'il doit faire.

51

ILES DE FRANCE ET DE BOURBON.

Nous vous remettons cy joint, Messieurs, les factures des divers effets et marchandises que nous avons envoyés aux îles par les vaisseaux le *St. Benoist*, le *Neptune*, le *Fidèle*, le *Pondichéry* et le *Duc d'Orléans*.

M.M. de la Bourdonnais et Herbault nous ont remis le 10 Octobre dernier une déclaration au sujet du commerce des Indes à ces îles, par laquelle il paraît que vous avez autorisé ce premier à permettre la liberté du commerce en payant 5 % d'entrée et 10 % de fret pour les marchandises et 50 livres d'entrée et autant de passage par chaque tête de noirs; nous vous remettons copie de cette déclaration dont vous ne nous parlez dans aucune de vos lettres. Jusqu'à la réception de vos ordres à ce sujet, nous permettrons le commerce des îles aux conditions cy dessus.

Outre les effets que nous avons envoyés d'icy aux îles, Mrs du Conseil de Chandernagor doivent y envoyer le *Fulvy* entièrement chargé de toutes sortes de provisions de bouche, et de diverses marchandises de Bengale qui luy avaient été demandées.

Le brigantin la *Diane*, que nous avons envoyé à Mahé au mois d'Octobre dernier, chargé de café de l'Ile de Bourbon, destiné pour Bassora, faisant beaucoup d'eau, et ayant besoin d'un radoub, le Conseil de Mahé a pris le party de l'envoyer à l'Ile de France pour les raisons énoncées dans sa délibération du 10 Décembre dernier, dont nous vous remettons copie.

Nous écrivons au Conseil de l'Ile de France d'expédier le brigantin en May prochain pour Anjouan et Mozambique, afin que le sieur Lhostis que nous avons nommé pour y aller faire le recouvrement des fonds qui y sont dûs à l'armement du *Cantorbéry* s'y puisse transporter. A cet effet, il doit s'embarquer sur le *Duc d'Orléans* pour aller prendre à l'Ile de France le commande-

ment de ce brigantin, étant au fait de la façon de traiter avec ces nations, et pratique de ces mers.

Le Conseil de l'Ile de France ayant cy devant fait diverses mutations de lascars des vaisseaux contre d'autres destinés à y demeurer par ce qu'ils convenaient
mieux, Mrs du Conseil de Chandernagor nous ont écrit
que cela était cause qu'ils avaient en beaucoup de difficultés à trouver des lascars pour supplément d'équipage au vaisseau le *Fulvy*, capitaine le sieur Jouanis, et
que pour en avoir suffisamment, ils ont été obligés de
s'engager par écrit avec eux qu'on ne les retiendrait pas
à l'Ile de France, et qu'on les renverrait aux Indes par
le premier vaisseau; nous avons écrit à ce Conseil
d'avoir une sérieuse attention à remplir cet engagement.

TROUPES ET ARTILLERIE.

Nous vous remettons, Messieurs, l'état de revue de la
garnison de ce fort, arrêté au 31 Décembre dernier, par
lequel vous verrez qu'elle n'est pas complète, et qu'il est
absolument nécessaire que vous nous envoyiez de quoy
la recruter, et nous mettre en état de faire passer à Bengale les troupes qui y manquent, car nous ne comptons
guère que Mahé soit en état de nous renvoyer les 200
hommes que nous y avons fait passer au mois d'Octobre
dernier, quand bien même la paix se ferait, attendu la
quantité de postes qu'il sera nécessaire de garder du
moins pendant quelque temps.

Vous recevrez aussi l'état de revue de la garnison de
Karical, arrêté le premier de ce mois, par lequel vous
verrez qu'il y a actuellement 335 hommes. Le Conseil
de Chandernagor a joint à ses expéditions l'état de revue
de sa garnison; nous n'avons point encore reçu celuy de
la garnison de Mahé; le Conseil du dit lieu nous l'enverra sans doute par les vaisseaux de l'escadre de M. de la
Bourdonnais.

Nous vous remettons aussy le tableau des officiers actuellement de service dans vos comptoirs des Indes et les autres états de notre garnison, concernant les décédés, les déserteurs, etc.

Le sieur Duperon, lieutenant à Mahé, ayant été tué dans l'action du 3 Décembre, et ce nom étant fort craint des gens du pays M. de la Bourdonnais a fait recevoir un de ses proches parents qui s'est trouvé sur son escadre, comme enseigne des troupes à Mahé, afin d'y conserver ce nom. Nous vous prions de confirmer cette nomination, ce jeune homme s'étant aussy distingué dans l'action où son parent a été tué.

Le Conseil de Mahé a accordé à la veuve du dit sieur Duperon, sous le bon plaisir de la Compagnie, une pension de 600 livres par an pour la faire subsister avec sa famille; voilà le second mari qu'elle perd au service, le premier se nommait le sieur Doluet qui fut tué à la guerre contre les quatre Nambiars en 1740. Nous espérons de la générosité de la Compagnie qu'elle voudra bien confirmer cette disposition.

AFFAIRES GÉNÉRALES.

Nous vous remettons, Messieurs, nos livres soldés au 30 Juin 1741, ainsy que ceux du Conseil de Chandernagor soldés au 30 Juin 1740.

Vous avez aussy cy joint la réponse de nôtre teneur de livres aux erreurs reconnues à Paris dans nos livres cotés S, commencés le premier Juillet 1738 et finis le 30 Juin 1739.

Nous vous remettons nos délibérations depuis le 24 Octobre 1741 jusqu'à ce jour, ainsy que le supplément de notre mémoire de demandes. Nous vous prions de suspendre à un an l'envoy de draps dont les troubles du pays nous empêchent de vous procurer la défaite.

Nous avons appris par voie d'Achem où deux embar-

-cations de Malacca ont porté cette nouvelle, que les Chinois et Javas avaient chassé les Hollandais de Samaranc ou commanderie principale qu'ils ont dans l'Ile de Java, qu'ils se sont emparés de la ville de Batavia, et qu'il n'y avait plus que la forteresse qui tint encore; il y avait cependant une suspension d'armes. On ajoute que la famine était à Malacca par la désertion des Chinois, et le manque de bateaux de Java; cette nouvelle, quant à ce qui regarde la ville de Batavia, mérite confirmation.

Nous n'avons d'autres nouvelles à marquer à la Compagnie au sujet de l'Etat de Goa que celles contenues dans nos réponses en apostille à votre lettre du 18 février 1741.

Nous adressons à Mrs des îles un duplicata des expéditions que nous envoyons à la Compagnie par le *Duc d'Orléans*, et les prions de faire mettre ce paquet sur le *Condé*, ou tel autre vaisseau qui retournera en Europe, afin qu'en cas d'évenements, l'un ou l'autre de ces deux paquets puisse vous parvenir.

Vous recevrez, Messieurs, par le *Duc d'Orléans* huit balles de diverses marchandises de Karical que le nommé Chechayen nous a fournies à compte du petit contrat que nous avons fait avec luy.

Nous renvoyons aussy à la Compagnie par ce bâtiment 376 fusils coupés et gâtés, et 277 bayonnettes qui ne peuvent se raccommoder icy; ces armes nous ont été laissées par les troupes des îles venues avec M. de la Bourdonnais, et nous avons été obligés de les remplacer avec nos armes neuves, ce qui nous a beaucoup dégarnis. Nous vous prions de nous en faire passer d'autres avec des ouvriers dont nous ne pouvons point absolument nous passer pour l'entretien des armes.

Nous vous remettons copie du contrat fait avec nos marchands le premier Juillet 1741.

Nous avions omis de marquer à la Compagnie au chapitre du commerce d'Inde en Inde que M. Le Verrier nous ayant écrit qu'un pour cent d'augmentation suffisait, nous avons fixé jusqu'à nouvel ordre de votre part les droits à percevoir à Surate à 2 o/o. Mrs de Chandernagor vous font de nouvelles représentations dans leur lettre sur cette augmentation, ainsy que sur les 2 o/o à payer à Bassora; trouvez bon que nous nous y référions.

Ces Mrs rendent aussy compte à la Compagnie dans leur lettre du 9 Décembre dernier des motifs qui les ont engagés de continuer à l'intéresser d'un quart dans quelques armements, ainsy que du quart de la valeur du corps de plusieurs vaisseaux qui avaient servi aux précédents armements, et dans lesquels elle avait un quart entier d'intérêt.

Nous n'avons pu jusqu'à présent faire exécuter l'ameublement peint, par rapport au dérangement général qu'il y a dans tout le pays; nous tâcherons de le faire exécuter dans le cours de cette année.

Nous vous prions de faire honneur aux deux lettres de change que nous avons tirées sur M. Pechevin, et dont la valeur en mêmes espèces a été remise à nôtre caisse: une en date du 20 janvier 1742 à un mois de vue, par première, deuxième, troisième et quatrième de 202 marcs 3 onces d'argent piastres à l'ordre du sieur Pujeol, valeur reçue comptant du dit sieur, et une autre du 25 suivant, à 2 mois de vue, par première, deuxième et troisième de 8 marcs 1 once 3 gros 3/4 d'argent piastres, à l'ordre de M. Boyelleau père, à L'orient, valeur reçue du sieur Boyelleau fils, par les mains de M. Le Noir, son procureur.

Du 2 Février 1742.

Depuis la présente écrite, nous avons reçu une lettre du Conseil de Mahé, en date du 7 Janvier dernier, par laquelle ces Mrs nous informent de la paix qu'ils ont conclue avec les quatre Nambiars et des deux traités qu'ils ont faits avec les Anglais; nous vous remettons copie de ces deux traités dont nous avons envoyé la ratification au Conseil de Mahé.

Vous trouverez, Messieurs dans la correspondance de ce comptoir, copie de cette lettre et de la réponse que nous y avons faite qui contient nos réflexions sur ces traités.

La paix avec Bayanor, suivant cette même lettre, avait été à plusieurs reprises sur le point de se faire, mais elle avait été traversée par des menées secrètes (que le Conseil de Mahé ne nous marque point). Nous croyons cependant cette paix faite à présent, M. de la Bourdonnais ayant écrit à M. Dupleix que l'on était près de tracer les limites.

La prise du vaisseau le *Jupiter* par les Angrias parait confirmée; nous ne saurions vous exprimer à quel point nous sommes sensibles à ce malheur. Notre zèle et notre affection pour le service de la Compagnie nous fera toujours partager véritablement les pertes qu'elle essuie, nous sentons parfaitement le dérangement que elles causent à ses opérations.

Nous avions envoyé il y a plusieurs jours le bot *l'Expédition* à Goudelour pour nous apporter 245 balles de marchandises bleues que nous y avions, et qui font partie de la cargaison du *Duc d'Orléans*, mais les vents contraires ne permettant pas à ce bot de venir, nous avons pris le party de faire toucher le *Duc d'Orléans* à Goudelour pour prendre ces 245 balles, d'où et après cette opération finie, il continuera sa route pour France. Ces marchandises sont portées sur la facture et le connaissement, comme si elles avaient été chargées icy. Les sieurs Le Gou fils et Guerrier ont été envoyés à Goudelour pour les faire emballer et prendre soin de l'embarquement.

Le sieur de Reussy, enseigne ad honores sur le *Duc*

d'Orléans, convaincu d'avoir assassiné le sieur Maury de Carcé, capitaine d'armes sur le même vaisseau, a été condamné par arrêt du 31 Janvier dernier, à être roué vif; ce jugement a été exécuté par effigie, attendu son évasion.

Plusieurs officiers de cette garnison nous ont priés de faire à la Compagnie les représentations suivantes au sujet du rang qu'ils prétendent avoir sur le tableau. Les sieur Joyant et de Mondrelois se trouvent avoir des commissions de sous lieutenants et de lieutenants de même date. Le sieur de Mondrelois a une commission de sous lieutenant de réformé à la Louisiane du 27 Octobre 1727, et dit que la Compagnie, en l'envoyant aux Indes, l'assura que les services qu'il avait rendus à la Louisiane seront comptés, qu'ainsy ayant l'antériorité du service sur le sieur Joyant, il doit en conséquence avoir l'ancienneté sur luy. Le sieur Joyant, de son coté, prétend qu'étant arrivé deux ans avant luy aux Indes en qualité d'enseigne, comme il est constaté par son brevet en date du 7 Septembre 1732, et les officiers de la Louisiane n'ayant jamais roulé avec ceux des Indes, l'ancienneté sur le sieur Mondrelois luy est acquise de droit, que s'il en était autrement, les officiers des troupes que la Compagnie entretient dans les Indes n'auraient point d'état fixe, parceque ceux des îles seraient autorisés par là à demander à venir aux Indes et avoir le pas comme plus anciens, quoiqu'il ait été décidé que ces deux corps ne rouleraient point ensemble.

M. Pierçon prétend d'un autre coté avoir le rang sur le sieur Mondrelois, et dit pour appuyer cette prétention qu'il a été reconnu icy sous lieutenant en 1735, et que s'il ne luy avait pas été rendu de mauvais offices, son brevet de sous lieutenant, qui n'est que de 1740, serait antérieur à celuy du sieur Mondrelois; il demande à être rétabli dans le rang qu'il devrait avoir.

Les brevets d'enseignes des sieurs Bellemane de St Cir, Sorail de Sérigny, St Denis de Vervaine, Barbreux, Durocher de Perigne, de St Vincent, Touzelier et Chazeray, sont tous de la même date; ils prient la Compagnie de déterminer le rang qu'ils doivent garder entre eux, ou de leur permettre de tirer au sort pour le décider. Le sieur Durocher de Périgne, l'un d'entre eux, prétend cependant qu'ayant été reçu icy le 19 Mars, cinq jours avant ses camarades, il doit avoir le pas sur eux, suivant l'ordonnance du Roy, qui porte que les lettres de service n'auront de préférence que du jour de la réception.

Comme il convient qu'il y ait un arrangement fixe à cet égard, nous prions la Compagnie de déterminer si c'est le brevet qui doit donner la préférence ou la date de la réception, et de nous marquer positivement lorsqu'elle fera une promotion, et que les brevets expédiés en conséquence seront d'une même date, la gradation du rang sur le tableau des officiers compris dans cette promotion en dignité égale.

Nous vous prions, Messieurs de faire honneur aux lettres de change que nous avons tirées sur M. Pechevin, trois mois de vue, par première, deuxième et troisième, et dont la valeur en mêmes espèces a été remise à notre caisse.

Une du 29 Janvier de 91 marcs 4 gros 1/4, argent piastre, à l'ordre du sieur François le Maire, valeur reçue du dit sieur.

Une du 31 Janvier de 34 marcs 7 onces 5 gros 1/2, à l'ordre de M. Peramont, officier des vaisseaux de la Compagnie, valeur reçue de M. Paradis, ingénieur.

Une du dit jour de 556 marcs 4 onces 2 gros, à l'ordre de M. Golard, conseiller en ce Conseil, valeur reçue du dit sieur.

Une du dit jour de 45 marcs 7 gros, à l'ordre de

52

M. Dirois Dutertre, valeur reçue de M. Dirois, son frère.

Le chargement du vaisseau *Duc d'Orléans* dont nous vous remettons les factures et connaissements, consiste en ;

1.083 balles montant ensemble à		Rs.	107.218- 2-38
144.385 1/2 livres de salpêtre en			
	1000 sacs	,,	1.958- 6-37
120.874	livres de bois rouge	,,	881- 8-60
700	paquets de rotins	,,	233-13- 0
191.161	livres de poivre	,,	14.071-13-50

	Rs.	124.362-16- 3
Frais	,,	2.802-18-19
	,,	127.165-10-22

Plus 376 fusils gâtés en 15 caisses
                Rs. 888-17-30

277 bayonnettes do.
     en 1. caisse ,,   81-20-12

           Rs. 970-13-42

           Rs. 128.136- 0- 0

Nous sommes etc. Signé: Dupleix, Le Gou, d'Espréménil, Dulaurens, Dirois, Ingrand, Miran et Guillard.

MESSIEURS LES SYNDICS ET DIRECTEULS GÉNÉRAUX

DE LA COMPAGNIE DES INDES, A PARIS.

A Pondichéry, le 25 Janvier 1742.

Messieurs,

Nous avons l'honneur de vous remettre cy joint une protestation faite le 13 Décembre dernier par MM. Dirois, d'Espréménil et Ingrand au sujet de deux canons vendus par M. Dumas, cy devant gouverneur, au beau frère de Sabderalikan, Nabab d'Arcatte, déposée par ces Mrs, le même jour au greffe du Conseil, l'enquête faite en conséquence à la requête du Procureur général pour constater que ces deux canons étaient chambrés et hors de service, et la réponse que nous avons cru devoir faire à cette protestation le 28 du mois passé, afin de ne rien laisser ignorer à la Compagnie de tout ce qui s'est passé à ce sujet sous le gouvernement de M. Dumas, et pendant l'interim, qui n'a rien de contraire au bon ordre. Nous avons communiqué ces papiers à M. Dupleix, et luy avons dit que nous vous les envoyons, ce qu'il a approuvé.

Nous avons, etc. Signé: Le Gou, Dulaurens, Golard, Miran et Guillard.

MESSIEURS LES DIRECTEURS GÉNÉRAUX

DÉPUTÉS POUR LES VENTES.

A Pondichéry, le 31 Janvier 1742.

Messieurs.

La lettre que vous nous avez fait l'honneur de nous écrire le 7 novembre 1740 nous est parvenue le 19 Juillet dernier, avec votre mémoire d'observations sur les marchandises arrivées à Lorient dans la même année, auquel nous nous conformerons autant qu'il nous sera possible avec la plus sérieuse attention. Mais nous vous prions d'avoir égard aux troubles dont cette province est désolée depuis longtemps, et dont nous informons la Compagnie par toutes nos lettres. Nous ne voyons encore la fin de tous ces dérangements qui occasionnent un tort considérable au commerce, que dans un avenir très éloigné. Vous êtes trop judicieux, Messieurs, pour penser que nous soyons les maitres dans de pareilles occurences de vous procurer les quantités et qualités des marchandises demandées par la Compagnie; nous sommes forcés de prendre celles que nos marchands nous présentent, ou de renvoyer les vaisseaux à vide. Celles que vous recevrez par le *Duc d'Orléans* sont cependant un peu meilleures que celles d'Octobre, mais nous avons fait une quantité de rebuts dont nos marchands vont se trouver chargés, et nous ne voyons pas comment ils pourront s'en procurer le débouché; cela est d'autant plus fâcheux que cela leur tient lieu d'un fonds considérable faisant partie des avances que nous leur avons faites et qu'ils sont hors d'état de nous rendre.

Lorsque nous serons forcés de recevoir des marchandises de rebut pour pouvoir bonder vos vaisseaux, nous aurons attention de faire mettre uue contremarque sur les balles et d'en faire un chapitre séparé sur la facture.

Mrs. du Conseil de Chandernagor auxquels nous avions demandé 1500 pièces de garas pour les teindre en bleu, nous en ont remis jusqu'à présent 1330 pièces dont vous recevrez quatre balles par le *Duc d'Orléans*, le surplus n'a pu être mis en teinture assez à temps, ce sera pour le mois d'Octobre prochain.

Quant au baffetas, comme on ne les contracte au Bengale qu'en Février, nous ne pourrons les avoir et vous les envoyer que l'année prochaine.

Nous avons envoyé à Mazulipatam l'article de vos observations concernant les mouchoirs que nous tirons de ce comptoir, et avons écrit au Conseil de Mahé sur lê déchet considérable qui a été trouvé en France sur le poivre chargé sur le *Jupiter* en 1740, afin qu'il y apporte le remède convenable.

Nous avons, etc. Signé: Dupleix, Le Gou, Dirois, d'Esprémenil, Dulaurens, Ingrand, Miran et Guillard.

Inventaire de la boite des expéditions du
Conseil supérieur a l'adresse de Mrs. les syndics
et Directeurs généraux de la Compagnie
des Indes, par le *Duc d'Orléans.*

N° 1 Réponse en apostille du Conseil supérieur à la
       lettre de la Compagnie du 9 Novembre 1740.
    2 Idem à celle du 14 Janvier 1741.
    3 Idem à celle du 18 Février do.
    4 Idem à celle du 25   do.   do.
    5 Idem à celle du 11   Mars   do.
    6 Idem à celle du 13   do.   do.
    7 Idem à celle du 15   do.   do.
    8 Idem à celle du 25   Avril do.
    9 Lettre générale en date des 24 Janvier et 2
       Février 1742.
   10 Paquet du Conseil au sujet d'une vente de
       canons.
   11 Suite des délibérations depuis le 24 Octobre jus-
       qu'au 20 janvier 1742 compris.
   12 Traité de paix fait avec les 4 Nambiars en date
       du 26 Décembre 1741.
   13 Idem avec les anglais de Tellichery, le 3 Jan-
       vier 1742.
   14 Idem avec les dits, le 5 Janvier suivant.
   15 Suite des lettres écrites par le Conseil supé-
       rieur à celuy de Mahé, depuis le 14 Octobre
       1741 jusqu'au 31 Janvier 1742.
   16 Idem de celles du Conseil de Mahé avec le Con-
       seil supérieur depuis le 14 Octobre 1741 jus-
       qu'au 7 Janvier 1742.
   17 Quatre pièces de correspondance du Conseil de
       Mahé avec les Anglais, les Hollandais et les
       princes du pays, depuis le 27 Août 1741
       jusqu'au 3 Décembre suivant.

31 Copie de la lettre écrite par le Conseil supé-
       rieur à Monseigneur l'Evêque de St Thomé,
       au sujet des dames religieuses Ursulines, en
       date du 17 Aoust 1741, et sa réponse en mi
       marge.

32 Compte courant du comptoir de Bassora avec
       le Fort Louis du Pondichéry, arrêté le 30
       Juin 1741.

33 Compte du voyage de Moka par le vaisseau le
       Maure, arrêté le 12 Décembre 1741.

34 Bilan du comptoir de Mahé avec la Compagnie,
       arrêté le 12 Octobre 1741.

35 Etat des fonds existant dans la caisse du Fort
       Louis de Pondichéry au 15 Janvier 1752.

36 Etat des passagers embarqués sur le *Duc
       d'Orléans*.

37 Reçu de M. de la Métrie Magon des boites des
       expéditions du Conseil supérieur pour la
       Compagnie et Lorient.

38 Reçu du dit sieur de deux caisses de livres de
       Pondichéry et de Chandernagor.

39 Tableau des employés de la Compagnie actuel-
       lement aux Indes.

40 Idem des officiers.

41 Extrait du registre des baptêmes, mariages et
       sépultures de la paroisse de Notre Dame
       des Anges, depuis le premier Janvier 1741
       au 26 Décembre suivant.

42 Copie du contrat fait avec les marchands le
       premier Juillet 1741.

43 Mémoire présenté par le sieur Reynes au
       Conseil supérieur pour être employé au
       service de la Compagnie.

44 Reçu du sieur de St George de 31 pagodes,
       17 fanons, 12 caches, valeur de 240 livres

65 Etat des fournitures faites par le magasin général au *Duc d'Orléans*.

66 Facture des marchandises pour les îles, chargées sur le dit vaisseau.

67 Bilan ou état présent des affaires de la Compagnie au 31 Décembre 1741.

68 Empreinte en cire des sceaux du Conseil supérieur.

69 Deux plans de l'hôpital.

70 Quatre plans de l'hotel des monnoyes.

71 Plan des casernes de la porte de Valdaour.

72 Deux plans du fort projeté à Karical et une
carte du pays.

73 Mémoire du sieur Paradis relatif au plan du
fortin projeté à Karical.

74 Etat des effets du magasin de marine fournis
au vaisseau le *Duc d'Orléans*.

75 Facture des effets et marchandises envoyés
aux îles par le *Neptune*.

76 Idem de celles par le *St. Benoist*.

77 Idem de ceux par le *Condé*.

78 Idem de ceux par le *Fidèle*.

79 Idem de ceux par le *Pondichéry*.

80 Etat des effets nécessaires pour le service de
la monnoye.

81 Neuf lettres à l'adresse de M. Dumont.

82 Quarante lettres à celle de M. et Madame
Dumas.

83 Trois lettres à celle de M. de Fulvy.

84 Cinq do. do. de M. de Saintard.

85 Sept do. do. de Messieurs les syndics
et directeurs.

86 Neuf do. do. de M. d'Hardancourt.

87 Trois do. do. de M. Castanier.

88 Quatre do. do. de M. Godeheu.

89 Deux do. do. de M. Cavalier.

90 Deux do. de. de M. Le Noir.
91 Une do. do. de M. d'Espréménil.
92 Cent-vingt-une lettres particulières.
93 Le présent inventaire.

A Pondichéry, le 31 Janvier 1742, Signé: D'haugest.

INVENTAIRE DE LA BOITE DES EXPÉDITIONS DU CONSEIL SUPÉRIEUR A L'ADRESSE DE MESSIEURS LES SYNDICS ET DIRECTEURS DE LA COMPAGNIE DES INDES, QUI SERA CHARGÉE PAR MESSIEURS DU CONSEIL DE L'ILE DE FRANCE SUR LE *Condé*, OU SUR TEL AUTRE VAISSEAU, FAISANT SON RETOUR EN EUROPE. SAVOIR:

Nº 1 Duplicata de la réponse en apostille du Conseil supérieur à la lettre de la Compagnie du 9 Novembre 1740.

2 Idem à celle du 14 Janvier 1741.

3 Idem à celle du 18 Février 1741.

4 Idem à celle du 25 Février do.

5 Idem à celle du 11 Mars do.

6 Idem à celle du 13 Mars do.

7 Idem à celle du 13 Mars do.

8 Idem à celle du 22 Avril do.

9 Lettre générale en date du 24 Janvier et du 2 Février 1742.

10 Paquet du Conseil au sujet d'une vente de canons.

11 Suite des délibérations depuis le 24 Octobre 1741 jusque et compris le 20 Janvier 1742.

12 Traité de paix avec les quatre Nambiars, en date du 26 Décembre 1741.

13 Idem avec les Anglais de Tellichéry, du 3 Janvier 1742.

14 Idem avec les dits du 5 Janvier 1742.

A Pondichéry, le 31 Janvier 1742, Signé: D'haugest

A Pondichéry, le 31 Janvier 1742.

M. Duvelaer, directeur a Lorient.

Monsieur,

Nous avons eu l'honneur de vous écrire au mois d'Octobre dernier par le *Penthievre* et le *Duc de Bourbon*, et nous avons accusé réception de toutes vos lettres.

Vous recevrez par la présente qui vous parviendra par le *Duc d'Orléans* tous les états de dépenses et autres qui concernent ce vaisseau.

Nous avons fait payer au nommé Bénigne Duris matelot du *Fleury*, resté malade à Pondichéry, la somme de 19 livres pour un mois d'avance sur ses gages, pour servir à luy acheter quelques hardes nécessaires pour sa traversée, nous vous prions de luy faire faire la retenue de cette somme.

Nous n'avons pu jusqu'à présent, quelques perquitions que nous ayons faites, avoir connaissance du nommé Jocques Bachelier dont vous nous parlez dans votre lettre du 19 Mars derner; nous avons mémé écrit aux divers comptoirs à ce sujet, afin de découvrir ce que peut être devenu cet homme; si par la suite nous apprenons quelque chose, nous aurons soin de vous en informer.

Nous vous remettons, cy joint l'état des passagers embarqués sur le *Duc d'Orléans*.

Vous trouverez pareillement, cy inclus l'état de signalement d'un sergent, d'un caporal et de sept soldats qui repassent en France sur le *Duc d'Orléans*, et dont le temps est fini, échangés contre pareil nombre du détachement de ce vaisseau.

Le sieur de Russy, enseigne *ad honores* sur le *Duc d'Orléans*, convaincu d'avoir assassiné le sieur Maury de Carée, capitaine d'armes sur le même vaisseau, a été condanné par arrêt du 31 Janvier dernier, à être roué vif; ce jugement a été exécuté par effigie, attendu son évasion.

Nous sommes, etc. Signé: Dupleix, Le Gou, Dirois, d'Espréménil, Dulaurens, Ingrand, Miran et Guillard.

Inventaire des pièces contenues dans le paquet du Conseil supérieur, a l'adresse de M. Duvelaër, commandant a l'Orient, Savoir:

No 1 Lettre du Conseil à M. Duvelaër, en date de ce jour.

2 Note de l'avance de 19 livres faite au nommé Duris, matelot du *Fleury*.

3 Etat des passagers embarqués sur le *Duc d'Orléans*.

4 Reçu de M. de la Métrie des paquets pour Paris et Lorient.

5   Idem de deux caisses contenant les livres de
    Pondichéry et de Chandernagor.

6   Revue générale de la garnison de Pondichéry,
    arrêtée au 31 Décembre 1741.

7   Etat des vivres fournis au *Duc d'Orléans*, après
    son compte arrêté en date du 30 Octobre
    1741.

8   Idem des soldats venus par les expéditions de
    1741.

9   Etat de signalement des soldats renvoyés par
    le *Penthièvre* et le *Duc de Bourbon*.

10 Etat de revue de la garnison de Karical, ar-
    rêté le 1er Janvier 1742.

11 Idem des soldats de la garnison de Pondichéry
    morts en 1741.

12 Copie du procès verbal de visite des vivres du
    Duc d'Orléans, en date du 20 Janvier 1742.

13 Etat de ce qui est dû à l'hopital par divers
    soldats de cette garnison, embarqués sur le
    Duc d'Orléans.

14 Expéditions du greffe du Conseil supérieur
    concernant les successions.

15 Rôle d'équipage du *Duc d'Orléans*.

16 Etat des effets du magasin général fournis au
    dit vaisseau.

17 Etat des dépenses du dit vaisseau à son retour
    d'Achem.

18 Signalement des soldats donnés en remplace-
    ment de ceux retenus du *Duc d'Orléans* à
    Pondichéry.

19 Etat des soldats morts et désertés depuis l'éta-
    blissement de Karical.

20 Paquet pour Messieurs les syndies et dire-
    cteurs, députés pour les ventes.

21 Six lettres à l'adresse de M. Duvelaër.

22 Quarante sept lettres particulières.
23 Le présent inventaire.

A Pondichéry, le 31 Janvier 1742. Signé: d'Haugest.

MESSIEURS LES SYNDICS ET DIRECTEURS-GÉNÉRAUX
DE LA COMPAGNIE DES INDES A PARIS.

A Pondichéry, le 5 Février 1742.

MESSIEURS,

Nous profitions d'un vaisseau anglais prèt à partir de Madras pour l'Europe pour informer la Compagnie que le *Duc d'Orléans*, commandé par le sieur de la Métrie Magon, a mis à la voile le 3 de ce mois avec une cargaison montant à 128.136 pagodes.

L'on est toujours dans les mêmes inquiétudes au sujet des Marattes; l'on ne sait de quel coté ils tomberont; les alarmes recommencent, et chacun songe à s'assurer une retraite. Il est bien à souhaiter que la crainte où l'on est sur leur approche ne se trouve pas fondée. S'ils faisaient une nouvelle incursion dans cette province et dans celle de Golconde, la fabrication des marchandises serait constamment interrompue, et nous nous trouverions très embarrassés pour le chargement des vaisseaux attendus.

Nous avons remis à la Compagnie par le *Duc d'Orléans* copie du traité de paix fait à Mahé avec les quatre Nambiars, le 26 Décembre 1741, et des deux traités faits avec les anglais de Telléchéry, le 3 et 5 Janvier dernier.

La paix avec Bayanor n'était point encore conclue au 7 Janvier; nous espérons cependant qu'elle l'est à présent, M. de la Bourdonnais ayant écrit à Mr le Gouverneur qu'il était sur le point de tracer les limites.

Par notre lettre du 31 Janvier, nous vous avons informé, Messieurs, qu'au moyen des remises que nous avons arrêté de faire aux comptoirs de Mahé, Yanaon et Mazulipatam, et du paiement des lettres de change qui ont été tirées sur nous, il ne nous restera pas 200.000 roupies en caisse, qu'ainsy les envois de la Compagnie doivent être très forts, si elle veut qur nous poussions avec vigueur les diverses branches de son commerce dans les Indes; nous ne pouvons trop appuyer sur cet article.

Nous vous avons aussy marqué par cette même lettre que M. Dupleix était arrivé le 13 Janvier, et que le 14 il avait été reconnu Gouverneur de Pondichéry, et Commandant général de tous les établissements français dans les Indes.

M. Dirois partira dans 5 à 6 jours pour aller prendre possession de la direction de Bengale.

Nous sommes, etc. signé : Dupleix, Le Gou, Dirois, d'Espréménil, Dulaurens, Ingrand, Miran et Guillard.

Messieurs les syndics et Directeurs généraux
de la Compagnie des Indes a Paris.

A Pondichéry, 5 Février 1742

Messieurs,

Cy joint le duplicata de la lettre que nous avons l'honneur de vous écrire ce jour par un vaisseau anglais mouillé à Goudelour, et prêt à faire voile pour l'Europe; nous l'adressons à M. de Martinville pour qu'il vous le fasse parvenir par voie d'Alep.

Nous sommes, etc. Signé : Dupleix, Le Gou, Dulaurens, d'Espréménil, Ingrand, Miran et Guillard.

54

MESSIEURS LES SYNDICS ET DIRECTEURS GÉNÉRAUX
DE LA COMPAGNIE DES INDES, A PARIS.

A Pondichéry, le 23 Février 1742.

MESSIEURS,

Nous profitons du départ d'un vaisseau d'Europe anglais, prêt à faire voile de Madras, pour vous remettre copie du réglement arrêté de concert avec les religieuses Ursulines de cette ville, le 22 de ce mois. Suivant ce réglement, leur nombre ayant été fixé pour le présent à cinq, il n'en devrait venir de France que trois pour être complet, mais la dame Marguerite de Marquez de S^{te}. Gertrude, supérieure des deux Ursulines qui sont actuellement icy, a prié Mr le Gouverneur d'écrire à la Compagnie pour l'engager d'accorder le passage à quatre religieuses pour avoir plus de moyens de remplir les vues de leur établissement. Comme cette dame, par sa lettre du 20 de ce mois, déposée au secrétariat, s'oblige d'entretenir et de nourrir aux frais et dépens de la communauté la quatrième religieuse, sans qu'il en coûte rien ni qu'elle soit à charge à la Colonie, sa demande nous a paru juste, nous prions la Compagnie de vouloir bien accorder le passage sur ses prochains vaisseaux à quatre Révérendes mères Ursulines, sans aucune sœur converse, et d'écrire à Monseigneur l'Evêque de Vannes pour en avoir l'agrément; la dame Marquez écrit de son coté à la supérieure de leur couvent à Vannes.

Les quatre religieuses qui seront destinées pour venir icy, doivent être dotées dans le couvent d'où elles sortiront, suivant l'article 7 du réglement. La Compagnie est suppliée de faire cette attention à Monseigneur l'Evêque de Vannes dans la lettre qu'elle luy écrira.

La paix a été signée avec Bayanor, le 22 Janvier der-

nier. M. de la Bourdonnais s'est embarqué le 23 suivant.
Le *Brillant* devait partir à la fin du même mois de
Mahé, et l'*Aimable* devait rester jusqu'au 20 du courant.
M. de la Bourdonnais nous a remis un mémoire de la
dernière importance, à l'examen duquel nous travaillons;
nous avons envoyé nos ordres en conformité à Messieurs
de Mahé. Ce mémoire étant fort long, nous n'en remettrons point copie à la Compagnie par cette occasion,
d'autant mieux encore que nous présumons que M. de
la Bourdonnais luy en aura aussi adressé une.

Nous sommes, etc. Signé : Dupleix, Le Gou, d'Espréménil, Dulaurens, Ingrand, Miran et Guillard.

Réponse du Conseil supérieur de Pondichéry en apostille a la lettre cy contre, en date du 20 Octobre 1742.

Copie de la lettre de la Compagnie écrite au Conseil supérieur de Pondichéry, en date du 25 Novembre 1741.

Comme vous ne nous accusez point réception des deux lettres que nous avons eu l'honneur d'écrire à la Compagnie les 17 et 28 Février 1741, l'une par voie d'Angleterre, et l'autre par celle de l'Ile de France, nous présumons qu'elles ne luy sont point parvenues, et nous vous en remettons une nouvelle expédition.

Nous avons reçu, Messieurs, dans le courant de l'année dernière quinze lettres de vous, deux du 30 Septembre 1740, dont une contenant vos réponses en apostille à notre lettre du 26 Septembre 1739, deux du premier Octobre de la dite année, dont une en apostille à notre lettre du 21 Aoûst 1739, deux du 16 Octobre dernier,

deux des 21 et 26 du même mois, deux du premier
Janvier dernier, dont une en apostille à nos six lettres

des 14 Novembre et 7 Décembre 1739, 18 Janvier, 13 et 20 Février 1740.

Quatre des 11,15,22 et 25 du dit mois, et du 1er Févier suivant reçue par voye d'Angleterre le 18 Octobre dernier.

Nous avons trouvé joint à ces lettres toutes les pièces dout elles font mention, ainsy que les inventaires.

VAISSEAUX ET COMMERCE D'EUROPE.

ART. 1er

Nous apprendrons toujours avec une véritable satisfaction l'heureuse arrivée au port de Lorient des vaisseaux de la Compagnie.

Nous avons été très sensibles à la relâche forcée à l'Ile de France, du vaisseau le *Comte de Toulouse*, dont nous avons été informés dans le temps; nous avons appris depuis qu'il en était party, bien radoubé et en bon état; nous souhaitons qu'il vous soit heureusement parvenu.

ART. 1er

Tous les vaisseaux que vous nous avez expédiés, et ceux que nous attendions d'ailleurs, nous sont heureusement parvenus à l'exception du *Comte de Toulouse*, dont vous aurez sans donte appris le retour à l'Ile de France, le capitaine s'étant déterminé à y retourner, dans la crainte qu'il a eue de ne pouvoir soutenir dans l'état où était son vatsseau, le passage du cap de Bonne Espérance. La vente de leurs cargaisons a été faite à l'Orient le 25 Septembre et les jours suivants avec autant de succès que l'on en pouvait espérer, eu égard aux circonstances présentes et à la qualité des marchandises. Nous vous référons quant à cet article, aux observations contenues dans la lettre de Mrs les Directeurs, députés pour les ventes, et à celles que vous pourrez faire vous mêmes, en examinant les prix de la disposition qui y est jointe.

2.

Nous sommes très mortifiés que le retard dans l'arrivée de ce vaisseau ait dérangé les dispositions projetées par la Compagnie, mais il ne peut nous être rien imputé à ce sujet.

Le *Comte de Toulouse* avait son fond pris, et son chargement pour l'Europe était déja fort avancé au 9 Janvier 1741, jour que le *Penthiévre* mouilla en cette rade; première raison de préférence pour le départ sur le *Penthièvre*, dont l'opération du chargement et déchargement eut emporté beaucoup de temps; d'ailleurs, le capitaine de ce vaisseau ne nous a point prévenus qu'il ne fut point en état de faire son retour en France; ni luy, ni le reste de l'état major, ne nous ont fait aucune représentation à ce sujet. La Compagnie nous permettra de luy dire qu'elle parait se référer trop aux rapports particuliers des officiers de ses vaisseaux, qui ne sont jamais contents des dispositions que nous en faisons

2.

Le retard du *Comte de Toulouse*, joint à celuy du *Penthièvre* que vous avez retenu, nous a réellement mortifiés et dérangés dans les dispositions que nous avions projetées pour l'expédition actuelle. Nous ne pouvons à ce sujet nous empêcher de vous faire savoir que, quoique nous n'ayont attribué qu'aux circontances critiques où vous étiez alors, le party que vous avez pris de retenir de préférence le *Penthièvre* qui était tout prêt et fort en état de faire son retour en Europe, nous avons cependant été surpris de ce que vous ne nous ayez pas dit un seul mot des raisons qui vous ont déterminés à risquer plus tôt une cargaison considérablé sur le *Comte de Toulouse*, que vous étiez moralement assurés de pouvoir entreprendre cette traversée sans un radoub qu'il n'était guère possible d'avoir le temps de luy faire à l'Ile de France; au reste, puisque l'équipage de ce vaisseau, et

pour le bien de son service, et elle doit être persuadée que nous n'avons jamais eu d'autre but dans nos opérations que le bien de ses affaires.

partie de ses officiers vous devenaient nécessaires pour votre sûreté, vous avez bien fait de les retenir et d'y substituer un équipage indien avec gens qui sussent le commander.

3.

3.

La suite de notre correspondance vous aura appris, Mrs, la retraite des Marattes, et tout ce qui s'est ensuivi de leur incursion dans cette province jusqu'au mois de Janvier dernier; depuis ce temps là ils se sont jetés du coté de

Nous ne nous étendrons point sur les troubles et vives inquiétudes que vous causait le voisinage des Marattes, non plus que sur tout ce que vous nous avez mandé avoir fait pour le mieux en cette occasion.

Yanaon et de Mazulipatam, et ont pénétré ensuite dans le Bengale où ils sont actuellement. Ils n'ont point heureusement causé d'interruption au commerce de la Compagnie dans ces deux premiers comptoirs.

La correspondance de celuy de Chandernagor dont nous vous remettons copie, vous instruira des troubles qu'a occasionnés leur irruption dans le royaume de Bengale. Nous ignorons les suites que pourra avoir ce fâcheux évenement, et nous remettons à traiter cet article dans notre lettre générale au mois de Janvier prochain,

Mrs de Chandernagor, par leur lettre du 17 Août dernier nous marquent que leur colonie n'avait point encore été insultée, mais que les Marattes faisaient beaucoup de pillages, qu'ils avaient hyverné dans le Bengale, et que l'on croyait qu'ils y aurait sous peu une action entre eux et Alyverdykan. Dans des circonstances aussy tristes et aussy intéressantes pour la Compagnie, ce qui nous a un peu consolés, c'est que ces Mrs nous écrivent qu'aux garas près, ils prévoyaient pouvoir charger quoyqu'avec peine les vaisseaux *l'Hercule* et le *Brillant*, que nous leur avons adressés. Nous souhaitons vivement que leur espérance ait une pleine exécution.

4.

Nous avons une entière satisfaction que les peines, les soins et les embarras que nous ont occasionnés les Marattes, aient touché la Compagnie. Nous la remercions de la sensibilité qu'elle nous marque avoir pris à cet évènement.

4.

Nous sentons tout l'embarras et toutes les peines que vous deviez avoir en pareil cas. Nous y avons été et nous y sommes encore extrèmement sensibles. Nous ne pourrons même être tranquilles que lorsque vos premières lettres que nous attendons

avec la dernière impatience, nous en donneront lieu.

5.

Nous ignorons de qui peut partir l'avis contenu dans la lettre de Madras du 13 Février qui fait espérer à la Compagnie une si prompte et si sûre retraite des Marattes. Nous lui avons écrit trois lettres dans ce temps là, en date des 1er, 17 et 28, dont la lecture ne présente que de vives alarmes sur le party que prendraient les Marattes au sujet des places

5.

Nous nous flattons néanmoins que ces Marattes ne nous auront fait d'autre mal que d'interrompre entièrement le commerce de la côte; l'extrait d'une lettre que nous avons vue, écrite de Madras, en date du 13 Février, nous l'a fait espérer ainsy, et nous persuade même qu'après leur retraite qu'ils ne pouvaient guère différer, faute de pouvoir trouver à vivre

maritimes des Européens à cette côte, après qu'ils auraient fini le siège de Trichinapaly, dont ils n'ont pris possession que le dernier avril. Nous nous référons à ce sujet à notre lettre du premier Octobre 1741, par laquelle vous verrez, Messieurs, le changement de leurs dispositions à notre égard, qu'ils se désistaient de toutes leurs demandes, qu'ils voulaient vivre en bonne intelligence avec la nation, et qne leur retraite avait rétabli au mois de May la tranquillité dans cette place.

Nous ne pouvons nous dispenser de nous plaindre à la Compagnie qu'elle parait donner plus de créance aux lettres particulières qu'à celles de ses conseils. Elle n'ignore pas sans doute que les asiatiques ne reconnaissent et ne correspondent qu'avec les personnes connues pour chefs de la nation, c'est à leurs lettres seules à qui elle doit toute sa confiance.

Par quelques lettres particulières, il nous a paru que plus longtemps, la tranquillité, et le commerce pourront se rétablir peu à peu; cependant la crainte où nous sommes, que les choses n'aient point tourné comme nous l'espérons, et que l'inquiétude où les circonstances particulières des affaires de l'Europe nous laissent toujours par rapport aux événements qu'une guerre déclarée entre les puissances maritimes, pourrait faire survenir dans le commerce de la Compagnie, le peu d'espérance qu'il y a aussy que l'on puisse, après les troubles qui subsistaient à Mahé, en tirer beaucoup de poivre, et ce que vous nous mandez d'ailleurs vous mêmes que pour rétablir les affaires de la côte, il conviendrait d'y suspendre tout commerce, n'étant presque plus possible d'y vendre les matières d'argent, ni de s'y procurer suffisamment de marchandises pour charger les vaisseaux d'Europe,

Par quelques lettres particulières, il nous a paru que le sieur de la Métrie Quentin avait voulu se donner un certain lustre auprès de la

Compagnie; il avance, dit-on, qu'il a parlé au général des Marattes de façon à le dégoûter de venir attaquer Pondichéry. Nous pouvons vous assurer avec toute vérité qu'il n'a point osé pendant tout ce temps là sortir de Madras où, aussy bien que les Anglais, il avait une belle peur, et qu'il n'a point vu du tout le général des Marattes. Nous ne manquerons pas de luy demander la vérité de ce fait, lorsqu'il jugera à propos de se rendre icy de Madras où il est depuis la fin d'Octobre dernier.

6.

Nous avons heureusement renvoyé à la Compagnie tous ses vaisseaux chargés le mieux qu'il nous a été possible.

Outre les trois qui nous ont été expédiés d'Europe, il nous a encore été adressé des îles le *Fleury* et le *Brillant* de l'escadre de M. de la Bourdonnais. Nous aurons l'honneur de vous faire part des dispositions prises à ce sujet par notre lettre préliminaire.

Le nombre de ces vaisseaux est encore trop grand par rapport à la triste situation du commerce, tant à Bengale, Mahé, qu'à cette côte, et pour pouvoir vous renvoyer cette année, mal chargés et mal assortis, le *Fleury*, le *Lys*, et le *Bril-*

6.

Toutes ces considérations réunies nous faisant craindre en même temps que vous n'ayez encore été forcés de retenir un ou même deux des vaisseaux que nous vous avons expédiés il y a un an, la Compagnie s'est déterminée à n'armer cette année que ceux qui sont absolument nécessaires pour procurer à ses comptoirs les demandes dout ils paraissent les plus pressés; ainsy elle n'expédiera que sept vaisseaux, dont deux pour Chine, deux pour Pondichéry, un pour Bengale et deux pour les îles de France et de Bourbon.

Nous n'en destinons qu'un pour Bengale, tant parce que le Conseil de Chan-

lant que nous nous sommes réservés, nous serons obligés de prendre toutes les marchandises que nous pourrons nous procurer. Cette rareté ne vous surprendra pas, Mrs, lorsque vous saurez que le coton qui, lors du contrat, était à 35 Pagodes le *bar*, est monté considérablement depuis, et est actuellement de 48 à 50.

dernagor nous a mandé, qu'il appréhendait aussy quelques troubles qui porteraient infailliblement atteinte au commerce, que parceque vous vous serez trouvés et vous vous trouverez forcés peut être encore d'envoyer dans le Gange quelques vaisseaux d'Enrope, ne pouvant vous procurer leur chargement. Dans cette situation vous estimerez, sans doute comme nous, que nous ne pouvions rien faire de plus avantageux pour notre commerce que de vous envoyer peu de vaisseaux cette année, afin que vous puissiez les charger ; par ce moyen, la Compagnie ne se trouvera plus exposée, si le calme est rétabli, aux dépenses considérables que luy a occasionnées depuis plusieurs années le séjour dans l'Inde des vaisseaux que le défaut de marchandises vous a mis hors d'état de renvoyer, et vous vous trouverez en situation non seulement de rebuter celles hors de sorte que vous ne devez jamais prendre, même à des prix inférieurs, faute d'autres, et plutôt que de retenir les vaisseaux ou de les renvoyer à vide, mais encore de voir en conséquence d'une pareille fermeté à la visite, rétablir les manufactures sur le pied qu'elles doivent être. Dès que vous nous apprendrez que le commerce commence à se remettre dans l'état où nous le désirons, et que les affaires de l'Europe se trouveront plus tranquilles, nous recommencerons avec plaisir à vous envoyer ainsy qu'à Bengale, plus de vaisseaux et de fonds. Mais quant à présent, ayant réduit le nombre des navires à sept, tant pour l'Inde que pour la Chine et les îles, nous n'enverrons que les fonds nécessaires pour les charger.

7.

Nous avons reçu les fonds cy après, de votre envoy savoir :

Par *l'Hercule* 24.000 Marcs
Par le *Lys* 21.923 6 ,,
Par le *St Géran* 1.000 ,, ,,

Marcs 46,923, 6 ,,

Nous avons reçu outre cela deux petite parties d'or par le *Lys* et le *St. Géran*. Nous informerons la Compagnie de l'employ que nous avons fait de ces fonds.

7.

L'incertitude de votre état et des affaires de l'Europe ayant déterminé M. le Contrôleur général à nous ordonner positivement de fixer les envois de cette année à 100.000 marcs, savoir :
pour la Chine 34.000 marcs
pour Bengale 28.000 ,,
pour les iles 8.000 ,,
et le reste pour Pondichéry, non compris 4.000 marcs environ pour le montant des ports permis des officiers des sept vaisseaux que nous y enverrons, en outre sans aucune distinction des fonds de cargaison, suivant le dernier arrangement dont vous avez connaissance.

8.

Le tableau de notre situation que nous anrons l'honneur de vous remettre en Janvier prochain, servira de réponse à celuy dont il est parlé dans cet article.

8.

Vous verrez par le tableau cy joint que nous avons fait dresser de votre situation par spéculation, que nous ne devons pas douter, si les troubles sont cessés comme nous l'espérons, que vous ne puissiez donner à chacun des deux vaisseaux un chargement parfaitement complet et assorti, et les expédier de bonne heure, puisque indépendamment de ce qu'en supposant que vous ayez entièrement chargé quatre vaisseaux à la fin de cette année, nous trouvons qu'après leur départ il vous doit rester en Janvier prochain au moins 342.967 Pagodes, toutes dépenses extraordinaires payées.

9.

Le dérangement du commerce à Bengale et à cette côte ne nous a pas permis d'exécuter le projet dont il est parlé dans cet article; nous ne le perdons cependant point de vue.

9.

Nous vous avons prévenus il y a un an qu'il serait à souhaiter que vous puissiez tenir prêt pour la partance d'Octobre 1742, de quoy composer le chargement de deux vaisseaux, et même de trois, tant en marchandises de Bengale qu'en celles de la côte, en empruntant pour cela et faisant emprunter à Chandernagor pour le compte de la Compagnie, tout ce que vous estimerez nécessaire.

10.

Les réflexions de la Compagnie au sujet du café de Moka sont très justes. Nous avons été cependant très heureux d'en recevoir cette année 1156 balles pour faire partie du chargement du *Fleury*, sans quoy nous nous serions trouvés très embarrassés pour l'expédition de ce vaisseau.

10.

Nous comptons donc sur deux belles cargaisons pour ces deux vaisseaux, sans qu'il soit question de leur faire prendre aucune partie de café de Moka, dont nous ne vous demandons point du tout jusqu'à nouvel ordre, tant parce que ces deux vaisseaux peuvent à peine suffire, comme vous pensez bien, pour rapporter l'assortiment de toiles convenables, que parceque des 420 milliers exposés lors de la dernière vente, il en est resté 185 grosses balles invendues, quoiqu'il n'ait été poussé que de 36 à 38, que nous en avons encore en magasin sans cela près de 650 balles et que suivant vos lettres, nous en devons encore attendre autant l'année prochaine, que nous ne pouvons désapprouver que vous ayez ordonnées dans la crainte où vous étiez de ne poùvoir, à cause des troubles qui subsistaient, vous procurer assez d'autres marchandises, pour pouvoir avec le *Penthièvre* charger trois autres vaisseaux que vous attendiez.

11.

Notre état de situation que nous vous avons annoncé pour le mois de Janvier prochain, servira également de réponse à cet article.

11.

Par le tableau de spéculation que nous vous envoyons et par celuy que nous adressons au Conseil de Chandernahor, vous verrez que si nous trouvons, qu'après ces deux vaisseaux expédiés, il doit vous rester en Janvier 1743 au moins 168.730 pagodes, nous trouvons aussy qu'il ne restera au dit temps absolument rien au Conseil de Chandernagor. Dans cet état, il convient, au cas qu'il ne puisse trouver à emprunter pour le compte de la Compagnie, comme nous l'y autorisons de nouveau, et vous aussy, autant que l'intérêt de la Compagnie l'exigera, que vous luy envoyiez indépendamment des 28.000 marcs que nous luy destinons, 90.000 pagodes environ. Nous espérons que vous pourrez d'autant plus aisément luy procurer ce supplément de fonds, si sa situation l'exige, qu'indépendamment des 22.000 taëls que nous avons lieu de croire que vous aurez reçus de Chine, d'envoy de M. la la Barre qui y est resté, et des 60.000 chacras prêtés au Roy de Tanjaoure, qui doivent vous être remboursés en 1743, il doit rentrer dans le courant de l'an prochain dans les deux caisses de Pondichéry et de Chandernagor au moins 74.000 marcs, savoir:

28.000   de notre envoy pour Bengale
14.500   do.   do.   ,,   Pondichéry
 4.000   montant environ des ports permis
15.500   de M. Castanier, à la réception de le présente,

12:000 au moins peu après, ainsy que vous en pourrez
—·— juger par la délibération de la Compagnie du
74.000. du 13 Octobre dernier, et la lettre de M. Castanier à M. Dumas, que ce gouverneur vous communi-
quera en conséquence, et au moyen de laquelle il appert
qu'aussitôt sa réception, il doit rentrer tant à la caisse
de Pondichéry qu'à celle de Chandernagor, au moins
15500 marcs que la Compagnie dans cette certitude enverra de moins sur la portion des 100.000 marcs qu'elle
destine pour ces deux comptoirs, comme nous l'avons
dit plus haut.

12.

Nous avons reçu par le vaisseau le *Lys*, les monnoyes dont il est parlé dans l'article cy contre en la quantité de quadruples d'or
d'Espagne   370
un vieux louis d'or   1
           ——
          371
Ces 371 pièces pesant ensemble 40 marcs, 7 onces ont été remises à la monnoye le 11 aoûst dernier, et y ont produit la quantité de 1317 pagodes, 13 fanons, 16 caches, de 8 *toques*, suivant le compte cy joint de M. Miran, Directeur de la monnoye.

La calcul dont il est fait mention dans cet article est des mieux spéculé, et il

12.

La difficulté de nous procurer des piastres, la cherté dont elles sont, et ce que vous nous avez mandé que le titre des pagodes baissait et devant baisser suivant les apparences de plus en plus, sans que vous puissiez y apporter aucun remède, il n'y avait d'autre party à prendre que de vous procurer de l'or de Chine où d'ailleurs, et d'en faire frapper des Pagodes du même titre que celles qui auraient cours, toutes ces considérations réunies au calcul cy joint que nous avons fait de ce qui résulterait pour la Compagnie de vous envoyer en or une partie des fonds qu'elle vous destine, l'ont

serait vray de dire qu'il résulterait un bénéfice réel pour la Compagnie d'envoyer de l'or, si les pagodes de bas titre avaient continué d'avoir cours à cette côte, et que pour leur valeur on eut pu avoir des marchandises aussy bonnes et aux même prix, qu'en les payant en pagodes de huit *toques*; mais comme toutes les basses pagodes sont tout à fait décriées dans toutes les monnoyes de cette province, qu'elles n'y ont cours que suivant leur titre de fin, et que le commerce ne se fait plus qu'en pagodes de 8 *toques*, il résulte de là que la Compagnie doit envoyer des piastres aux Indes et non l'or.

déterminée à vous en faire passer cette année pour (*en blanc dans le texte*) dont vous disposerez suivant que vous l'estimerez le plus convenable pour les intérêts de la Compagnie, en observant de nous rendre un compte exact de ce que vous aurez fait à cet égard.

13.

Nous observons avec la plus grande exactitude l'économie que la Compagnie nous prescrit; nous avons donné des ordres relatifs dans tous ses comptoirs de l'Inde.

13.

La diminution du commerce que nous ne pouvons éviter cette année, exige que nous portions nos vues avec la dernière attention sur toutes les économies qui peuvent se pratiquer pour diminuer les dépenses tant ordinaires qu'extraordinaires qui se font en Europe et dans l'Inde; ainsy nous ne pouvons trop vous recommander de vous réduire quant à présent au simple nécessaire.

14.

Les vaisseaux *l'Hercule* et le *Lys* nous sont parve-

14.

Le vaisseau *l'Hercule*, capitaine Cheverry, pour

nus les 24 et 27 Juin dernier; Le *St Géran* n'a mouillé en cette rade que le 27 Septembre suivant. Ce vaisseau n'étant arrivé à l'Ile de France que le premier Aoûst, et n'en étant party que le 18, M. Drak qui le commande, la saison étant très avancée, s'est déterminé, à venir|icy en droiture, et à ne point toucher à Mahé, pour ne pas courir les risques de manquer son voyage et de ne point tomber dans le cas du *Penthièvre*.

Bengale, et le *Lys*, capitaine Chantelou le Fer, qui le suivra de près pour Pondichéry; ne pouvant rien charger pour les îles, nous ne les y ferons point toucher; aïnsy, ils vous parviendront plus tôt avec le plus de fonds, sur ceux qui vous sont destinés, qu'il nous aura été possible d'y faire charger.

Quant au *St Géran*, capitaine Drak, nous ordonnerons expressément à l'Ile de France de l'expédier à la fin de Juillet pour Mahé, où nous comptons que vous pourrez donner avant son arrivée, les ordres à son sujet qui vous paraitront convenables suivant les circonstances.

Par la route que le *Penthièvre* a faite de ce dernier comptoir à Pondichéry qu'il est encore heureux d'avoir pu gagner, nous sentons de quelle conséquence il est qu'un vaisseau, en pareil cas, quitte Mahé dans les premiers jours de Septembre, c'est ce que nous recommandons expressément au Conseil du dit lieu à l'égard du *St Géran*.

15.

Le peu de vaisseaux que la Compagnie nous envoye cette année, l'a forcée à cet arrangement; nous ne pouvons qu'y souscrire, et nous la remercions de l'at-

En prenant le party de réduire notre armement de cette année à un aussy petit nombre de vaisseaux, nous nous trouvons forcés même en faisant toucher

tention qu'elle a eue à nous envoyer ceux qui nous étaient les plus nécessaires.

verez cy-joint un état de ceux qui vous parviendront par ces vaisseaux, comme nous ayant paru les plus nécessaires, et un autre de ceux qu'ils ne pourront embarquer, et qui vous seront envoyés par préférence dans un an.

16.

Nous voyons avec plaisir que la Compagnie revient à notre sentiment qui est d'expédier en Février pour l'Europe les vaisseaux qui n'ont pu l'être en Janvier, plutôt que de les retenir une année dans l'Inde; elle peut être assurée que nous ferons toujours tout ce qui dépendra de nous pour renvoyer ses vaisseaux à la fin de Janvier. Elle nous permettra aussy de lui repéter que notre zèle pour son service nous a déterminés en tout temps, à prendre le party que nous avons jugé le plus convenable pour le bien de ses affaires; ce seul motif nous suffira toujours.

aux îles les deux vaisseaux de Chine, de laisser à terre une grande partie des effets demandés et qui ont été exécutés. Vous trou-

16.

Il n'est pas douteux qu'il serait à désirer que vous puissiez toujours expédier en Janvier le dernier vaisseau d'Europe pour y faire son retour, et quand la Compagnie vous a donné il y a deux ans un ordre, en quelque façon positif, de le faire, ça été pour vous faire sentir que vous ne pouviez trop vous attacher à faire annuellement pour cela tout ce qui serait en vous. Cependant, quand par des circonstances que vous n'aurez pu prévoir ni empècher, il arrivera que vous ne pourrez expédier le dernier vaisseau que dans le courant de Février, il est sans difficultés que vous devez le faire partir plutôt que de le retenir une année dans l'Inde; ce sont des cas forcés dont il faut bien risquer de tirer le moins mauvais party possible.

17.

Nous remercions la Compagnie d'avoir donné de pareils ordres qui étaient absolument nécessaires pour contenir dans la bonne règle les officiers de ses vaisseaux.

17.

En conséquence de l'article premier de votre lettre générale du 15 Janvier dernier, nous avons fait avertir les capitaines des vaisseaux de cette expédition qu'ils eussent à se pourvoir à Lorient, avant de partir, de tous les effets d'armement qu'ils estimeraient leur être nécessaires pour leur voyage jusqu'à leur retour, et nous avons inséré, comme vous le verrez dans leurs instructions un article portant défense expresse de vous demander, excepté dans les cas extraordinaires, aucun supplément d'armement. Ainsy, Messieurs, vous serez désormais en état de ne leur accorder qu'en parfaite connaissance de cause, quoique ce soit de cette espèce, et si les refus que vous croirez devoir leur faire à ce sujet, en mettent quelques uns de mauvaise humeur à un certain point, ayez s'il vous plait attention de nous le faire connaitre. Continuez à envoyer exactement au directeur de Lorient les reçus de ceux à qui vous serez dans le cas de faire quelques avances, et à nous en informer en même temps.

18.

Nous avons reçu les observations de Mrs du département des achats; nous observerons dans la suite de renfermer autant

18.

Nous vous remettons cy joint les observations de Mrs du département des achats, en réponse aux différents articles relatifs

qu'il sera possible dans une même lettre tous les articles qui ont rapport aux effets que vous nous remettez.

à cette matière que nous avons trouvé distribués dans vos lettres, et dont nous leur avons fait remettre des copies. Vous observerez à l'avenir de comprendre, autant que vous le pourrez, dans une seule lettre les observations de cette espèce que vous pourrez encore avoir à nous faire, et d'y joindre les procès verbaux qui y auront rapport.

19.

Nous sommes bien aises que la Compagnie approuve notre conduite en cette occasion.

Quoique le dédommagement d'un % que vous avez accordé aux marchands, par une de vos délibérations du 23 Juin, sur les fonds qu'ils avaient eus à employer en 1739, eu égard à la perte qu'ils avaient faite sur les pagodes, et que l'indemnité que vous avez aussy accordée par délibération du dit jour à Soucouramachetty et aux marchands pour le blanchissage, ayant été pour la Compagnie deux objets d'une dépense considérable, puisqu'ils ont monté ensemble à 9.381 pagodes, nous nous portons à l'approuver dans la persuasion où nous sommes que vous ne vous livrez à ces sortes de dépenses que quand vous en reconnaissez évidemment la justice, ou lorsque vous ne pouvez aller contre les circonstances qui vous y forcent, sans courir les risques de plus grands inconvénients.

Nous approuvons aussy les raisons qui vous ont déterminés à faire donner aux matelots du *Maurepas*, en conséquence de votre délibération du 31 Aoust, une gratification de 203 pagodes en linges et hardes.

20.

Nous voyons avec satisfaction qu'elle est de notre sentiment au sujet des monnoyes, et qu'elle est suffisamment éclaircie sur cette matière par ce que nous luy avons écrit dans notre lettre par apostille du 1er Octobre 1740. Nous traiterons dans notre lettre générale la suite de cet article.

20.

Vos réponses du 30 Septembre 1740 en apostille à notre lettre du 26 Septembre 1739 touchant les monnoyes, nous ont éclaircis suffisamment sur cette matière, ainsy que sur le traité qui avait été fait avec Imam Saheb et qui n'a plus lieu. Les *paravanas* qu'il nous a fait obtenir pour le cours de nos roupies et pagodes à trois figures, ainsy que pour en frapper dans Mazulipatam même qui est aujourd'hui de sa dépendance, et les *serpaux* que le Nabab de Golconde a envoyés à son instigation à Mrs. Dumas et Guillard, sont de nouvelles preuves si certaines de l'amitié que ce seigneur a pour ce gouverneur et la nation, que nous ne pouvons ne pas prendre part à son avancement, et à la triste fin que son épouse a faite à Pondichéry quelque temps avant.

Vous avez bien fait de contracter pagodes à trois figures pour avoir des mouchoirs de Paliacatte, puisque vous n'auriez pu sans une perte trop considérable vous en procurer avec des pagodes ordinaires. Nous sentons tout l'embarras que vous avez eu pour la vente de nos matières d'argent, et de quel secours vous a été le Père Thomas dans cette occasion. Nous sentons aussy qu'il vous a fallu bien de circonspection pour n'envoyer que peu ou point d'argent dans les endroits des terres qui pouvaient être exposés, et il est encore heureux que dans le pillage que les Marattes ont fait de tous cotés la Compagnie n'en ait perdu que pour 4.826 pagodes, dont 380 à Portonovo. Ces circonstances n'étaient surement pas moins embarrassantes pour les marchands, et nous n'avons point de peine à nous persuader que la plupart s'en trouvent fort dérangés, ainsy que par les rebuts considérables que vous êtes obligés de faire sur leurs fournitures.

Nous avons appris avec plaisir qu'il ne vous restait plus que des draps vingtains, dont nous désirerions bien que vous puissiez vous défaire à quelque prix que ce fut. Nous espérons que vous et le Conseil de Chandernagor, serez contents de ceux de différentes qualités que nous envoyons par ces vaisseaux.

21.

Nous ferons passer à Mahé par le *Pondichéry*, que nous destinons pour ce comptoir les neuf pièces de drap dont il est parlé dans l'article cy contre.

La Compagnie verra dans notre délibération du 8 Février dernier le coral que nous avons vendu cette année et à quel prix.

21.

Vous en fournirez au Conseil de Mahé six pièces de Carcasonne écarlatines, et trois de vertes qu'il nous a demandées, et que nous n'y envoyons point.

Nous ne sommes point surpris que dans la situation où étaient les choses, vous n'ayiez pu vendre aucune caisse de corail; nous ne vous en enverrons point

que vous ne nous en demandiez.

Quant au fer, quoique vous nous mandiez que c'est un objet de commerce de très bonne défaite, vous ne nous en demandez point, et de notre coté, quoique nous pensions que c'est un oubly de votre part, nous ne vous en faisons point passer ou très peu, ne pouvant vous envoyer à beaucoup près tout ce que vous nous demandez.

22.

Nous vous remercions de nous avoir envoyé un assortiment de poids exactement étalonnés; ils serviront de confrontation pour ceux de nos différents bureaux; nous vous remettrons en Janvier prochain le procès verbal dressé à la monnoye à ce sujet.

22.

Nous vous envoyons par ces vaisseaux, comme vous le désirez, encore uu assortiment de poids exactement étalonnés, afin que vous ne soyez plus dans le cas de vous servir des anciens, que vous avez reconnus, par le moins que vous avez trouvé sur le poids des piastres, être plus fort, que ceux que nous vous avons envoyés il y a deux ans, et si les matières que vous avez envoyées au Père Thomas ont été pesées avec les nouveaux, cela aura sans douté été l'habitude que vous aviez jusqu'àlors de peser avec le anciens qui étaient plus forts, il aura trouvé trop faible le poids de vos matières.

23.

Nous continuons de faire chaque année la même chose.

23.

La vente que vous avez faite à l'encan de plusieurs effets qui étaient depuis longtemps les gardes boutiques, et qui ne pouvaient qne dépérir, était le meilleur party que vous eussiez à prendre pour les intéréts de la Compagnie, aussy nous l'approuvons.

COMMERCE D'INDE EN INDE.

24.

Ce n'est point le party que nous avons pris, en conséquence des ordres de

24.

Si c'est le party que vous avez pris, en conséquence des ordres de la Compagnie, la Compagnie de relever le comptoir de Moka, qui a dégoûté les négociants de cette colonie d'y envoyer; c'est parce qu'ils n'ont point trouvé le commerce assez avantageux pour le continuer. Dans la pensée cependant qu'il pourra être bon l'année prochaine, les particuliers de cette ville se proposent d'y envoyer un vaisseau en Janvier.

Le vaisseau le *Maure*, dout nous vous avons parlé dans notre lettre, en apostille, du 31 Décembre dernier, en est de retour du 14 Août dernier, et a donné 14 % environ de bénéfice. Nous avons reçu par ce bâtiment environ 300 milliers de café pour le frêt duquel nous avons payé 1200 pagodes aux armateurs; cy joint l'état de ce que coûte ce café à la Compagnie.

Le Beitelmal devait au premier Août 1741.

Piastres 22.395.40.
il a payé
cette année ,, 2.368.73.
————————
reste qu'il doit ,, 20,027.17.

M. de Courbezatre n'a pu se faire payer d'une plus de relever le comptoir de Moka, qui a dégouté les particuliers d'y envoyer et vous a mis dans le cas de frêter le vaisseau le *Maure*, pour y aller pour le compte de la Compagnie, peutêtre qu'un des deux moyens dont nous vous avons laissé l'option à ce sujet il y a un an, leur conviendra et les engagera à continuer ce commerce; sans quoy, la Compagnie n'ayant pas bessoin de café, il pourra bien être abandonné pour quelque temps, et dans ce cas, il nous scmble que nous ne devons point en avoir de regrets, puisque le Beitelmal y devant à la Compagnie 28.281 piastres, et aux particuliers une fois autant, il y a lieu de penser qu'en continuant d'y aller, cette dette s'accumulerait encore une fois, au point de nous obliger d'y envoyer des forces pour en être payés. A la bonne heure au reste que l'on y ait laissé un soldat pour garder la loge, puisqu'on a estimé nécessaire de le faire.

forte somme; comme par les arrangements que nous y avons pris, il retourne cette année à Moka, il aura ordre d'insister le plus fortement qu'il luy sera possible, pour que la Compagnie soit remboursée de cette dette. Ce ne sera que par le commerce que la nation continuera à faira à Moka, qu'elle en sera payée en déduction des droits.

25.

Nous la prions de se référer aux raisons contenues dans nos délibérations des 18 Août 1738, 23 Juin, 28 Juillet, 13 Septembre et 28 Octobre 1740, pour l'achat des vaisseaux dont il est parlé dans cet article. Nous n'en ferons plus construire au Pégou, autant que nous pourrons nous en dispenser, et lorsque nous aurons besoin de quelques vaisseaux, nous les demanderons à la Compagne, en observant ce qu'elle nous prescrit à cet égard.

Nous sommes bien éloignés d'avoir l'intention d'augmenter le nombre des vaisseaux de l'Inde, puisque nous avons vendu la *Marie Joseph* et le brigantin *l'Indien*, et que nous avons frêté le Fidèle. Vous verrez dans notre délibératin du 4

25.

Nous trouvons que vous occasionnez à la Compagnei des dépenses bien considérables en achat de vaisseaux, puisqu'indépendamment du grand vaisseau le *Fleury*, construit au Pégou, et que vous comptiez devoir coûter 19.000 pagodes, vous avez acheté le *St Benoist* pour 10.000, le *Fidèle* pour 9.000, nù brigan tin de 1.800 pagodes, et un bot pour Bengale de 3.900 roupies. Ces dépenses exorbitantes, celles qu'il en a coûté de tout temps pour faire construire au Pégou de bâtiments assez mauvais, et encore plus, l'impossibilité que vous nous exposez qu'il y a à vous y en procurer encore, tout cela nous determinera à vous envoyer dans la suite quelques bâtiments d'icy quand vous

Juin dernier les raisons qui nous ont déterminés à prendre ce party.

La Compagnie est à présent informée de la perte du brigantin le *Cheval marin* et de *l'Aventurier* arrivée l'année dernière. Le brigantin la *Diane*, s'est aussy malheureusement perdu le 18 Juillet dernier, vis-à-vis Alamparvé, allant à Mazulipatam et Yanaon; l'on a presque rien sauvé de son chargement, ainsy que vous le verrez par le procès verbal cy-joint, en date du 23 Juillet. Ce malheur nous a obligés d'acheter le vaisseau la *Rose*, pour 3.000 roupies; en conséquence de notre délibération du 17 Juillet, pour remplacer ce brigantin, et suivre les opérations de ces deux comptoirs. Le *St Joseph* a été condamné à Bengale, et Mrs de Chandernagor nous marquent qu'ils le destinaient à servir de ponton, aussitôt que les troubles seraient cessés.

nous demanderez. Observez seulement de nous en marquer exactement les proportions et le tirant d'eau. Mais quant à présent, nous imaginons qu'avec les deux vaisseaux cy dessus, le *St Joseph*, le *Pondichéry*, la *Marie Joseph*, et quelques autres encore que vous avez, vous êtes en état de faire pendant quelques années toutes les opérations dont vous êtes chargés, sans en acheter de nouveaux.

Nous avons appris avec plaisir que quoique le *St Benoist* n'ait pu gagner à son retour de Chine que Yanaon, d'où il s'est ensuite expédié pour Bengale, ce vaisseau avait cependant fait un assez bon voyage. Vous avez bien fait d'envoyer prendre à Yanaon l'or que les particuliers y avaient à 1% de frêt, et ensuite celuy que le *St Benoist* y avait débarqué pour le compte de la Compagnie.

26.

26.

La Compagnie était inté-

Nous avons appris avec

ressée d'un quart dans l'armement du *Cantorbéry*, subrécargue le sieur La Noë, au voyage d'Anjouan et de la côte d'Afrique en 1739. Il vient d'être versé à sa caisse à compte de son intérêt dans le dit armement 1430 pagodes, 22 fanons, 18 caches en or, et 1291 roupies. Il reste encore dû à Mozambique à cet armement 1330 croux; les intéressés ont rçcu à présent leur capital à environ 2 % de moins.

Au surplus, nous n'avons jamais pensé que la Compagnie ayant un intérêt dans tous les armements qui se faisaient dans l'Inde il put y avoir quelque commerce exclusif pour elle.

peine que le sieur de La Noë était décédé à Anjouan. Mais après la réserve que nous avons faite du commerce de ces cantons pour les iles de France et de Bourbon, nous sommes surpris que le vaisseau sur lequel était le sieur de La Noë, ait eu permission d'y aller. Vous nous informerez comment la chose s'est passée.

27.

.Le sieur de Martinville ne nous a point remis l'état dout parle la Compagnie pour faire entrer les négociants de Bassora de part et portion dans les 2400 zelottes données en présent; nous serions bien embarrassés maintenant de faire cette répartition; les uns sont morts, les autres absents, aussy il n'y a point d'apparence que la Compagnie soit remboursée de cette dépense.

27.

Par la dernière lettre que la Compagnie à reçue du sieur de Martinville de Bassora, en date du 4 May de cette année, elle a appris qu'il y a eu aussy des troubles dans ce pays, qni n'ont point eu heureusement de suite par le prompt secours donné par le pacha. Comme ce consul nous a marqué qu'il a été obligé dans cette occasion de faire de même que le chef de chaque nation, un présent au pacha de 2.400 zelottes, que les propriétaires des marchandises qui étaient alors à Bassora en nature doivent en supporter également comme la Compagnie leur part et portion, qu'à cet effet il vous enverroit un état général pour en faire la répartition, nous ne doutons pas que cette disposition ne vous ait parû juste, et que vous n'ayez agi en conséquence, avec d'autant moins de difficultés que le commerce de ce pays devait être avantageux cette année.

28.

Nous traiterons cet article dans notre lettre générale.

28.

Ce consul nous a en même temps mandé que les fonds qui étaient au Banderabassy luy étaient parvenus, et qu'il attendait par le premier vaisseau les marchandises en nature. Vous avez vu par les lettres que nous vous avons écrites il y a un an, que la Compagnie ne pensait plus à faire d'établissement dans ce pays; les copies que vous nous remettez des lettres du sieur Otter nous prouvent qu'elle a pris le bon party. Vous trouverez cy joint une lettre de politesse que nous luy écrivons pour le remercier de tous ses bons offices. Quant au présent de la valeur des 150 pagodes que vous avez estimé devoir luy faire, nous l'approuvons d'autant plus volontiers qu'il luy tiendra lieu de la gratification que nous vous avons autorisés, il y a un an, de luy accorder.

29.

Par notre réponse en apostille, en date du 31 Décembre dernier, à la lettre de la Compagnie du 18 Février 1741, article 22, nous luy avons fait

29.

Au surplus, le sieur de Martinville, qui par ses précédentes lettres, nous avait fait espérer un débouché avantageux du café de Bourbon, ne nous en dit

part de l'envoy que nous avions fait à Mahé de 300 balles de café des iles pour les faire passer à Bassora sur quelque vaisseau de Bengale. Il n'en a été envoyé dans ce premier endroit par le vaisseau le *Chandernagor*, en Mars dernier, que 280 balles sur lesquelles vingt s'étaient trouvées avariées, Toute cette partie de café y était encore en nature au 8 Juillet dernier. Le sieur Gosse, qui, depuis la mort de M. de Martinville, fait par interim les fonctions de consul, nous promet par sa lettre du même jour de faire ce qu'il pourra pour en procurer une défaite à la Compagnie, sans s'expliquer d'avantage.

pas un mot dans ses dernières.

30.

Nous ne sommes point en état d'informer la Compagnie du prix de la pierre lapis lazulis, M. de Martinville ne nous en ayant parlé dans aucune de ses lettres; voicy ce que nous en écrit le sieur Gosse dans sa lettre de Janvier dernier:

Nous avons reçu la pierre de lapis lazulis, mais on ne l'a pas trouvée à beaucoup près de la qualité dont on en désirerait; nous aurions souhaité cependant d'en savoir le prix, et si le sieur de Martinville pourrait nous en procurer quelque partie.

"M. de Martinville avait écrit à son correspondant à Ispahan pour luy faire avoir du lapis lazulis, et l'avait autorisé à faire les avances nécessaires pour cet achat. Dans la lettre que cet agent luy écrit en réponse, il luy marque qu'il en a trouvé la valeur d'une charge chez les droguistes, et que l'on en pourrait tirer 200 *battmans* par an, si les Uzbeks Korassanis pouvaient venir librement en Perse."

Le sieur Gosse a répondu à cet agent que M. de Martinville étant mort, il n'avait point d'ordres d'envoyer des fonds pour acquérir du lapis lazulis; que si cependant il en avait acheté quelques *battmans*; il eut à les luy envoyer; mais que, s'il n'avait rien fait à ce sujet, il le priait de n'y plus penser. Nous ne pouvons point vous donner, Messieurs. d'autres éclaircissements à ce sujet, le sieur Gosse ne nous en parlant plus dans ses lettres subséquentes.

COLONIE.

31.   31.

Nous voyons avec plaisir, que la Compagnie est contente de la conduite que nous avons tenue à l'occasion des Marattes; ils ne sont point revenus dans cette province. Nous traiterons cet article dans notre lettre générale.

Par le détail que vous nous avez envoyé de tout ce qui s'est passé dans vos cantons dans le courant de l'année dernière, et au commencement de celle cy, nous avons vu qu'Aly-dostkan, nabab d'Arcatte, un de ses fils, et Citizor-kan, qui étaient des seigneurs bien intentionnés pour la nation, ont été tués dans une attaque imprévue que les Marattes sont venus faire, et nous avons senti que lors de vos dernières lettres surtout, vous vous trouviez par rapport à ces Marattes dans une situation bien critique et fort inquiétante, qui vous causait d'autant plus d'embarras et de mouvement que la guerre de Mahé vous épuisait en hommes, en argent et en munitions de guerre. Toutes les précautions et mesures que vous nous marquez avoir prises pour vous tenir sur vos gardes, et vous mettre en etat de défense en cas d'attaque, étaient sans doute nécessaires dans une pareille circonstance. Cependant l'extrait de la lettre que nous avons vue écrite de Madras, du 13 Février dernier, nous a beaucoup rassurés, ainsy que nous vous l'avons dit plus haut, sur ce que vous nous paraissez avoir à craindre des Marattes. Les réponses que M. Dumas a faites à leur général, et dont vous nous avez remis copie nous ont paru telles qu'elles devaient être, et nous avons trouvé que la prudence exigeait que vous différassiez, comme vous l'avez fait, de faire subir au nommé Vital la punition qu'il méritait, de crainte d'irriter ce général.

Nous avons aussy senti que quoique la retraite que vous avez donnée dans la ville à la famille du Nabab tué, et aux autres princes et princesses maures mis en déroute par ces Marattes, ainsi qu'à tous les Maures, ait pu fortifier ceux-ci dans d'idée de s'emparer d'une place aussy forte sur le bord de la mer, vous n'avez pu néanmoins vous dispenser pour l'honneur de la nation, de donner asile à ces princes et princesser fugitifs, ni de leur faire rendre tous les honneurs dûs à leur rang.

Nous avons lu avec plaisir que par les mesures que vous aviez prises, un évenement aussy extraordinaire n'a causé aucun trouble dans la ville, que le riz n'a point augmenté, et que tout s'y est passé avec ordre et à la satisfaction entière de ces princes et princesses maures, et de toute la colonie. Le magnifique présent fait a M. Dumas par le Nabab Sabderalikan qui a succédé à son pére, de terres d'Archivac et des cinq aldées qui en dépendent, en est une preuve bien sensible, ainsy que tous les *paravanas* et lettres expédiés à cette occasion, qui prouvent que ce présent a été fait personnellement à ce Gouverneur, et non à la Compagnie. Nous en avons fait le rapport à Monseigneur le Contrôleur général et il s'est porté bien volontiers à nous autoriser de laisser à M. Dumas, sa vie durant, la jouissance des revenus de ces aldées à quelques sommes qu'ils puissent monter, bien entendu que l'exploitaton de ces terres et les dé-

L'exploitation de l'aldée d'Archivac et les dépenses qu'elle occasionne, sont payées par M. Dulaurens, procureur de M. Dumas.

penses générales, telles qu'elles puissent être et qu'elles pourront occasionner sera faite à ses frais et dépens tout le temps qu'il en jouira, sans que la Compagnie entre en quoique ce soit, même lorsque ce Gouverneur sera de retour en France, et à l'égard de la réunion qu'il en a faite au domaine de la Compagnie elle se riserve de l'accepter ou de la récuser, après qu'il cessera d'en jouïr.

32.

32.

Nous nous référons à ce que nous avons eu l'honneur de marquer à la Compagnie par notre lettre en apostille du 31 Décembre dernier.

Nous n'avons point été obligés d'acquérir les 33 aldées donnés en nantissement du prêt des 60.000 *chacras* fait au Roy de Tanjaoure; les choses sont toujours à cet égard sur le même pied.

Cette façon de nous expliquer doit vous faire connaitre de plus en plus combien la Compagnie est éloignée de dépenser pour aucun établissement nouveau. tel qu'il puisse être. Ainsy, vous devez vous en tenir aux ordres qu'elle vous a donnés à ce sujet, il y a un an; nous vous observerons même à cette occasion que nous désirons fort que vous ne vous trouviez pas dans le cas d'acquérir encore du Roy de Tanjaoure, faute par luy de pouvoir vous rembourser les 60.0000 *chacras* qu'il vous doit, les 33 aldées qu'il vous a données en garantie de cette somme. Vous devez sentir combien il convient peu à la Compagnie de se rendre propriétaire de tant d'aldées par la difficulté de les garder, et par celle d'ailleurs de se faire payer des revenus, dans la crainte des troubles dont tout ce pays est menacé.

32. bis.

32. bis.

Nous sommes bien aises

Nous avons remarqué

que la Compagnie approuve notre conduite en cette occasion. avec plaisir qu'en même temps que Sabderalikan a donné avec tant de générosité des marques de sa satisfaction, il n'a voulu recevoir aucun des presênts qui luy ont été offerts, à l'exception de quatre *bards* de poudre et trois pièces de bois que vous avez en cette considération estimé devoir luy faire délivrer gratis ; quant aux trois éléphants que luy et d'autres seignenrs avaient donnés, vous avez bien fait de les vendre et de distribuer à la garnison et aux canonniers les 1500 roupies qu'ils ont produits.

33.

Les employés et bourgeois s'étaient portés à faire le service avec la meilleure grâce du monde.

33.

Il est bien que dans les circonstances où vous étiez, vous ayez fait monter la garde par tous les employés et bourgeois qui étaient dans dans la ville. Vous avez bien fait aussy de prendre 200 pions d'augmentation, en attendant l'arrivée des secours que vous aviez demandés à l'Ile de France, et qui vous seront parvenus dans les premiers jours de May.

34.

M. de la Bourdonnais était venu en Octobre de l'an dernier dans cette intention; nous en avons rendu compte à la Compagnie.

34.

Pour ce qui est des deux ou trois vaisseaux que vous marquez qu'il conviendrait de vous envoyer armés en guerre, nous y pensons d'autant moins que M. de la Bourdonnais vous aura pu aider, ou le comptoir de Mahé, suivant les circonstances, de ceux dont le commandement luy est confié.

35.

Les Révérends Pères Jésuites sont informés des intentions de la Compagnie, sur le contenu de leur mémoire qui était joint à notre lettre du 16 Octobre 1740. Au mois de Janvier prochain, nous aurons l'honneur de luy envoyer le projet de l'acte concernant les cures à établir à Pondichéry et à Karical, qu'elle nous demande.

35.

La Compagnie a examiné le mémoire qui vous a été présenté par le supérieur des Pères Jésuites, et dont copie était jointe à votre lettre du 16 Octobre. Elle désirerait fort d'être en état de donner du secours à ces Révérends Pères, en leur accordant partie des graces qu'ils demandent, mais vous leur ferez savoir qu'elle ne peut prendre aucun engagement à cet égard, et que son intention n'est pas d'entrer dans ses sortes de dépense. Quoiqu'eile vous ait cy-devant marqué qu'elle pensait fonder les cures de la colonie, elle ne se pressera point de le faire, toutes réflexions faites. Ainsy, vous laisserez à cet égard les choses dans l'état où elles ont été jusqu'à présent, en nous envoyant néanmoins un projet d'acte à passer à ce sujet, libellé suivant que vous l'estimerez convenable et juste.

36.

Nous avons eu l'honneur de vous écire le 23 Février dernier par voie d'Angleterre, au sujet de dames religieuses Ursulines de cette ville. Nous vous avons envoyé par la même occasion copie du dernier réglement arrêté de concert avec ces

36.

La Compagnie aurait pu vous faire passer cette année quelques religieuses Ursulines qui se sont présentées à elle à cet effet; mais comme elle s'est expliquée avec vous il y a un an d'une façon bien positive sur cet établissement, elle

Dames; nous vous remettons cy-joint le duplicata de cette lettre, et une nouvelle copie de ce réglement. Nous traiterons plus amplement cet article dans notre lettre générale.

est bien aise de savoir ce qui se sera passé en conséquence, avant de ne rien changer à l'état actuel de ce projet.

37.

Les roupies fabriquées à Pondichéry continuent d'avoir un cours favorable dans le commerce, tant à Bengale qu'à cette côte; elles sont même préferées dans ce premier endroit; nous espérons aussy leur donner cours à la côte Malabare.

Par le 27ᵉᵐᵉ article de notre lettre en apostille du 31 Décembre dernier, nous avons informé la Compagnie des motifs qui nous ont fait cesser d'envoyer des matières d'argent à Mazulipatam, pour y être converties en roupies; nous nous y référons.

Ce que vous nous confirmez que les roupies fabriquées à Pondichéry n'ont pas cessé un instant d'avoir cours dans tous les états du Mogol, nous a fait grand plaisir et nous n'en avons pas eu moins en apprenant que Imam saheb, aussitôt après avoir obtenu le Gouvernement de Mazulipatam et des terres qui en dépendent, avait mis la dernière main à son ouvrage en nous donnant la permission d'en faire fabriquer dans Mazulipatam même, du même poids et titre que celles de Pondichéry, ce qui ne peut manquer de contribuer à faciliter le commerce dans ce pays. Nous voyons que par votre délibération du 22 Mars 1740, le titre de ces roupies a continué d'être fixé à 9 *toques* 5/8 au lieu de 9 *toques* 10/32, ce qui est bien, étant le véritable titre d'Arcatte auquel il nous semble que vous ne pouvez trop scrupuleusement vous conformer. Nous vous observons que quoiqu'il nous soit permis de battre monnoye dans Mazulipatam, l'intention de la Compagine n'est point que vous l'engagiez pour cela dans aucune dépense de batiments ni autres, mais que vous vous borniez à celle qui a été faite pour établir la monnoye à Pondichéry, qui doit suffire à tout.

<table>
<tr><td>38.</td><td>38.</td></tr>
</table>

Ces droits de 3 % ne seront supprimés qu'après que nous en aurons reçu l'ordre de la Compagnie, ça toujours été notre intention.

Le party que vous avez pris par une autre délibération du même jour de rétablir les droits de 3 % sur l'entrée des grains et denrées comestibles pour fournir à la dépense des fossés de la ville, nous a paru très à propos, et comme, par vos délibérations des 12 Avril et 28 May suivant, nous voyons qu'il en a été fait de considérables, tant pour faire raser les maisons et jardins qui étaient autour de la ville, et dédommager les propriétaires, que pour faire bâtir à Oulgaret un jardin et quelques logements pour les malades, et subvenir encore à plusieurs autres constructions que vous nous mandez avoir crû devoir faire pour votre plus grande sureté, nous vous prévenons que vous ne devez pas supprimer ce droit de 3 %, que la Compagnie ne vous en donne l'ordre. Nous vous ferons part au chapitre des bâtiments ce que la Compagnie pense de cette entreprise des fossés, et de celle d'un jardin et hôpital à Oulgaret.

<table>
<tr><td>39.</td><td>39.</td></tr>
</table>

La ferme du tabac et du bétel a produit depuis le premier Octobre 1741 jusqu'au 30 Septembre 1742, la somme de 11,413 pagodes,

Quant à l'augmentation qu'il y a sur la ferme du tabac et du bétel, elle devient une suite néeessaire de l'augmentation de mou-

5 fanons, 34 caches, suivant l'état que nous vous remettons; elle continue toujours à être régie par Vasdeo.

de qu'il y a et qu'il y a eu dans la ville pendant le séjour qu'y ont fait les princes et les princesses maures, que nous voyons avoir pris le party depuis de s'en retirer, ne s'y croyant pas suffisamment encore en sureté contre les Marattes dont vous étiez menacés. Nous avons bien de l'impatience de savoir de quelle façon tous ces troubles se sont terminés.

BATIMENTS ET FORTIFICATIONS.

40

Tous ces ouvrages nous avaient paru nécessaires pour la conservation de la place.

40

Nous voyons que dans les circonstances de crainte où vous vous trouviez, vous avez fait faire des retranchements et des épaulements, que vous avez fait murer la porte de Goudelour, et fait faire des pâtés fraisés d'épines vis-à-vis trois autres, que vous avez fait achever les plateformes, fini les parapets, et fait faire des merlons de bastions avec de petits corps de gardes dessus, pour que les sentinelles puissent y rester jour et nuit, que vous faisiez même travailler de force aux fossés de la ville que vous avez entrepris, qu'enfin vous avez fait et faisiez encore faire, de concert avec M. de Cossigny, tout ce qui vous paraissait nécessaire pour défendre cette ville de plus en plus du coté de la terre. Toutes ces dépenses n'auront sans doute été que trop considérables, ainsy, indépendamment des droits rétablis sur les grains et denrées, vous avez bien fait d'y faire contribuer les étrangers et les habitants aisés de la ville, d'une somme de 8417 pagodes que nous voyons avoir été levée en huit jours.

Il est triste que la mer ait emporté partie des ouvrages qui avaient été faits pour fermer la ville de ce coté, et si les troubles ont subsisté, c'aura été sans doute encore une occasion de nouvelles dépenses.

41

La Compagnie verra dans notre délibération du 6 juillet dernier les motifs qui nous ont engagés à continuer le travail des fossés; nous regardons comme indispensable de finir cet ouvrage; c'est une nécessité absolue qui nous l'a fait commencer, et non la vue de la décoration de la ville, comme le dit la Compagnie. De pareilles vues ne luy occasionneront jamais aucune dépense de notre part; elle nous permettra de luy dire qu'il est bien triste pour d'anciens serviteurs que le seul bien de son service a toujours dirigés, de se voir taxés de la constituer en dépenses considérables, inutiles, et pour des ouvrages qui n'auraient de but que leur propre satisfaction. Quel avantage particulier peut il nous revenir de la décoration de cette ville? Notre

41

Tous ces ouvrages cependant n'étant faits que pour la sureté de la ville, nous ne saurions les désapprouver, mais il n'en est pas de même des fossés dont vous nous parlez, et qu'il parait que vous avez entrepris sans nous consulter. Cet objet a certainement plus en vue la décoration de la ville que aucun motif de nécessité, puisque jusques à présent les vases qui se sont trouvés dans le quartier de l'ouest, et qui étaient quelquefois couvertes par les eaux gonflées de la rivière qui entraient par le pont de la petite batterie, n'ont point occasionné de maladies à Pondichéry; et à l'égard de la sureté que vous en espérez, nous sentons que ce n'est qu'un prétexte, puisque l'enceinte de murs a toujours été considérée comme suffi-

zèle qui doit, Messieurs, vous être connu, nous faisait espérer plus de justice.

Nous respecterons toujours comme nous le devons les vues du ministère, mais vous ne trouverez pas mauvais que nous vous représentions qu'il est des dépenses si indispensables comme celles qu'exige la conservation des places et des établissements de la Compagnie, si dépendantes en même temps des circonstances, qu'il n'est pas possible, et que l'on serait même condamnable d'attendre pour les faire, les ordres du Ministre et de la Compagnie.

Nous continuons d'appliquer aux dépenses des fossés les droits d'entrée sur les effets comestibles, sans entamer, autant que nous le pouvons, les fonds destinés au commerce.

sante pour parer à un coup de main de la part des gens du pays, et que le fossé, de plus, s'il est question de résister à des troupes aguerries, ne fera jamais une défense qui puisse les arrêter longtemps, puisque les pluies passées, il n'y restera plus d'eau. Ce ne peut donc être que l'envie de profiter de l'emplacement qui est dans l'intérieur de la ville pour y bâtir, qui a pu vous déterminer à entreprendre cet ouvrage. Nous convenons aussy que la décoration de la ville à l'éxtérieur en deviendra plus parfaite; mais ces petits avantages comparés avec la dépense que cela occasionnera, à laquelle les 3 % que vous avez établis, ne pourront pas suffire à beaucoup près, nous fait envisager avec peine le party que vous avez pris, puisque nous voyons que vous ne pourrez sûrement conduire votre projet jusqu'à sa fin, sans être dans la nécessité de prendre sur les fonds destinés au commerce de la Compagnie, ce qui conviendra pour payer cette dépense. Et cela se fait dans un temps où le ministère, par des vues supérieures, nous assujettit à retrancher toutes nos dépenses, et à ne vous envoyer

que les matières indispensablement nécessaires pour le
chargement des vaisseaux que nous vous expédions.

D'ailleurs, nous ne présumons pas que vous ayez
consideré que pour faire réussir votre projet, il faudra
nécessairement que vous revêtissiez votre fossé des deux
cotés, car sans cela, les sables qui seraient dans la partie
des terres s'ébouleraient continuellement, et en comblant
votre fossé, détruiraient l'avantage que vous en espérez.
Toutes ces raisons nous déterminent à ne pas approuver
cet ouvrage, et ont déterminé Monseigneur le Contrôleur
général à nsus ordonner de vous mander, que quand
il s'agit d'entreprises de cette espèce, les Conseils de
l'Inde n'ont pas le droit ni le pouvoir de les faire
exécuter sans préalablement être munis de notre approbation que nous ne donnerons jamais sans celle du ministre. Ceci doit vous servir de règle pour tout ce que
vous pourriez entreprendre par la suite, et vous faire sentir que vous serez personnellement responsables de ce
que vous entreprendriez à l'avenir de cette nature.

Quant à ce qui est de l'objet présent, si l'ouvrage ne
se trouvait point avancé, nous vous mandons positivement de le suspendre, jusqu'à ce que vous nous ayez
fait sentir qu'il est essentiellement nécessaire; nous
présumons qu'il pourra être dans cette situation, parceque
nous croyons que toutes les affaires qui vous auront
occupés, soit à cause des Marattes, soit à cause de la
position de l'intérieur des terres, vous auront obligés de
penser au plus pressé, et de ne pas vous occuper d'objets
qui n'ont pour but que l'agrément Mais, si cet ouvrage
se trouvait trop avancé pour qu'il fut possible de l'abandonner, il faudra bien nécessairement l'achever, en
faisant grande attention que le ministre et la Compagnie
vous défendent absolument d'entreprendre dans Pondichéry où ailleurs, aucuns ouvrages nouveaux, tel qu'il
puisse être, que vous n'en ayez préalablement reçu
l'ordre. Au surplus, nous vous observerons que le fossé

dont il est question, n'est point une idée nouvelle, que du temps de M. Deidier, l'éxécution en avait déja été proposée, et que l'on ne prit le party de n'y plus penser, que parceque cet ingénieur trouva cette dépense exorbitante eu égard au peu d'utilité que la Compagnie en aurait retirée, et que d'ailleurs il reconnut qu'en fermant l'ouverture de la petite batterie et les autres, comme vous vous proposez de le faire, il ne serait plus possible de donner d'écoulement aux eaux qui tomberaient dans l'intérieur de la ville, et qui nécessairement s'amasseraient toujours dans le fond qui est le long des Jésuites, ou dans les autres qui subsisteraient.

42.

Nous voyons aussy avec surprise que le mot de promenade inséré dans notre délibération du 13 avril 1741, a fait penser à la Compagnie que c'est le seul motif qui nous ait engagés de bâtir à Oulgaret. L'objet véritable de cette délibération était de procurer aux équipages de ses vaisseaux d'Europe, attaqués de scorbut, un lieu plus salubre où ils pussent se guérir plus aisément et plus promptement qu'à Pondchéry, l'expérience ayant convaincu qu'ils ne s'y rétablissaient que très difficilement de cette maladie.

42.

Nous vous observerons aussy au sujet du jardin que vous avez fait bâtir à Oulgaret, que par la délibération même qui a été prise à ce sujet, nous avons lieu de penser que ça été plutôt l'envie d'avoir une promenade qui vous a fait engager la Compagnie dans cette dépense, que la nécessité d'y bâtir un hôpital, et nous sommes d'autant mieux fondés dans cette idée, qu'il n'est pas naturel de réunir l'un et l'autre dans le même endroit; que d'ailleurs vous avez un bon hôpital dans la ville, et que celuy dont il s'agit vous obligera à y faire néces-

L'équipage du *Fleury* est actuellement à Oulgaret, et profite du mérite de ce lieu; ils étaient presque tous attaqués de scorbut, et la difficulté d'en être guéris à Pondichéry en aurait peut-être mis la meilleure partie hors d'état de se réembarquer.

Ce qui a été édifié à Oulgaret n'est point un bâtiment complet, comme celuy de notre hôpital : quant au jardin, il est d'usage dans tous les hôpitaux surtout ceux bâtis hors des villes murées, qu'il y ait un jardin où les malades convalescents puissent se promener.

sairement beaucoup de dépenses par rapport à son éloignement. Quoiqu'il en soit, si cet ouvrage n'est pas fait, ou qu'il soit peu avancé, l'intention de la Compagnie est que vous l'abandonniez; si, au contraire, il n'est plus temps à l'arrivée de cette lettre, et que ce soit une chose faite ou trop avancée pour la laisser là; nous vous défendons très expressément d'y dépenser quoique ce soit au delà des 2000 pagodes auxquelles cet article a été fixé.

Vous nous permettrez de vous dire encore, Messieurs, que quand même nous n'aurions eu d'autre but en bâtissant à Oulgaret que d'en faire une promenade, nous ne serions pas fort répréhensibles. Les Compagnies européennes établies dans les Indes, ont toutes des endroits bâtis à leurs frais, où leurs employés peuvent aller se délasser après leur travail. Il y avait autrefois icy un jardin, il a été pris pour l'hôpital, et la seule ressource à présent de vos employés pour la promenade est d'aller se reposer sous quelques *topes* d'arbres, hors de la ville. Au surplus, nous pouvons assurer à la Compagnie que la manutention de ses affaires nous occupe assez pour que nous n'ayons pas le temps de nous promener aussy souvent qu'il serait peut être nécessaire pour la santé.

59

43.

43.

Il est bien que vous ayez
fixé la hauteur de la nouvelle église des Capucins
qui, sans cela, l'auraient
sûrement élevée le plus
haut qu'ils auraient pu.

KARICAL.

44.

44.

Nous continuons d'être
tranquilles à Karical de la
part des Hollandais. Nous
avons eu quelques petites
discussions avec le roy de
Tanjaour et ses ministres
qui sont à présent apaisés.
Nous en informerons la
Compagnie dans notre lettre
générale, à laquelle nous
réservons le détail de ce
qui concerne ce comptoir.

Nous avons été bien
aises d'apprendre que vous
étiez toujours tranquilles
dans cet établissement de
la part des Hollandais et
des gens du pays. Nous
en apprendrons avec d'au-
tant plus de plaisir la
continuation, que le Tan-
jaour nous parait un pays
sujet à bien des révolutions,
puisqu'il y a eu tant de
roys en si peu de temps,
et que celuy qui régnait n'était déja plus le même qui
vous avait cédé Karical, et courrait encore risque d'être
déplacé par les Maratttes qui en avaient un tout prêt,
auxquels nous trouvons que vous avez beaucoup mieux
fait de leur offrir asile dans Pondichéry, quoiqu'ils n'en
aient pas profité, plutôt que dans Karical, comme ils le
demandaient. Nous vous recommandons de nouveau de
faire tout ce qui sera en vous pour ne point altérer
l'union qui subsiste en Europe entre la France et eux.
Nous avons présenté un mémoire au ministre qui a dû
le remettre à l'ambassadeur de Hollande, touchant les

principaux griefs que nous avons pensé avoir contre eux aux Indes, et nous ne doutons pas qu'en conséquence les Etats Généraux ne donnent des ordres capables de les contenir, dans ces pays éloignés, dans les bornes où ils doivent être, ou au moins de les déterminer à agir avec nous dans la suite avec plus de ménagement et de circonspection.

<table>
<tr><td>45.</td><td>45.</td></tr>
</table>

Ce traité a eu lieu, et il continue d'avoir son exécution.

Il nous parait qu'il convenait de passer avec les Hollandais le traité dont vous nous avez remis copie pour vous rendre réciproquement les déserteurs, puisqu'ils vous l'ont demandé.

<table>
<tr><td>46.</td><td>46.</td></tr>
</table>

N'ayant point été sur les lieux, nous avons été obligés de nous en rapporter à M. de Cossigny pour faire sauter partie de la forteresse de Carcangéry.

Nous pensons bien que M. de Cossigny ne vous aura pas proposé sans raison de faire sauter partie de la forteresse de Carcangéry, et que vous n'y auriez pas consenti, si elles ne vous eussent paru bonnes. Nous ne doutons pas non plus que pour s'y bien fortifier, il n'y ait beaucoup d'autres dépenses à y faire; mais, comme ce sont précisément ces dépenses ruineuses pour la Compagnie que nous voulons éviter, nous vous confirmons de n'y faire que celles dont on ne peut absolument se passer.

<table>
<tr><td>47.</td><td>47.</td></tr>
</table>

Le retranchemeut de Karical est toujours dans le

Si Karical et les aldées en dépendant produisent

même, état; nous n'y faisons que les dépenses indispensables pour son entretien, jusqu'à la réception des ordres de la Compagnie, sur le plan de M. Paradis, ingénieur, que nous luy avons envoyé avec notre lettre du 24 Janvier dernier, d'une loge fortifiée à construire à Karical.

Tous les établissements exigent un comptoir, des troupes et des logements; ce sont des dépenses absolument indispensables dédommagées par le commerce. Nous avons autant d'impatience que la Compagnie de voir le Tanjaour tranquille, afin qu'elle puisse tirer de cet établissement tout l'avantage que nous espérons qu'il luy procurera.

annuellement 12.383 pagodes de revenus, cette acquisition au prix de 65.247 Rs n'a sûrement point coûté cher à la Compagnie. Mais combien ne luy en coûtera-t-il pas en frais de comptoir, de troupes et bâtiments, en y faisant même, comme elle vous l'ordonne, que l'indispensable? nous désirons bien que ce pays se trouve dans une situation plus tranquille, pour nous convaincre que l'on en peut tirer tout l'avantage que vous nous faites espérer.

48.

La garnison de ce comptoir est actuellement réduite à une compagnie.

Vous vous souviendrez de réduire à moitié la garnison de ce comptoir, dès que vous verrez jour à le pouvoir faire sans inconvénient.

49.

Comme nous n'avons point fait cette année de commerce à Karical, nous n'y avons fait passer au-

Puisque ce sont des pagodes et fanons d'or qui ont cours à Karical, il nous parait que vous preniez le

cuns fonds en pagodes ni fanons; nous tâchons d'y introduire les roupies de Pondichéry, et nous espérons y réussir.

50.

Les Jésuites continuent de desservir l'aumonerie de Karical, jusqu'à ce que la Compagnie ait pris le party de l'ériger en cure.

bon party d'en faire fabriquer pour y envoyer; apparemment que vos roupies n'ont point cours dans ce pays puisque vous ne nous en parlez pas.

50.

A la bonne heure que ce soient les Jésuites qui desservent la cure, puisqu'au défaut des Capucins, vous en êtes convenus avec eux.

MAZULIPATAM ET YANAON.

51.

Nous avons fait passer aux chefs de ces deux comptoirs les observations de Mrs les Directeurs députés des ventes sur les marchandises qui s'en tirent.

Imam saheb est à Aurengabad actuellement, auprès de Nizamelmoulk. Ce premier seigneur est toujours gouverneur de Mazulipatam, et continue d'être très bien intentionné pour la nation.

Nous rendrons compte à la Compagnie par notre lettre générale de toutes

51.

Nous n'avons d'autres observations à vous faire sur ces deux comptoirs, si ce n'est que dans les circonstances où vous vous êtes trouvés de ne pouvoir vous procurer de marchandises dans Pondichéry, vous avez bien fait de vous rejeter de leur coté, et de celuy de Karical, pour en tirer le plus de marchandises qu'il est possible. Vous verrez pas les observations de Mrs. les Directeurs députés pour les veutes ce qu'ils pensent de leur qualité,

les opérations qui ont rapport à ces deux comptoirs.

Les bons offices que nous rend continuellement Iman saheb, méritaient bien que vous luy procurassiez des facilités, comme nous voyons que vous l'avez fait, pour se rendre à Mazulipatam et nous avons appris avec plaisir qu'il avait été fort satisfait de la réception que luy avait faite le sieur Guillard, et des marques d'honneur qu'il luy avait fait rendre pendant tout le temps de son séjour.

EMPLOYÉS.

52.

Nous avons reçu le tableau dont il est fait mention dans l'article cy. contre; nous aurons attention de nous y conformer lorsqu'il s'agira de quelques promotions, et si nous jugeons convenable d'y faire quelque changement, nous ne manquerons pas d'informer la Compagnie des raisons qui nous y auront déterminés.

52.

Nous vous remettons cy joint le tableau général de tous les employés que la Compagnie doit avoir dans ses différents comptoirs de l'Inde; nous y avons placé un chacun dans le rang où il doit être, et aux articles où nous avons crû devoir apporter quelque changement, soit au dernier tableau que nous vous avons envoyé en date du 29 Décembre 1738, soit à celuy que vous nous avez remis en date du 20 janvier dernier, nous avons observé de faire mettre des apostilles qui vous feront connaitre les raisons qui nous y ont déterminés, et que nous ne repéterons point icy. Ce tableau doit enfin demeurer ainsy constaté pour y avoir recours toutes fois et quantes vous aurez quelque changement à faire, ne fut ce que d'un seul employé. La Compagnie vous a suffisamment expliqué il y a un an, et elle vous le reitère que, quoique son intention soit que l'on donne la préférence à l'ancienneté, ce n'est cependant qu'autant qu'il s'y trouve suffisamment de mérite réuni pour bien occuper un poste qu'il est question de remplir. Vous vous trouvez donc par là maitres de ne placer dans les différents postes que gens reconnus pouvoir les occuper dignement, et quand il en arrivera autrement, la Compagnie sera bien fondée à s'en prendre à vous, car tout ce qu'elle exige, et ce qu'elle ne saurait assez vous recommander, c'est de ne jamais manquer de l'instruire soit par une délibération, soit par vos lettres, ou plus particulièrement, si vous le jugez nécessaire, des motifs qui vous auront déterminés ou Mr le Gouverneur en particulier, à porter dans l'ordre de ce tableau, quelque changement que ce puisse être.

53.

Nous avons fait part à Mrs de Chandernagor des intentions de la Compagnie au sujet de M. du Boisrolland ; il y occupe actuellement le poste de garde magasin de la marine par la démission volontaire de M. de St Paul. M. Groiselle a présenté une requête au Conseil de Chandernagor pour que ce poste luy fût remis de préférence à M. du Boisrolland ; ce premier nous a écrit en conformité ; les

53.

Vous y verrez que la Compagnie ne confirme point la nomination que vous avez faite du sieur du Boisrolland au poste de conseiller en pied, tant parceque, sans le compter, il se trouve encore quatre employés de plus avec cette qualité, au moyen des trois que la Compagnie a admis il y a un an dans les Conseils, que parceque la destination à laquelle le sieur du Boisrolland doit se con-

conseillers en pied qui le suivent ont accédé à sa demande. Quoiqué ses raisons nous aient paru bonnes, nous avons marqué au Conseil de Chandernagor de se conformer aux dispositions de la Compagnie au sujet de M. du Boisrolland, et de le faire reconnaitre pour garde magasin de la marine, jusqu'à ce qu'elle n'ait décidé sur les représentations de M. Groiselle et de Mrs ses confrères que nous ne doutons point qu'ils ne luy envoyent.

former, n'a jamais été autre, quoique la Compagnie ait approuvé que vous l'ayez qualifié de conseiller surnuméraire, que d'aller à Bengale quand M. Dupleix n'y sera plus, occuper le poste de garde magasin de la marine, aux appointements de 1.200 livres auxquels la Compagnie n'entend point qu'il ait été, ni qu'il soit apporté aucune augmentation sans des ordres de sa part, comme elle n'entend pas non plus que vous fassiez monter au poste de Conseiller aucun des sous marchands, ni à ce dernier grade aucun commis du premier ordre qu'il ne s'en trouve de moins dans le nombre de 24 conseillers et de 35 sous marchands que vous avez vous même fixés comme suffisants.

54.

54.

La Compagnie doit être informée maintenant du rétablissement dans le service du sieur Aubry, et que le sieur Cotterel n'est plus lieutenant de port, et qu'il fait icy les fonctions d'inspecteur de l'hopital avec le grade de sous marchand.

Le nombre de ces derniers s'y trouve déja, réduit au moyen de l'interdiction du sieur Aubry et de la nomination que vous avez faite du sr. Cotterel au poste de lieutenant de port, vacant par la mort du sieur Boisecq.

55.

Nous ne perdrons point de vue ce que vous nous prescrivez par l'article cy contre. Nous travaillons à monter les divers comptoirs de l'Inde sur le pied de l'état général de dépenses. Nous aurons l'honneur de vous informer par notre lettre générale des arrangements que nous aurons pris a cet égard, et nous vous remettrons en même temps l'état que vous nous demandez.

55.

Nous avons fait mettre en marge de ce tableau la note de la distribution que vous nous avez vous-mêmes marqué devoir être faite de ces premiers employés et des subalternes dans les différents comptoirs. Nous avons en conséquence fait dresser un projet d'état général de dépenses dans tous les comptoirs, que vous trouverez aussy cy joint mais comme par ceux que nous avons reçus de vous, de Mahé et de Chanderna-

gor, nous voyons qu'il s'en faut bien que dans ces deux derniers endroits surtout, la distribution des employés de chaque différent grade, et les dépenses générales à y faire, soient telles que vous avez vous-mêmes estimé qu'elles devaient y être faites, et que nous l'avons adopté, nous vous recommandons expressément de faire à mesure que les occasions s'en présenteront, (car la Compagnie n'eutend pas pour cela que vous fassiez dans le courant de l'an prochain un bouleversement général,) tout ce qui sera nécessaire pour que chaque comptoir se trouve monté sur le pied que nous l'avons employé d'après vous, dans le dernier état général de dépenses, dont le montant n'est déjà que trop considérable, par comparaison avec celles qui subsistaient en 1738, sans que vous vous portiez à les augmenter en quoique ce soit, sans ordre de la Compagnie, dont vous pourrez au reste connaître suffisamment les intentions au moyen

des apostilles qui sont en marge. Vous vous entendrez
pour ce qui regarde Chandernagor et Mahé avec les
Conseils de ces deux comptoirs, auxquels nous écrivons
de conformité en leur euvoyant un pareil projet d'état
des dépenses que la Compagnie entend faire pour ce
qui les regarde, et vous observerez comme eux de nous
envoyer en réponse un état général, exact et détaillé des
dépenses effectives et annuelles avec les noms de tous
ceux qui sont payés par la Compagnie, et la note des
réformes que vous nous proposerez de faire dans tous les
comptoirs, pour faire cadrer et arranger le tout sur le
pied que vous verrez que l'entend la Compagnie, en suivant votre idée. Faites en sorte surtout, en n'employant à
l'avenir dans chaque endroit que le nombre d'employés
de différents grades qui y doivent être, et en ne mettant
plus un sous marchand là où il doit y avoir un conseiller,
un premier commis à la place d'un sous marchand, et
ainsy des autres, de réduire plutôt cette dépense en tout
ce qui sera possible, que de l'augmenter en quoi que ce
puisse être, attendu que vous devez sentir que la Compagnie, se trouvant forcée cette année de suspendre son
commerce, ses frais deviennent pour le présent beaucoup trop considérables.

56.

Tous ces employés sont bien arrivés icy.

Nous savons la consi-
dération que nous devons
avoir au nom du sieur Law,
l'un de ces employés, et
nous nous ferons toujours
un véritable plaisir de luy
procurer les occasions de

56.

Dans cet état et au moyen
du grand nombre d'em-
ployés que la Compagnie a
admis il y a un an au
service, vous avez sans doute été surpris de ce qu'elle
vous fait encore passer les
sept nommés ci-aprés,
savoir: les sieurs,

se distinguer. Nous aurons aussy attention, ainsy que vous nous le marquez, de le faire passer de préférence à tout autre, au grade qu'il pourra mériter. La manière dont vous vous expliquez, Mrs. sur son compte, doit même nous engager à luy accorder le premier poste qui viendra à vaquer, exclusivement à celuy de conseiller. Mais nous aurons l'honneur de vous représenter que la Compagnie étant maitresse de disposer de ses employés elle nous épargnerait bien des embarras, si elle voulait décider elle-même.

LAW — neveu du fameux M. Law. Il est agé de 22 ans, entend bien l'arithmétique, et parait un sujet de bonne volonté.

Nous n'avons pas besom de vous dire sur le compte du dit sieur Law chose bien étendue ; son nom seul doit être cher à tout ce qui compose les membres de le Compagnie; et nous l'aurions, sûrement distingué d'avec tous les autres sujets en le nommant à une place de conseiller, si nous n'avions voulu ne point donner atteinte à la règle que nous nous sommes faite de n'envoyer dans l'Inde que des sujets qui passassent par les grades, et si les protecteurs du sieur Law n'avaient eux-mêmes consenti à ce que pour apprendre mieux ce qu'il doit savoir, il ne commençat comme les autres. Nous vous exhortons donc à procurer à ce sujet toutes les occasions de se distinguer et de le faire, de préférence à tout autre, passer au grade qu'il pourra mériter.

GLAINVILLE — agé de 21 ans, entend assez bien l'arithmétique, un peu les livres, a travaillé 3 ou 4 ans dans divers bureaux des fermes, parait avoir de l'esprit, être doux, et d'un bon caractère.

PIQUET {agé de 17 ans, parait être doux et rempli de bonne volonté, lit et écrit assez bien, et est assidu.

FLEURIN {agé de 22 ans environ, écrit assez bien et entend un peu l'arithmétique et les livres.

PICHARD. {agé de 20 ans, écrit bien, entend assez bien les livres et l'arithmétique, et parait d'un bon caractère.

St MARTIN {Vous devez le connaitre, ayant cy devant travaillé dans le bureau du sieur Dulaurens, parait de bonne volonté et assidu.

PÉAN {frère de celuy qui est à Bengale, écrit assez bien et entend un peu les livres et l'arithmétique, parait avoir de la bonne volonté; il ne doit avoir des appointements que lorsqu'il n'y aura plus de surnuméraires avant luy.

57.

Nous ne révoquerons point d'employés, et nous ne ferons un changement dans l'ordre du dernier tableau reçu par les vaisseaux de cette expédition, que nous n'y soyons déterminés par des motifs justes que nous croirons convenables au bien du service, et dont nous aurons l'honneur de vous informer dans le temps. Nous avons toujours eu l'attention la plus exacte de

57.

Mais indépendammant de ce qu'elle les croit d'assez bons sujets, c'est que son intention est de vous mettre, au moyen de ces sept surnuméraires et des neuf autres que vous avez déjà, en état de révoquer les sujets de quelque autre grade qu'ils soient, dont vous seriez mécontents et de vous autoriser même, nonobstant ce que nous pouvons avoir mandé de

nous tenir en garde contre l'esprit de partialité.

La Compagnie n'entend pas que des sujets bons pour les postes qu'ils occupent, mais qui ne seraient pas susceptibles d'avancer d'avantage, soient pour cela révoqués; tout ce qu'elle désire à cet égard, c'est que vous luy fassiez connaitre ceux de cette espèce, et que vous ne fassiez d'ailleurs aucun changement sans qu'elle puisse en savoir les raisons, et sans que vous soyez préalablement guidés par un esprit de justice qui doit, dans ces sortes de mutation, vous faire toujours observer un certain ordre dont un chacun ne puisso s'empêcher de sentir intérieurement la convenance pour le bien du service. Nous vous en donnons l'idée dans une note au pied du tableau, tant pour que vous vous y conformiez, que pour exciter dans les employés auxquels vous en devez donner connaissance, les sentiments d'émulation qui sont seuls capables de déterminer chacun d'eux à remplir dignement les fonctions dont il se trouve chargé.

contraire, à forcer aussy ceux exclus qui ne seraient pas en état par eux mêmes de subsister dans le pays, à repasser en France, en observant seulement de n'en venir à l'une et l'autre de ces extrémités que pour des raisons solides, et en conséquence d'une délibération qui nous les fera connaitre exactement.

58 .

L'àge dans le sieur Pillavoine ne fait qu'augmenter la causticité de son esprit et ses travers, nous fermerons cependant, tant que nous le pourrons, les yeux sur ses incartades, mais nous appréhendons de nous

58.

Nous savons que le sieur Pilavoine a des travers et la causticité d'esprit dont vous vous plaignez, qu'il ne travaille que quand il luy plait, mais nous savons aussy que c'est un homme qui excelle dans sa partie et qui

trouver quelque jour dans l'obligation de luy retirer les livres. Nous rendrons compte dans notre lettre générale des arrangements pris au sujet de ce bureau et des dispositions que nous avons faites des sienrs Le Maire, Moracin et Lange.

par cette considératien mérite qu'on le ménage et qu'on luy passe bien des choses. Nous vous exhortons donc à en tirer parti, en fermant les yeux autant que vous le pourrez sur ses incartades, et en luy donnant même, comme étant un sûr moyen de le faire travailler, quelques marques d'une satisfaction, sur ce qui le concerne, qu'il ne vous aura pas donné lieu d'avoir. Cependant, comme nous avons fait passer plusieurs sujets en état de le seconder, et même de le remplacer au besoin, tels que les sieurs Le Maire, Moracin et Lange, et autres que vous devez présentement connaitre mieux que nous, faites les travailler aux livres, et montez ce bureau comme vous devriez déjà l'avoir fait, de façon que les écritures ne souffrent point des inégalités du sieur Pillavoine, ni même de son absence, si vous vous trouvez forcés à vous en passer.

59.

Nous remercions la Compagnie de ce qu'elle veut bien ne point s'opposer absolument à ce qu'un conseiller profite de l'occasion de faire un voyage qui puisse contribuer à sa fortune. On ne parvient ordinairement à ce grade qu'après de longs services rendus dans divers postes qui souvent ne produisent que

Par l'article 16 de vos réponses en apostille, en date du premier Janvier dernier, vous marquez votre surprise de ce que la Compagnie a trouvé mauvais que des conseillers fussent employés comme subrécargues sur des vaisseaux pour le commerce particulier, et vous exposez dans le même article qu'ils

l'honneur de l'être, sans que la situation en soit plus avantageuse. La Compagnie peut être assurée que le service n'en souffrira pas, que les occasions n'en seront point fréquentes.

ont plus de travail et de peine que les sous marchands et autres, et que leurs postes exigent une assiduité continuelle. Nous vous répondrons là dessus, qu'indépendamment de ce qu'il y a de contrariété entre cette assiduité et les absences que vous désireriez qu'ils puissent faire, cet article tombe de luy même, la Compagnie n'ayant plus d'intérêt particulier dans le commerce d'Inde en Inde, qu'au reste elle veut bien cependant ne point s'opposer absolument à ce qu'un conseiller, un sous marchand ou autre dans le nombre considérable d'employés qu'il y a de chaque grade, profite d'une occasion de faire un voyage qui peut contribuer à sa fortune, pourvu que ces occasions ne soient point fréquentes, et que le service n'en souffre en aucune façon. Quant aux conditions à faire aux subrécargues et capitaines de ces vaisseaax particuliers, il n'est pas douteux que c'est aux intéressés à les régler suivant qu'ils le jugent à propos, et qu'à présent surtout, cela ne regarde nullement la Compagnie.

En réponse à l'apostille mise de la main de M. Dumas au pied de votre lettre du 15 Janvier, qui porte qu'à l'exception du sieur Desmarest, vous n'avez pas au secrétariat un seul employé commis qui sache écrire ni qui entende ce qu'il fait, nous avons à peu près la même réponse à vous faire que touchant le sieur Pillavoine. Si vous manquez de copistes, c'est que vous le voulez bien, et que vous ne conservez pas pour ces sortes de fonctions ceux qui y sont les plus propres; nous pourrions vous en nommer plusieurs dans ce genre que vous avez, et dont nous avons été très contents icy avant de vous les envoyer. Vous n'avez jamais eu tant à choisir que depuis quelques années; nous vous en avons encore fait passer l'année dernière, et admis d'ailleurs un assez grand nombre pour la plupart desquels vous vous êtes intéressés vous mêmes. Ainsy, comme il n'est question que de distinguer le travail auquel un chacun est le plus propre, et de continuer à le faire faire par celuy qui s'en acquitte le mieux, nous espérons que vous ne nous porterez plus de plaintes de cette espèce.

TROUPES ET ARTILLERIE.

60.

Nous avons reçu ce tableau, et nous aurons attention de nous y conformer.

Nous vous remettons cy-joint le tableau général des officiers que la Compagnie entend entretenir pour les garnisons des différents comptoirs de l'Inde, avec des apostilles en marge de la distribution qui en doit être faite dans chaque endroit. Vous vous conformerez à ce qui est prescrit par les apostilles, et vous le devez faire d'autant plus facilement que nous avons concilié autant qu'il a été possible votre plan avec le notre, sans cependant varier sur ce que nous vous avons cy devant marqué touchant le nombre d'officiers de chaque grade qu'il doit y avoir, et le rang qu'ils doivent tenir entre eux.

61.

Nous nous conformerons aussy à ce que la Compagnie nous prescrit par cet article; cette disposition fera cesser les difficultés qui naissaient toujours entre Mrs les officiers au sujet du rang qu'ils prétendaient avoir sur le tableau.

Vous remarquerez que nous persistons à vouloir qu'ils soient placés dans le même ordre que nous vous les dénommons dans nos lettres, lorsque nous vous les envoyons, attendu que faisant de notre coté cet arrangement eu égard au temps qu'ils ont servi le roy, ou à celuy qu'ils se sont présentés à la Compagnie, ou enfin quelque autre raison particulière, il n'est pas juste qu'ils se trouvent renversés par la date du jour de leur réception dans l'Inde, qui se fait à mesure qu'ils arrivent, attendu que ceux qui méritent d'être à la tête ne sont pas maitres d'arriver avant les autres, ni par conséquent d'être reçus les premiers. Vous remarquerez sur le tableau des employés que notre intention est précisément la même à l'égard du rang à conserver à ceux que nous vous envoyons.

62.

Nous avons remis aux sieurs Méder et Courtin la commission de capitaine et le brevet de sous lieutenant, dont il est parlé dans cet article.

62.

Vous trouverez cy-joint la commission de capitaine pour le sieur Méder et le brevet de sous lieutenant pour le sieur Courtin; ce sont les deux seuls officiers qui ont été promus cette année.

63.

Les sieurs de Barville et Esmal sont bien arrivés, ainsy que le sieur Montheureux; ils ont été reçus tous les trois à la tète des troupes. Nous avons remis à ce dernier son brevet d'enseigne. Nous aurons pour le sieur de Barville les égards que mérite votre recommandation.

63.

Nous vous envoyons en qualité d'enseignes les S^{rs}. de Barville et Esmal que vous ferez reconnaitre à leur arrivée; ils sont l'un et l'autre porteurs de leurs brevets. Nous vous recommandons particulièrement le premier qui est le neveu de Mrs. Brissart, dont un est fermier général, et l'autre est M. l'ablé Brissart, attaché intimemeut à la personne de Monseigneur le Cardinal.

64.

Le veuve du sieur Dupuis s'est remariée avec le sieur Roussel de St Rémy. Nous ne pouvons en attendant le réglement de la Compagnie accorder moins aux veuves de vos employés et officiers qui meurent sans bien, que la moitié des appointements dont jouissaient leurs maris. Nous assurons la Compagnie que cette pension alimentaire n'est qu'un secours très modique qui suffit à peine à leur subsistance.

Nous avons examiné la demande que la veuve du sieur Dupuis Planchard vous a faite d'une subsistance, mais en attendant le projet de réglement que nous avons demandé il y a un an tant pour les veuves des officiers que pour celles des employés, nous ne voulons rien statuer pour celle-cy, et comme insensiblement des bienfaits de cette espèce deviendraient extrèmement à charge à la Compagnie, il faut vous contenter jusqu'à ce qu'il y ait un arrangement général de fait, de luy fournir à elle et aux autres qui sont dans le même cas l'absolument indispensable pour la vie.

Par un des articles de vos réponses en apostille du premier Janvier dernier, vous vous plaignez de ce que le sieur Paradis est repassé de Mahé à Pondichéry sans ordre du Conseil supérieur, ui de M. Dumas. Il se peut faire que cet ingénieur, dans l'état où étaient alors les choses, eut mieux fait de les attendre. Cependant il nous parait excusable, ayant été relevé par le sieur Reynaud, n'ayant quitté Mahé qu'avec la permission. de M. Dirois. Le conseil supérieur, ainsy que M. Dumas, étaient d'ailleurs maitres de l'y renvoyer, ou de le faire passer, comme on a fait, à Karical où ailleurs, suivant le besoin.

Nous avons envoyé il y a un an un si grand nombre de soldats choisis, que sans vous en faire passer un seul par ces vaisseaux, nous ne doutons pas que vous ne vous trouviez en état de bien compléter toutes les garnisons. Si vous en avez quelques uns à renvoyer, dont le temps soit expiré et qu'il faille remplacer, vous en pourrez faire l'échange avec ceux faisant partie des équipages des vaisseaux.

65.

Nous suivrons en attendant la décision de M. le Chancelier ce que vous nous faites l'honneur de nous prescrire par cet article.

Les effets laissés par le sieur de Salvan ont été vendus à la requête de ses créanciers, la vente en a montè à 30 pagodes 22 fanons, qui ont été remis par ordonnance du 4 Avril 1740, à Pedre Modeliar, à compte d'un billet de grosse de 100 livres à 16%. Le sieur Ingrand est aussy créancier du sieur de Salvan de 250 livres à 18%, suivant un billet du 14 Octobre 1737. Vous voyez par là, Mrs, que le sieur de Salvan redoit icy plus de 300 livres.

65.

En conséquence de l'article 25 de votre lettre du premier Janvier en apostille, nous avons exposé à M. le Chancelier par un mémoire l'affaire arrivée au sieur chevalier de Salvan, que nous voyons n'avoir pas eu de suite, et nous l'avons prié de nous donner une décision qui puisse vous servir de règle en parcil cas. Dès qu'elle nous sera parvenue, nous aurons soin de vous la faire savoir; nous vous observerons en l'attendant que vous ne devez point hésiter à instruire toutes les affaires de la nature de celle du sieur de Salvan, qui ne se seront point passées chez des nations européennes, et pour les quelles il n'y aurait eu

aucune procédure de faite dans les lieux où elles se seront passées. Nous attendons les éclaircissements que nous vous avons demandés il y a un an touchant ce que cet officier peut avoir laissé aux Indes à luy appartenant.

66.

Nous avons rendu compte à la Compagnie dans notre lettre par apostille en réponse à la sienne en date du 18 Février 1741, article 88, de la succession du sieur Dessaudrais; nous nous y référons, n'ayant rien à ajouter.

Quant à l'affaire du sieur Caire avec le sieur Dessaudrais, nous voyons qu'elle n'a eu non plus aucune suite, mais il nous reste à savoir ce que celui-cy peut aussi avoir laissé.

67.

M. de la Bourdonnais ne nous a encore fait passer personne de Rostaing, et les choses à cet égard sont toujours sur le même pied icy. Nous nous référons au sujet de cette compagnie à ce que nous vous avons écrit dans la lettre cy-dessus mentionnée, article 63.

Au moyen de la compagnie d'artillerie de Rostaing que nous avons pris le party d'entretenir à l'Ile de France pour en tirer peu à peu tous les sujets nécessaires dans les différents comptoirs, nous comptons que vous n'en manquerez pas, et que vous vous trouverez bientôt en état de réduire

cet article de dépenses en renvoyant les canonniers que vous avez, puisqu'ils ne sont pas tels qu'il vous convient; vous vous entendrez à ce sujet avec le Gouverneur des îles.

MAHÉ.

68.

Nous avons exactement remis à la Compagnie no-

Nous avons appris avec bien du chagrin que nous

tre correspondance avec le comptoir de Mahé. Nous continuons de le faire, quelques longues que soient les écritures ; nous la supplions de la lire avec toute l'attention dont elle est capable. Nous sommes pénétrés de douleur du dérangement où s'est trouvé ce comptoir ; il est maintenant tranquille, mais nous manquons de fonds pour en profiter et payer les poivres qu'il peut nous fournir.

Nous traiterons cet article plus au long dans notre lettre générale.

avions depuis dix mois dans ce comptoir une guerre fort vive contre Bayanor, et qu'elle subsistait encore en Février dernier, sans apparence de pouvoir faire une paix convenable. Nous sentons qu'indépendamment de ce qu'elle vous épuisait d'hommes, d'argent et de munitions de guerre dans un temps où vous en aviez plus besoin que jamais, ce comptoir nous est devenu extrêmement à charge en ne nous fournissant point de poivre, ou du moins que très peu, et quelque attention que le Conseil de ce comptoir et le sieur Dirois aient eu de nous envoyer des copies de toutes leurs correspondances réciproques tant avec le comptoir de Tellichéry qu'avec les princes du pays ; quelque certitude qu'ils nous aient donnée que c'est le sieur Wach et son Conseil qui nous ont suscité cette guerre, qui la fomentaient et qui mettaient tout en usage pour la faire durer ; quelques mesures enfin qu'ils aient prises pour justifier leur conduite à la Compagnie en cette occasion, il nous parait comme à vous, et nous trouvons vos réflexions à ce sujet fort justes, que cette guerre a été entreprise trop légèrement, qu'elle a été soutenue trop longtemps, et qu'enfin, c'est précisément par rapport à cette façon de se conduire des Anglois avec nous, qui ne s'est point démentie depuis que cet établissement est formé, que le sieur Dirois et son Conseil qui ne pouvaient ne la pas prévoir, auraient dû, bien loin de se livrer à leur ressentiment, quelque fondé qu'il fut, en entreprenant une guerre qui ne pouvait nous devenir que très onéreuse, prétendre plutôt, cause d'ignorance de bien des choses capable d'altérer une paix, que les Anglais avaient et auront toujours un intérêt bien sensible à rompre, puisqu'elle est seule capable de leur fournir les prétextes qu'ils cherchent, de faire à notre préjudice tout le commerce de ce pays. Nous en avons cependant porté des plaintes très sérieuses à la Compagnie d'Angleterre qui nous a écrit jusqu'à présent de façon à faire croire qu'elle est dans des sentiments bien opposés aux tracasseries que leurs employés de Mahé n'ont cessé de susciter aux nôtres. Nous attendons incessamment de cette Compagnie une réponse aux preuves incontestables que nous luy avons fournies du procédé du sieur Wach. Suivant qu'elle sera conçue, nous agirons et ferons en sorte de savoir enfin à quoy nous devons nous en tenir. Nous pensons au surplus qu'en conséquence des ordres positifs que vous aviez donnés à Mahé en Janvier de faire la paix, le sieur Dirois et son Conseil en seront venus à bout de la façon la moins onéreuse qu'il leur aura été possible ; nous sommes bien impatients d'en avoir des nouvelles.

69.

Nous avons lieu d'être très contents de la gestion de M. Signard, et nous ne doutons point que la Compagnie n'en soit également.

Par votre délibération du 2 Novembre 1740, nous voyons que c'est le sieur Dulaurens que vous avez nommé pour remplacer à Mahé le sieur Dirois, mais que ce conseiller vous ayant demandé à ne s'y transporter qu'àprès que la Compagnie l'aurait confirmé dans ce poste, vous avez jeté les yeux sur le sieur Signard pour aller y remplir cet interim, et qu'il devait à cet effet s'embarquer pour s'y rendre. Nous ne voulons approuver ni désapprouver ces dispositions, attendu que nous vous avons laissé et que nous vous laissons encore les maitres de confier ce poste à celuy des conseillers que vous croirez le plus capable de la remplir dignement et à la satisfaction de la Compagnie, sans avoir égard à l'ancienneté, surtout pour un poste de chef aussy délicat qu'est celuy-ci, qu'autant que le mérite nécessaire s'y trouvera réuni. Vous devez, lorsqu'il est question de faire un pareil choix, faire grande attention qu'en même temps que la Compagnie vous laisse à ce sujet toute liberte, elle sera bien fondée à s'en prendre à vous et à Monsieur le Gouverneur particulièrement, si elle n'a pas lieu d'en être aussy satisfaite qu'elle doit naturellement l'espérer de votre discernement et de votre attachement à ses intérêts, ne pouvant se persuader qu'aucune partialite ni conplaisance mal fondée puissent balancer chez vous ces sentiments qui sont de devoir.

M. Dupleix nous écrit en faveur de M. Burat, mais nous ne voulons rien décider à cet égard par l'ancienneté, et nous vous laissons absolument les maitres de confier ce poste délicat à celuy de tous que vous en jugerez le plus capable. Cette délicatesse de notre part nous empêche d'insister sur aucune préférence à donner au sieur Jogues de Martinville que nous vous avons marqué considerer comme un sujet que nous estimons le plus capable de le remplir. Nous ne pouvons cependant nous dispenser de vous dire que nous n'avons point encore oublié que le sieur Signard, ayant fait une erreur de 2500 livres dans ses comptes, ne s'était point aperçu qu'il les avait de plus dans ce qui devait luy appartenir, et qu'un trait de cette espèce doit vous engager à vous tenir extrèmement en garde contre quelqu'un à qui vous donnez votre confiance et le droit de disposer des fonds de la Compagnie; mais comme il se pourrait que depuis qu'il est à Mahé, il y aurait rétabli la paix et remis les choses dans l'ordre désiré, et que nous ne voulons point prendre sur nous de ne rien déranger de ce qui pourrait être essentiellemont utile, nous nous contentons de vous faire des observations et de vous répéter que nous nous en rapportons à vous.

70.

Nous nous conformerons avec plaisir aux intentions de la Compagnie au sujet de M. de Leyrit, nous aurons pour luy les égards qu'il mérite, et nous luy rendrons par inclination les bons offices qui dépendront de nous.

Nous avons choisy M. de Barthélémy pour le remplacer dans le poste de second à Mahé, nous le croyons capable d'y rendre de bons services à la Compagnie; il connaît ce comptoir dans lequel il a servi longtemps.

70.

Nous vous prévenons que M. de Leyrit, second du comptoir de Mahé, pourrait bien repasser à Pondichéry et aller à Bengale et dans les autres comptoirs pour son instruction, suivant la permission que luy en donne la Compagnie en considération de M. son père l'un de nous; dans ce cas, l'intention de la Compagnie est qu'il ait entrée en séance et voix délibérative dans les Conseils, suivant le rang qu'il tient sur le tableau, et qu'il continue à jouir de 1500 livres d'appointements sans interruption. Vous luy rendrez d'ailleurs tous les bons offices qui dépendront de vous.

71.

Le sieur Collin est arrivé icy par le vaisseaux le *Lys*; nous luy ferons faire la retenue des avances qui luy ont été faites en France.

71.

Le sieur Macé, qui était deuxième chirurgien à Mahé, étant repassé en France, et le sieur Vizard, major à Chandernagor, ayant obtenu de la Compagnie de

ne s'embarquer que dans un an pour rependre son poste, nous avons engagé le sieur Collin qu'il y a lieu de croire un très bon sujet, comme deuxième ou 3ᵉᵐᵉ chirurgien suivant et dans l'endroit que vous jugerez à propos de l'envoyer. Vous trouverez cy-joint une expédition de ces conditions et un reçu des avances de 150 livres qui luy ont été faites icy. Si M. Duvelaër luy en a faite et à quelques autres à Lorient, il aura soin aussy de vous en faire passer les reçus pour que vous puissiez en faire faire la retenue sur leurs appointements.

72.

Nous avons envoyé cette lettre à Mahé; nous en avons retenu copie à l'ordinaire.

72.

Au reste, par la lettre que nous écrivons au Conseil de Mahé, et dont nous vous enverrons à l'ordinaire une expédition, vous verrez les autres ordres qui regardent ce comptoir, et que la Compaguie juge à propos d'y donner; vous en retiendrez copie, et vous donnerez, en conséquence, ceux que vous estimerez convenables.

73.

Les réponses en apostille que nous avons faites le 31 Décembre 1741 à la lettre de la Compagnie du 18 Février de la même année, et notre lettre générale du 24 Janvier serviront de réponse à l'article cy contre.

73.

Quoiqu'il soit vray dans le fond que le Conseil du dit lieu ait outrepassé ses pouvoirs en envoyant, comme il a fait, à ceux que vous aviez chargés d'aller prendre possession de Colèche, des ordres positifs d'abandonner l'entreprise et de se rendre à Mahé, quelques contraires que fussent les vôtres, nous sommes d'autant moins disposés à luy en faire un crime, que nous sommes au contraire fort aises de ce que par cette conduite, cet établissement a échoué; ce n'est cependant pas que nous ne soyons persuadés que, par les mesures que vous avez prises, les nôtres auraient pu s'y soutenir malgré les oppositions des Hollandais; ce n'est pas non plus que nous ne doutions de notre droit de nous y établir, ni de l'utilité que la Compagnie en aurait pû retirer dans la suite, ayant surtout avec le roy de Travancore un traité aussy avantageux que celuy signé de sa main, que nous voyons qu'il a pris le party, aprés bien des invitations reitérées et plus pressantes les unes que les autres, de vous envoyer par un express en état de vous mieux expliquer ses intentions et de vous éclaircir sur tout ce que vous pouviez désirer savoir de ce pays; mais c'est que les dépenses inséparables d'un nouvel établissement de cette espèce ne nous conviennent point du tout; nous vous l'avons mandé positivement l'année dernière, et nous vous le confirmons encore par celle-cy; quel plus grand embarras n'auriez-vous pas eu si cette entreprise avait eu lieu, et que nonobstant la situation critique où vous étiez, ainsy que Mahé, au commencement de cette année, il vous eut encore fallu donner des secours de ce coté d'où les Hollandais auraient sûrement fait tout ce qui aurait pû dépendre d'eux pour vous obliger d'en déguerpir. Vous avez pris le bon party de donner ordre au *Phœnix* que vous aviez destiné à y débarquer du monde, d'aller directement à Mahé, et sa présence ayant donné à ce comptoir un renfort considérable, nous sommes seulement surpris qu'il ne se soit pas trouvé en état d'en profiter pour remporter quelque avantage sur Bayanor, capable de le forcer à demander la peix. Vous avez bien fait de nous envoyer copie de la lettre qu'il a écrite à M. Dumas, ainsi que de celles que vous avez reçues du Conseil de Tellichéry, de celuy de Cochin, et des réponses que vous y avez faites.

<table>
<tr><td>74</td><td>74</td></tr>
<tr><td>Nous ne pensons en au-</td><td>Par ce que vous nous</td></tr>
</table>

cune façon à former des établissements sur les terres du roy de Ponnatour.

marquez des instances que le roy de Ponnatour a aussy continué de vous faire pour prendre un établissement chez luy, de celles que le Samorin même, dont il est vassal, vous a faites au même sujet en vous envoyant la lettre que le roy luy écrivit en 1722, nous ne pouvons douter de la haute réputation que la nation s'est acquise dans toute cette contrée. Mais nous vous répétons, comme au sujet de Colèche, que la Compagnie ne veut quant à présent entendre parler d'aucun nouvel établissement, tel qu'il puisse être.

75

Nous avons jugé équitable d'accorder cette indemnité.

Nous approuvons que vous ayez accordé une indemnité de 150 livres au sieur Dalbert eu égard aux faux frais dans lesquels vous avez reconnu que l'avait constitué la destination que vous luy avez donnée d'aller à Colèche former l'établissement projeté.

76

Mrs du Conseil de Mahé, par leur lettre du 23 Juillet dernier, nous informent qu'en arrêtant les comptes de la Compagnie avec Aly Rajah, ils avaient reconnu une omission de 4160 fanons 14 biches au préjudice de la Compagnie, et qu'ils ont été forcés de passer au crédit d'Aly Rajah.

Nous n'avons aucune observation à vous faire sur ce que vous nous mandez du sieur Bunel, si ce n'est que vous avez bien fait de le renvoyer à Mahé, et de faire tout ce qui est possible pour mettre ses comptes en ordre.

C'est un nouveau débit du sieur Bunel. Nous avons demandé au Conseil de Mahé les pièces justificatives de cette dette que nous vous enverrons, afin que vous puissiez vous en faire rembourser.

77

Il serait à souhaiter pour la Compagnie qu'elle n'eut payé à Mahé le poivre **que** 78 roupies; le peu que nous en fournissait ce comptoir nous avait obligés d'acheter à Négapatam celuy dont elle parle. Nous avons encore été forcés cette année de faire la même opération par le peu que nous en fournit Mahé; nous en avons acheté environ 1200 *bars* à raison de 37 roupies 5 fanons le *bar*. Il est heureux que nous ayons pris ce party, car le *St. Géran* n'ayant par touché à Mahé, et prévoyant ne pouvoir ramasser que très peu de marchandises, nous nous serions trouvés encore plus embarrassés que nous le serons pour le chargement des vaisseaux le *Lys* et le *St. Géran.*

77

Quoique la partie de poivre que vous avez fait acheter à Négapatam ait coûté prés du double de ce qu'il nous revient à Mahé, sur le pied de 78 roupies le *candi*, vous avez bien fait, n'en pouvant tirer suffisamment de ce comptoir, d'en faire l'emplette, cette marchandises étant icy d'une très bonne défaite. Vous verrez par la lettre que nous écrivons au Conseil de Mahé que nous ne voulons plus qu'il en vende davantage à l'avenir aux vaisseaux particuliers à 8 % de profit, ni même à un bénéfice plus fort. Les armements pour Chine, Bassora et autres qui ne peuvent se passer d'en avoir, n'auront qu'à s'en fournir à Calicut qui est un port libre pour tous vaisseaux.

Nous avons donné ordre à Mahé de n'y plus vendre de poivre aux vaisseaux particuliers à moins que la Compagnie ne soit fournie de la quantité qui luy est nécessaire pour son commerce d'Europe et des Indes. Vous verrez, Messieurs, dans notre correspondance avec ce comptoir les motifs qui nous ont déterminés d'arrêter que les vaisseaux particuliers ne toucheraient plus à Calicut, de les obliger d'aller mouiller à Mahé. Nous ne pouvons point cependant dire à la Compagnie si nous ne changerons point de sentiment à cet égard.

CHANDERNAGOR

78.

Nous nous sommes conformés aux ordres de la Compagnie dans ceux que nous avons envoyés au comptoir de Chandernagor dont nous traiterons l'article dans notre lettre générale.

78.

Nous n'avons touchant ce comptoir rien à vous mander en particulier que ce que nous vous avons déja dit, pourqu'il se trouve à l'avenir, ainsy que les comptoirs qui en dépendent, montés en employés et officiers sur le pied que nous l'avons établi, de concert avec vous, par le projet d'état de dépenses que nous vous envoyons. Vous verrez au reste par la lettre cy-jointe que nous écrivons au Conseil du dit lieu, ce que nous pouvons y mander de nouveau. Vous retiendrez, avant de l'envoyer, copie des articles que vous jugerez à propos; et en conséquence de nos ordres, vous y donnerez ceux que vous estimerez convenables pour le bien du service.

79.

Nous voyons avec plaisir que ce party a tourné à l'avantage de la Compagnie, puisque le *Phœnix* est heureusement arrivé en France.

79.

Le party que vous avez pris de faire passer de Chandernagor à Mahé 1.100 balles pour le *Phœnix*, nous a paru très convenable, et la facilité avec laquelle le Conseil de ce premier comptoir l'a exécuté, prouve bien que cet envoy n'était pas aussy capable qu'il nous le marque dans sa lettre générale, de le déranger pour le chargement des deux vaisseaux qui luy étaient adressés.

80.

Ces deux vaisseaux nous sont parvenus dans le temps avec leurs cargaisons de Bengale.

ment relevé sans accident qu'il allait vous envoyer la grande partie de sa cargaison par un vaisseau portugais.

80.

Le Conseil de Chandernagor nous a mandé que le *St. Joseph* que vous nous marquez avoir touché dans le Gange, s'est heureusement relevé sans accident ni avaries considérables, et

81.

Le *Fidéle* a depuis continué diverses opérations dans l'Inde, dont nous avons rendu compte à la Compagnie.

81.

Nous avons été fort aises d'apprendre par votre derniére que le *Fidèle* était enfin de retour, après avoir relaché à Mazulipatam, demâté.

ILES DE FRANCE ET DE BOURBON.

82.

Ces deux iles se sont trouvées cette année dans une si grande abondance de vivres que nous venons de recevoir par le vaisseau, le *Pondichéry* 609.880 livres de riz et 485 sacs de blé, dont partie s'est trouvée avariée, ainsy que

82.

Nous continuons à vous recommander d'aider ces colonies en tout ce qui dépendra de vous, surtout en vivres dont il pourra arriver qu'elles aient un pressant besoin. Nous sentons que vous envoyant cette année peu de fonds,

vous le verrez par le proces verbal cy joint, en date du...............Il est vray que ces denrées étaient destinées pour une traite de noirs à Mozambique qui n'a pu avoir lieu.

M. de la Bourdonnais ne nous demande cette année aucune provision de bouche, il nous a remis un mémoire de demandes pour les îles, lequel, quoique bien retranché des précédents, est encore au dessus de nos forces pour l'exécution, vu notre étroite situation.

c'est beaucoup vous demander que d'exiger que vous employiez 6000 marcs pour leurs besoins, comme nous vous l'avons prescrit les années précédentes, et pour l'envoy desquels nous voyons que le *St. Benoist*, le *Cheval Marin*, et un troisième vaisseau ont à peine suffi. Il suffira jusqu'à ce que vous vous trouviez plus au large, que vous employiez moitié de cette somme à leur procurer les articles de leurs demandes, que vous estimerez les plus nécessaires; et pour que les Conseils

des dites iles puissent vous en faire qu'en conséquence, et prendre de même leurs mesures, nous en préviendrons M. de la Bourdonnais par le vaisseau le *St. Géran*.

83.

Nous sommes bien aises d'être approuvés de la Compagnie

Il est bien qu'en conséquence de votre délibération du 28 Aoust 1740, vous ayez fait payer la

lettre de change de 215 piastres tirée de l'Ile de Bourbon sur la Compagnie, au nommé Mélican en faveur de qni elle était tirée, et qui s'en retournait à Ceylan.

84.

Ces huit esclaves ont

Quoique vous nous man-

-paru se bien porter lors de leur embarquement. La Compagnie nous permetra de luy dire que nous ne sommes point responsables de la vie ni de la mort des hommes ; nous avons ordonné l'achat de huit esclaves indiens les meilleurs que nous pourrons trouver ; nous les enverrons à l'Ile de France au mois de Janvier prochain.

-diez à la fin de votre lettre générale du 15 Janvier dernier, avoir envoyé à l'Ile de France, par le vaisseau le *St. Benoist*, les huit esclaves indiens que la Compagnie, par sa lettre du 27 Février 1740, vous avait donné ordre de faire passer pour le compte des mineurs Desforges du second lit, elle a été informée par le Conseil de cette ile que c'était 8 de Mozambique que vous y aviez fait embarquer en place et si peu de temps après leur arrivée à la côte, qu'ils sont tous morts de fatigue dans la traversée, à l'exception d'un négrillon et d'une négrite. Comme cet accident qui doit, les choses étant ainsy, vous être en quelque façon imputé, convertit en un mal pour ces mineurs le bien que la Compagnie avait l'intention de leur faire, elle vous recommande d'adresser pour eux au Conseil de l'Ile de France par les premiéres occasions huit autres noirs indiens choisis, et de la conservation desquels vous soyez moralement assurés.

85.

M. de la Bourdonnais nous a fait passer cette année par le *Fleury* 1.000 balles de café des îles, quoique nous ne luy en eussions point demandé. Nous les envoyons à Mahé par le *Pondichéry*, et continuerons de traiter cet article dans notre lettre générale.

85.

Puisque vous n'aviez point de débouché des 353 balles de café de Bourbon qui vous restaient, vous avez bien fait de nous les envoyer par le *Lys*.

<table>
<tr><td align="center">86.</td><td align="center">86.</td></tr>
</table>

Les choses subsistent toujours sur le même pied.

Quoique les ports permis que vous avez établis par votre délibération du 7 Octobre, en conséquence de nos ordres, en faveur des officiers des vaisseaux qui vont auv îles, nous aient paru considérables, nous les approuvons eu égard aux représentations que vous nous faites à ce sujet.

AFFAIRES GÉNÉRALES.

<table>
<tr><td align="center">87.</td><td align="center">87.</td></tr>
</table>

Si nous avions reçu l'ordre cy à coté, nous n'eussions pas permis l'embarquement sur le vaisseau le *Duc de Bourbon*, commandé par M. La Garde Jazier, de cinq chinois accompagnés du Père Foureau, Jésuite. Nous exécutérons à l'avenir les intentions de la Compagnie, tant à l'égard des chinois que des maures et gentils. Nous avons fait part aux autres comptoirs de cet ordre.

La Compagnie ayant fait des défenses expresses aux capitaines et subrécargues des vaisseaux qu'elle envoie en Chine de recevoir à bord aucuns chinois pour les passer en Europe où ailleurs, et étant informée que les Pères Jésuites, n'ayant pu au moyen de cet ordre faire embarquer quatre écoliers chinois sur les vaisseaux de Canton, l'an dernier, ont pris le party de les envoyer à la côte par un bâtiment portugais, dans

le dessein d'y obtenir leurs passages sur les premiers navires, nous vous prévenons, et vous devez en instruire les autres comptoirs, que la Compagnie ne veut absolument point se charger, sur ses vaisseaux, de ces sortes de passagers, attendu les inconvénients qui en pourraient résulter pour son commerce en Chine, si ces sortes d'évasion étaient découvertes; son intention est aussy que l'on n'y embarque ni maures, ni gentils.

63

88.

M. Duvelaër nous a remis les papiers dont il est parlé dans l'article cy contre.

factures et connaissements

88.

M. Duvelaër vous enverra à l'ordinaire les gazettes de France et de Hollande, ainsy que les Mercures. Il vous adressera aussy les des matières, effets et marchandises qui vous seront destinés.

89.

Nous avons envoyé aux Conseils de Chandernagor et de Mahé copie du tableau des employés et officiers.

89.

Nous enverrons aux Conseils de Chandernagor et de Mahé une copie des tableaux que nous vous remettons des employés et officiers, et vous leur donnerez en conséquence les ordres que vous estimerez convenables relativement à ceux que nous vous donnons.

90.

Nous n'avons aucune connaissance du nommé La Croix dont il est parlé dans cet article. Nous avons écrit à ce sujet à Mrs de Chandernagor où l'on nous a dit qu'il y avait une veuve de ce nom, dont le mari avait été adjudant canonnier.

90.

La famille du nommé Claude de la Croix. adjudant canonnier, embarqué pour Pondichéry sur le vaisseau le *Mercure*, commandé par le sieur Baudran, parti du port de Lorient, le 17 Décembre 1727, ayant fait demander à la Compagnie des nouvelles de cet homme, et comme elle n'a pas été en état de lui donner à ce sujet la satisfaction qu'elle désirait, ne voyant point ce qu'il est devenu depuis son arrivée au dit liéu, qui est constatée par la lettre du Conseil supérieur du 20 Janvier 1729, répondue par apostille à celle de la Compagnie du 25 Septembre 1727, vous aurez agréable de nous le faire savoir en réponse et de nous marquer s'il y a quelque chose à revenir à sa succession au cas qu'il soit mort.

91.

Nous répondrons à cét article au mois de Janvier prochain.

91.

Le nommé Jacques François Dupuis, de St Servan, matelot repassé en France par le *Maurepas*, commandé par M. de la Renaudais Gauttier, lequel à son arrivée en France a demandé deux mois 18 jours de salaires qu'il dit luy être dus pour le séjour qu'il a fait à Pondichéry, à compter du 27 Octobre 1739 qu'il a été débarqué au dit lieu du *Prince de Conty*, jusqu'au 14 Janvier 1740 qu'il s'est réembarqué sur le *Maurepas*, n'ayant point rapporté de décompte, la Compagnie a différé de luy faire faire la remise de ce qu'il prétend luy être dû pour cet intervalle de temps, jusqu'à ce qu'elle soit informée si sa demande est juste, ce que vous ne manquerez pas de luy faire savoir en réponse; et vous observerez, pour éviter de pareilles difficultés, de nous remettre exactement les décomptes de tous ceux qui pourraient se trouver à l'avenir en pareil cas.

92.

Le nommé François Fasse, dit la Brique, n'avait pour tout bien que la balle de marchandises dont il est parlé dans cet article, et ses héritiers n'ont rien à prétendre davantage.

92.

Vous informerez aussy la Compagnie de ce qui pourra revenir de la succession du nommé François Fasse, dit la Brique, soldat, décédé à Moka, le 5 Septembre 1739, au delà des 60 pagodes 7 fanons 56 caches' que nous avons vu, par le dernier état arrêté à Pondichéry des sommes remises à la caisse de ce comptoir, provenant de diverses successions, être dûes à celle du dit François Fasse, pour le produit net de la vente d'une balle de marchandises à luy appartenant, et dont nous avons fait payer la valeur à ses héritiers.

93.

M. de Courbezatre a fait honneur à la lettre de M. son frère.

Nous vous remettons cy-joint une lettre de change à 15 jours de vue de 100 marcs de piastres, tirée à votre ordre sur le sieur de Courbezatre par son frère, prêtre, domicilié à Rouen, en remboursement de pareille somme que la Compagnie a bien voulu luy faire payer par son correspondant au dit lieu, en vertu du pouvoir qu'il luy en a donné, suivant son ordre du premier Octobre 1740, dont vous trouverez copie jointe à la dite lettre, en place de l'original mentionné sur la première des dites que la Compagnie a estimé devoir garder. Vous nous donnerez, s'il vous plait, avis de réception et du payement.

Du 1er Décembre 1741.

94.

M. Dirois ne nous fit point passer alors les secours qu'il vous marquait devoir nous envoyer, les affaires s'étant brouillées plus que jamais à Mahé, ainsy que vous l'aurez vu par la correspondance de ce comptoir.

Les spéculations de M.

Depuis cette lettre écrite nous avons reçu par voie de Bassora et d'Alep une lettre de M. Dirois du 10 Mars dernier, par laquelle il nous marque qu'à force de se relâcher et en distribuant quelque argent, il terminera enfin avec Baya-nor une paix qu'il est au

de Martinvelle contenues dans sa lettre du 24 Juillet 1741, n'ont point été justifiées par l'événement, ainsy que la Compagnie l'aura aussy pu voir par nos dernières. désespoir de n'avoir encore pu faire, pour vous envoyer les secours qu'il compte vous faire passer au plus tard en Avril. Nous aurions dû recevoir une lettre plus détaillée à la Compagnie à laquelle il nous renvoie. Mais le sac dans lequel le conducteur de la caravane avait mis ses paquets, ayant été volé, M. Delane, Consul de la nation à Alep, n'a pu, par les gens qu'il a envoyés, en recouvrer que partie, où la dite lettre n'est point comprise. Au surplus, les lettres de Mahé écrites à la Compagnie par cette voie ou aux particuliers, ne donnent aucune nouvelle positive de votre situation avec les Marattes.

M. de Martinville nous mande seulement, en date du 24 Juillet, que par une lettre qui luy a été écrite de Calicut le 25 Mars, il a appris que ces Marattes ont levé le siège de Trichinapaly, que Sander Saheb qui en est Nabab, s'est accommodé avec eux moyennant 12 lacks, mais qu'il a fait insérer dans le traité qu'il a passé; qu'ils travailleraient à remettre Cambadou, Nabab, et à chasser Sabderalikan, dans la vue de se venger de ce dernier, qui, quoique son beau-frère, avait fourni 10.000 hommes aux Marattes contre luy. Cette division des Maures les uns contre les autres, dans laquelle nous voyons que la ruine du Nabab d'Arcatte est méditée, ne laisse pas de nous inquiéter en ce que les Marattes seront sans doute devenus plus entreprenants, que s'ils eussent à craindre la réunion des forces de ce prince.

95.

La correspondance de Mahé que nous luy remet-

95.

Cette même lettre du sieur de Martinville nous

tons luy apprendra que la paix n'a été conclue avec Bayanor que le 22 Janvier dernier; celle avec les quatre Nambiars avait été signée le 26 Décembre précédent. Ces deux traités n'avaient cependant pas encore opéré la tranquillité dans ce comptoir qui apprend l'arrivée du sieur Signard à Mahé, et plusieurs particuliers de ce comptoir regardaient ectte époque comme devant être celle de la paix avec Bayanor, mais ils ne font point espérer qu'elle puisse être avantageuse.

n'en jouit que depuis l'entrevue de M. Signard avec Bayanor et la régente, au mois d'Aoust dernier.

Vous verrez, Messieurs, par la lettre du Conseil de Mahé du 31 du même mois, que cette pacification coûte à la Compagnie 125.000 fanons que ce Conseil a été forcé de rembourser, sans quoy la Compagnie n'eut point été rétablie, et l'on n'eut pu s'assurer ni compter sur le traité arrêté avec Bayanor. Il vous paraitra comme il nous a paru, Messieurs, très dur de débourser une somme aussy forte après les espérances qui nous avaient été données d'obliger ce prince à dédommager la Compagnie des affreuses dépenses occasionnées par la guerre.

96.

Les Hollandais ne sont point établis à Colèche, et le Roy de Travancore est moins que jamais dans des dispositions favorables à leur égard.

96.

Nous apprenons en même temps que les Hollandais, après avoir perdu bien du monde, se sont établis et fortifiés à Colèche,

97.

Le sieur Le Verrier nous ayant priés de le laisser à

97.

Et que le sieur Moreau est party de Mahé par vos

Surate, le sieur Moreau a passé icy au mois de May dernier, nous le destinons à aller remplir un poste de Conseiller à Mahé.

ordres pour aller à Surate relever le sieur Leverrier. Nous croyons ce premier un bon sujet, mais puisque n'étant que sous marchand, vous avez jugé de luy faire

remplir un poste qui, suivant vos propres arrangements, doit être déféré à un conseiller, il doit y avoir, tant que cette disposition subsistera, un conseiller de moins et un sous marchand de plus. La Compagnie voulant savoir positivement à quoy s'en tenir sur ses dépenses, et ne pas les voir augmenter chaque année par différents arrangements de cette espèce qui sont coutraires à ce que vous avez vous-même proposé et établi, ayez s'il vous plait attention de vous réformer là dessus, ainsy qu'elle vous l'a expliqué au chapitre des employés.

98.

Le sieur Gosse, ainsy que nous avons eu l'honneur de vous le marquer plus haut, remplit par interim les fonctions de Consul à Bassorra, depuis le décès de M. Martinville, arrivé le 8 Novembre 1741.

· Nous sommmes etc. Signé: Dupleix, Le Gou, d'Esprémenil, Dulaurens, Ingrand, Miran, Guillard, et de Courbezatre.

98.

Nous avons aussy reçu une lettre du sieur Gosse de Bassora, où il nous apprend que vous l'avez envoyé pour faire les fonctions de chancelier, aux lieu et place apparemment du sieur Delarche.

Nous sommes, etc. Les Directeurs de la Compagnie des Indes, signé d'Ilardancourt, d'Esprémenil, Saintard, Cavalier et Castanier, et à coté est éorit, Vu bon, Signé, Orry.

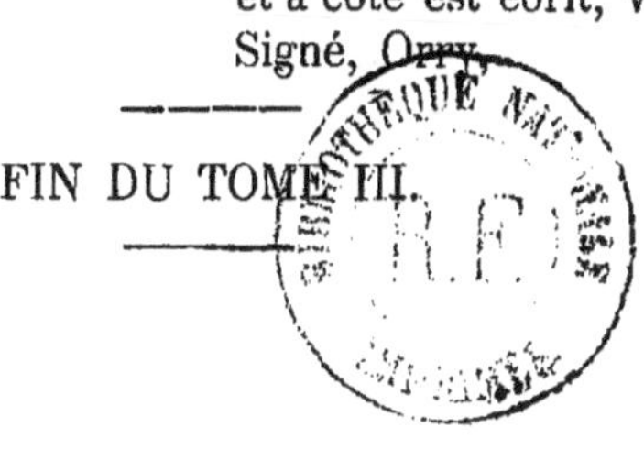

FIN DU TOME III.

PUBLICATIONS

DE LA

SOCIÉTÉ DE L'HISTOIRE DE L'INDE FRANÇAISE.

Revue historique de l'Inde Française :

Premier volume 1916-1917, Deuxième volume 1918. Troisième volume 1919, Quatrième volume 1920 : Cinquième volume 1921-22. chaque volume . 20 Fs.

Les dernières luttes des Français et des Anglais dans l'Inde par le colonel Malleson. Traduit par M. Edmond Gaudart, 1911, 1 volume, 230 pages (épuise)

Lettres et conventions des Gouverneurs de Pondichéry avec les divers princes indiens de 1666 à 1793. Publié par M. Martineau, 1912, 1 volume, 402 pages (épuisé)

Procès-verbaux des délibérations du Conseil supérieur de Pondichéry, du 1er février 1701 au 31 décembre 1739, 3 volumes publiés par les soins de M. Gaudart, 1913-1915, chaque volume . . . . . . 20 Fs.

Inventaire des anciennes archives de l'Inde française, dressé par M. Martineau, 1914, 38 pages . 5 Fs.

Correspondance du Conseil supérieur de Pondichéry avec le Conseil de Chandernagor, du 30 septembre 1728 au 2 février 1747. — Deux volumes publiés par M. M. Gaudart et Martineau 1915-1916, chaque volume, 20 Fs.

Correspondance du Conseil supérieur de Pondichéry avec le Conseil de Chandernagor, du 4 août 1747 au 21 avril 1757 (1er Partie) et correspondance avec divers du 18 janvier 1745 au 10 février 1757 (2e partie) 1 volume Tome III . . . . 20 Fs.

Résumé des actes de l'Etat-civil de Pondichéry, de 1676 à 1735, Publié par M. Martineau, 1917, 448 p. 20 Fs.

Résumé de 1736 à 1760, de ces actes, publié par M. Martineau, 1919, 380 pages 1 volume . . 20 Fs.

Correspondance du Conseil supérieur de Pondichéry et de la Compagnie—Tome I, de 1726 à 1730, Tome II de 1736 à 1738, et Tome III de 1739-1742, Publié par M. A. Martineau, chaque volume. 20 Fs.

Catalogue des manuscrits des anciennes archives de l'Inde Française, Tome I. Pondichéry 1690-1789, publié par M. E. Gaudart. . . . . . 20 Fs.